THE LEGEND OF HONGKONG FILM

THE LEGEND OF HONGKONG FILM

张燕／著

映画：香港制造

与香港著名导演对话

北京大学出版社
PEKING UNIVERSITY PRESS

图书在版编目（CIP）数据

映画：香港制造／张燕著．—北京：北京大学出版社，2006.5
（悦读时光）
ISBN 978-7-301-10621-1

Ⅰ.映… Ⅱ.张… Ⅲ.电影导演－访问记－香港－现代 Ⅳ.K825.78

中国版本图书馆 CIP 数据核字（2006）第 034442 号

书　　名：	映画：香港制造——与香港著名导演对话
著作责任者：	张　燕 著
责 任 编 辑：	谭　燕
标 准 书 号：	ISBN 978-7-301-10621-1/J · 0125
出 版 发 行：	北京大学出版社
地　　　址：	北京市海淀区成府路 205 号　100871
网　　　址：	http://cbs.pku.edu.cn
电　　　话：	邮购部 62752025　发行部 62750672　编辑部 62752025
印　刷　者：	北京大学印刷厂
经　销　者：	新华书店
	787 毫米×1092 毫米　16 开本　28.75 印张　480 千字
	2006 年 5 月第 1 版　2007 年 12 月第 2 次印刷
定　　　价：	48.00 元

未经许可，不得以任何方式复制或抄袭本书之部分或全部内容。
版权所有，翻版必究

目录
Contents

自 序 /1

第一场　香港电影导演扫描

香江光影传奇的背后 /6

第二场　从新浪潮走来

徐克：偏锋独行 /22
严浩：诗意思辨 /64

第三场　文艺电影主力

关锦鹏：男生女相 /102
尔冬升：爆"冷"制胜 /132
陈可辛：怀旧表达 /164
张婉婷：移民写作 /194

第四场　动作电影旗手

杜琪峰：以静制动 /230

Contents

唐季礼：健康暴力 /264
陈木胜："文"写动作 /292

第五场　动漫电影引领者

刘伟强：潮流探索 /320

第六场　喜剧电影代表

刘镇伟："大话"电影 /350

第七场　独立电影作者

陈果：草根写实 /386

第八场　新生代导演

彭浩翔：另类"乱炖" /416
黄精甫：浪漫江湖 /436

自 序

香江电影，东方传奇，银幕神话，梦幻世界。时光如梭，不知不觉，香港电影在我的心中已经驻足了十年。之前高中时候，通过录像带，我最早接触到了周星驰主演的一系列天马行空、夸张搞笑、幽默调侃的喜剧片和周润发主演的豪情壮志、阳刚悲壮、煽情感人的枪战片。但那时候，电影只是我紧张备考之余的一种娱乐和消遣，只沉醉于曲折起伏的情节，而没有什么其他的感觉。真正从专业学习的角度开始对香港电影产生兴趣，应该是在1995年我上大学二年级的时候。一次偶然的机会，我看到了许鞍华导演的影片《投奔怒海》，影片中小人物面对恶劣的社会政治环境艰难求生存的悲剧给了我前所未有的触动，我没想到香港还有表达人文理念如此深刻的电影，这和我以往的香港电影观影经验截然不同。这促动了我对香港电影研究产生了浓厚的兴趣，开始聚焦于表层娱乐之下的深层解读。

十载倾情，朝暮倾心，香港电影也潜移默化地伴随了我从大学到教学工作的人生最青春、最黄金的十年。十年中，随着观摩的香港电影越来越多，理论学习越来越深入，我的研究视野也逐渐地开阔，由原本纯粹的作品和导演等艺术研究逐渐拓展至整体的香港电影产业研究。从情感上说，香港电影已经是我知识视野中爱与痛的重要部分，爱其艺术与产业之成熟，痛其粗制滥造和创新匮乏。时至今日，香港电影已经成为我影像关注的重要命题，研究香港电影也已经成为了我学术生命的核心部分。

20世纪末，美国著名学者大卫·波德威尔（David Bordwell）在著作《香港电影的秘密》中这样评价香港电影："港片堪称是70年代以来全球最富于生气与想象力的大众电影。"确实如此，素有"东方好莱坞"美誉的香港电影，是中国电影中最具有世界影响力和产业渗透力的重要分支，也是最具有商业价值和现代都市感的重要部分。自上个世纪初至今，香港生产的影片已达9000部左右，在中国两岸三地的电影生产中最为突出。兼顾中国历史、地域文化和国际视域，香港电影独有一份全球与本土、商业与艺术自觉杂糅的创作意识。就目前国内的研究状况来说，香港电影在世纪交替的时刻越来越受到学术界的重视，从事香港电影研究的学者和专家也越来越多，而且这种状况随着内地市场的不断开放和香港电影的陆续登陆，会渐趋繁荣态势。

但值得关注的是，在内地研究香港电影日渐兴盛的背后，因为地域文化、社会环境和语言习惯的不同，部分研究存在着误读和曲解的现象。局限于学术研究的一贯模式和电影观摩的不完整性，很多情况下，在内地受关注和吹捧的导演作品其实并非是导演真正的代表作，内地学者着重读解研究的层面并不是导演真正想要表达的东西。这种情形在很多导演研究和作品研究的过程中出现过。如此，内地研究者应该如何正确地评论和赏析香港电影导演的作品，就成为了一个建立科学研究架构的重要问题。对此，我以为，真正科学客观和有价值的电影研究，应该是站在导演真正的意图的基础上具体比照完成片的效果的分析研究。或者说，在坚持艺术文化研究的同时，研究者也应该注重相应的实证研究，查找有关导演创作的第一手资料，争取最大限度地了解导演意图。

基于这样的理念，我产生了写作本书的想法，希望通过与各位香港导演面对面的直接对话，真正进入他们真实的电影世界，了解他们深层的创作理念，也提供给内地的香港电影研究者和爱好者一些可资参考的第一手实证资料。构思很容易，但实际操作的难度非常大。虽然目前与香港电影界的学术研究途径比较顺畅，但是导演们紧张的电影制作和捉摸不定的拍摄行踪，还有联系过程的迂回和烦琐，使整个采访过程几经波折，历经十个月才完成。为了完成全书的采访，我三赴香港、二赴上海，既有随时准备出发的紧迫，也有长期等待的无奈，其间的艰辛难以言表，却是我人生中难得的一次宝贵体验。

实际上，采访的过程也是我与香港电影导演直接沟通交流的一次心灵之旅。我一次次面对导演坦率的陈述，一次次沉浸于真实的导演作品中，愈加准确地建构起香港电影的导演图景和艺术脉络，也逐渐深入地走进香港电影历史发展进程中。真的，非常感谢徐克、关锦鹏、陈可辛、杜琪峰、严浩、尔冬升、刘伟强、唐季礼、张婉婷、刘镇伟、陈果、陈木胜、彭浩翔、黄精甫14位导演在百忙之中抽空接受我的访问，在紧张的时间内跟我一起回顾和探讨他们的创作历程和艺术理念，支持我的学术研究。这里，我要特别感谢尔冬升导演，他除了热心接受我的访问外，还热情地把我引荐给多位香港导演和香港导演协会的工作人员，为我后面的访问提供了非常大的帮助；还要特别感谢刘伟强导演，他在荷兰紧张拍摄新片的间隙，用电子邮件的方式认真详细地回答了我的问题，这种真诚的态度让我非常感动。在陆陆续续对这14位导演的采访中，香港导演协会的许鞍华会长和冯斯敏小姐、香港寰亚公司的陈焕宗先生、保利博纳的孙晨小姐、关锦鹏导演的妹妹关小姐、唐季礼导演的助手张建中先生、陈木胜导演的助手Wendy小姐、彭浩翔导演的助手Quin小姐和我多年的香港好友黎鹏都给予了我很大的帮助，在此深表谢意。还要感谢慈文影视公司提供《七剑》剧照、罗冬先生提供《长恨歌》剧照、华谊兄弟公司提供《情癫大圣》剧照、星美传媒提供《如果·爱》剧照，感谢《中国银幕》梅江平先生的支持。

在本书的体例架构上，我先简单介绍了一下香港电影史中的导演图谱，对香港电影导演整体扫描，而后以类型片范畴来架构14位导演之间的关系。遗憾的是，本书采访和研究的导演只是香港电影导演群体中的一小部分，还有很多导演因为忙于在世界各地拍片，我三赴香港都没能采访到，而且一本书的容量确实有限，所以许鞍华、王家卫、周星驰、陈嘉上等许多著名导演的访问和研究只好寄望于以后再完成。有些访谈进行的时候，因为导演新作还未完成，所以就此作品的对话未能深入。另外鉴于时间紧张，水平有限，书中谬误、缺漏在所难免，行文造句有欠严谨，敬请专家学者以及广大读者批评指正。

多年来，我一直坚持香港电影的研究，并有些许收获，这要特别感谢我的导师周星教授，他的谆谆教导给了我莫大的鼓励和启发。当然还有北京师范大学艺术与传媒学院，我的学术成长离不开这片土壤。

从2004年底开始酝酿选题，到如今书稿完成，一年的时间悄然逝去。这一年中，我把教学工作以外的所有时间都投入到了采访和写作过程中，先生谭政全力支持我的外出采访，在繁忙的工作之余还帮我认真校对文字并进行文图排版，其间的温馨关爱让我万分感动。在此，我要衷心感谢他，没有他的无私支持，我是不可能安心写作的。在忙碌的写作中，我并不孤独寂寞，还有李雪和唐宁两位好友一路相伴，她们帮我做了大量的文字收集和整理工作，这里也表示诚挚的谢意。最后，我还要特别感谢责任编辑谭燕，本书从选题策划、体例设计到装帧风格，都离不开她认真快速的工作，因为她的努力，才使得这本书顺利完成。

张燕

2006年1月30日

第一场

香港电影导演扫描

DiRECToR

香江光影传奇的背后

时间的激流,是一种演进,是一种冲刷,也是一种沉淀。2005年,中国电影迎来百年华诞,作为中国电影之重要一脉的香港电影也悠悠走过了九十多个年头。回溯香港电影的过去,犹如翻开一本厚重而绚丽的书籍,一页页沉稳地展开"东方好莱坞"的光影传奇;也犹如打开一个丰富而珍贵的宝库,银幕传奇中的杰出作品、生动人物正熠熠生辉,映衬着"东方之珠"的辉煌文化。

回望香港电影史,数千部精彩感人的电影作品和数万个栩栩如生的银幕形象,都离不开近百年来香港电影人的辛勤耕耘和智慧创造。就电影艺术而言,作为创作核心与灵魂的导演尤为重要,因为他们充分调度超群的创意智慧、丰富的想象力,领导电影创作集体巧妙地运用摄影机,以流畅的叙事和独特的风格创作出精彩的作品,书写出生动卓越的电影历史传奇,创造出"东方好莱坞"的精彩神话。

在香港电影近百年的历史谱系中,数百位导演应运而生,各自在不同的时代写下自己光彩的一笔。内地电影导演伴随着时代的变革和美学的发展,被众多学者划分成六代导演群。而相对于此,香港电影导演的整体架构并不是很清晰,没有明显的代际划分概念和界定说法。但综合考虑香港社会历史的变化和电影美学发展的进程,香港电影导演群体大体可以进行如下分类:一、开拓期的引领者,包括黎北海、黎民伟、赵树燊、邵醉翁等电影先导;二、黄金时期的耕耘者,包括朱石麟、李翰祥、胡鹏、秦剑、李晨风、李铁等纵横国语和粤语影坛的重要导演;三、转型时期的冲浪者,包括张彻、胡金铨、李小龙、楚原、许冠文等突出人物;四、多元化时期的播种者,包括徐克、许鞍华、严浩、关锦鹏、尔冬升、张婉婷等主力干将;五、新时期的尝试者,包括陈可辛、杜琪峰、刘伟强等旗手人物和彭浩翔等新晋导演。每一位导演的每一部作品如同一颗颗闪亮的珍珠,在时代的更迭中结构成一个晶莹闪烁的香港电影历史坐标系,各自勾勒出个性张扬的标点,同时也以集体的合力描绘出一幅波澜壮阔的香港电影画卷。

一

　　1895年12月28日，世界电影在法国诞生，翌年初，香港就出现了电影的足迹，除卢米埃尔兄弟派摄影师来到香港之外，1896年1月还出现了《华字日报》报道的电影放映活动。此后从1896年至1949年，香港电影经历了由无到有、由无声到有声、由黑白到彩色的整个技术发展变化过程。1909年，香港人梁少坡拍摄了上海亚细亚影戏公司出品的短片《偷烧鸭》，这是香港人创作电影的最早记载。1913年，香港制片机构华美影片公司投资创作了短故事片《庄子试妻》，这是第一部真正本土生产的香港电影。1933年，中华影片公司推出香港第一部局部有声片《良心》，同年，天一公司出品了粤剧电影《白金龙》，由此开始了香港有声电影的时代。20世纪40年代后半期，香港电影逐渐步入彩色时代。

　　在香港电影萌芽的早期阶段，涌现出许多值得关注的电影开拓者。他们为香港电影实现了零的突破，将电影从舶来品转化为本土生产，同时在艺术创作和技术创新方面为香港电影后来的发展做了可贵的探索和充分的铺垫。在早期的导演群体中，黎北海、黎民伟最值得关注。

　　黎北海，1888年出生于广州，是继梁少坡之后的香港导演第二人，是早期香港电影导演事业的重要奠基人，也是香港本土电影生产的最早开拓者，1950年病逝于广州。从艺术创作来说，黎北海为香港电影创造了三部里程碑式的作品，也代表着早期香港电影三次质的飞跃。1913年，黎北海和黎民伟与上海亚细亚影戏公司的

《庄子试妻》是香港第一部真正本土生产的电影

老板布拉斯基合组华美影片公司，同年导演了创业片《庄子试妻》。影片改编自粤剧《庄周蝴蝶梦》，讲述了庄周假死试探妻子忠诚的荒诞故事，黎北海导演并主演庄子，黎民伟反串主演庄子之妻，饰演婢女的黎民伟妻子严珊珊则成为了中国银幕上的第一位女演员。这部影片是香港第一部真正意义上的本土电影，也是第一部在外国公映的香港电影。1924年，黎北海自编自导自演了民新影片公司的创业片《胭脂》，也是香港电影史上的第一部长故事片，为香港电影实现了由短到长的飞跃。1933年，黎北海创办的中华影片公司推出了香港第一部局部有声电影《良心》，这也是香港唯一一部局部有声片；旋即又推出了第一部完全有声影片《傻仔洞房》，真正将香港电影带入了有声时代。电影是黎北海生命的全部，他是香港第一个为电影事业倾家荡产的人。

黎民伟是黎北海的六弟，也是早期香港电影事业重要的拓荒者，1893年出生于日本，1953年在香港病逝，被誉为"香港电影之父"。黎民伟导演的影片不多，但都别具一格。1927年他和侯曜联合执导影片《复活的玫瑰》，有力地控诉了封建礼教的罪恶。1928年黎民伟分别以"五卅惨案"和"济南惨案"为素材，导演了《祖国山河泪》和《蔡公时》等影片。黎民伟拍摄最多的是纪录片，特别是记录20年代孙中山先生的革命活动和北伐战争，以及反映30年代中国人民反抗日本侵略斗争的活动的影片最有价值。他是早期中国电影最杰出的纪录片导演。此外，黎民伟对香港电影的拓荒成就还主要体现在制片业。他先后参与了华美影片公司、民新影片公司等电影公司的创建，1930年还协助罗明佑成立了联华影业制片有限公司，成为当时中国复兴国产影片的中坚力量。

除此之外，创办香港大观影片公司的赵树燊和创造天一公司的邵醉翁等人也都是早期香港非常重要的电影导演。赵树燊是早期香港电影史无法绕开的重要人物，他对电影技术的发展做出了重要贡献。1933年，他与在美国电影界工作多年的关文清共同创办了美国大观影片公司，同年在美国导演了粤语片《歌侣情潮》；1935年，又成立了香港大观影片公司，导演了《昨日之歌》、《残歌》等重要影片；1948年，他拍摄了香港本土生产的第一部35毫米彩色粤语片《蝴蝶夫人》。此外，赵树燊在香港影坛积极推动抗日民族爱国电影的创作。"七七事变"以后，他亲自导演了《肉搏》、《四十八小时》等爱国"国防电影"，发起香港电影界的抗日救亡运动。另一位重要的香港导演是邵醉翁,原名邵仁杰,是邵氏电影王国的开拓者,对早期的香港粤语片创作起到了极大的推动作用。1925年,他和几个弟弟在上海创办了天一公司,自任导演,推出了《梁祝痛史》、《孟姜女》等古装题材影片。1932年他把公司逐渐转移至香港,翌年和汤晓丹联合导演了粤剧名伶薛觉先主演的有声片《白金龙》,掀起了香港粤语有声电影的新潮流。

二

从1949年底到1966年,香港电影业进入了空前繁荣的黄金时期。这一时期,香港电影突出的格局是粤语片和国语片并行发展,不仅创作数量急剧增加,17年间共生产了4000多部影片,年产量平均200多部,有的年份甚至达到了300多部,在香港电影史上空前绝后,同时涌现出许多才华横溢的粤语片和国语片导演,他们辛勤耕耘着丰富精彩的电影版图,整体提升了香港电影的品格。

粤语片方面,自1949年南国公司首拍的讲述小人物故事的影片《珠江泪》轰动之后,其他制片公司竞相仿效,现实主义创作热潮一直延续到60年代中期。期间,粤语片影坛涌现出了胡鹏、秦剑、李晨风、李铁等许多重要导演,创作出了《黄飞鸿传》、《慈母泪》、《人海孤鸿》、《危楼春晓》等一大批优秀的粤语片。

《慈母泪》剧照

胡鹏是引领潮流的重要人物,被誉为"黄飞鸿电影之父"。1949年,他导演了电影《黄飞鸿传》(又名《黄飞鸿之鞭风灭烛》),片中关德兴塑造的礼义忍让的黄飞鸿形象非常具有历史质感,一招一式的真实武打令观众耳目一新。这是黄飞鸿电影的创作源头。此后,具有侠义精神的黄飞鸿成为电影创作的一大源泉,接二连三地被搬上银幕,迄今数量已经超过一百部,成为香港电影重要的文化现象。比较突出的有胡鹏的《花地抢炮》、《龙舟夺锦》等影片,成龙主演的《醉拳》,以及90年代徐克导演或监制的《王者之风》、《西域雄师》等黄飞鸿系列电影。

秦剑与李晨风、李铁是粤语片创作的佼佼者。秦剑一生执导过60多部电影,其中绝大多数都是粤语片。1948年,他与吴回合作的影片《红颜未老恩先断》小试牛刀,翌年独立执导了影片《满江红》,但叫好不叫座,直到1953年拍摄出《苦海明灯》和《慈母泪》才在影坛引起不俗反响。秦剑的电影继承了粤语片的写实传统,多数是自编自导,主题多为社会教育问题,1955年拍摄的关注父子关系和家庭教育的影片《父母心》是此类创作的典型。秦剑也是一位善于描写女性的导演,在1961年拍摄的著名影片《追妻记》中,他用复杂的内心独白和精致的影像构图,别具一格地描写了一位身为舞女和黑帮夫人但内心善良高尚的女人形象。秦剑的创作比较广泛,除了社会伦理片、爱情片之外,还以《难兄难弟》(1960)引领了60年代都

《黄飞鸿传》塑造了礼仪忍让的黄飞鸿形象

市通俗喜剧电影的创作潮流。1965年，秦剑进入邵氏公司，开始拍摄国语片，创作了《痴情泪》、《何日君再来》等影片。

李晨风在1949年独立执导了《守得云开见月明》，此后亦编亦导，成为了50年代香港最重要的文艺片导演。李晨风擅长改编名著，先后推出了巴金作品《春》和《寒夜》、张恨水作品《啼笑因缘》和《金粉世家》、矛盾作品《虹》、赛珍珠作品《大地》以及金庸作品《书剑恩仇录》等影片。李晨风的电影写实细腻，反封建的主题比较深刻，1960年的《人海孤鸿》和1964年的《香港屋檐下》是他导演生涯中非常重要的作品。尤其是《人海孤鸿》更具代表性，是李晨风导演的第一部彩色片，由"华南影帝"吴楚帆和李小龙联合主演，讲述青少年犯罪的故事，融合了深刻的伦理主题和强烈的社会意识，朴实生动，不仅是香港粤语片艺术创作中优秀的代表作，而且为日后的香港影坛挖掘了一位扬名国际的天才演员李小龙。

此外，导演过《危楼春晓》(1953)、《紫钗记》(1959)、《沧海遗珠》(1965)等名作的李铁，执导过《慈母心》(1960)、《落霞孤鹜》(1961)、《满江红》(1962)等佳作的左几，拍摄过《败家仔》(1952)、《家》(1953)、《宝莲灯》(1956)等电影的吴回，创作过《播音王子》(1966)、《英雄本色》(1967)等重要影片的龙刚等，都是粤语片影坛值得特别关注的导演。

这一时期的国语片，虽然创作数量上不如粤语片那么多，但是在制作规模、艺术质量上都要强于粤语片。"长城"、"凤凰"和"邵氏"三大公司是当时国语片生产的中流砥柱，导演过《畸人艳妇》(1960)、《为谁辛苦为谁忙》(1963)、《妲己》(1964)等多种类型的影片的岳枫，以《寸草心》(1953)、《百花齐放》(1952)等亲情伦理片著称的李萍倩，执导过《孽海情天》(1953)、《恋爱与义务》(1955)、《凤求凰》(1958)等文艺片的屠光启，推出过《四千金》(1957)、《不了情》(1961)、《蓝与黑》(1965)等名片的陶秦，以及创作过《曼波女郎》(1957)、《星星·月亮·太阳》(1961)等佳作的易文等许多从上海南下到香港的著名导演都被吸纳进国语片影坛，开创出香港国语片空前繁荣的局面。其中尤以朱石麟和李翰祥的成就最高。

朱石麟是香港本土国语片创作的领军人物，早在30年代就拍出了《慈母曲》、《归来》等一系列优秀家庭伦理片，被称为"教化电影"的干将。抗战胜利后，他来到香港陆续拍摄了《同病不相怜》(1946)、《玉人何处》(1947)、《清宫秘史》(1948)

《一板之隔》剧照

等优秀影片，被赞誉为领导潮流的国语片大师。50年代初，朱石麟先后加入龙马、凤凰等公司，拍摄了《误佳期》(1951)、《一板之隔》(1952)、《中秋月》(1953)、《乔迁之喜》(1954)、《一年之计》(1955)、《抢新郎》(1957)、《夫妻经》(1958)、《新寡》(1959)、《同命鸳鸯》(1960)等优秀影片，以笑中有泪、泪中有笑的独特方式首扛小人物喜剧片大旗，是现实主义国语片创作的主帅。其中，《误佳期》不仅是他个人电影创作水准的最高峰，也是香港电影转变创作观念——开始关注本土都市普通人的情感生活的标志。朱石麟的电影倾向于古典风格，传统的封闭式叙事过程和简约的时空结构是两个重要特点，同时镜头语言上力求产生赋比兴的诗意效果，常常营造出传统绘画中留白的意韵。

李翰祥是香港影界的全才导演，在从影30多年中拍片数量超过70部，集宫闱片、武侠片、间谍片、言情片、风月片、民俗片、戏曲片于一身。1956年自编自导电影处女作《雪里红》在影坛崭露头角，进入邵氏公司后开始了他电影创作的高潮期。内地戏曲片《天仙配》在香港轰动上映，这促使李翰祥在1958年导演了黄梅调电影《貂蝉》，之后又以《江山美人》和《梁山伯与祝英台》推波助澜，在港台地区带动起长达20多年的黄梅调电影热潮。从1960年起，李翰祥几乎每年都位居港台十大卖座片导演之列，和岳枫、陶秦、罗臻并称为邵氏公司四大王牌导演。1963年底，李翰祥来到台湾自组国联影业公司，相继拍摄了《七仙女》、《状元及第》、《西施》等著名影片，为60年代的台湾电影迎来了民营公司独立制片的黄金时代。70年代，在国联破产以后，李翰祥重返香港邵氏公司，拍摄了《大军阀》、《红楼梦》、《金瓶双艳》等影片，其中《倾国倾城》(1975)、《瀛台泣血》(1976)、《火烧圆明园》(1983)、《垂帘听政》(1983)等"清宫四部曲"最为出名。

《梁山伯与祝英台》掀起港台地区长达20多年的黄梅调电影热潮

三

20世纪60年代后半期至70年代末,是香港电影创作稳定且全面转型的重要时期,年产量平均百部以上,以武侠片为主。随着武侠电影先后经历新派武侠片、李小龙真功夫片和功夫喜剧片等潮流,香港电影逐渐走向国际化、品牌化和明星化的发展阶段。70年代中期,香港本土市民喜剧片兴盛发展,成功挑战武侠片主宰的电影格局。此外,《廉政风暴》带动的时事写实片、《跳灰》引导的警探片以及1973年后重新兴起的粤语片等,也是当时主要的创作潮流。这一时期,香港影坛涌现出罗维、刘家良、张鑫炎、袁和平等数十位创作力旺盛、成就突出的重要导演,其中最值得关注的是张彻、胡金铨、李小龙、楚原、许冠文等五位。

张彻和胡金铨是60年代后半期到70年代初前新派武侠片的两大旗手,代表了当时武侠片创作的最高成就。张彻于1949年从上海来到台湾,拍摄了台湾第一部国语片《阿里山风云》,之后进入香港邵氏公司。1967年,张彻从金庸小说《神雕侠侣》的杨过断臂情节中获得灵感而创作的古装武侠片《独臂刀》,票房一举突破百万港币大关,奠定了其作为新派武侠片"护法导演"的重要地位。之后创作不断,且屡见新意。最为出色的有1968年的佳作《金燕子》,1969年带动拳脚功夫片风气、获得亚洲影展最佳影片奖的《报仇》,1972年首开香港电影上海滩创作类型的《仇连环》和《马永贞》,以及挖掘少林功夫题材的滥觞之作《方世玉与洪熙官》。张彻电影以阳刚为标识,主角都是冷傲超凡的男性侠客,强调"士为知己者死"的侠义精神，充满了男性的粗犷和雄健。张彻电影独树一帜地开创了激情浪漫、酣畅淋漓的暴力美学，素有"血肉和死亡之舞"的美誉。片中英雄多是赤膊上阵、以寡敌众，决斗时开膛破腹、内肠外露的血腥惨烈的"盘肠大战"最能凸显影片的暴力美学。尽管如此暴烈，但是张彻电影的死亡悲剧常常充满了浪漫和美感，慢镜头的飘逸营造出悲怆震撼的神韵。张彻的创作，不仅对新派武侠片有着重要的意义，而且更重要的是为香港电影掀起了"阳刚突破阴柔"的新潮流，并为以后吴宇森等人的枪战动作片创作奠定了坚实的基础。

胡金铨和张彻犹如迥异而和谐的"双子星座"。性格上，张彻豪放粗犷，胡金铨儒雅细腻；银幕表达上，张彻酣畅淋漓、暴力阳刚，胡金铨则空灵宁静、佛禅写意。胡金铨也是港台电影史上难得的全才人物，他主演过1956年严俊的《金凤》、1956年卜万苍的《长巷》、1960年岳枫的《畸人艳妇》、1959年李翰祥的《江山美人》等重要影片，成绩突出。作为导演，他于1963年与李翰祥联合执导了轰动东南亚的黄梅调影片《梁山伯与祝英台》，1965年自导自演了大型战争片《大地儿女》，1966年推出的武侠片《大醉侠》更是以全新的视听影像震撼影坛，带动新派武侠片潮流。之后，胡金铨应邀到台湾，继续创作出《龙门客栈》(1967)、《迎春阁风波》(1970)、《侠女》（上下集，1972）、《忠烈图》和《空山灵雨》(1975)等优秀作品。胡金铨的电影故事简单明了，但包容着佛学禅语的深刻内涵以及严肃的历史探讨，在影像构图上写意风格突出，具有中国山水画的精彩意境。胡金铨的武侠片是一种"影像的舞蹈"，展示的不是真实的武打，而是通过镜头的碎化和蒙太奇的组合创造出的功夫世界。胡金铨还为香港武侠片做出了一个特殊贡献，那就是突破男性主导模式，创造出了多个具有现代独立品格的女侠形象，在阳刚世界中将女性推向前台。

著名演员兼导演李小龙的出现，标志着70年代初香港真功夫电影的开始。李小龙于1940年出生在美国，童年时在《细路祥》、《危楼春晓》、《人海孤鸿》等经典粤语片中担任过主要角色。1971年，他应嘉禾公司邀请回港主演了罗维导演的《唐山大兄》，因票房超过同期在港上映的美国片《音乐之声》而名声大噪。翌年他主演的《精武门》再次刷新《唐山大兄》的票房纪录，在国际上赢得了巨大声誉。1972年，李小龙的创作主动性空前发挥，推出了自编自导自演的影片《猛龙过江》，在银幕上创造了中国人在古罗马竞技场打败西方人的传奇，表达的民族尊严征服了海内外的观众。1973年，李小龙主演了由好莱坞与香港合作拍摄的影片《龙争虎斗》，同年拍摄《死亡游戏》时意外猝死,给香港影坛和世界影坛带来了无尽的遗憾。虽然李小龙导演和主演的真功夫片只有5部,但是他对香港电影的贡献是空前的。他不仅成功地将香港电影推向国际,创造出香港电影的一次高峰,而且促使香港电影由导演时代进化到明星时代。

从粤语片成名的楚原,是香港后新派武侠片的杰出代表。在1958年导演了处女作《湖畔草》之后,楚原在60年代推出了《可怜天下父母心》、《大丈夫日记》等粤语片佳作。1972年,一部浪漫奇情和诡异武侠相融的文艺片《爱奴》问世,创造出独具一格的影像新风格,开启了楚原后新派武侠片的创作高潮。1976年之后,楚原陆续导演了《流星·蝴蝶·剑》、《天涯·明月·刀》、《楚留香》等一系列优秀电影,创造出"楚原+古龙+狄龙"票房金三角的新武侠片奇迹,带动了古龙小说的电影改编热潮。楚原电影善于制造奇诡玄妙的戏剧冲突,进行化整为零的情节铺排,使得全片悬念迭起、高潮推涌。楚原崇尚唯美浪漫,虽然他的刀剑武侠片也少不了血腥杀戮,但总巧妙地化血腥厮杀于浪漫朦胧中,充满了残阳冷月般的凄美意境。

在70年代的香港影坛,武侠功夫片盛极一时,唯一能与之抗衡的只有许冠文开创的市民喜剧片。许冠文是由电视走向电影的著名演员和导演,1971年与弟弟许冠杰合作主持综艺节目《双星报喜》声名大噪之后,应李翰祥的邀请进入邵氏公司,主演了《大军阀》、《丑闻》、《声色犬马》等喜剧片。1974年,许冠文创立许氏兄弟公司,自编自导自演了处女作《鬼马双星》,成功挑战了李小龙电影创下的最高票房

李小龙主演的《精武门》广受欢迎

纪录。之后,《半斤八两》(1976)、《摩登保镖》(1981)、《铁板烧》(1984)等影片屡创票房奇迹,在银幕上热热闹闹地推动市民喜剧文化。许冠文准确把握了小市民的生存状态和俗民心态,创作出一系列困境中艰难挣扎但又无比坚韧的小人物形象,以荒诞的情节、搞笑的动作和夸张的台词等表现方式进行嘲讽。

四

20世纪70年代末,许多从国外学习电影回来的年轻人从电视实践转到电影创作中,为香港电影带来了贯穿整个80年代和90年代上半期的多元化创作格局。这一格局始于香港电影新浪潮的诞生。1979年,章国明、徐克、许鞍华、翁维铨四位年轻人分别推出了电影处女作《点指兵兵》、《蝶变》、《疯劫》和《行规》,以全新的视听风格和叙事方式震撼了整个香港影坛,从此开始了香港电影佳作迭出、潮流涌动的崭新时期。虽然群体化的新浪潮运动到80年代中期就基本结束了,但是它对80年代以后的香港电影起到了至关重要的作用。这一时期,徐克、许鞍华、严浩、关锦鹏、吴宇森、尔冬升、张婉婷、谭家明、王家卫、张之亮、于仁泰、刘镇伟、方育平、林岭东、唐季礼、陈木胜、罗卓瑶等年轻导演相继崛起,推出了《第一类型危险》、《投奔怒海》、《似水流年》、《胭脂扣》、《英雄本色》、《新不了情》、《秋天的童话》、《名剑》、《阿飞正传》、《笼民》、《救世者》、《大话西游》、《父子情》、《监狱风云》、《超级警察》、《天若有情》、《我爱太空人》等一大批新颖独特的优秀作品,加上成龙的《警察故事》系列电影和周星驰的无厘头喜剧,成功开启了香港电影历史的新篇章。其中最值得关注的导演有徐克、许鞍华、严浩、关锦鹏、尔冬升、张婉婷、吴宇森、王家卫,因为多位导演在书中有专题研究,在此仅对在本书写作期间没有机会亲自采访到的许鞍华、吴宇森、王家卫这三位导演做简单的介绍。

许鞍华是香港影坛最具有人文气质和文化思考的导演,与徐克一起被誉为香港电影新浪潮的"双子星座"。自1979年的处女作《疯劫》一鸣惊人之后,许鞍华开始尝试不同的电影类型,多次引领香港电影潮流,1980年的《撞到正》掀起了80年代香港影坛如火如荼的鬼片热潮,1982年的越南题材影片《投奔怒海》引发政治电影潮流,1984年的《倾城之恋》成为怀旧电影的源头之作,1994年的《女人,四十。》再创香港家庭伦理片艺术高峰。许鞍华的电影以主题严肃和风格冷峻著称,

1997年拍摄的自传题材纪录片《去日苦多》，透视了她的成长经历，并剖析出她电影中最核心的"创伤体验"理念。这种理念呈现于电影中，鲜明地凸显出意识形态和政治悲情、身份意识和失母漂泊、女性关注和非女性电影的三大叙事主题。当然，对于香港电影来说，许鞍华的意义并不仅限于此，更重要的是她第一次真正将关注女性生命、透视女性的情感心理和挖掘女性的生存状态放到了香港银幕的核心位置，确立了从性别主体出发去探讨女性生命价值的深刻命题。

吴宇森是香港现代枪战动作片的奠基人，70年代初师从张彻，其后十多年拍摄了《过客》、《帝女花》、《发钱寒》等一系列杂牌类型片，直到1986年《英雄本色》的横空出世才闻名影坛。《英雄本色》令吴宇森顷刻间咸鱼翻身，成就了他香港"动作片掌门人"的重要地位。此后吴宇森连续推出《喋血双雄》、《喋血街头》、《纵横四海》等坚持独特暴力美学的一系列电影，一举奠定了其阳刚英雄和铁汉柔情、暴力动感和枪之旋律、宗教情节和教堂决战这三大金字招牌。在吴宇森电影中，暴力就是舞蹈，一定会出现激情枪战中英雄腾空跃起、双枪射击，而后两人或三人持枪对峙的高潮场面。每当决战来临时，宁静的耶稣像、神圣的十字架、飞翔的白鸽和轻轻拂动的白纱会应然而至，动静之间子弹纷飞，圣洁的宗教见证了惨烈的枪战，这些独特的意象是其暴力美学的精髓。90年代，吴宇森进军好莱坞，创作出《断箭》、《变脸》、《谍中谍Ⅱ》等蜚声国际的动作电影，同时开启了好莱坞"叛逆小子"昆廷·塔伦蒂诺的"血腥思维"，推动了《水库狗》、《低俗小说》等一系列美国新暴力电影的出现。

王家卫是这一时期最具个性的作者型导演。1988年，王家卫首次自编自导处女作《旺角卡门》，反英雄、反传统的独特风格轰动影坛。1990年推出的杰作《阿飞正传》成为当年香港电影金像奖和亚洲影展的宠儿，之后他陆续推出《重庆森林》、《东邪西毒》、《堕落天使》等优秀影片问鼎国际影坛，1997年之后凭借《春光乍泄》和《花样年华》分别获得了戛纳电影节最佳导演、最佳男演员和最佳技术成就等多项大奖，2004年集合巩俐、章子怡、梁朝伟、刘嘉玲等众多明星的影片《2046》也颇受关注。王家卫所有的电影都展现出浓烈的个性风格，随意拼贴的叙事方式、寻找与拒绝的母题、漂泊与孤独的人物形象、物化与主观的时空塑造、复调的旁白与对话以及影像奇观的营造等方面，都一脉相承，呈现出别具一格的探讨韵味。

五.

1997年以后，香港电影进入了一个机遇与挑战并存的新时期。政治上的回归给香港电影带来了全新的创作契机和市场空间，而金融危机的爆发则导致香港电影业遭遇了空前的资金危机、行业危机和卖埠危机，盗版的猖獗更是雪上加霜，香港电影出现了令人堪忧的低谷状态。这一时期，香港特区政府、电影观众、社会力量等多方力量，也齐心协力地帮助香港电影。在披荆斩棘、执著前行的艰难发展过程中，所有电影人都在殚精竭虑地出谋划策、积极工作。

徐克、许鞍华、陈可辛、杜琪峰、刘伟强、陈果等精英导演们积极探索，创作出一系列优秀作品，努力提升香港电影的品格、声誉和市场。徐克带领视觉特技工作室推出《蜀山传》，推动新世纪香港电影特技的发展。许鞍华凭借《男人四十》和《幽灵人间》等作品，又掀伦理片和鬼片热潮。陈可辛和陈德森等人联手成立Applause Pictures电影公司，联合亚洲各国影界精英打造出开亚洲先河的多元化鬼片《三更》、泰国魔幻影片《晚娘》以及韩国爱情小品《春逝》等优秀电影。杜琪峰和韦家辉等人组建银河映像公司，以全新的理念改造枪战片、警匪片、黑帮片等类型片，导演了《枪火》、《暗战》、《PTU》等另类佳作，还创作了《瘦身男女》、《孤男寡女》等既叫座又叫好的影片。刘伟强联合王晶、文隽组成最佳拍档公司，推出了改编自漫画的《古惑仔》系列电影和漫画游戏特技电影《风云雄霸天下》，2002年后又导演了轰动香港影坛的《无间道》系列，成为香港电影的救世功臣。另类创作的陈果1997年凭《香港制造》的社会写实力度和独特新颖风格一举成名，而后相继导演了《去年烟花特别多》、《榴莲飘飘》、《香港有个好莱坞》等个性鲜明的独立电影。

此外，众多入行多年而后转执导筒的电影人的加盟，也为这一时期的香港电影带来新的气象。摄影大师杜可风首执导筒,拍摄了影像和叙事新颖独特的处女作《三条人》。马楚成也从摄影转行,导演了《幻影特工》、《东京攻略》、《浪漫樱花》等影片。麦兆辉从编剧队伍中走出来,独立执导了《别恋》、《愿望树》等影片,2002年以后又跟刘伟强合作导演了《无间道》系列电影和《头文字D》。此外,打造过《小男人周记》、《飞虎雄师》、《飞龙再生》、《A-1头条》等影片的陈嘉上,导演过《晚九朝五》、《神偷谍影》、《紫雨风暴》和《特务迷城》的陈德森,拍摄过《同居密友》和《河东狮吼》的马伟豪,创作过《非一般爱情小说》、《半支烟》和《花好月圆》的叶锦鸿,执导过《野兽刑警》、《G4特工》和《江湖告急》的林超贤,推出过《完全结婚手册》、《每天爱你8小时》和《完美情人》的阮世生等青壮派导演,也是这一时期香港电影创作的重要力量。

  在新时期,一大批新生代电影人开始步入创作前沿,以充满锐气的作品为香港电影注入新的活力。2000年,林爱华推出处女作《12夜》。以女性纪录片《女人那话儿》出道的黄真真,连续导演了《六楼后座》、《六壮士》等商业片。影评人张伟雄转向导演创作,推出了《月未老》、《惑星轨迹》、《太阳无知》组成的"月亮、星星、太阳"独立电影三部曲。黎妙雪拍摄了《玻璃少女》和《恋之风景》两部电影小品。还有导演过《买凶拍人》、《大丈夫》等影片的彭浩翔和执导过《福伯》、《江湖》等影片的黄精甫,也是新生代电影导演群体中突出的代表。

THE LEGEND OF

第二场 从新浪潮走来

DIRECTOR

徐 克　　偏锋独行

1. 导演故事　2. 对话谈艺　3. 电影解析　4. 佳片特写　5. 作品一览

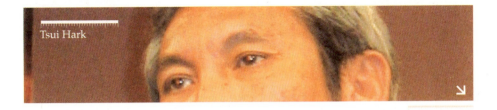

Tsui Hark

▶ **导演故事**

香港电影弄潮儿

　　徐克原名徐文光,祖籍广东海丰,1951年出生于越南。童年时的徐克就表现出独特的个性,从小不仅对武侠小说和电影非常感兴趣,而且还常常发表漫画、插图和武侠连环画。13岁时,他更是将电影的兴趣化为行动,开始尝试用摄影机拍摄有关魔术的电影短片。徐克的成长,是在多元化的文化政治背景下完成的。1966年他随全家移居香港,开始接受中学教育;1969年远赴美国留学,先进入美国德克萨斯州的南循道会大学,而后转到德克萨斯大学奥斯汀分校攻读电影专业,在大学期间与朋友合拍了一部有关美籍亚洲人的纪录片。1975年,徐克毕业后,在纽约编辑一份唐人街报纸,并组织了一个社区剧社,还参与了当地的华埠社区有线电视。

　　1977年,徐克回到香港开创事业。因香港无线电视台周梁淑怡的慧眼识才,徐克顺利加盟无线电视台,先后参与编导了《家变》、《小人物》、《大亨》等比较出色的电视剧集。后来因佳视邀请,徐克跳槽。1978年,徐克初尝武侠题材的电视剧创作,导演了根据古龙小说改编的电视剧集《金刀情侠》。剧中炫目的电影化手法和精彩的叙事编排技巧，令徐克在电视圈技压群雄，由此被著名大导演吴思远看中。

1979年，徐克告别电视台，以极富爆破力的激情投身到电影之中。从电影创作之初，徐克的奇诡思维就凸显出来。1979年他在处女作《蝶变》中大胆倡导"未来派武侠片"，巧妙地糅合西方悬疑和东方武侠，其张力叙事和凛冽影像独具一格，成为香港电影新浪潮运动开始的标志性作品之一。翌年的《地狱无门》和《第一类型危险》两部风格题材急激的影片，更巩固了徐克鬼才电影的地位。即便如此，此时的徐克还是非常苦恼，因为电影观众总是不买他的账。

1981年，徐克积极寻求转变，加盟黄百鸣、麦嘉、曾志伟等喜剧影星当家的新艺城公司，成功推出了喜剧电影《鬼马智多星》，不仅电影票房节节攀升，而且还一举荣获了第十八届台湾电影金马奖的最佳导演奖。之后徐克再接再厉，以《最佳拍档之女王密令》创下了3000万港币的票房奇迹。

在市场业绩趋向辉煌的时候，徐克更加渴望创作上的自主。1984年，徐克偕同夫人施南生创立了电影工作室，意气风发地全力推进徐克电影品牌之路。同年，电影创业作《上海之夜》旗开得胜，而后1986年林青霞、钟楚红、叶倩文三位女明星倾情出演的《刀马旦》又获得成功，徐克尽展叙事和影像所长，声名大噪。80年代后期，徐克联合吴宇森、程小东两位重量级导演，开始全力打造他在电视台工作时就情有独钟的《英雄本色》和《倩女幽魂》系列电影，掀起了香港影坛如火如荼的枪战动作片和现代鬼片潮流。1990年后，《笑傲江湖》系列电影陆续问世，灵邪乖张的电影改编和震撼人心的情感故事成就了徐克武侠电影大师的地位。而后，徐克的银幕武侠之路常新常变地推进，1991年揭开《黄飞鸿》系列电影的面纱，2001年《蜀山传》独特呼应80年代的创作，2005年《七剑》又尝试返璞归真。

徐克是香港影坛不折不扣的弄潮儿，传统悲剧《梁祝》在他手中有了轻松和幽默，民间神话《青蛇》经他发挥有了现代寓意，一部《新蜀山剑侠》为香港电影带来特技观念，其后2001年重拍的《蜀山传》再掀香港特技电影新高潮。任何题材经过他的演绎总会散发出异样的光芒。除了导演、监制、编剧等幕后工作玲珑娴熟，徐克还能玩转台前。他曾经多次精彩现身《最佳拍档》、《我爱夜来香》、《两只老虎》、《最后胜利》等影片，为香港电影塑造了一系列可爱又可气的人物形象。

▶ **对话谈艺**

百变徐克，剑啸江湖

受访：徐　克
访问：张　燕
时间：2005年5月16日
地点：北京中关村理想国际大厦

由电视走进电影

张：徐导，我知道每一个导演在走进电影这一神奇光影世界的背后，都有一段动人的故事。请问当初你是怎样对电影开始感兴趣的？

徐：我出生在越南，十多岁来到香港。在香港这个比较现实的社会，我们中学时一般不会选择像绘画、电影等艺术这样冒险的职业，有句话叫做"艺术吃不了饭"。当时我们一帮朋友谈论将来该做什么，我真的不知道选择什么。受一个喜爱电影的启蒙老师的影响，那时候我也开始对电影产生兴趣，后来老师变成了很知心的朋友。有时我们一起看电影，然后讨论，可能在看电影的时候他一直在暗暗地启发我。中学毕业时，有些朋友都已经出国、上大学或工作，我还在家里躺在床上想将来做什么。老师问我到底喜欢做什么，我说最喜欢看电影，他就问我有没有想过拍电影。这个想法，我觉得可以考虑，在一生里选择这样一个我自己感兴趣的职业，虽然当时我对电影这个行业还一点都不了解。当时的电影人都是科班出身，一个师傅带一个徒弟，我就等着进入电影工业，老师也帮着我打听进入电影界的各种可能性。

那时候有朋友从意大利、英国等地回来，带给我一些信息。后来我申请到美国德州大学（奥斯汀）电影系，才开始我对电影的认识。一次我们在拍一门电视制作课的作业，我当摄影师，拍摄的时候老师过来跟我说，"你看墙上的影子很漂亮"。通过这次作业，老师给我一个启发，当我们创作的时候，采取不同的角度去看很多事情的话，可能拍出来的作品更丰富、更有趣。毕业的时候，我到纽约，到报馆做记者、摄影，还有写剧本等。我发现这个城市里的人都在寻找一些对自己有意义的东西。

张：后来你回到香港，先进入无线电视台工作了一段时间。

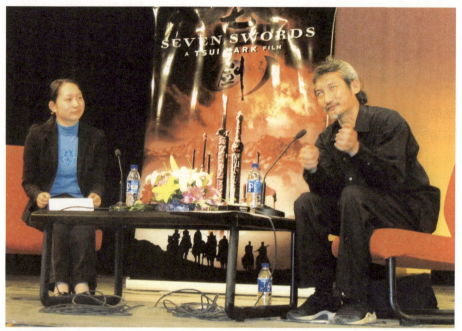

作者采访徐克

徐：对。一转眼在纽约几年过去了，家里打电话来，我就回到了香港。我先开始做纪录片，然后到电视台找工作。有一个朋友建议我写信给电视台主管，我说他们会看吗？但不管怎么样，我还是尝试了，我给四个电视台写了四封信。结果无线电视台的周梁淑怡亲自给我打电话，我很意外。她问我想做什么，我说想当导演，她就让我当导演。我问她导演怎么当呢，她说："我安排你拍什么东西你就拍，就是导演了。"很好笑，我刚回到香港看到很讨厌的电视，说绝对不拍这样的节目，谁知道自己就被派去拍这样的节目。当时导演就是执行拍摄，没有任何创作上的主动权，拍了几个星期，我厌烦了。当时我写了两个计划书，一个是《英雄本色》，一个是《倩女幽魂》，监制说《英雄本色》都是讲男人打来打去的故事，没有家庭观众，《倩女幽魂》有动作不好拍。后来两个计划都搁置下来了。

好在事情有了转机，100多集的长剧《白羊天蝎水瓶座》、《家变》、《小人物》等开拍了，6个导演一起拍摄，其中有一个很有经验的导演叫朱克，大家老把我们搞混。每人拍了5集之后，电视台传出消息说有一个导演被开除了，我想糟了可能是我，后来结果不是我。长剧拍摄的时候，我们一起参与编剧，当时跟林岭东等人常聊天，创作上有一些实验性。

其他电视台注意到我们几个比较特别的编导，就来挖人。佳视电视台来找我，他们说可以帮我把未到期的半年合约买下来，我就答应了。当时我和几个朋友正在筹办组织香港电影文化中心，周梁淑怡打电话过来，原来她让我一起去佳视电视台。当时我很惊讶，正在考虑怎么跟她提出来，谁知我们要去的是同一个电视台。到了佳视以后，他们问我有什么题材想拍。因为前面我提过的两个计划，监制说他想拍动作片。

张：后来就让你拍了武侠剧集《金刀情侠》？

徐：对。那时电视台拍肥皂剧，他们给我分在动作片类型，然后我买了一本古龙小说就去拍摄。监制说拍特别一点，到韩国拍个雪景，这样我就带着一个摄制组来到韩国汉城。第一天开拍的时候，演员问我谁是武术指导，我说没有，就是我来构思。他们说没有武术指导怎么打，其实我没考虑过，也不知道武术指导。但没有武术指导，拍出来的东西也很有趣，不是正常的那一套。我都是自己想好了再告诉演员怎么演。记得第一天拍江湖人物在路上遭遇两个刺客暗算的戏，我忘了约演员，便临时叫灯光师来顶替，结果三人都不懂得打，打得很写实，拍出来很特别。回到香港开始剪片，我发现有一个人总看着我，我问他是不是用了他的剪辑机，他说"我收工了，看你剪片"，这个人就是程小东。剪出来之后，大家看了还很特别，反应还不错。其实现在想想，没有武术指导就去拍武侠片，很冒险的。

张：《金刀情侠》获得了很大成功，以此为契机，你进入了香港电影界。

徐：是这样的。拍完了这个剧以后，邵氏和嘉禾等公司就来找我，我自己也没想到会这么快、这么顺利就进入电影圈了。

执著于中国武侠电影探索

张：综观你的创作，你对武侠世界真是情有独钟，不仅拍摄了《笑傲江湖》、《黄飞鸿》等很多武侠片，而且类型风格也在不断地创新突破。你对武侠江湖是怎样定义的？

徐：小时候我很敬佩打抱不平，又或受权势压迫，使人生出突破困境的力量。那不是以暴易暴，而是至少存在一种精神开拓，可开解自己，知道自己是有力量的。我想这就是武侠电影最大的魔力和魅力。

《七剑》剧照

关于"侠",我觉得是一种完美精神呈现出来的追求理想的行为,是将精神变为生活浪漫的方式。当人不介怀日常生活的细节,永远相信世界有一种正义的精神在维持公平,相信永远是正胜于邪的规律,并且用自己的力量全情投入去执行,这就是"侠"。为了世间的公平,一个人能放下所有人对他的看法,完全把世俗的价值观放下,这种精神状态就是"侠"的感觉。其实我觉得"侠"里还有一点很重要,就是到底从什么角度去看它,有些人为一些事情去做,可能因为世界观不够宽大,看东西的眼光很狭隘,为了那个小的东西去维持正义感,可能这个正义就有问题。所以我在《七剑》里要表达,必须把眼光放大才能做事情,要不然剑还是没用的。

我对武侠世界的看法随年龄而变化,有时候武侠江湖真的很难翻译。过去江湖指水路,跟盐商、海盗、运输、逃亡的囚犯有关系,跟码头上的劳动阶级以及闯荡江湖的三教九流有关系。所以我们说在武侠世界里,江湖是复杂的社会形态,是人与人之间的关系,牵涉到很多社会的元素和条件。什么话能讲、怎样讲,一些人应该怎么对待,都有一定的江湖规矩。

张:在香港,有人称你为"徐剑侠",一方面因为你对剑的含义和理念有很深的思考,同时剑在你的武侠电影中也常常出现。以往你的电影中已经有很多不同的剑,从《新蜀山剑侠》中的紫青剑,到《笑傲江湖》中的剑气,还有《倩女幽魂》中的运剑成盾等,有形的或无形的剑都出现过。在你的世界中,剑有什么样的含义?

徐:剑本身是一种兵器,其实也是一个人生哲学的代号,是一个修为的代号,也是人格的代号。剑是精神的投射,而非实物,指的是剑的修养和人物的思维。

张:你在影片中好像还有双剑情结,《新蜀山剑侠》里有紫青双剑,《新龙门客栈》中有子母剑,《七剑》中有日月剑和竞星剑两把双剑。双剑是否会赋予更多的意义?

徐:可能是吧。我觉得剑的变化,除了双剑本身以外可以一分为二,将来甚至还可以一分为三。《七剑》故事再发展下去,可能就要一分为三了。剑的用法决定着剑到底有怎样的形态。过去《新蜀山剑侠》中,紫青双剑代表的是一男一女的关系;《新龙门客栈》里,子母剑是防身和解决情节高潮冲突的重要武器。到了《七剑》,竞星剑主要是要限制狂妄和野性,作为剑法的修炼方式。日月剑要调和两种不同的剑在一起,作为控制整体的方法。所以作为剑法的特点来处理,使用双剑的人必须要用两种不同的剑做协调,统一团结。

张:你还拍过一部改剑为刀的影片《刀》,国内也叫做《断刀客》。在以前的访问中,你曾经说过你非常喜欢这部影片。在武侠世界里,刀和剑的意念有何不同?

徐:拍摄《刀》这部影片,是因为我总是想尝试用另外的方式来拍武侠片,结果还是有机会做了。刀是用来斩的,其实带有一股杀气。刀跟剑不同,刀比较粗野凶狠,剑比较优雅收敛,而人物比刀更复杂。整部《刀》我都是在说人的暴戾和野

《刀》剧照

性的潜质，一旦人暴戾起来，人就是一把刀。拍完了这部电影之后，我觉得心里很舒服，效果还不错。刀的世界是比较实战的，但是在《七剑》里，很多武功深不可测，所以很不一样。

张： 一些导演一生可能都在拍同一种类型的武侠片，但是你却能创造出那么多种不同风格的武侠片。1979年的电影处女作《蝶变》，你开始接触武侠题材，提出"未来派武侠片"的创作目标，这在当时是很大胆的想法。

徐： 我总觉得，如果这个世界没有断层的话，从某一个朝代继续发展到未来，中国完全是一个很隔离中原文化的武侠世界。两千年以后会是什么样子？这是我很偏锋的想法，想那时候就会有所谓未来主义的武侠世界。当然要做未来主义的话，必须要把它的过去跟现在联系起来。从古装角度想未来主义，是很有趣的想法，我就想去做。事实上，中国的武侠片跟西方的未来主义电影刚好是一种同步的浪漫表现，中国人回到过去，把过去的浪漫拿出来表现。西方人回到未来，可能是因为他们历史本身的东西未必够，相比之下科技反而变成了他们最大的文化特点，所以把他们所有的浪漫都投入到未来。

对照之下，如果我把过去和未来这两个元素尝试着拼在一起，会是什么样子，当时拍《蝶变》我就是这么想的。当时这确实是一个很怪的想法。最初是吴思远要找我拍武侠片，我便说不如拍未来派武侠片，当时自己还不是特别清楚，就开始动手创作了。

张： 所以你把科技发明引入到《蝶变》中去，还把希区柯克悬疑式的叙事方式带入影片，这些都是在你的总体意图之下所运用的具体方式？

徐： 对，我借鉴了希区柯克电影的一些手法来进行创作。我觉得在武侠电影里，可以参插其他的一些元素进去，这样可以让武侠片产生无穷的火花，当时就这样拍了《蝶变》。

张：《新蜀山剑侠》的时候，你的拍摄很辛苦，因为当时香港电影没有条件让你做电影特技。为什么那时会想做这样一部对特技要求很高的影片？

徐： 主要是我拍《蝶变》的时候，要拍杀人蝴蝶，真的把蝴蝶运到现场去放，而且对蝴蝶毫无把握，不知道怎么控制它们飞起来。期间有一个朋友来探访我，在现场看了一整天，然后对我说为什么不用特技。我当时一想，对啊，为什么不用特

《蝶变》剧照

技呢,后来拍《新蜀山剑侠》就开始用特技。那时候香港电影工业不用特技,觉得特技不是我们中国人的东西,而是外国人的。我当时听了很不开心,搞不懂这个世界上有什么是中国人的或外国人的,分得这么清楚吗?我偏偏就要用特技,当时有人骂,说我把特技作为拍摄的主要元素,等等。其实我觉得主要原因是中国人那时怕特技。

张: 应该说,《新蜀山剑侠》这部影片对你很重要。主要有两个原因:一是这部影片促使你成立了自己的视觉特效工作室,然后用相关的技术制造出了《倩女幽魂》等影片中的视觉奇观;二是这部影片激发了你第二次的创作,在2001年将同一题材全新创作,拍摄了《蜀山传》。请问,当时成立视觉特效工作室具体情况是怎么样的,还有为什么2001年要重拍《蜀山传》?

徐: 当时我觉得香港电影事业需要特技人才,如果拍完这么一部电影,什么都没建立起来,挺可惜的。当时有40个学生跟着我,我一直希望他们能在电影工业里做一些事情。当时他们分散出去,一些做了美术指导,一些做了摄影师,但我希望这帮人能够维持下去,形成一股力量,将来为香港电影做更好的视觉特效。视觉特效工作室跟外面的公司合作,参与过很多电影,比如《如来神掌》、《黑心鬼》、《开心鬼》等,古装片和时装片都有。

2001年重拍《蜀山传》,其实是我自己想回归到我以前的世界里去,看看这么多年我到底有什么改变?这是第一点。第二点,当时我想尝试一下这个时候拍这个

《蜀山传》剧照

题材,到底会是什么样?比如我会想到,如果我现在重拍我的第一部电影,会怎么样?这种情形跟2001年将《新蜀山剑侠》重拍成全新的《蜀山传》一样。还有甚至也不排除10年以后,我再把蜀山这个题材拿出来第三次重拍也不一定,主要是想看看那个时候我自己的想法是什么。

张: 在香港武侠电影中,你还带动了一种思考,比如说影片《黄飞鸿》中有关于历史的改写,还有系列影片中你加入了黄飞鸿穿西装、学英文、拍照等新的改编内容。在《黄飞鸿》系列中,怎样处理电影与历史的关系?

徐: 80年代听汪明荃唱《勇敢的中国人》很感动,又看到以前的《黄飞鸿》电影,就将两者联系起来。拍完《英雄本色》之后,我就考虑要重拍《黄飞鸿》。其实我觉得黄飞鸿就是一个代号,是一个中国传统儒教精神文化的象征,是集合了中国传统优良品质的人物。过去的《黄飞鸿》都是关于家庭伦理的,但是我想在清末民初那个时局动荡的时代,黄飞鸿作为大英雄怎么会不牵涉在内呢?所以在编写剧本的时候,我尽量把这个人物和整个历史背景联系起来。我把他放在不同的历史范围里,所呈现出来的相关效果是很有趣的。比如说黄飞鸿穿西装,他会觉得怎么样?时代变化那么大,他作为英雄人物怎么看这个时代,怎么看待科学,怎么看待爱情,怎么看待女人,怎么看待外国人等,都是我很感兴趣的内容。写剧本时,我潜意识地将自己对中国人的心态及愿望抒发出来,觉得我们不能怨天尤人,我们也得自强。这促使我拍摄时有了一种感性的原动力,对人物及整个历史背景形成一种态度。

拍完第一集以后,我思索作为香港人在中国应该怎样看自己与历史的关系,我

黄飞鸿与十三姨在一起

有强烈的主观意愿去回应香港人与中国近代史的关系，所以在第二集《男儿当自强》中，我将孙中山停留广州时与黄飞鸿产生联系，等等。我希望用黄飞鸿这个人物去面对每一个历史问题。

《七剑》有点回应《七武士》

张：最近你第一次改编自梁羽生小说《七剑下天山》的最新武侠电影《七剑》制作完成，并在2005年暑期隆重上映。请问当初你是怎么想到要拍这个题材的？

徐：我之所以拍《七剑》这部电影，主要有几个理由。其实最开始的事情是两年多以前，张鑫炎导演想拍《七剑》里的人物飞红巾，把《塞外奇侠传》跟《七剑下天山》融汇在一起。当时他问我："七把剑到底有什么分别？"我说："当然有分别啦。"他问："有什么分别？"我说："不告诉你。"然后他就笑，说这样的话我现在应该来拍《七剑》，就把这个题材交给了我。还有当时我有一个感觉，觉得自己已经改编过金庸、古龙的小说，而梁羽生的小说我从来没有接触过，所以很想尝试把他这部名作《七剑下天山》改编成电影。另外一个启发我进入《七剑》电影世界的原因是，我非常喜欢日本导演黑泽明的《七武士》，当时我看完了那部电影觉得很震撼，对我来说是一个很大的启发。《七剑》虽然是一个完全不同的故事，但我觉得好像有点回应《七武士》的感觉。我想经过这样一部电影的心路历程，来拍这七个剑客齐心协力面对天下一些大问题和困难、反抗一些压迫他们的恶势力的故事。对我本人来说，这样的电影故事在现实中我也很想做，感觉也是理所当然要做的。最后一个原因,是因为我觉得在武侠世界里,兵器很多时候跟人的性格连在一起。兵器有它自身的独特地方,我觉得这样一个有关剑的故事在武侠故事里也是少见的。

张:整体上看电影《七剑》,与原著《七剑下天山》有何出入?

徐:其实这个电影本身就是在铺垫小说的基础,让小说发展下去。我看小说《七剑下天山》的时候,当时一看,哎呀,杨云骢第一次就死掉了,然后就是楚昭南怎么会变坏了?纳兰怎么会突然就嫁给王爷,还生了三个孩子?这个故事是怎么发生的?对于这些,我们没有方式解释。如果要拍电影的话,我们是不是有这么多篇幅去解释这么多东西?这点上我觉得是可以的,把背景放松一点,先把杨云骢、楚昭南几个人说清楚,再把故事展开。其实我的电影《七剑》就是要把人物奠定下来,把基础奠定下来,把七把剑和人物事件强化成一体。

张:整体风格定位上,你对《七剑》有特别的构想,要拍成不同于以往任何的武侠片,要做成一个400年前侠客生活的纪录片。为什么有这样的想法?

徐:在我的武侠世界里,我一直是希望变化。武侠片可以有很多种风格,比如《笑傲江湖》就比较神秘浪漫。我觉得现在我们拍摄武侠电影用的手法偏表现主义一

点,"表现主义"指什么意思呢?就是镜头上表现出来的东西的风格好像很多时候未必跟我们的关系很直接,人物的很多行为和外形的东西都跟我们有一些距离。我一直在想,如果我们把这些有距离的东西拿掉,回到很靠近我们的一些行为和心态,那么也许我们的武侠世界会有另外一种效果,因为里面有一些很真实的、跟我们现实生活有关系的元素在里面,可能出来的效果跟以前不太一样。所以我就尝试这样的创作。

《七剑》就是要写实,在设计中强调现场纪实感,从真实的元素中寻找令人振奋的东西,试图拍成纪录片风格。但也有一个问题,就是整部影片是我们设计出来的,因此所有方面还没有做到百分之百的所谓真实的现象,可能再往下发展,要走的路还很长。

张: 用这样一个武侠的题材来做纪录片风格的创作尝试,肯定需要很多方面的精心设计。在影片整体的影像风格和服装造型方面,有一些怎样的具体构想?

徐: 在《七剑》的武侠世界里,我常常追寻和沿循着我们现实生活的质感。什么是生活质感呢?举例来说,比如头发,以前武侠电影里男人的头发要绑成一个髻,

《七剑》剧照

那个髻很整齐、很漂亮。但是我觉得在现实生活中长头发的男孩子要把头发绑起来的话，怎么都绑不出那个整齐的髻来，这样就没有生活原生态的质感。所以我觉得可以改变一下。服装也是这样，生活中人物身上要带腰包等东西，但是我们看很多武侠片中的人物都是干干净净的，身上什么东西都没有。如果我们抽出来看一些生活细节的话，会觉得他们跟生活的距离太大了，不真实。所以我想把这些都转变成比较实在的感觉。比如杨采妮，古装世界里的女孩子穿衣服、绑头发很难处理，在电影的整个拍摄过程中，我对她说衣服你要自己穿，头发要自己梳，自己不能梳和穿的话，那就不属于你。有时候你们会看到拍戏中，化妆师跑过来给演员头上喷发胶，再拍的时候演员就不敢动了。一次我在现场，陆毅的头发乱了，化妆师跑上去要给他梳头，我赶紧大声阻止说："千万不要动，我就要这样子"，要不一梳完，陆毅马上就不敢动了。所以我觉得最重要的是让演员和人物变成一体，能跟人物更靠近。

张：在动作方面，要注重一招一式的真打？我知道武术指导刘家良是比较注重真打的，他以前导演的《少林三十六房》等很多影片都是这种动作风格的。

徐：真正的招式是见仁见智的。一套东西打出来，是不是有杀伤力？到底是太极拳厉害还是洪拳厉害，每个人的说法不一样，每个学派都会说自己的是真的，别人的是假的。真真假假的事情，并不是我们要证明的事情，我要证明的就是动作打出来之后有没有说服力，这是我要琢磨的。举例来说，现在让你穿玻璃出去，你肯定穿不过去。成龙拍过很多穿玻璃飞出去、玻璃马上碎了的电影，那么如果撞玻璃后被弹回来，又是什么样的世界，到底写实还是不写实？那就相当于在武侠世界里，我们看到一个人摔在桌子上、桌子却没坏的感觉，不像一般的武侠片里看到的桌子马上就烂的感觉。在《七剑》里我们偏偏要求桌子不烂、人滚在桌子下、桌子完全没有事的感觉，因为我觉得真实就是这样。我要使影片转变一种方式来做。比如说片中杨云骢打开门救他师兄出来，跟以前的武侠片不一样，不是飞下来的，而是沿着绳子攀下去，这就比较有生活的质感。用这样的方式表现出来的武侠世界，肯定有不一般的感觉。

张：《七剑》涉及完全不同的七把剑，片中你怎么样来展现？

徐：片中整个故事牵涉七把剑和七个人物。在这个团队里面，基本上有七种精神状态存在。七把剑的定义有很多的可能性，我们主要将他们定位为七个不同剑客的精神状态。

楚昭南的游龙剑，是空间放得很大，而且很独行、很个人、很主观英雄主义的一把剑。这把剑是七剑里面最锋利的。楚昭南的剑法也是最厉害的，而且这个人的成长背景很特殊，所以游龙剑代表了很锋利、自我性很强的一种精神状态。

青干剑是杨云骢的剑，这把剑在我的电影故事里还没有完全打造好。由于游龙剑下山，作为搭配和制衡，所以青干剑虽然没有完成也必须要下山，不然游龙剑一旦出问题就没有一把剑能对付。这把剑看上去很没有光彩，但是剑的实力很强，表面上看不出来，只要游龙剑一出，青干剑就出来了，它是唯一一把能抵抗游龙剑的剑。杨云骢这个人物一直很压抑，实际上他的家仇父仇有很深厚的历史，不能告诉别人真相。他一直不能下山的原因是，师傅怕他把仇恨变成生命的主导，这力量会将他的生命摧毁，所以对他的心法研习很注重，下山前一直嘱托不要报仇。其实这把剑是很无我的一把剑，是保护和防卫的一把剑。

日月剑本身是雌雄双剑，代表了一种感情，把两种不同的东西结合为一体。因为晦明大师铸这把剑的时候，把他暗恋的女人的一把剑打造出来之后，同时铸成一把雄剑作为一对。这把剑可以变换无穷，既可以变成一把剑也可以变成两把剑，既可以变成长剑也可以是短剑，代表了合为一体的团结精神，必须把两把剑结合在一起，才可以应用到极致。用这把剑的人穆郎，很开朗、很调皮，觉得人生是很正面的，没有负面的感觉。

竞星剑是对剑很痴迷的辛龙子使用的，电影里我们说他是在狼群里长大的人，他跟人交往没有太多的经验，不过他练武还是很沉迷的。这把剑比其他剑要短，晦明大师给他这把剑是要把他的狂性收敛到不会失控的程度。这把剑也是双剑，中间有一条链捆在一起，一下子打不开，有很强的牵制，把人物的行为和动作归结到比较理性的范畴。

韩志邦用的舍神剑，是一把很锋利、很厚、很重的剑，使用起来是带人走的。因为很沉，所以一转动起来整个人的动作被带起来，使用得好就觉得这把剑很轻，用不好则带着走，很重。这把剑可以开山劈石，是晦明大师上天山铸的第一把剑。为什么叫舍神剑呢，因为它代表着重生和建立一种新的精神状态，是一种遵循大自

《七剑》海报

然规律行走的象征。

　　天瀑剑是武元英用的。当时晦明大师打造这把剑时正修炼心法，在铸剑过程里融合了对生命和人生的一些体会，然后在剑上也得到了总结。其实他觉得打来打去，剑没有更突破的状态，有一天看到天边的云彩，觉得那个云彩被风吹的时候变化很大，以此作为剑的理论，打了一把两边都可以流动、两边都可以攻打对方的剑。这把剑用的时候，必须要很放得开，不要执著地从一个方向进攻，必须跟着剑本身的流动性来使用。片中晦明大师把这把剑交给武元英，就是要武元英对自己有一定的信心，对人生和生命要看得开，不然的话就用不了这把剑。

　　莫问剑是傅青主用的。这个人物对他过去的江湖杀戮和恩怨仇杀厌倦了，所以把剑丢掉了。后来晦明大师把这把剑还给他，跟他说，"莫问前程有愧，只求今生无悔"，其实是叫他不要负太大的罪恶感，要面对将来和生命。莫问剑也是一个智慧的象征，傅青主是一个悲天悯人的人，最后他克服对过去的罪恶感以后，很理性地带领整个七剑团队，面对人生的考验和挑战。

电影改编多层面解读

张：改编在你的电影中也是一个非常重要的特点。什么题材到你手里，改编完了之后都会让观众超乎想象，比如说《梁祝》、《青蛇》等。

徐：我觉得在电影改编的过程里，必须要看到你对改编材料的感受，不然没有落脚点去改。关于《梁祝》，我想一个女孩子如果想外出念书，她的性格会是怎么样，这个学校里全都是男孩子，她生活、洗澡、睡觉怎么办，生理上有变化怎么办，而且她还带了一个丫环，这个丫环怎么办？如果说小姐可以掩盖自己的真实性别，但是丫环不可能，因为总跟其他随从在一起，一定会有破绽。所以从这一点上我考虑祝英台和梁山伯之间的感情怎样发展，想写一个很靠近我们的他们之间的关系发展，还有他们对我们的影响。他们的感情是我要表达的一个内容，此外我还有触景感慨，其实他们没有必要死，他们很无辜。西方有一个《罗密欧和朱丽叶》，相比之下这又是什么情况，所以我就拍了《梁祝》。

张：《梁祝》这部影片出来以后，据说当时关锦鹏导演拍了一个涉及同性恋的电影纪录片，对你在影片中将梁山伯很早知道祝英台是女性身份的情节设置有一些批评，认为那破坏了同性恋的情结。创作的时候，有没有考虑过表达超越异性之恋的情感问题？

徐：这个地方我觉得处理得很妙，祝英台由男性变成女性，梁山伯到底喜欢那个男的，还是那个女的？如果喜欢的是女的，那么梁山伯就不会那么失望，因为也没有得到她，但是梁山伯气愤地病死了。这里面其实牵涉了很多模糊的空间，我觉得很多地方可以多层面地解读。

《梁祝》剧照

《青蛇》剧照

张：你的改编总展现出对传统背叛的重要特点。《青蛇》里，原来青蛇和白蛇之间的关系有固定的模式，但是影片中青蛇不仅是主角，而且有各种情欲人性，还将法海塑造成了很虚伪的形象。为什么这么改编？

徐：关于《青蛇》，我写的青蛇是无知的，变成人之后与自然隔离，变得虚伪。我觉得白蛇、青蛇都很愿意保护许仙，为许仙而活，为许仙而死。这两条蛇很真情，很为人类想，但是她们偏偏就是蛇，反而反映出许仙是一个虚伪人物。那么法海为什么老是纠缠白蛇和青蛇呢？他是一个传统思维状态的人物，整个就为了社会教条，总是让白蛇、青蛇变成蛇，这是人类社会很虚伪的价值观。其中只有青蛇冷静地跳出来，因为她的修行很不够，白蛇修行够了，被人类社会洗脑很彻底，青蛇还有原始的一面，她看到这是人类虚伪的一面。白蛇甘愿变成牺牲品，而青蛇逃出来了。整部影片我是借题发挥，借青蛇来探讨人性。

张：其实观众看了你的影片之后，也是一种洗脑。《笑傲江湖》系列电影，你对令狐冲和东方不败这两个人物的改动很多。电影中，令狐冲同时对几个女人有情感的发射，东方不败不仅是一个阴阳两极和非常妩媚的形象，还跟令狐冲产生了一段超越男女之间的模糊情感。

徐：我最喜欢的金庸小说是《神雕侠侣》，但是拍电影还是选《笑傲江湖》最合适，因为跟现在有关，可以借古讽今。当时我想拍电影，觉得《笑傲江湖》里反派人物很好看，无论是岳不群、任我行，还是东方不败，都很好看。我很喜欢人物心胸开阔、视野远大,我想把视野带出来。身处那个环境,令狐冲跟岳不群有很大的差距,一个是大无畏、很放得开的感觉,一个是斤斤计较的形象。改编中,我把令狐冲忧郁的部分拿走,不让悲哀的东西有太多。师妹对令狐冲很有男人行为的那种感觉,因为她从小到大跟男孩子在一起。还有我觉得故事中林平之本来是主角,令狐冲是配角,但后来令狐冲变成主角,是因为令狐冲做的事情比林平之更有趣。那么林平之又是什么样的人物呢,我就把角度调过来,《笑傲江湖》主要是描写反派。《笑傲江湖》上映后,有人问我东方不败在哪里,第一集公映后反应不错,所以拍了第二集《笑傲江湖II之东方不败》。我觉得主角跟反派的关系不能太远,所以安排东方不败与令狐冲发生浪漫的情感关系。东方不败的设计意念源自《新蜀山剑侠》中一个全身红色的造型,很具有自傲和宏大的气势,觉得让林青霞来演比较合适。

还有我总在想,男性和女性的很多特点其实是社会价值观的一种反应。像林青霞是很清纯的形象,但我一直想把她变成一个相反的人,所以问她可不可以剪去长发,她说可以,然后就有了《刀马旦》,之后也有了形象变化非常大胆的东方不败。杨采妮拍《梁祝》也很有趣,我们用了很多办法,让祝英台扮成一个男人,真的很可信。结果拍完男装部分,再拍女装时,大家都不适应了。有一次我跟杨采妮讲,你好像是一个男的在扮女装。我想,我喜欢的人物都是超越了性别概念的。

《笑傲江湖》剧照

从新艺城到电影工作室

张：从《鬼马智多星》这部影片开始,你逐渐地迈入香港电影主流,好像跟你当时接触非常重要的新艺城公司有很大的关系?

徐：对。当时吴宇森进入新艺城,但只能用假名"吴尚飞",不能用真名,因为他跟嘉禾的合约没有期满。我当时在电视台拍武侠戏,跟吴宇森认识,他就介绍我到新艺城。他们找我,是因为他们想发展电影制作方面的项目,想找一些新的导演来拍一些新的题材的电影。到新艺城,我拍的第一个戏就是喜剧《鬼马智多星》,还拿了金马奖。当时在新艺城,创作上是一伙人一起做,什么题材、构思剧本、怎么拍等所有事情都是一起研究,那时我自己导演的戏不多,多是帮人家搞。

张：后来在什么情况下,你要离开新艺城,开始成立你自己的电影工作室?

徐：新艺城最大的问题是只拍喜剧,大家都只想拍票房几千万的影片,我提出想尝试不同的电影,大家都没有信心。这种情况下,我有些厌倦,就离开了新艺城。当时在香港有一个关于电影的团体叫香港电影文化中心,也是我们一拨对香港电影有很狂热兴趣的人组织的,一方面我们喜欢电影的人组织在一起,同时也培养一些新人。那时我在电影文化中心教一门课叫"电影工作室",主要教学生什么是电影的技法,教他们怎么拍电影。当时有一些电影在拍,有人问我有什么公司,我说没有公司,倒不如尝试自己办一家公司,名字就叫电影工作室。

张：电影工作室成立后,马上推出了《上海之夜》,你亲自导演的。

徐：对。当时拍这部影片,真的不希望自己独立出来之后拍的第一部电影过于实验性或太夸张,但也不想拍新艺城时尚现代、光棍老千的喜剧。当时香港电影其实挺浪费的,所有女演员都是用来陪衬男演员的。但是《上海之夜》证明了女人戏其实也挺好看的。后来吴宇森拍《英雄本色》的时候,我拍了三个女人的电影《刀马旦》。

张：在20世纪80年代中期以后,你的电影工作室在香港影坛引起了三大热潮:一是你亲自主导的武侠片潮流,另外是吴宇森的《英雄本色》系列枪战片和程小东的现代鬼片《倩女幽魂》系列。据说《倩女幽魂》和《英雄本色》这两个题材,你在电视时代早已有创作想法,而直到电影工作室成立之后才得以推出?

徐：对。《英雄本色》来自于1967年龙刚导演的同名影片。其实在70年代,我在无线电视台的时候就写了剧本,但是没有拍成。在新艺城,《英雄本色》又涌入我

《刀》剧照

的脑海,但是大家害怕没有市场。于是我就想等有机会还是自己来拍。1983年,我到台北拍摄《两只老虎》的时候,跟新艺城台湾分公司的吴宇森说起《英雄本色》,两个人都有很深刻的感受。后来我拍完《上海之夜》、正筹备《刀马旦》时,吴宇森从台湾回到香港,我就把《英雄本色》给他拍,我担任监制。《倩女幽魂》是邵氏和李翰祥都同意我重拍,但是一直没有机会正式拍摄。1986年程小东找我合作拍戏,当时他拍完嘉禾的戏不太开心,问我拍什么题材好,我觉得拍鬼片比较好。《倩女幽魂》正适合他将古装动作拍得很飘逸浪漫,就把《倩女幽魂》给他拍。

张:其实你对这两个剧本的喜爱是非常强烈的,为什么不自己亲自导演呢?

徐:我觉得一个人能做的是很有限的,而且每个导演都有他自己强项的地方。我喜欢的戏,不一定都要我自己拍的。

张:那从你的角度分析,你的强项在哪?吴宇森和程小东的强项是什么?

徐:吴宇森的强项是很坚强,他有男性的感觉,男性之间的矛盾和爱恨情仇,以及男性所有的阳刚激情都是吴宇森的特长,枪林弹雨的浪漫等也是一种表现。程小东是一个唯美的浪漫主义者,在武侠电影里呈现出很多线条上的美感,动作本身也是他一个很特殊的风格,他能够用很飘逸的方式表现出武侠世界的意念,甚至不容易理解和表达的画面他都能表现出来。我感觉自己的长项,是不断地创作一些我自己想拍的东西,什么都可以做好,都要尽量去做。

电影解析

徐克求新求变　引领电影潮流

对香港电影这个庞大复杂的江湖世界而言，徐克不折不扣是一个技艺超群、群雄竞逐的武林盟主，他对整个电影工业体制的发展和推进起着举足轻重的引领作用。就导演而言，徐克绝不是顺从原有类型模式的"一盏省油的灯"，他凭借自己出众的想象力和创造力天马行空地创新与突破，掀起了香港类型电影的一次次潮流。就监制而言，徐克是一位远见卓识、知人善用的伯乐，他不仅成功推动了吴宇森、程小东、李仁港等电影人开创的枪战英雄片、鬼片、科幻动作片等潮流，而且也是一位极具艺术渗透力的强势监制，总会在千里马的杰作中深深烙刻下自己的印记。就技术而言，徐克绝对是现代香港电影的领头人。20世纪80年代初，当香港电影还桎梏于传统手工艺阶段的时候，他就引进好莱坞电脑特技人才尝试创作了香港第一部电脑特技武侠片《新蜀山剑侠》，此后还成立了电影工作室和视觉特效工作室，为香港电影培养了一大批电脑特技人才。

武侠片·徐克梦

武侠片是香港电影的金牌类型，也一直是徐克的电影梦想。他从处女作《蝶变》开始就纵横驰骋于武侠世界，用自己超乎常规的丰富创造力为香港武侠片一次次做了重新界定，推动了好几拨武侠热潮。

从最初的创作开始，徐克的武侠理念就是完全颠覆传统，强调标新立异。他在拍摄第一部电影《蝶变》的时候，倡导"未来派武侠片"的概念，原创意念就是要强调"怎样构思一个完全离开中国武侠片世界的时代"，所以他借鉴古龙小说《吸血蛾》的故事灵感，再结合了日本推理剧《八墓村》和希区柯克电影《群鸟》的悬念设置技巧，巧妙地将科幻与武打相互结合，并且在影片中采用了现代潇洒的发型、漫天飞舞的蝴蝶和身穿盔甲的侠客。徐克的武侠电影观念完全是现代的，他的电影不认同之前武侠电影中愚忠愚孝、单打独斗、匡扶正义等传统意义，虽然也有正邪对立和惩恶扬善，却是现代自觉意义上的辨别和省思。影片中他总是将过去和现实的复杂社会形态相对照，形成寓意深远的镜像世界：他不强调单个英雄的正义豪气，

《蝶变》剧照

而强调一种江湖整体的危机文化;不强调正邪较量,而强调人与人之间的复杂关系;不强调武功的展示,而强调影像语言的表达;不强调故事的冲突起伏,而强调内在深层的人性揭示。

特技武侠片

徐克对香港武侠电影影响最深远的举动,就是大胆尝试和大力推动了电脑特技武侠片的热潮。1979年《蝶变》中为了让杀人蝴蝶应剧情飞起来,徐克伤透了脑筋,但效果还是不佳,朋友"为何不用特技"的建议点醒了徐克,这成为了1983年创作《新蜀山剑侠》的最大动机。《新蜀山剑侠》的出现,是徐克电影的新篇章,他顶着当时很多电影人"特技是外国人用的"观念逆风而行,史无前例地花巨资从好莱坞请来了《星球大战》的特别效果指导Robert Blalack和擅长制造电、火、枪火效果的Chris Casady等十多人,在整个香港电影工业还没有技术准备的情况下,最早使用了蓝布景、模型、光学特技和电脑辅助等,创造出了气势宏伟、飘逸浪漫、生动精彩的神仙境界的影像画面,将香港电影从传统手工作坊的土法炮制阶段推进到了利用现代科技创作的重要阶段。如果说《新蜀山剑侠》更多地是徐克挑战香港电影传统和开创特技新路的使命之作的话,那么到2001年几乎全由三维电脑特技制作的影片《蜀山传》,徐克的电影特技之旅已经完全自觉,甚至有些极端和执迷。影片舍弃故事情节之完整性，而一味追求特技语言的形式美感，从而使得叙事过程缥缈模糊，影像画面花哨华丽却空洞无物，缺少了震撼观众的生命力。但即便这样，一部影片采用1500多个特技镜头的方式，也为香港电影探寻了特技电影的极致和局限。

在用特技改造本土武侠电影的过程中，徐克也不只着力在技术的运用上，还非常强调和坚持电影文化意义的表达。电影《新蜀山剑侠》中，无论正邪、天地还是神魔交战，都贯穿了儒家"己所不欲，勿施于人"的道理、道家"顺其自然，无为而治"的哲理和佛家"善有善报，恶有恶报"的信条。整部影片所表达的是团结和正义的主题。应对群魔作乱，神仙和人类要精诚团结、心意相通，这样才能战胜邪恶。最明显的是徐克本人出现在影片的最后一幕中，他扮演的小兵和洪金宝扮演的白眉对打，借白眉之口呼吁大家不要自相残杀，要团结合作。如此主题意义，不仅融汇在故事演进、人物塑造中，还渗透在影像画面的精心结构中。而且，《新蜀山剑侠》和《蜀山传》两部影片从模型到特技、从服饰到场景，基本上都依循着中国传统连环画的某些造型去设计，甚至带有浓郁的敦煌色彩，描摹出中国山川大地的雄伟气势。

历史武侠片

1991年，不按常理出牌的徐克拍摄了影片《黄飞鸿》，继而导演和监制了多部《黄飞鸿》系列电影，在特技武侠片之后推动了历史武侠片的潮流，极大地震撼了香港影坛。震撼的主要原因在于：如此精灵古怪的徐克居然回归黄飞鸿那么"正"的题材，还大胆挑战了20世纪50年代以来胡鹏引领的黄飞鸿系列电影不可取代的至尊地位，而且还那么超乎常规地进行虚构历史和年轻化的改编。应该说，徐克这样的创作完全是自觉而有意识的选择，随着香港九七回归的不断临近，他开始正视自己作为香港人和中国内地的关系，也开始深入地思索以往香港和中国之间断裂的历史，想在电影中面对历史，所以他选择了黄飞鸿这个人物，希望借用黄飞鸿这个人物来深刻地表达他的历史情结。

但对于历史，徐克收集资料的态度非常严谨，但是创作的态度却非常现代，甚至对中国历史抱着非常幽默的态度。历史片不是他的目标，他想创作的只是涉及某些历史事件的电影故事；为黄飞鸿做传不是他的想法，他希望表达的只是以黄飞鸿为人物的武侠故事。于是徐克选择了历史新编的创作模式，舍弃黄飞鸿真实的生辰年份和生平故事,自由地将人物置身于特殊的历史时代,并编撰出丰富的人物经历,以此来演绎一个个武侠情仇皆有的故事。《黄飞鸿》中,徐克接受美术指导奚仲文的建议,将黄飞鸿的故事往前挪了五十年,整体上将黄飞鸿放置在清朝末年外敌入侵、国家内忧的民族乱世中;《黄飞鸿Ⅱ之男儿当自强》中,徐克大胆安排了黄飞鸿和孙中山相遇相知相惜;《黄飞鸿Ⅲ之狮王争霸》中,徐克不仅安排黄飞鸿北上京城参加狮王大赛,还编排了上书李鸿章、震动八国联军的故事;另外在编剧和监制的《黄飞鸿Ⅳ之王者之风》中,徐克安排黄飞鸿与八国联军比武,还将南下图谋复国的重任赋予黄飞鸿。可以说,《黄飞鸿》系列历史武侠片中的黄飞鸿,只是徐克心目中想表达的虚构人物。

传统的黄飞鸿电影中,黄飞鸿是正义力量的代言,在很多情况下他都是不断地忍让恶势力的侵扰、耐心地加以教化,直到最后忍无可忍时才运用高强的武艺惩恶扬善。在徐克引领的《黄飞鸿》系列电影

徐克塑造的黄飞鸿时尚潇洒又不失侠义正直

中,这样的叙事模式也大体沿用,不同的是加强了时代历史的烙印和东西文化冲突的力度。十三姨这一女性角色的加入,是徐克构思的精彩呈现,不仅弥补了原有黄飞鸿故事的阴柔不足,增加了故事的娱乐细节,而且承载了东西文化冲突的意义内涵。十三姨从英国留学回来,为黄飞鸿带来了多重的改变,此后黄飞鸿不仅穿起了西装,吃起了西餐,还说起了"爱老虎油"(I Love You)的洋话,大胆娶了十三姨,挑战起中国人辈分不能乱的传统观念。如此丰富的想象力,为《黄飞鸿》系列

电影增加了市场吸引力。

写实武侠片

徐克的重要特点就是创作上不断地求新求变。如果说2001年的《蜀山传》，徐克走到了电脑特技的极端，那么在2005年的力作《七剑》中，徐克则开始了另一个极端的尝试，那就是返璞归真的写实化武侠片创作。徐克在接受采访的时候说，《七剑》追求的就是纪录片风格，强调现场纪实感，在影像表达、细节处理和人物表演上都强调生活的质感。就实际效果而言，影片中真实的武打动作设计、粗糙的服装发型，还有生活化的情感流露，已经基本达到了徐克的预想。相对于当年游戏般的《蜀山传》被影评人评价为"超出了观众的接受能力"，最终遭受观众的冷落，如今的《七剑》虽然也大胆挑战了观众注重影像奇观的欣赏习惯（正面和负面评价此起彼伏），但是市场票房却一路上扬，内地市场8000多万人民币的票房收入很好地证明了徐克最新尝试的成功。

《七剑》强调生活的质感

多元类型·徐克创造

武侠电影是徐克创作数量最多，也最为观众所熟悉的主流商业电影类型，是徐克成功跻身并引领香港影坛的重要标志。但说实话，徐克从新浪潮主力人物融入香港电影主流工业不是一开始就自觉的，期间经历了三部影片的失败过程。1979年凭着年轻气盛，徐克导演了处女作《蝶变》，虽然影片以独特影像、诡异氛围和悬疑推理的叙事让观众耳目一新，却因为过于复杂混乱的叙事而使得影片票房惨败。第二部影片《地狱无门》，徐克从鲁迅作品《狂人日记》中得到灵感，希望以黑色幽默的方式来改善创作和争取观众，但因为无法在吃人的题材、血腥恐怖的场面和黑色喜剧的表达中找到"度"的平衡处理，因此没有得到观众的青睐。接下来的第三部影片《第一类型危险》，徐克根据新闻报道创作了一个有关四个青少年制造炸弹、以暴力对抗社会的故事，巧妙融入了时代愤怒和社会隐喻，又因为过多涉及青少年暴力问题而发生禁演重检事件。连续三部影片的挫败，对徐克产生了非常大的刺激作用，他开始意识到电影不应该是个人的创作，而应该有更大的表达空间让观众去感受。从此，徐克的电影市场意识被激发起来，商业电影的创作潜力也被极大地挖掘。在其后20多年的电影生涯中，他的电影触角巧妙延伸到了许多题材领域，开始了多元化的主流电影创作之路，以敏锐的视角和独具一格的风格行走在喜剧片、枪战片、鬼片、动画片等多种电影类型的最前沿。

《第一类型危险》聚焦青少年暴力事件

喜剧片

喜剧片是徐克最早尝试的商业类型，也是他在风格和元素等方面改造程度仅次于武侠片的电影类型，同时更是徐克电影工作室个性品牌得以树立的开路类型。

1981年，徐克以加入新艺城公司为契机，一改前三部影片的沉重暴戾，拍摄了妙趣横生的喜剧片《鬼马智多星》，成功转型主流电影创作。影片围绕黑帮老大、江湖老千、私家侦探和矮子神探等充满喜剧细胞的人物，设计了一连串新颖独特的搞笑场面，笑料百出，动作风趣，观众反响和票房收益都不错，成为徐克咸鱼翻身的胜利之作。在尊重类型模式的基础上，徐克对《鬼马智多星》也进行了一定的改造，他不强调故事情节的冲突圆满，而更注重人物的塑造、细节的处理和情绪的把握。另外从深层意义上说，《鬼马智多星》这部影片不仅成就了徐克的市场佳绩，而且也成就了新艺城公司的发展机遇，开创了不同于之前的《滑稽世界》、《欢乐神仙屋》等古装疯狂喜剧的时装喜剧模式。

三年之后，徐克再次操刀喜剧电影，为新艺城导演招牌之作《最佳拍档之女皇密令》，这次他又对时装喜剧进行了多种改造：首先，他将功夫片领域的动作巧妙融合于都市追逐和侦探的故事中，并与"光头神探+帅气飞贼+漂亮女警"的喜剧故事完美融合，发展了比较成熟的都市动作喜剧模式；其次，徐克将人物进一步卡通化，不仅学习外国影片《007》系列的神勇模式，将许冠杰扮演的帅气飞贼"邦德化"，开篇就让他在巴黎埃菲尔铁塔遇袭，潜水进入大白鲨潜艇，接受英国女皇的命令实行偷宝石任务，而且还加入了很多拿国际名人开涮的噱头（比如英国女皇和美国里根总统）；再次，在喜剧进行的过程中，徐克巧妙地融入了爱情、家庭的搞笑因素，进行了一定的类型改装。1992年，徐克和林岭东联手打造成龙主演的动作喜剧《双龙会》，全片以孪生兄弟为叙事点巧妙地将真打的动作和幽默的情境喜剧相互结合，妙趣横生。

1984年，徐克离开新艺城成立了电影工作室，当年即以一部喜剧电影《上海之夜》在香港影坛脱颖而出，在推进李翰祥《大军阀》等影片开创的历史喜剧模式的基础上，又加入了很多文艺爱情片的元素。影片《上海之夜》主要讲述了一对青年男女在上海相识、相约十年后抗日战争胜利时再相聚、最后他们的约定在南下香港的火车上得以实现的故事。影片将日军侵华、上海沦陷、人民抗日的真实历史背景很好地渗透在人物命运中，颇有致敬《马路天使》、《十字街头》、《乌鸦与麻雀》等

《双龙会》剧照

经典老片的怀旧感觉，同时人物在上海沦陷之后的感情也颇有张爱玲小说《倾城之恋》的意味，整体上诙谐幽默又真情流露。1986年，徐克推出《上海之夜》的姊妹片《刀马旦》，再一次在借鉴《星星·月亮·太阳》和《大军阀》等老片的基础上将历史和喜剧巧妙融合，讲述了乱世时代中三个女人的情感故事。

枪战片和鬼片

80年代中期以后，香港影坛因吴宇森《英雄本色》和程小东《倩女幽魂》而涌现出枪战片和鬼片创作的热潮。这两股轰动的商业潮流，实际上都是由徐克真正主导和推动的，虽然他没有亲自导演，却是通过监制来实现的。

1986年徐克电影工作室重拳出击，支持吴宇森翻拍1967年龙刚导演的枪战片《英雄本色》。影片所呈现的阳刚情怀和暴力美学顷刻间征服了香港观众，票房大卖，不仅令周润发告别"票房毒药"的称号，成功跃变为银幕"暴力英雄"，而且使吴宇森获得香港枪战动作片掌门人的重要地位，推动了男性英雄片的创作热潮，同时也成就了徐克电影工作室的金字招牌。此后，徐克不仅继续支持吴宇森拍摄《英雄本色Ⅱ》、《喋血双雄》等枪战片，1996年还支持李仁港导演有着科幻色彩的动作片《黑侠》，对香港枪战动作片的推进贡献良多。1989年在吴宇森离开电影工作室以后，徐克从幕后监制走向台前，导演了《英雄本色Ⅲ之夕阳之歌》，在蕴涵现实思考的基础上讲述了发生在越南和香港之间的《胡越的故事》和《双城记》，别具特色。

1987年，徐克电影工作室推出了程小东导演的鬼片《倩女幽魂》。影片翻拍自20世纪60年代李翰祥的同名影片，但是在叙事上做了很大的改变，书生与女鬼之间的人鬼恋故事更加凄婉动人，动作场面的设计犹如舞蹈般浪漫唯美，影像画面飘逸鬼魅，显示出不同凡响的精巧构思。影片公映以后引起非常大的轰动，徐克和程小东乘胜出击，又成功拍摄了《倩女幽魂Ⅱ之人间道》和《倩女幽魂Ⅲ之道道道》两部续集，同时也掀起了《魔画情》等大量影片跟风抢拍的鬼片热潮。

动画片

徐克从小就对迪斯尼的卡通片非常痴迷，而且对香港电影唯一的动漫系列《老夫子》非常钟情。他感觉在现代电影的发展过程中动画片有着非常大的市场，所以动画片是他一直想发展的一种类型。但是香港动画片的发展非常缓慢，而且基础比较薄弱，面对这一现状，徐克更觉得他有责任去创作香港的动画片。

1997年在徐克的视觉特效工作室走入正轨、并经受了《倩女幽魂》系列影片的成功考验之后，徐克选择了改编自《倩女幽魂》的动画片《小倩》来创作。影片完美地结合了三维立体动画和二维平面动画，创作出小倩、宁采臣等可爱动人的人物形象和逼真生动的环境背景。同时在动画片创作的时候，徐克带领他的电脑特技工作人员不仅将真人转化为动画形象，而且大刀阔斧地进行了很多全新的改编，动画片中加入了类似《青蛇》中虚伪卫道的法海角色的白云大师，充满了现实社会的时代隐喻和情感表达。2001年，徐克再一次行进在动漫片创作道路上，支持邱礼涛拍摄了真人与动画相结合的《老夫子2001》。

多变求新·徐克风格

在新浪潮以来的香港电影导演群中，徐克是取材和风格最为偏锋独行、多变求新的一位导演。他似乎永远不会满足现有的电影模式，不断地寻求瞬间流动的题材灵感和电影理想，不仅努力探索着每一部影片的不同表达，而且在很多影片的拍摄中多次修改剧本，甚至大改对白，很多时候导致演员的嘴形和声音不符，被合作的同事戏称为"强奸嘴形"。因此如果真要总结徐克的电影风格的话，可能只有"多变"才是唯一准确的概括。尽管如此，"多变的"是徐克电影的表达形态，在多变的表层之下，我们也可以把脉到徐克一些不变的电影思维和风格。

文化省思·现实表达

"我拍电影的题材和情绪，来自我们身处社会的感受和心理需要。理性方面，我们反映现象；感性方面，我们反映心理需要"，这是徐克曾经表达过的创作想法。从这句话出发再来观摩徐克电影中很多令人费解的影像表达时，我们就可以比较容易地把握到徐克电影中的文化省思和现实表达的内在思想。

对徐克来说，电影不仅仅是娱乐产品，也是可以托物言志的重要载体。从最初灰暗的《地狱无门》和《第一类型危险》宣泄的时代愤怒开始，徐克在很多电影中都融入了深刻的主题探索和内涵表达。面对20世纪80年代后产生的香港即将回归的担忧，徐克将自己对香港的感情和想象融化在电影世界中，比如《倩女幽魂》、《笑傲江湖》和《英雄本色Ⅲ之夕阳之歌》等。《黄飞鸿》系列电影中，徐克刻意将黄飞鸿置身于东西方文化的严重冲突中，让他在斗争、挫折中逐渐穿上了西装，吃上了西餐，说上了英文。影片《七剑》中，七剑的主人为了拯救百姓而与敌人殊死拼杀，他们代表着理想的侠客，而风火连城为了钱不管好人还是坏人一律都杀，他是现实价值的象征。可以说《七剑》的故事，其实就是现代人类理想与社会现实之间存在矛盾和较量的故事，徐克的现实意念表达非常突出。

此外，徐克电影往往巧妙地使用象征和隐喻，在《新蜀山剑侠》、《倩女幽魂》等许多影片中都设置了一个人鬼难辨、神妖不分的江湖世界，或者在《刀》、《黄飞

《新蜀山剑侠》设置了一个人鬼难辨、神妖不分的江湖世界

鸿》系列电影中设置了喧嚣残酷的乱世景象,这些其实是他对香港九七回归的思考。另外比较明显的是东方不败的人物形象,他／她并不仅仅是性别置换的客观人物,而且更多地是徐克自身历史心结的寄托,比如东方不败的英文译为"Asia",深刻地蕴涵着徐克对政治历史的戏谑和省思。

影像塑造·灵幻飘逸

徐克对影像的创造天马行空,标新立异,推陈出新。同时他对影像的把握非常准确,运用自如,任何构想到的画面他都可以自己勾勒出分镜头构图,甚至很多时候摄影师在现场只要根据他的平面图转化为影像画面就可以了。在现场,徐克对画面的要求非常严格,不断地提升影像的要求,被摄影师黄岳泰等人戏称为"不停地追求画面震撼效果的榨汁机"。

徐克电影整体上呈现出灵幻飘逸的影像效果。除了追求纪录风格的《七剑》和最初的《地狱无门》等几部影片之外,徐克在色彩的使用上,比较喜好红色、白色、黑色等大色块的使用,比如《新蜀山剑侠》中的堡主、《倩女幽魂》中的小倩和姥姥、《蜀山传》中的李英奇等人物的服装颜色,分别承载着独特的人物性格和内在精神。在高潮场面的设计上,徐克往往能够制造出令人叫绝的浪漫写意的影像奇观,比如《黄飞鸿Ⅱ之男儿当自强》中的舞狮、《青蛇》中的水淹金山、《新龙门客栈》中的沙漠决战等场面,均酣畅淋漓。

另外,在徐克电影中,影像和叙事往往是有机互动的。徐克常常会因美术指导设计出的人物造型或场景布景产生丰富的创作灵感,而对故事情节进行相应的完善与修改。比如《新蜀山剑侠》中演员试造型的时候,徐克看到林青霞的堡主扮相非常冷傲,马上就有了全新的构思和意念,设计她飘飞拂动的衣裙飘带为武器,所用的功夫命名为"寒气功",这样使得故事更加引人入胜,影像更加飘逸。

人物刻画·性别策略

徐克电影中的人物刻画,往往不仅具有复杂的性格,更重要的是常常在性别处理上采取了模糊的表达策略,或是女扮男装,或是男女性别融于一身。这样的特点可能源自徐克年轻时对李翰祥导演、凌波反串主演的黄梅调戏曲片《梁山伯与祝英台》的感动,同时也产生了一个深刻的疑问:梁山伯到底是喜欢男的还是女的祝英台?他不仅在《梁祝》中故意模糊梁山伯和祝英台之间同性恋与异性恋的界限,而

《刀马旦》中女扮男装的林青霞

且在很多影片中塑造了性别模糊的人物形象。《刀马旦》里，徐克让林青霞女扮男装；《笑傲江湖Ⅱ之东方不败》中，将东方不败设置成男人身、女人心的雌雄共体的人物；《倩女幽魂》中，更是将树妖姥姥设计成一个不知是男是女的人物形象。

　　同时伴随着故事新编，徐克将电影中的人物也进行了精神上的改造，让原先古代时空的人物具有了完全现代的性格和情感。《笑傲江湖》中的令狐冲，原本其爱情是定向而唯一的，他先是只爱小师妹后来只爱任盈盈，但经过徐克的巧手演绎，令狐冲的情感具有了复杂的多维性和交叉性，他可以同时钟情于小师妹、任盈盈和半男半女的东方不败；影片中的东方不败，也同时具有了对女性情感的需求和对令狐冲的爱情的渴望。

佳片特写

蝶 变 (The Butterfly Murders)

出品公司：	1979年 思远影业	片　　长：	85分钟
导　　演：	徐 克	编　　剧：	林志明
监　　制：	吴思远	制　　片：	吴思健 张 权
剪　　辑：	黄志强 彭展权 胡大为	音　　乐：	陈勋奇
主　　演：	刘绍铭 黄树棠	摄　　影：	范金玉
	米 雪 陈琪琪 张国柱	武术指导：	黄树棠

一位不懂武功的书生方红叶撰写武林逸事非常有名,为追查杀人蝴蝶的真相来到事发地点沈家堡。武林中第三号人物十色旗帮主田风也受沈家堡堡主沈青的邀请而赶来,众人被引入地下密室。方红叶私下观察,发现了蝴蝶标本室以及制造火炮等武器的兵工房。一天沈夫人突然来求援,只见数百只蝴蝶缠咬沈青,因为石室被封,众人用火药炸开铁门,入内后发现了穿着沈青衣服的尸体。之后一个铁甲人神秘出现。偶然间,方红叶发现沈夫人在施御蝶术,揭穿了杀人蝴蝶的阴谋。

本片是香港电影新浪潮的发轫之作。虽然取材于中国武侠传统题材,却带有非常浓烈的未来主义色彩。导演徐克大胆借鉴西方电影悬念大师希区柯克的悬疑叙事和日本推理剧《八墓村》的情节推理,将故事讲述得高潮迭起、不落俗套,同时在人物造型设计上也注重中西合璧,颇具创意。

第一类型危险 (Dangerous Encounters of the First Kind)

出　　品：	1980年 影艺	片　　长：	92分钟
导　　演：	徐 克	编　　剧：	徐 克 司徒卓汉
监　　制：	冯永发	摄　　影：	钟志文
剪　　辑：	邹长根	武术指导：	程小东
主　　演：	罗 烈 林珍奇 龙天生	音　　乐：	余 伦
	吕良伟 车保罗 欧瑞强	美术指导：	区丁平

三个青年自制炸药在影院引爆,成功后狂喜。不想这一切被一个性格怪异的少女目睹,她以此为要挟,让他们听从指挥。这群年轻人开始自制炸弹进行抢劫闹事,后来在与一个外国人冲撞后得到一笔巨款,却不知是美国退伍军人用来购买军火的

钱财，从此四人被卷入了充满血腥的是非漩涡中。

本片是徐克电影中少见的血腥暴力片，也是香港电影史上比较罕见的控诉型影片。影片以相当偏激的手法进行叙事，直接隐喻了香港的现实状况。就叙事基调和影像风格而言，整部影片比较灰暗，戏剧冲突安排得非常极致。

新蜀山剑侠（Zu:Warriors from the Magic Mountain）

出　　品：1983年　嘉禾	片　　长：97分钟
摄　　影：黄仲标	编　　剧：司徒卓汉
剪　　辑：张耀宗	制　　片：梁淑华　周之文
导　　演：徐　克	美术指导：冯元炽　张叔平
主　　演：郑少秋　林青霞　洪金宝	武术指导：元　奎
冯克安　孟　海　元　彪	监　　制：何冠昌

战乱时期，民不聊生，群魔也相继出现危害人间。众武林高手多独善其身，这更加助长了妖魔的嚣张气焰。群魔之首血魔在石林中伏击大侠丁引，晓如大师和徒弟联手作战。晓如大师不慎中血神之毒，多亏瑶池堡主出手相救。其后丁引也不幸中血毒，性情大变，情况危急。二人之徒找到剑仙李亦如，求得紫青双剑，终于扫除血魔，天下太平。

本片改编自还珠楼主的武侠名著《蜀山剑侠传》，导演徐克从好莱坞请到《星球大战》特技小组来制作特效，这是香港特技电影的开始，具有划时代的意义。全片叙事神怪奇幻，视觉效果突出，美术造型和演员表演均不同凡响，令观众叹为观止。

笑傲江湖（Swordsman）

出　　品：1990年　金公主／电影工作室	片　　长：112分钟
导　　演：胡金铨	制　　片：苏子雄　方鲤鲲
执行导演：徐　克　程小东　李惠民	李惠民　马贤良
原著故事：金　庸　刘大木	音　　乐：黄　霑　戴乐民
梁耀明　戴夫浩	武术指导：程小东　刘志豪
监　　制：徐　克	美术指导：梁华生
主　　演：许冠杰　张学友	摄　　影：林国华　鲍德熹
叶　童　张　敏	剪　　辑：胡大为　麦子善

明万历年间，禁宫武功秘笈《葵花宝典》被盗。锦衣卫太监魏忠贤怀疑是福建林镇南所为，收买武林中人左冷禅暗中查访。此时华山弟子令狐冲与师妹岳灵珊奉命造访林府，适逢林府大难被四处追杀。令狐冲得剑宗高人风清扬授以独孤九剑，武功大进。而后令狐冲结识魔教长老曲洋与衡山派刘正风，二人在临终之时授予令狐冲笑傲江湖之曲，又与日月神教教主之女任盈盈结识。在与锦衣卫的斗争中，令狐冲认识到师父岳不群的伪善面目，用独孤九剑击败师傅，与众师兄弟归隐江湖。

本片引领了香港新一代武侠电影的热潮。影片虽然大胆地篡改原著小说的故事情节，但是情节严谨、细节生动、主题突出，被公认为是最不忠实于金庸小说却改编得最好的电影。影片特效制作细腻精致，影像风格灵幻飘逸，动作设计唯美浪漫。片中黄霑作曲的歌曲《沧海一声笑》旋律动人，深入人心。

黄飞鸿Ⅲ之狮王争霸 (Once Upon a Time in China Ⅲ)

出　　品：	1993年 嘉禾／电影工作室	片　　长：	106分钟
导　　演：	徐　克	编　　剧：	徐　克　张　炭　陈天璇
监　　制：	徐　克　吴思远	制　　片：	袁俊文
剪　　辑：	麦子善　林安儿	音　　乐：	胡伟立　徐　克
摄　　影：	刘伟强	美术指导：	叶锦添
主　　演：	李连杰　莫少聪　关之琳	武术指导：	元　彬

清朝末年，慈禧命李鸿章召集天下武林高手到京城参加狮王大会。土豪赵天霸指使鬼脚七向黄飞鸿挑衅，黄飞鸿多次退让。鬼脚七受伤后被黄氏父子收留，遂拜黄飞鸿为师。赵天霸设下陷阱欲置黄飞鸿于死地，黄飞鸿凭其高超武艺在父亲和梁宽的接应下成功摆脱困境。英法等国大使密谋在狮王大会上刺杀李鸿章，被黄飞鸿一举粉碎。鬼脚七和黄飞鸿联袂出狮，力战群雄，打败赵天霸，夺得"中国狮王"的称号。

本片瞄准贺岁档期而创作，相对于前两部电影《黄飞鸿》和《黄飞鸿Ⅱ之男儿当自强》，显得更加通俗。特别值得关注的是，本片的动作场面更加壮观，紫禁城狮王大会的宏观场景气势磅礴，动作设计酣畅淋漓，场景布置别具特色。女性角色十三姨开始拍电影，并教黄飞鸿说英文，进一步凸现了东方传统与西方现代之间的矛盾。

青　蛇（Green Snake）

出　　品：	1993年　思远影业／电影工作室	片　　长：	97分钟
导　　演：	徐　克	编　　剧：	徐　克　李碧华
原　　著：	李碧华	制　　片：	赵桂松
监　　制：	徐　克	音　　乐：	黄　霑　雷颂德
剪　　辑：	亚　积	武术指导：	元　彬　唐　佳
主　　演：	张曼玉　吴兴国	美术指导：	雷楚雄　张叔平
	赵文卓　王祖贤	摄　　影：	高照林

南宋末年，千年白蛇以借伞为由认识许仙并结为夫妻。以除妖服魔为己任的法海决心为民除害。端午节来临，法海教许仙以雄黄酒逼白蛇现出原形。白蛇道行高没事，但青蛇却显现蛇形吓死了许仙。为救许仙，青蛇和白蛇上昆仑盗灵芝仙草。面对青蛇，法海冷峻傲岸的心也起了涟漪。为掩盖妄念，法海逼迫许仙出家。白蛇水漫金山与法海激战，但因腹疼产子节节败退，最后白蛇消失在洪流中，青蛇悲愤无比，认为许仙应该与白蛇相伴，于是刺死许仙，并指责法海所作所为，法海似乎若有所思。

本片改编自民间故事《白蛇传》和李碧华的原著小说，将原本许仙和白蛇之间可歌可泣的爱情神话大胆篡改，将重心转移至青蛇身上，讲述一个情欲交加的成长故事，并且加重了复杂人性的纠葛。片中奇幻灵异的情节勾勒、细腻浪漫的影像塑造，成就了一段人蛇相爱、神怪相争的现代寓言。

梁　祝（The Lovers）

出　　品：	1994年　嘉禾／东龙	片　　长：	108分钟
导　　演：	徐　克	编　　剧：	徐　克　许莎朗
监　　制：	徐　克	制　　片：	吴锦超
摄　　影：	钟志文	音　　乐：	黄　霑　雷颂德
剪　　辑：	麦子善		胡伟立　黄英华
主　　演：	吴奇隆　杨采妮　吴家丽	美术指导：	张叔平　庄国荣

东晋年间，三品官家祝氏为巩固朝中地位力攀权贵，欲将爱女英台许配给马太守。但碍于英台不学无术，将她女扮男装送往学校。英台被安排在文库禁地休息，巧遇夜读的梁山伯。山伯积极进取的学习精神，令英台产生情愫，日久相对，英台

的身份终被山伯洞察。山伯希望迎娶英台，但祝家不许，最终导致有情人难成眷属的悲剧。

徐克充分发挥"旧瓶装新酒"的改编功力，将一个传诵多年的经典爱情故事趣味化，并配以同性恋情感的暧昧处理，创造出悲喜交加的雅俗共赏佳作。小提琴协奏曲《梁祝》经改编后作为影片配乐，效果颇佳。

七 剑（Seven Swords）

出　品：	2005年　北京慈文／宝蓝／映华	片　长：	150分钟	
导　演：	徐克	编　剧：	徐克　张志诚　秦天南	
监　制：	徐克　马中骏	制　片：	冯志伟	
	李柱益　潘志忠	摄　影：	姜国民	
剪　辑：	林安儿	武术指导：	董玮　熊欣欣	
主　演：	黎明　陆毅　甄子丹	原创音乐：	川井宪次	
	杨采妮　张静初　孙红雷	动作导演：	刘家良	
	刘家良　金素妍	美术指导：	黄家能	

公元1600年，满清亲王哆格多颁布禁武令，派遣高手风火连城剿杀武林人士，下一个目标便是西北边陲的武庄。武庄是反清组织天地会的分舵人马，为解危难，路见不平的侠医傅青主带了武元英和韩志邦上天山求助。天山高人晦明大师派了楚昭南、杨云骢、辛龙子、穆郎四大弟子携带宝剑，随同傅青主、武元英和韩志邦下山，开始了拯救世人的武林传奇。

本片是徐克沉寂三年之后的武侠力作，也是一部集合内地、香港、台湾三地电影精英的作品。影片对传统的武侠类型模式进行了大胆的挑战，巧妙采用写实的方法重构武侠元素，风格清新独特，叙事朴实大气，是2005年华语电影市场的亮色作品。

▶ 作品一览

导演作品：

- 1979　《蝶变》
- 1980　《地狱无门》、《第一类型危险》
- 1981　《鬼马智多星》
- 1983　《新蜀山剑侠》、《最佳拍档之女皇密令》
- 1984　《上海之夜》
- 1985　《打工皇帝》
- 1986　《刀马旦》
- 1989　《英雄本色Ⅲ之夕阳之歌》
- 1990　《笑傲江湖》（与程小东、李惠民同为执行导演）
- 1991　《黄飞鸿》、《豪门夜宴》（与高志森、张同祖、张坚庭合作）、《财叔之横扫千军》（与程小东合作）
- 1992　《黄飞鸿Ⅱ之男儿当自强》、《黄飞鸿之龙行天下》、《棋王》（与严浩合作）、《双龙会》（与林岭东合作）
- 1993　《青蛇》、《黄飞鸿Ⅲ之狮王争霸》
- 1994　《黄飞鸿Ⅴ之龙城歼霸》、《梁祝》、《金玉满堂》
- 1995　《刀》、《花月佳期》
- 1996　《大三元》
- 1997　《反击王》（*Double Team*，美国）
- 1998　《K.O.雷霆一击》（*Knock Off*，美国）
- 2000　《顺流逆流》
- 2001　《蜀山传》、《黑侠Ⅱ》
- 2003　《1：99电影行动之信不信由你》
- 2005　《七剑》

编剧作品：

- 1980　《地狱无门》、《第一类型危险》
- 1991　《财叔之横扫千军》、《倩女幽魂Ⅲ之道道道》、《黄飞鸿》、《豪门夜宴》
- 1992　《新龙门客栈》、《笑傲江湖Ⅱ之东方不败》、《双龙会》、《黄飞鸿Ⅱ之男儿当自强》、《黄飞鸿Ⅲ之龙行天下》
- 1993　《黄飞鸿之狮王争霸》、《黄飞鸿Ⅳ之王者之风》、《新仙鹤神针》、《少年黄飞鸿之铁马骝》、《青蛇》、《东方不败之风云再起》

1994	《梁祝》、《黄飞鸿V之龙城歼霸》
1995	《刀》、《金玉满堂》、《花月佳期》
1996	《大三元》、《黑侠》
1997	《小倩》
2000	《顺流逆流》
2001	《蜀山传》、《黑侠Ⅱ》
2005	《七剑》

监制作品：

1984	《上海之夜》
1985	《打工皇帝》
1986	《刀马旦》、《英雄本色》
1987	《倩女幽魂》、《英雄本色Ⅱ》
1988	《铁甲无敌玛莉亚》、《城市特警》、《大丈夫日记》、《天罗地网》
1989	《喋血双雄》、《惊魂记》、《义胆群英》、《英雄本色Ⅲ之夕阳之歌》
1990	《倩女幽魂Ⅱ之人间道》、《秦俑》、《中日南北和》、《笑傲江湖》、《镭射人》
1991	《倩女幽魂Ⅲ之道道道》、《财叔之横扫千军》、《黄飞鸿》
1992	《新龙门客栈》、《黄飞鸿Ⅱ之男儿当自强》、《黄飞鸿之龙行天下》、《妖兽都市》、《笑傲江湖Ⅱ之东方不败》、《棋王》
1993	《黄飞鸿Ⅲ之狮王争霸》、《黄飞鸿Ⅳ之王者之风》、《东方不败之风云再起》、《新仙鹤神针》、《少年黄飞鸿之铁马骝》、《青蛇》
1994	《火烧红莲寺》、《梁祝》、《黄飞鸿V之龙城歼霸》
1995	《花月佳期》、《金玉满堂》、《刀》
1996	《新上海滩》、《大三元》、《黑侠》
1997	《黄飞鸿Ⅵ之西域雄师》、《小倩》
2000	《顺流逆流》
2001	《老夫子2001》、《蜀山传》、《黑侠Ⅱ》
2003	《散打》
2005	《七剑》

表演作品：

1982	《最佳拍档》
1983	《最佳拍档之大显神通》、《我爱夜来香》、《新蜀山剑侠》、《一九零五年的冬天》、《两只老虎》

1985	《打工皇帝》、《皇家师姐》
1987	《最后胜利》
1988	《铁甲无敌玛莉亚》、《双龙会》
1997	《小倩》（配音）

音乐作品：

1999	《黄飞鸿Ⅱ之狮王争霸》、《黄飞鸿Ⅴ之龙城歼霸》

获奖纪录：

1981	第十八届台湾电影金马奖最佳导演（徐克《鬼马智多星》）、最佳剪辑（周国忠《鬼马智多星》）、最佳摄影（黄仲标《鬼马智多星》）
1983	第二届香港电影金像奖最佳男主角（麦嘉《最佳拍档之女皇密令》）
1990	第二十七届台湾电影金马奖最佳男配角（张学友《笑傲江湖》）、最佳电影插曲（黄霑《笑傲江湖》插曲《沧海一声笑》）
1991	第十届香港电影金像奖最佳武术指导（程小东《笑傲江湖》）、最佳电影歌曲（《笑傲江湖》插曲《沧海一声笑》）
1992	第十一届香港电影金像奖最佳导演（徐克《黄飞鸿》）、最佳剪辑（麦子善）、最佳武术指导（袁祥仁、袁信义、刘家荣）、最佳音乐（黄霑） 意大利国际电影节最佳影片（《棋王》）
1993	第十二届香港电影金像奖最佳武术指导（袁和平《黄飞鸿Ⅱ之男儿当自强》）
1995	第十四届香港电影金像奖最佳音乐（黄霑、雷颂德等《梁祝》） 第四十届亚太影展最佳导演（徐克《梁祝》）
1997	第三十四届台湾电影金马奖最佳动画片（徐克《小倩》）
1998	第四十三届亚太影展最佳动画片（徐克《小倩》）
2001	第三十八届台湾电影金马奖最佳美术设计（何剑雄、付德林《蜀山传》）、最佳造型设计（冯君孟、关美宝、利碧君） 第八届香港电影评论学会年度推荐电影（《蜀山传》） 第一届华语电影传媒大奖十佳电影（《顺流逆流》）
2002	第四十七届亚太影展最佳特效（《蜀山传》）
2005	香港评选"中国电影诞生一百年——最佳华语片一百部"第三十四位（《蝶变》）、第四十位（《新蜀山剑侠》）、第四十三位（《黄飞鸿》）、第六十七位（《第一类型危险》）、第九十七位（《上海之夜》）

严 浩   诗意思辨

1. 导演故事 2. 对话谈艺 3. 电影解析 4. 佳片特写 5. 作品一览

Yim Ho

▶ 导演故事

感悟生命，表达中国

对于大多数内地观众而言，"严浩"这个名字比较陌生。但是他的一系列作品却都是观众所熟悉的，比如1984年赢得香港电影多项金像奖的《似水流年》，1990年以张爱玲的爱情故事为原型、三毛参与编剧以及林青霞、秦汉、张曼玉等明星出演的影片《滚滚红尘》，1994年赢得东京国际电影节最佳影片和最佳导演奖的电影《天国逆子》，还有1996年摘取柏林最佳导演银熊奖的影片《太阳有耳》等，都是海内外闻名遐迩的。

严浩是一个土生土长的香港人，1952年出生，童年、少年和青年都伴随着香港的发展。同时祖籍江苏的他在成长过程中又充满了浓厚的中国情结，因为父亲是作家和报社总编辑的缘故，他从小读过了《林海雪原》、《红岩》、《西游记》、《三国演义》等很多在香港不容易看到的名著小说。中学时严浩深深喜欢上了文学，并开始尝试写小说和杂文。令他高兴的是，自己的作品还会不时地发表。严浩非常喜欢音乐，但当时没有办法以此为学业，所以中学毕业以后他选择了出国学习电影。1973

年严浩顺利毕业于英国伦敦电影学院，1975年回到香港，随后进入了香港无线电视台，担任电视剧的编导，开始了他在香港影视圈的创业。1977年电视剧集《国际刑警》中的《冤狱》部分获得了美国纽约国际电视节的铜奖，这给予了严浩非常大的鼓励。

1978年在香港电影转型的重要时刻，严浩做出了重大的人生选择，离开了小荧屏的电视，走向了大银幕的电影。同年他执导了电影处女作《茄哩啡》，赢得了业界和观众的广泛好评，并被誉为香港新浪潮电影的开创之作。翌年，他导演了风格凛冽的《夜车》。1981年在影片《公子娇》的拍摄停顿间隙，严浩经历了父亲的辞世。父亲的突然离去，让严浩产生了深深的生命感悟。之后严浩沉下心来思考电影的转型，一段时间内没有执导影片，只是导演了一些话剧，或是在一些电视剧集里过了一把表演的瘾。

1984年，严浩在香港青鸟公司的支持下重新整装待发，到内地拍摄了经典影片《似水流年》，在一个简单的回乡省亲故事中描摹出香港和内地之间的微妙情感和现实状况，抒发中国情怀。影片散文化的叙事安排和清新细腻的影像风格，在当时的香港影坛脱颖而出。1990年以后，严浩继续银幕创作之路，导演了《滚滚红尘》、《天国逆子》、《太阳有耳》等荣获国际国内众多奖项的优秀影片，还和徐克共同合作了影片《棋王》，成为了为数不多的享誉国际影坛的华人导演。

严浩说自己在生活上很笨，总是被老婆骂，但这并不妨碍他对做饭的喜爱，吃到好吃的东西时总会想它是怎么做出来的，而且做饭常常会出怪招。为此，在1997年，严浩拍了影片《我爱厨房》。严浩擅长揣摩女性的情感心理，在《太阳有耳》、《庭院里的女人》等众多电影中都有精彩表达。现在的严浩虽已年过五十，但他还有一颗年轻的心，紧跟时代潮流和青春脚步，在2004年拍出了别样时尚的电影《鸳鸯蝴蝶》，向观众展示出独特的另一面。

▶ **对话谈艺**

严浩：我总想拍不一样的电影

受访：严　浩
访问：张　燕
时间：2005 年 4 月 26 日
地点：北京北太平庄

电影成长经历

张：电影是很神奇、很有魅力的一个世界，每一个导演进入电影圈，背后都会有一段独特的故事。严导，你的电影故事是从什么时候开始的，什么时候进入香港影坛？

严：从小我父亲对我影响很大。我父亲是作家严庆澍，写了著名的作品《金陵春梦》，他在《新晚报》当总编辑，所有的时间都在写稿和写书。父亲很忙，要养一大家子人，祖母、母亲和我的八个兄弟姐妹。我从小看惯了父亲写作时候的背影，对这种很静的东西有潜意识的倾向，认为父亲是把他心里的东西写出来。小时候，家里有很多书，看书是我那时候最大的享受，我把《林海雪原》、《红岩》、《西游记》、《三国演义》等一大堆名著都看过了，但那时不知道是什么东西。一次翻看书架上一本没有封面、很厚、线装的文言文版本，本来不准备看，但是翻到牛魔王、孙猴子就觉得好玩，虽然看不懂也耐着性子慢慢看了好几遍，到中学以后才知道是《西游记》。童年看了很多书，特别想学父亲写东西，在四年级就开始准备投稿了，我让父亲拿到报社去发表，他当然没有去。

本来我不想拍戏，我喜欢音乐，想作曲，但是发现没有办法做到，因为我不会弹钢琴，想学的时候已经太迟了。这个时候一个朋友刚从电影学院回来，他说你就学电影，就这样开始跟电影打交道。

张：是在香港读电影学院吗？

严：我出生在香港，但是那个时候香港没有电影学院，我在伦敦电影学院就读。

当时求学的时候，要克服语言上的障碍，很辛苦的。后来我毕业回来，在香港无线电视台做了三年编导，写剧本、做导演，又做制片人，积累了很多经验。

张：在从电视走向电影的创作过程中，我发现你受到了多位导演的影响，包括布努埃尔在内。

严：没错。对我创作有很大影响的，有四位导演：一个是布努埃尔，尤其是他的超现实主义；一个是小津安二郎，他的镜头语言很简单，基本上没有什么运动，但是很动情、很震撼，这给了我很大的启示；另外一个是弗朗西斯·科波拉，他的风格与小津安二郎正好相反，镜头语言非常复杂，很重视全景、中景、特写等景别的交替，也给我很大的启示；第四个导演是匈牙利的杨索，我看过他的一部电影《红手心》，影片是讲战争的，整部电影只有两三个剪接口，镜头从山坡下推到山顶，然后再下来，就这么推来推去，很有表现力。他们对我的影响都很大，让我懂得了不同的镜头有不同的感觉和作用。

领跑新浪潮

张：1978年，对你来讲是一个特别重要的年份，你和另外两位电影人成立了一个电影公司，准备创作后来被誉为"新浪潮发轫之作"的电影《茄哩啡》，也从此开始了长达二十多年的电影旅程。

严：是这样的。从无线电视台出来，我认识了于仁泰和陈欣健，一起组建了影力电影公司。什么是香港新浪潮呢？这可能是命运的安排，好像突然之间冒出来的，不知道为什么一帮年轻人到国外读电影，然后不约而同地差不多同时回到了香港。那时香港电影还不太接受我们，我们就进入了正在迅速发展的电视台。我们所有的新浪潮人几乎都是从电视台走出来的。20世纪60年代，法国掀起新浪潮，产生了很大的影响，戈达尔、特吕弗等导演在电影表现手法方面都有很鲜明的特点。一些国外读电影回来的电影人回到香港变成了影评人，他们觉得这个现象很特别，就把"新浪潮"放在我们这拨年轻导演身上，实际上那时我们还没有真正为香港电影做出什么贡献。所谓新浪潮就这么从我开始，我是第一个出来拍电影的。

张：《茄哩啡》是一部什么样的影片，和以前的香港电影有哪些不同？

严：《茄哩啡》在粤语中的意思就是"临时演员"。在我拍这部影片以前，"茄哩啡"这个名字只限制在电影界,后来拍了这部影片以后就变成了香港文化的一部分,现在"茄哩啡"指的就是小人物。

为什么说这部影片比较不一样呢?可能是因为当时我尝试用了一些新的表现手法,并不是说有多大突破,只是比较有电影感而已。

张:有哪些具体的手法?

严:其实有些手法我已经在电视台用过了,讲故事的方法没有很大的突破,只不过在镜头运用上比较讲究。当时还是大量滥用变焦镜头的时代,每部电影的一场戏开始都是变焦距镜头拉开来,然后再推进去,已经成了普遍的公式。拍摄《茄哩啡》的时候,我跟摄影师说不能随便用变焦镜头,对镜头的布局、场景的调度都要非常讲究,精心设计。我不敢说是从我开始不滥用变焦镜头的,但我是比较自觉地这样创作的。

张:紧接着你拍了电影《夜车》,讲述的是青少年偷车、然后杀人、接着逃亡、最后被抓的故事。当时为什么要拍这个题材,对时代或社会有什么想法?

严:那时候香港社会有很多暴力,对小孩和年轻人的教育,社会和家庭都没有很多的关心,有很多社会罪案发生。我当时想拍《夜车》,主要有一个观念,觉得一

《夜车》剧照

切好像滚雪球一样，开始只是很小的一颗小雪粒，后来慢慢越滚越大，就变成了严重的问题。影片讲述的就是这样一个滚雪球的故事，几个青少年开始纯粹因为好玩偷了一辆车，从这开始就一发不可收拾，后来电影变得非常暴力，就好像一帮人发疯一样，电影也跟着发疯，缺少了一个客观的视点。影片中几个演员多是没有演过戏的新人，只有一个人演过电视，比较真实。

张：影片是你原创编剧的，还是改编自别人的作品？整体上剧情的推动有点超乎观众可以接受的程度，将这些青少年一步步推向绝境，很残酷、很压抑、很极致，是否太刻意了？

严：剧本是我和另外一个导演兼影评人舒琪一块写的，刻意把这些年轻人一步步推到绝望的境地。观众开始绝望了，他们没有办法忍受这个结局，所以反响不太理想。观众是不喜欢非常绝望的、没有任何出路的故事结局的，这对我来说是一个教训。

张：《夜车》之后，你拍了电影《公子娇》。这部影片对所有的观众都是一个谜，几乎查找不到任何有关影片的资料。

严：这部影片最好是把它忘掉。说真的，《公子娇》不是我想拍的影片，包括《夜车》，甚至《茄哩啡》都不是我想拍的东西，我想拍一些有意思、有意义的电影。当时这个片子是因为和公司有合约，同时又因为年轻，艺术上想得不很周全。

拍摄的时候，戏拍了不到一半就停了，出了意外，没法拍下去。然后我就到北京看望养病的父亲，结果好像一切都是上天安排的。我上飞机那天就是父亲病情突然恶化的日子，假如那天不去北京的话，都不知道有这么严重；我陪了几天，父亲就去世了。如果影片《公子娇》中间没有停拍，我就不会到北京，就不可能见父亲最后一面。

张：正因为这部影片拍摄不顺利，才完成了你送别父亲最后一程的愿望。这么说，虽然这部影片不是你自己想拍的，但是对你的家庭亲情、事业发展有着重要的意义。

严：对。和父亲共同度过了最后几天，也开始了我下半生的一个谜，那就是到底人生是怎么回事，爸爸哪去了？灵魂哪去了？好像上帝说，你别拍了，你爸都不行了。怎么会这么巧？很多的巧合你甚至都不敢相信，我开始了精神世界的探索，下半生经常被这些现象迷惑,也从里面得到很多的感悟。

《鸳鸯蝴蝶》里就有很多偶然,比如主人公阿秦偶然到别人家,却看到自己小时候的照片。这其实是我经历过的真实事情。有一天我和《似水流年》的编剧、副导演去找演员,想拍一部《楚霸王》,当然后来没拍成,我到了一个不认识的话剧演员家里,他让我喝茶看照片。我一看,里面有一张照片是爸爸,当时我惊讶得头发都竖起来了,爸爸怎么会在这里呢?

张:片中好像还有男女主人公在出租车上相遇的巧合情节。

《鸳鸯蝴蝶》剧照

严:那也是真事。前几年我到北京,在一个朋友的车上,我侧头往外看,天啊,旁边那个车上不是梁家辉吗,他在这干嘛?我很是惊诧。

银幕"命运"探索

张:父亲的去世触动了你创作上的转变。如果说《茄哩啡》使你在影坛有一点名气的话,那么1984年问世的《似水流年》才是你真正的成名作。

严:父亲去世后,我开始寻找人为什么活着、生命有什么意义的答案,所以影片中香港女孩去内地也是寻找生命的意义到底是什么?她在香港遇到生活上非常不如意的事情,到内地寻找亲情和记忆,发现以前的朋友对她很防备。人际关系为什么这么脆弱?她遇到从前的人,看他们怎么活着,所以影片中出现了一些老人,还有一个钟摆的意象。她寻找的东西和我寻找的一样,我把自己回到内地的心态转化成这个具体的故事。

张:这部电影给观众的感觉像诗,有散文诗的温馨随意,没有很强的情节,只有人物的感伤。创作时有怎样的构想？

严：首先，情节绝对不能太起伏了，整部电影既然是一个寻找的过程，也就是一个思考的过程。寻找的时候，她看到一些人和事，有了一些感悟，才开始思考。影片好像一个人在打坐冥想一样，就这样一种感觉，没有太多的情节。

当时香港还没有回归，内地到底是什么样，这其实也反映了当时我们香港居民对内地的情怀。影片中主人公回到一个淳朴的世界里，一个可以接受她的地方，代表的是一部分香港人对祖国的感觉，既亲切又陌生。亲切，是因为香港人也是中国人；陌生的是，很多生活习惯都不一样，而不是哲学上、政治上的。比如说洗澡，上面有塑料帘子，香港人都要将塑料帘子拉起来放到洗澡缸里，水才不会溅出来，但是斯琴高娃演的乡村教师就在酒店里用洗脸盆洗头，所以顾美华饰演的香港人对这些小节感到很不舒服。

张：冥冥中，你个人创作的转变和香港的大历史转变有一种默契，电影中展现的情感与香港回归问题确定前后人们的心态相对应。你的很多影片，包括《似水流年》、《滚滚红尘》、《棋王》等，讲故事的方式不太一样，剧情不会起伏跌宕，有很多意韵在里面，给观众很大的思考空间。

严：现在回想起来，我过去拍的影片都是一个主题的，但是当时创作的时候没有这么想。最早包括《茄哩啡》、《夜车》等影片都是习作，到《似水流年》才算是深思熟虑的。在《似水流年》里面，人的命运是无奈的，被社会环境和生存空间所支配。每一个镜头机位怎么放，为什么这么放，为什么高角度或低角度，都是很讲究的，影片整个的感觉是一个人在沉思。后来拍《天菩萨》也是这样的。

张：这部影片内地很少有人看过。

严：因为牵涉到少数民族。当时我和白桦去边远地区的"女儿国"考察，路上碰到了这个故事。一个美国人突然被扔到山里，做了少数民族的奴隶，没有办法离开，最后能离开的时候又不想走了，但是他还是要走。这个故事很有意思，潜意识里觉得这也是一个有关命运的故事。但其实我对很多题材的选择，并不是有意识的，而是无意识的，可能当时觉得对命运的感觉就是这样。无意中碰见一个故事，有创作和表达的感觉和冲动，就把它拍出来。

张：一个外国人到了少数民族的生活环境中，这个故事充满了奇观的戏剧性。

严：你可能想不到，这个故事其实完全是真实的。

张：后来你拍了一部涉及"文革"历史的影片《棋王》。影片在历史氛围的营造上给我很大的惊喜，既是直面"文革"历史，又在服装、道具、空间等方面营造得非常逼真。怎么会拍摄这样一个特殊时代下的棋王的故事？

严：在台湾拍"文革"拍得这么像，可能除了我之外，没有第二个人可以做到，因为我对"文革"是有生活体验的。我在香港读中学的时候，我大哥在广州念大学，他要去串联，让我一起去。这是一个难得的机会，我就跟着他准备去新疆。那个时候已经不让串联了，所有人都回原单位，怎么办呢？有几个新疆同学正好要回去，把我和大哥带回新疆，说我们是新疆人，我还有一个新疆名字叫阿布拉提，学生证的名字也换成了阿布拉提。这样我们从广州到西安换车，坐了三天三夜没座位的火车，睡在过道上、椅子下，最好的位置是在行李架上。后来就去乌鲁木齐，又坐了三天三夜的火车。到哈密下车时，我已经走不动了，一走就摔跤，腿都软了。整个过程中，有很多的生活体验。后来拍《棋王》的时候，都用上了。

张：为什么要把台湾的《棋王》和内地的《棋王》架构起来？

严：当时徐克提出来，不如把两个故事合起来写，一个是内地钟阿城的《棋王》，还有一个是台湾张系国的《棋王》。我觉得有意思，但是两个接起来太生硬，没有什么内在的关联，所以就在里面加了一个小孩。这个小孩小时候有内地的经历，生活在阿城的故事里，长大了到台湾，就成了台湾《棋王》的主角了。其实这个小孩，原型是我自己，是我的写照。

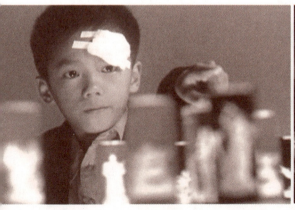

《棋王》剧照

张：紧接着你拍了电影《滚滚红尘》，我记得当时在内地公映的时候，引起了观众的热烈反响。这好像也是你在内地公映的第一部影片。怎么会想到要拍这个题材？

严：当时我看了三毛的书，被她书里面刻画出的世界所感动。我对老上海的一些生活很感兴趣，看了很多有关张爱玲的故事，也看了一些传记，总想着创作一个什么东西。最先的想法就是写一个故事梗概，然后我就去找三毛谈，问她有没有兴趣一起写剧本。这样我们就一起开始了电影的创作。

张：从《似水流年》开始，你的电影总是非常美，展现出诗意化的追求。到这部《滚滚红尘》，诗意化的风格已经比较突出。整部影片在镜头、色调、服装等方面，都有着特别的做旧、唯美设计。

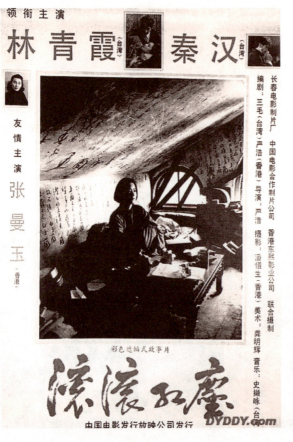

严：每一部电影拍摄之前，我都会寻找一些图片或者画，来明确和对应电影理想的调子。我的每一部影片都有一个特定的基调。如果说《似水流年》是一幅水墨画，那么《滚滚红尘》就是追求油画的感觉，色彩要非常艳丽。接下来的《我爱厨房》追求的是蓝调风格，《鸳鸯蝴蝶》主要的基调是清凉的感觉。但不管怎么样，诗意化是我一致的追求。

张：当时这个片子在国内影响非常大，里面有很多因素，一个是你的导演风格和水准，一个是三毛参与编剧，再一个更大的因素是林青霞、秦汉和张曼玉三大明星的精彩演出。为什么选择这三个演员？

严：找演员方面，我很早就确定了要找最好的、最大牌的明星的目标，林青霞、秦汉和张曼玉是那个时候非常出色的明星演员，自然而然地很快进入了我的视野。当时我一直想找林青霞，没想到在做剧本的时候碰巧遇见了她。我比较喜欢锻炼身体，一次去健身房正好看到林青霞，我说有一部电影想找她演，她爽快地就答应了。

张：这个故事绕不开张爱玲、胡兰成这两个人物，以及历史上记载的他们之间的爱情故事。指导林青霞、秦汉表演的时候，是否一一对应两个真实的人物？

严：不，我们的电影与真实的历史、人物不是对应的，不能对号入座。我不是让林青霞演张爱玲，只不过张爱玲是给我创作灵感的那个时代的一位女性。秦汉演的也不是胡兰成，我们关注的是他的情感。谈剧本的时候，三毛提出来说这个男人好像有点见异思迁，就是没有情感的承担感，只是随波逐流，为了生活可以为日本人做事，为了方便也可以和寡妇同居。尽管这样，发生在那个时代，还是可以原谅他，他只是一个小人物，没有必要这么苛刻他。什么是滚滚红尘呢？就是在滚滚红尘之下，活着一些无奈的小人物。《鸳鸯蝴蝶》也是这样的，陈坤饰演的阿秦原先一直逃避婚姻情感，后来忽然明白了要承担、要有责任感。其实两部影片中的两个男人是有着共通点的。

张：《天国逆子》是让观众感觉比较意外的一部戏，从题材到风格与你以前的影片不大一样，不仅是农村戏，而且探讨了一个非常残酷的话题。影片讲述了很多年以前一个儿子目睹了母亲毒死父亲，长大以后把母亲告上法庭的故事。为什么会拍这部电影？

严：这个故事是导演许鞍华给我看的，是一个真实的故事，当时刊登在《啄木鸟》杂志上。她觉得故事很好，我就问她为什么不拍，她说对其中的故事不是很理解，也不熟悉农村戏的拍摄。看完了之后，我觉得故事挺好，就开始着手写剧本，后来也比较顺利地找到投资。

张：这个故事为什么好，最打动你的地方是什么？

严：最打动我的，也是潜意识的关于命运的主题。这个儿子是很无奈的，自己把自己的命运越造越坏，本来不苦的，也给做出苦来了。我觉得这个很有意思。有时候想想，我们自己的命运真是自己造出来的。这部电影和我以前的电影不一样，

以前的电影主要表达的是命运被外部环境所掌控,自己是无力改变的,但是从《天国逆子》开始,我对命运的阐释已经不同了。我想表达的是,命运是自己造成的,要自己对自己负责,这是一个潜意识。电影《太阳有耳》中,我尝试想表达的是,自己不仅可以掌握命运,而且还可以改写命运。

张:从观众的角度分析,这部电影还有更深刻的内涵,关于亲情和法律的矛盾。从亲情的角度,母亲含辛茹苦地把他养大,儿子不应该告母亲;从法律的立场看,母亲毒死了他的父亲,儿子确实应该将凶手绳之以法。但从儿子的角度看,于情于理,他都会面临着极大的矛盾抉择,内心充满了痛苦,非常细腻和震撼。

严:对于这部影片,有多方面不同的读解。这部电影在国外也发行。在西方人看来,就好像莎士比亚的戏剧《俄狄浦斯王》一样,这部电影的主人公有典型的恋母症。儿子为什么要告母亲?因为他一直觉得母亲在精神上和身体上都离开了他,只有告她,才可以把他们两个人的命运重新联系在一起。

张:接下来你导演了影片《太阳有耳》,这部影片好像是内地著名演员兼制片人张瑜特别找你拍摄的。

严:对,张瑜想请我拍一部电影,是关于一个女人成长为一个侠女的故事。张瑜找了一个非常著名的小说家写了一个剧本,人名我就不说了。但是看完剧本,我觉得这个人并不知道怎么写电影剧本,根本就没法拍,那我说不如我自己重新写吧。

当时我看了一些真实的材料,里面真的有一个丈夫把老婆卖掉、后来坐牢的故事。在此基础上,我把故事发展了,从情节到细节都进行了艺术构思,剧本就这样形成了。

张: 这个故事应该说很老套,一个男人很坏,为了生活卖掉了自己的老婆,后来一个土匪真正爱上了这个女人,最后安排一个结局。整部电影就这么一个架构,感觉很俗套,没有新意。

严: 我觉得题材老套与否、或熟悉与否没有关系,况且卖老婆这个事情在香港或者其他地方都是非常陌生的,我真的是第一次听见卖老婆的故事。这个题材对我来讲,以前从来没碰见过,拍电影更是想都没想过。大概是不同的社会背景吧,卖老婆对我们来讲是一个笑话,在生活中没有人卖老婆。当我看到这个故事时,觉得里面有很多文章,这个女人被卖掉之后是怎么反应的、怎么转变的,等等,都是非常有意思的,我就把这个写下来。

张: 那你仅仅是要展现卖老婆这个奇观故事呢,还是有什么别的创作意图?

严: 我主要表达的是这个女人的成长和变化。电影中这个女人从一个跟老鼠争食、让丈夫当成牲口一样卖来卖去的人,转变为一个能把命运掌握在自己手里并且为了大义敢于杀人的大侠,最后改写了自己和很多人的命运。影片这样表述,其实是我对命运的理解开始变化的写照。

《太阳有耳》剧照

《庭院里的女人》剧照

张：你电影中的女性好像拍得格外出色，除了张瑜特别邀请你拍摄《太阳有耳》外，另外一部电影《庭院里的女人》好像也是一位女演员兼制片人来找你拍的。

严：对，《庭院里的女人》是罗燕找我拍的。可能大家觉得我拍女性戏最拿手，才来找我吧。其实在一系列电影中，我并没有太刻意要把女性拍好。但为什么我能把女性拍好呢？主要因为我们生活里接触的比较重要的人都是女性，从妈妈开始，她们给了我们很多的感动，也给了我们很多的痛苦，给了我们很多的感悟。而且我慢慢地发现，我们身上很多的优良品质，比如宽容、照顾等都是属于女性特征的东西。

张：你对女性的表达是无意识的，但特别细腻。从你的角度看，那什么是男性特征呢？

严：男性特征就是毫不容忍、要强。

张：主体是阳刚的。

严：阳刚，是属于正面的夸奖，实际上男性是属于攻击性的。好像所有的城市都一样，我们开车的时候，交通很混乱，所有人都抢道，没有人忍让。就好像地球的形成靠两种能量一样，世界上人类的能量也主要有两种：一种是男性的能量，是火山爆发的类型，把地球破坏了，他不管了；另外一种能量就是女性的宽容，就像海水慢慢把炽热的岩浆冷却了，这个需要很长时间，很有耐心，但正因为这种能量才使海岸线形成了，地球形成了。没有男性的能量，我们改变不了地形；没有女性的能量，我们形成不了地球。我们生活中的女性有这个优点，所以不知不觉地在我的电影里，被拍的女性都是很好的，戏里面所有的优点都集中在女性身上。

张：还有一部影片《我爱厨房》，更可见光影下你对女性赞赏的特点。影片中罗家英饰演的父亲，虽然不是女性，但也要转换成女性的面貌出现。他既有一种男性的责任感，同时又具备了女性的细腻和关爱。

严：这个人物比较特别。原著里就写了这个父亲是一个变性人，他因为太爱他的妻子，在妻子去世以后没有办法活下去，又因为对儿子的爱，他在自杀和变性之间选择了变性，成为一个特殊的女人。很奇怪，虽然我的电影得了很多奖，但是到后来被人说得最多的影片就是《我爱厨房》，跟我讲得最多的就是抓月亮的镜头。在香港曾经做了一个调查，一个杂志问一些男性，你印象最深的是什么电影？他们都说是《我爱厨房》。

《我爱厨房》完全脱离了对命运的感觉，而是拍对死亡的感受。为什么拍这部电影呢？我父亲是在北京去世的，在父亲死后我一直非常思念他。一个非常冷的农历十一月的晚上，我独自走回酒店，路上看见月亮在天上，感觉非常亲切和渴望，但是永远抓不住，这就好像我对父亲的感觉，我永远都能看见他，但是永远都抓不住了，他永远都在我心里。这种感觉特别深刻，后来我在日本做《天国逆子》的音乐时看到了一本书，看完之后非常感动，就有了创作冲动，我就把所有的体验都放进电影里面去了。《我爱厨房》中抓月亮等细腻的细节，就是我自己切身的感受。

《我爱厨房》剧照

《鸳鸯蝴蝶》

张：2004年你拍摄了令观众耳目一新的影片《鸳鸯蝴蝶》，2005年情人节上映。我看过两遍，第一感觉好像不是你的电影，因为跟你以前的作品有很大的不同。第二感觉这部影片好像是浙江旅游局委托投资让你做的，因为影片中充分表现了西湖优美的风景，以及茶园淳厚的文化氛围。为什么要选择这样一个在西湖发生的爱情故事呢？

严：我总想拍不一样的电影。这部电影是我特别想拍的。整部电影围绕西湖来进行，在西湖这个美丽的地方，时间和空间是混合在一起的，现在就是未来，现在和未来是同时在里面的。在电影里面，主要有小语、阿秦、小彤三个人物，这几个人的命运纠葛在西湖这个同一的空间展开，几个角色中，有的已经不存在了，有的还在，但不论在与不在，都同时存在于我们的主角世界里。电影里的西湖是一个很魔幻的世界，这部电影本身就是一个超现实主义的东西。

张：影片给我的感觉就是一个既浪漫唯美，又超乎想象的童话。

严：我想表达的就是这样一种感觉。从我一开始拍电影时，就对超现实主义非常感兴趣，一直在我的电影作品里加入超现实主义的因素。

张：你对超现实主义的手法非常钟爱，是不是跟你接触布努艾尔的电影有关系？

严：对啊，看来你对我的电影做了好多功课。在电影创作中，布努艾尔是对我影响比较大的一位超现实主义电影大师。我很早就在电影中运用超现实主义的手法，只不过一直比较低调，用得不是很夸张。

在《似水流年》中我就用了超现实主义因素，比如最明显的例子就是顾美华饰演的角色在房间里写信给妹妹的时候，一般电影中的表现手法就是在桌上写信，我觉得这种处理在视觉上太静态了，不好看，所以我就让画外音一直在讲述信的内容，画面上展现的是她坐在床头，然后桌上的信纸被风吹起来，好像蝴蝶一样在屋子里面飞。当然整体上《似水流年》是一个很写实的故事，但片中已经有了超现实的东西，只是没有表现得很直白。当时我觉得要在农村拍戏，就要有水墨画一样的感觉。中国的水墨画让人一看到就会想到诗，所以我在处理很多场面的时候，一直在想一些唐诗和宋词，想不到被李翰祥导演看出来了。李翰祥导演的文学功底很深，影片公映后，只有李翰祥导演看到了我在电影中用功的地方。

再回到《鸳鸯蝴蝶》,故事都是围绕西湖这个很魔幻的世界来讲述的。什么样的讲述方式才是魔幻呢? 其实故事本身就是很魔幻的,原来主角一直和自己内心世界里一个不存在的人生活在一起,一起对话和争执。但是反过来说,这又是最写实的,因为我们每个人都同时生活在两个世界里,一个是在社会里,一个是在我们的内心世界中。我觉得这个内外矛盾的现象很有趣,但是至今没有人很好地表现出来。

张:影片中先果后因的倒叙段落非常多,频繁地出现在叙事过程中。

严:经常倒叙,大量运用剪接的手法,在时空的进和退的交错方式中讲述整个故事。所以这部电影表面上很简单,实际上有很复杂的结构,但是它都围绕着西湖这个命题来进行阐释,即一个魔幻的空间。

张:是否可以说,西湖是你这部电影中最重要的一个意象,西湖的功能超越其他任何方面。

严:对,是这样的。西湖是这部电影的核心,有了西湖才有故事,有了故事以后就要想人物。因为没有人物,故事就不能成型。人物怎么才能把西湖的魔幻演绎出来呢? 有一点是肯定的,必须像我们每一个人一样既生活在社会,也生活在自己的内心。但是这个人物怎么表现呢,怎样才能同时生活在两个世界呢?

《鸳鸯蝴蝶》剧照

说实话，写剧本的整个过程就是一个自问自答的过程。一个会写剧本的人，必须懂得问问题，不懂得问问题的人也可以写剧本，但很容易抄袭，没有新意。因为一百年来什么样的电影都拍过了，任何的情节戏、非情节戏或感情戏、非感情戏，都已经有人拍过了。我不断地问自己问题：首先我不是拍西湖的纪录片，是拍人物片。怎样把喜欢的魔幻放在电影里，人物和西湖之间是什么关系？人物本身是傻傻的，怎么表现她同时生活在两个世界里？她一定是很内向的人，否则内心世界不会对她有很大的影响，但怎么表现呢？写剧本不是在写书，写书可以用很抽象的笔触展现出来，但拍电影不行。不如加旁白，但是旁白好看吗？旁白不形象，肯定不会太好看，而且现在的电影已经用得太多了，一点都不新鲜。那怎么表现呢？不如增加一个角色吧，代表她的内心世界。那么是大人还是小孩？是自己演自己呢，还是找一个年纪大一点的，或者是一个年纪小一点的？我得出的答案就是，我们每一个人内心里面都有一个惊恐的小孩，因为我们每一个人不管到了什么年纪或在社会上有什么地位，内心总有一点是最脆弱的，这个脆弱的点就像小孩一样，在情绪上永远是一个长不大的小孩，你要经常安慰她（他）。所以我设定这个内心的自我形象是一个小孩。

张：在你的推导过程中，我们已经了解了情节的脉络。但是故事模式、人物关系有很多可能性，影片中小语和阿秦、小彤三者之间的关系如何架构？

严：首先我们给影片进行准确定位。它是怎样的一部电影，拍给什么人看，是拍给电影学院的人看，还是给大众看？当然我希望尽可能多的观众看到我的电影，这样拍法就要适合主流。它是什么类型的电影？是爱情片，爱情必须要有障碍，否则这个爱情故事就不会好看。障碍可以有很多，这个故事的障碍是什么呢？比如说三角关系很好看、很卖座，这个公式很重要，但是一定要会变化和赋予新的创意。小语和阿秦是爱情的两个主人公，但怎么才能让人物的创意强一点呢？我写了一个人物小彤，很多观众都认为很可能到最后小语会爱上小彤，其实这是给观众造成一个悬疑，已经造成了三角恋爱的元素。影片中的小彤，只是在一开始被车撞的时候出现过，后来只是小语的回忆。

张：影片中小彤只是一个在想象中存在的人物。

严：确切地说，小彤从来没有真正存在过。其实这个人物早已经不在了，但他

还一直活在女孩子的心里面。在西湖边，我们看见小语和小彤在说话，其实镜头已经给了很多暗示，小语一直挨着柱子，很多中远景中可以看到只有她一个人，她身边没有旁人，而只是在近景、特写中，才会出现人物说话的镜头。

张：在人物设计方面，我有这么一个疑问：主人公小语是一个自我分裂的具有双重人格的女孩，但影片后半部分又将阿秦这个人物也塑造成同样存在自我分裂状态的人，是不是显得有点太刻意了。

严：是这样吗？从编剧的角度看，小语是很典型的经常生存在自己的内心世界里的人，但我觉得阿秦太内向了，他也会存在两个世界的矛盾。我用了一个非常形象的方式来展示，那就是红衣人的多次出现。这个人物怎么会出现呢？红衣人其实是阿秦的内心世界。世界上存在很多很郁闷的事，生活很难。那个老板欺负他，阿秦受不了。所以剧本里跑出个红衣人替他出气，慢慢地红衣人成了阿秦的心魔了。这里有一个发展的过程。正因为这个心魔的存在，障碍了阿秦和小语感情的深入发展，最后他必须把心魔消除。

一般电影都是罗密欧和朱丽叶式的，爱情的挫折都来自外界的障碍。在这部影片中，爱情的障碍不是来自外界，而是来自人物的内心。现在没有乱世了，为什么有那么多有情人不能成眷属，其实原因就是心魔。这也是其他电影没有这么写过的、很不一样的地方。

张：这部电影里，除了西湖，开头的时候就是下雨。在影片《我爱厨房》里，一开头就是非常漂亮的、蓝色的、忧郁的雨。雨好像是你电影里重要的意象，赋予了什么特别的内涵？

严：现在拍摄《鸳鸯蝴蝶》，好像又回到了对命运的另外一种阐述。人的命运就是这样，表面上好像都是陌生人，但是命运总是冥冥之中相互联系的，你影响我，我影响你，只不过有的时候你感觉不到。

很多大自然的景象，都会对我产生一种情绪上的震动，或者说是共鸣。天下雨了，我们心里面也好像阴天一样，雨变成了人的内在情绪。在电影里，我用"雨"来配合人物的情绪。《我爱厨房》里，可以闻到下雨的味道，从一开始就下雨，到后来陈小春去找女主人公时也是下雨。雨是女主人公心理的一种延伸，是她感情触角的延伸。

未来计划

张：最近几年你拍的电影不多，好像隔几年才有一部。

严：主要原因是不想拍了，想歇一歇，充实一下，所以就有好几年没拍，跑到好莱坞去了，铺垫一下那边的事情。

张：准备在好莱坞发展吗，已经有片子了吗？

严：是，暂时还没有影片，现在还在筹备阶段。我用英语写了一个剧本，名字叫《南京圣诞，1937》，是关于南京大屠杀那段历史的。当时在南京有外国人成立了一个安全区，救了30多万中国人。我的电影以南京大屠杀为背景，讲述的就是这个故事。

张：你为什么想做这个题材，纯粹是为了纪念抗日战争胜利60周年吗？

严：完全不是这个原因。只因为我在美国看了很多珍贵的历史资料，越看越感动，觉得必须要做这个事情，才打算拍摄这部电影。现在剧本已经写好了，在运作之中。

张：这次对于南京大屠杀这个题材，在内容和形式上有什么新的想法？

严：《南京·圣诞·1937》基本上延续了我以前电影的特点，主要是在视点上相对于同类题材的电影有所突破，以国际友人的视点来讲述故事。

张：这部影片的题材限定了它的风格是不能轻松的。

严：《南京·圣诞·1937》不仅仅是沉重，沉重是因为它的题材，而且它会是一部非常让人震撼的电影，你看了以后不会觉得太难受，但会觉得特别震撼，会促使你反思一些问题。在影片中，我绝对不会把当时日本人强奸很多中国女性的场面直接再现出来，因为我不愿意让这些中国女性再被强奸一次，这个没有意思。我的这个电影，主要探讨人为什么会变成这样，为什么要发生战争，是什么原因？

张：也就是说，这部电影中你主要反思和剖析战争这个现象出现的原因。还有其他什么拍片计划，展现你性格的另外一面，继续延续《鸳鸯蝴蝶》中的时尚幽默？

严：还有一个计划，目前已经写好了剧本，是根据台湾一篇网络小说改编的，作者叫九把刀。小说是讲功夫的，这个故事也叫《功夫》，但是我现在把它改了。

张：改成什么样？

严：故事是这样的：两个年轻人碰到了一个很奇怪的功夫高手，他追着这两个年轻人，逼迫着要教他们功夫。电影名字就叫《少年狂》，是我想的，灵感来自于李白的诗句"老夫忽发少年狂"。

▶ **电影解析**

充盈于影像内外的银幕思辨

　　20世纪70年代末，香港电影正暗潮汹涌地酝酿着挑战过去、超越传统的潮流。1978年，一个年轻人率先勇敢地推出了处女作电影《茄哩啡》，以其凛冽锐利的影像语言和人文温情的叙事风格震撼了影坛，正式揭开了香港电影新浪潮运动的序幕。这个旗手就是严浩。在香港新浪潮导演群中，严浩是一位非常特别的导演。他不同于徐克的求新多变和许鞍华的沉重探讨，也不同于方育平的写实风格追求和谭家明的实验影像美学尝试，而在一系列作品中有意识或无意识地贯穿了执著的主题探讨、自觉的叙事策略和鲜明的影像风格，展现出充盈于影像内外的强烈思辨性。

电影主题：小人物命运

　　可以说，严浩是新浪潮中"最中国化"的导演。综观他的电影，除了《茄哩啡》、《夜车》、《我爱厨房》等少数电影以及早期的电视作品专注于香港题材的创作之外，其他最重要、最突出的作品，比如《似水流年》、《滚滚红尘》、《太阳有耳》等，都跟中国内地有关，不仅多在内地拍摄，而且充满了浓郁的中国情怀。在这些电影中，严浩的思辨如同《似水流年》中回归乡土的香港女人姗姗面对时光已逝和人情变化

《太阳有耳》剧照

时所产生的心理迷惘和精神挣扎一样,主要呈现为香港本土和大陆母体的矛盾胶着与和谐变奏。这种朴素的"两极"情结,在既矛盾对抗又意义交叉的影像空间中,展现出深层思考的探索韵味。

事实上,香港本土和大陆母体的两极表现是严浩整体的创作策略,而其电影真正震撼人心的是在此策略之下一以贯之的对命运主题的深刻探讨。这样的主题探索,严浩最早是无意识的,从电影处女作《茄哩啡》开始。影片描画了临时演员伊雷的悲惨经历,虽然遭遇了身上绑的反应弹提前引爆而被导演臭骂、扮演盗贼被摁下水差点淹死、为警方效力假扮赌客而被廉政公署拘留等种种不公,却深陷电影片场的囹圄无法自拔。紧接着影片《夜车》,又在偷车兜风、撞死路人、失手杀人等一连串滚雪球式的意外事件中,将一群边缘青少年的命运推向了悲惨绝望的终点。1981年,父亲的去世给严浩带来了很大的触动,开始进入自觉的主题创作阶段,从转型之作《似水流年》开始,他主要聚焦形形色色的小人物,反复叩问命运之门。

《似水流年》是一部特别值得关注的严浩电影,有着里程碑式的意义。它不仅是严浩真正意义上的成名作,一举包揽了香港电影金像奖最佳导演、编剧、摄影、女主角等六项大奖,奠定了严浩在香港影坛的独特地位,而且也是他第一部真正自己想拍的有意思、有意义的电影。1981年影片《公子娇》的拍摄工作因为意外原因暂停,恰巧冥冥之中安排了严浩与父亲临终前的相聚,命运如此地巧合和无常,深深触动了严浩,也促使他开始思考生命的意义和价值,于是便创作了拨动生命心弦的影片《似水流年》。影片中女主人公姗姗为了逃避生意萧条、姐妹对簿公堂等烦躁喧嚣的都市生活,特别从香港回到内地省亲。虽说家乡的美丽山水、淳朴人文给了她很多的平和心绪,但是物质差异和人情世故的变化,难以消磨她与儿时亲密无间、现已结为夫妇的阿珍和孝松之间的距离,她的到来也给他们平静的夫妻生活带来了不稳定的诱因。回乡之旅中,姗姗不断地在寻找着亲情的记忆和生命的意义,但是她没有得到明确的答案,最终不得不回到都市生活中,摆脱不了喧嚣环境的压抑,其生命也如漂泊小船一样没有定向。

继《似水流年》开启了生命思索的匣子后,严浩在《天菩萨》、《滚滚红尘》、《棋王》、《天国逆子》、《太阳有耳》、《庭院里的女人》等一系列影片中逐渐深入探讨小人物面对社会恶劣环境而无力逃脱悲剧命运的核心主题,在银幕上构筑成了一道特殊的景观。同时他对命运主题的表达是有策略的，精心安排了从被动到主动、从失败到成功的多层次探讨，异常丰富和深刻。

严浩早期电影中的命运探索多属于被动型的，片中的人物基本上无法逃脱命运的安排，往往深受现实环境的制约而陷入悲剧状态。1987年严浩拍摄了根据真实题材改编的影片《天菩萨》，讲述了二战期间一位来到中国的美国军官原想利用彝族人的"无知"来敛财，谁知反被彝族百姓抓住，继而沦为奴隶，山高水远无处可逃，被迫在大凉山做牛做马十多年，直到全中国解放，才被解放军救出。1990年严浩推出轰动一时的《滚滚红尘》，继续被动命运的银幕表达，影片根据张爱玲和胡兰成的真实故事改编而成，在那战火纷飞、民族危亡的乱世，男女主人公浪漫唯美的爱情注定只能是生离死别、背叛离弃的挽歌，他们的命运必然受制于大时代的氛围。1991年，严浩再一次把握历史时代，根据台湾作家张系国和内地作家钟阿城的两篇同名小说改编成了电影《棋王》，片中内地的棋王成长于"文革"时代，命运多劫，而台湾的小棋王则深陷商业社会而没有自主，一大一少命运的两地对照，更凸显出被动无奈的悲剧性。

从1994年的《天国逆子》开始，严浩清醒地意识到主题的局限性，他不再满足于人物命运被动于社会环境的简单阐释，而努力探讨命运的复杂性和多变性，开始赋予人物较多的主动性。《天国逆子》讲述的就是两个主人公试图掌握自己的命运的故事，但遗憾的是，主动选择并没有改变他们命运的悲剧性。母亲是封建包办婚姻

《棋王》剧照

的受害者，她和丈夫之间没有爱情，想离婚又不可能，后来她和伐木工人真心相爱，为了寻求自己的爱情与自由，她毒死了自己的丈夫，犯罪行为注定了她最终被判死刑的命运；幼时的儿子看到了母亲毒死父亲的情景，十年后他走进法院将母亲送上了被告席，却又深受亲情折磨，痛苦万分。通过这个矛盾的故事，严浩试图揭示悲剧命运的根源不在于选择，而在于真实复杂的人性。这是严浩电影中命运主题由被动向主动转变的中间状态。

很有意思的是，严浩非常关注女性命运，在他的许多电影中，人物命运刻画得最精彩的都是女性，从《似水流年》中的姗姗到《天国逆子》中的母亲都是如此，其后拍摄的影片《太阳有耳》中的油油、《庭院里的女人》中的少奶奶，更是将人物命运提升到主动选择和成功主宰的新高度。《太阳有耳》中，油油开始是一个被丈夫送给土匪头领还债的女性，后来她真正爱上了土匪，为了阻止土匪进一步危害乡民，她果断地处死了他，将自己和孩子的命运成功地扭转过来。《庭院里的女人》中，40岁的少奶奶深受婆婆和丈夫的控制，为寻求人身解脱，她帮丈夫纳妾，后来她爱上了儿子的家庭教师，勇敢地告别封建家庭，奔向真正的自由和爱情。这两个人物，不再被动地服从，而是选择了主动地寻找自我，努力改变自己的命运，并真正达到了主宰自我的成功目标，实现了严浩电影主题探讨的最理想状态。

叙事探索：由传统到另类

严浩的电影生涯，是一个寻找摸索的过程，父亲的去世给予他无尽的感悟，使他在银幕上用影像的方式执著地追寻着生命的意义。如此的创作思维，不仅决定了其《似水流年》、《太阳有耳》等影片中的人物发展，也在电影叙事方面呈现出由简单到复杂、由传统到另类的探索特点。

严浩在谈论《似水流年》时说，"整部电影既然是一个寻找的过程，也就是一个思考的过程"，"情节绝对不能太起伏了"。由此决定了《似水流年》清新淡雅和随意自然的散文化叙事风格。其实这也是严浩其他电影叙事的突出特点。影片的情节处理往往收放自如、张弛有致，抛弃刻意的戏剧冲突和情感煽情，而追求淡化情节的效果。比如影片《滚滚红尘》，就题材而言，女作家和汉奸之间的乱世爱情故事原本有很多的奇观性，但是导演却尽量将人物的外在身份剥离开来，纯粹地展现他们之间细腻浪漫的情感生活,犹如生命的浪花随意绽放。《我爱厨房》更是以丰富的旁白建构起Louie和变性父亲、女友之间真实平淡的生活故事,清新淡雅。

就叙事顺序而言,严浩电影大多崇尚简单,以"寻找"作为叙事动机线性地推进故事的发展,多采用单线索的顺叙方式。比如,《太阳有耳》中,油油从被丈夫抵押给土匪潘好的性工具成长为能够掌控与潘好之间的爱情的主动权,并最后为了大义杀死爱人的坚强独立的女人,期间的命运转变和情感过程虽然都是严格按照时间顺序来推进的,却异常地紧张生动。其后《庭院里的女人》中,吴家少奶奶和洋传教士之间的真爱、吴家少爷和父亲的小妾之间的畸恋等情节,都在时间顺序中有条不紊地呈现出来。

还有一些电影的叙事顺序稍稍复杂,影片主体上仍为顺叙,但是在开头、结尾等相关环节采用了倒叙的方式,既在一定程度上使叙事方式更为丰富多样,也加强了人物主观回忆的情感色彩。影片《天国逆子》,为了加强主人公的矛盾心理,开始采用回忆倒叙的方式将十年前母亲毒死父亲的故事讲述出来,再回到现实的法庭审判中,在时间和空间上形成了双重的回应。

在严浩电影的叙事中,有时也有插叙处理,并被赋予了巧妙的想象空间。比如《滚滚红尘》中小说中的人物玉兰,她自幼被卖做丫环、后来被老爷强奸怀孕、最后与青年春望结婚的故事不断地穿插在主人公韶华的故事中,既是想象,同时又是韶

《庭院里的女人》剧照

华命运的镜像对照，赋予影片更深层的人文意义。

旁白是严浩电影从简单叙事转换到复杂叙事最常用的手段，也是最突出、最具风格的手段。影片《滚滚红尘》中，章能才的画外讲述基本贯穿了整部影片，巧妙地改变了单一时空的平铺直叙，使影片的叙事变得复杂了，并凸显了超越那个大时代的私人情怀。《天国逆子》中主人公的旁白讲述，仿佛拨开了时间的灰尘，瞬间进入过去时空的记忆感怀中。在这些电影中，旁白不仅架构起了复杂的叙事，而且成为人物表达主观情感和心理状态的重要手段，同时也是导演建构独特影像风格的重要手段。影片《我爱厨房》中，主人公 Louie 第一人称的旁白贯穿了全片，每次旁白出现的时候，影像画面都是浓郁的蓝色基调，旁白已经成为了一种忧郁风格的标志，令观众异常伤感。

综观严浩迄今为止的电影创作，无论运用了倒叙、插叙还是旁白，其绝大多数影片的叙事都是很简单的，只有最新作品《鸳鸯蝴蝶》才真正是另类复杂的叙事探索。《鸳鸯蝴蝶》主要讲述了杭州女孩小语和北京男孩阿秦之间的爱情故事，故事内容非常简单，但是整体叙事编排却相当复杂和另类，充满了双重叙事的多义性。比如，小语和阿秦的生活双线索并行；小语自身存在着本我和超我的双重人格，还与想象中的小彤对话。此外，不仅阿秦和小语、宝宝之间存在一男二女的三角关系，还存在小语自我挣扎的情感选择，而阿秦也有着现实生活和想象世界中的生活这两种状态。这一切的安排，再加上剪辑的快节奏和时空交错，使得影片在严浩电影序列中非常另类。而这种另类，也恰恰是以往严浩电影中没有挖掘的新方向和新亮点。

影像表达：丰富的诗意和浪漫的超现实主义

从《似水流年》开始，为契合细腻的生命探寻的叙事主体，严浩有意识地去摸索一种独属于自己的诗意电影。这种诗意电影的创作理念，灵感首先来自于小津安二郎的电影美学，其他三位电影大师的突出风格也对严浩有所影响，并被巧妙地整合在散文化叙事中，从而构成了严浩电影独特的简洁流畅的诗意影像表达，贯穿在镜头运用、色调搭配、剪辑处理等多方面，突出地呈现为丰富的诗意镜语和浪漫的超现实主义意境。

在巧妙的理念规划下，严浩电影在诗意镜语方面展现出双重叠加的丰富韵味。

一方面，严浩吸取小津电影精华，强调静止镜头的使用，注重镜头语言在"静"中蕴涵"动力"，在静谧的视觉美感中表达深沉的韵味，从而创造出独特的诗意风格。比如影片《似水流年》，基本上每个镜头画面都固定不动，但是画面之内却充满着生命的气息和生活的丰富动感。比如开片第一个镜头，泥泞的山路上，远远地，一只老鼠窜出来，然后一辆公车远远地驶来，一小一大对比间，乡土气息便在一个镜头内生机盎然起来。片中这样巧妙的镜头比比皆是，镜头虽然固定不动地静观记录，却在静态中呈现出无比的生机和活力。静止常常被认为只能客观记录，其实不然，静止镜头也可以传达出浓烈无比的诗意韵味，比如影片中有这样一个镜头，面对着田野，远远地，一张帆缓缓地移过，却看不见船体和河面，传达出妙不可言的韵味。如此镜头妙用，在严浩以后的一系列影片中得以继续发展和完善。

　　静观是诗意影像的一种朴素表达，与此相对应，复杂的长镜头便是诗意镜语比较华丽的表达方式。这种复杂长镜头的运用，主要从《滚滚红尘》开始，到《太阳有耳》已经比较成熟。《太阳有耳》中油油在河边舀水，这时候土匪潘好从对岸骑马过河，然后扬长而去，导演在这里安排了一个非常完美的运动长镜头：先是中景镜头透过油油看对岸的潘好，然后镜头慢慢往后拉开，同时机位逐渐升起，将两人擦肩而过的中全景由平拍转到俯拍，然后镜头慢慢地向右摇拍，同时机位继续上升到很高的位置，高角度地俯拍油油目送潘好骑马远去的全景和远景。整个镜头一气呵成，运动过程简洁流畅，同时演员与摄影机和谐地共舞。此后《我爱厨房》、《庭院里的女人》等影片进一步发展完善了长镜头的运用和调度，影片中绝大多数镜头好像都闲不住，一直在沿着特定的轨迹流畅地运动。在长镜头的使用中，严浩既巧妙地综合了复杂的运动形式，让摄影机在有限的空间内创造出无限的动感魅力，同时又在单个镜头内部融入了丰富的场面调度，让演员随心所欲地展现出人物的生命轨迹和心灵地图，创造出饱满的诗意情怀和意义空间。

　　诗的表达空间是无边的，可以超越现实与想象的界限，达到和谐的融合状态。如果说或简单静止或复杂运动的镜头语言只能进行有限的现实表达的话，那么丰富的声画艺术就可以创造出超越现实的丰富的想象空间，这在严浩电影中便呈现为浪漫的超现实主义表达。最早的尝试从《似水流年》中姗姗写信的段落开始，画面上，姗姗躺在床上，信纸被风微微吹起，画外音讲述着信的内容，这样的声画组合方式

《鸳鸯蝴蝶》剧照

超越了以往实拍写信场景的表现模式，拥有了一丝超现实的浪漫诗意。在《滚滚红尘》中，导演巧妙地利用镜头的剪接来创造超现实主义的意境，比如前一个镜头是韶华坐在三轮车上思考的镜头，在画外音的引导下，下一个镜头就是韶华的小说中的人物玉兰转身面对观众的镜头，两个镜头切换的瞬间，现实人物的历史空间马上过渡到小说人物的虚拟空间。

此后几经《太阳有耳》、《我爱厨房》等影片的磨炼，到创作新片《鸳鸯蝴蝶》的时候，严浩在时尚的都市爱情题材中找到了成功的契合点，将超现实主义的表达风格推向了成熟的高点。影片中不仅绝大多数镜头都在流畅地推、拉、摇、移，同时单个镜头的时值比较短，镜头与镜头之间的剪接速度非常快，而且相邻镜头的剪接似乎不太遵守常规的剪辑模式，比如片中多次出现小语和小彤、心中的自我说话的场景，第一个镜头还是双人镜头，接着单个的正反打镜头不仅直接揭示小语独自对话的真相，同时还往往大胆地突破轴线原则，超出了现实表达的范畴。

▶ 佳片特写

似水流年（Homecoming）

出　　品：1984年 青鸟／泰极	片　　长：120分钟
导　　演：严　浩	编　　剧：孔　良
监　　制：夏　梦	摄　　影：潘恒生
剪　　辑：健　健	美术指导：张叔平
音　　乐：喜多郎	主　　演：斯琴高娃　顾美华　谢伟强

在香港遭遇事业、婚姻不顺利和遗产纠纷的朱珊珊，暂离香港回乡祭祖。珊珊重逢了已结为夫妇的儿时同学孝松与阿珍，阿珍当上了小学校长。珊珊向阿珍倾诉起自己的烦恼。珊珊为孝松买了双鞋，孝松将它收藏起来。珊珊帮阿珍和学生们争取到广州游玩的机会，晚上两人话不投机。阿珍回家发现那双鞋，夫妻间发生争吵，孝松雨夜出走。珊珊返回香港，阿珍赶到码头送别，二人相视无语。

本片是导演严浩的重要代表作，也是香港影坛难得的艺术之作。影片古朴的潮汕乡土味道、耐人寻味的人物情感、细腻平淡的散文化叙事，再加上演员清新自然的表演，巧妙描绘出香港和内地之间微妙复杂的现实情结。

滚滚红尘（Till the End of the World）

出　　品：1990年 汤臣	片　　长：94分钟
导　　演：严　浩	原著故事：三　毛
编　　剧：三　毛　严　浩	监　　制：徐　枫
制　　片：徐　枫　廖凤平　汤君年	剪　　辑：邹长根
摄　　影：潘恒生	音　　乐：史撷咏
主　　演：林青霞　秦　汉　张曼玉	美　　术：董兆光

因为父亲不准许其与恋人结婚，韶华自杀未遂，父亲死后离家出走。韶华以写小说为生，不问政治的她与为日本人做事的章能才相恋，抗战胜利后章能才销声匿迹。偶然间韶华巧遇穷困潦倒的章能才，为救被人诬告为汉奸的章能才，韶华被汽车撞伤。解放前夕，商人余老板原想带着韶华离开大陆，韶华却将章能才送上了轮船。四十年后，章能才返回内地寻找爱人。

本片是女作家三毛编剧的最后遗作，虽然算不上完美，但是三毛的才气加上严浩的细腻，一段动荡时期的儿女私情呈现出既荡气回肠又唯美抒情的感觉。小说人物玉兰的插叙叙事超越了时空的现实性，镜头剪切营造出超现实主义的意境，赋予了影片独特的想象空间和人文内涵。

棋王 (King Of Chess)

出　　品：1991年 金公主		片　　长：105分钟	
导　　演：严 浩　徐 克		原著小说：张系国　钟阿城	
编　　剧：严 浩　梁家辉		监　　制：徐 克	
剪　　辑：麦子善		摄　　影：潘恒生　杨渭汉　罗云城	
主　　演：梁家辉　岑建勋		美　　术：陈子慧　梁华生	
杨 林　金士杰　严 浩		音　　乐：罗大佑	

程凌去台北协助朋友筹备电视演出，遇见了擅长下五子棋的神童，这令他想起了20年前在内地火车上认识的棋迷王一生。王一生不断邀人下棋，从来没有输过。农场改造时，王一生与棋艺比赛冠亚军下盲棋，他同时跟八位对手对阵，最后全面取胜。台北的神童，也面临着棋艺高超的棋王们的挑战。

对棋艺的坚持意味着内心的自由和人性的解放。内地作家钟阿城的小说《棋王》与台湾作家张系国的小说《棋王》原本互不相干，但因题目相同而被徐克和严浩融合成一部奇特的电影。影片不同时空的两段故事平行交错，自然流畅，但相较之下，内地部分拍得严谨动人，台湾部分稍显松散浮躁。

天国逆子 (The Day the Sun Turned Cold)

出　　品：1994年 长影／东熹		片　　长：99分钟	
导　　演：严 浩		编　　剧：王兴东　王浙滨　严 浩	
策　　划：许鞍华		监　　制：严 浩　江志强	
摄　　影：侯 咏		主　　演：斯琴高娃　庹宗华	

20世纪90年代初的某一天，公安局刑警队来了一位状告母亲毒死父亲的年轻人关键。关键童年时，作为小学校长的父亲由于失去了性能力，常常呵斥打骂妻子。对丈夫的虐待忍无可忍，母亲和林场工人有了私情。为防父亲的报复，母亲毒死了父亲，虽然事情没被医院查出来，但一切都被儿子看到了。刑警队立即查明十多年前

的真相，母亲和继父被判处死刑。入狱后母亲虽然拒绝见儿子，却日夜不停地为儿子赶织毛衣。

影片根据真实的案件改编而成，导演严浩以温婉平静、成熟从容的态度进行了独特的艺术演绎。在这个矛盾的故事中，严浩试图真实展示复杂的人性本质，含蓄深刻地揭示了生命的无奈。片中儿子的旁白叙述贯穿始终，犹如拨开时间灰尘的银针，架构起人物主观的心理情感和影片深刻的人文内涵。

太阳有耳 (The Sun Has Ears)

出　品：1996年 长影	片　长：105分钟
导　演：严　浩	编　剧：严　浩　懿　翎
监　制：胡　健　王力平　张　瑜	制　片：崔国民　黄素韦
摄　影：赵　非	剪　辑：钱泠泠　邹长根
录　音：顾长宁	美　术：高国良
音　乐：大友良英	主　演：张　瑜　尤　勇

20世纪20年代的中国北方农村，俊俏的油油外出饿昏时被拉到马寡妇家中，土匪头子潘好对她百般挑逗。油油以死相抗，但丈夫天佑却百般逢迎。在被典当的十天中，油油平生第一次体验到情欲和幸福，她爱上了潘好。在土匪与官府黑吃黑的较量中，油油目睹潘好残杀人质的暴行，她的心在流血。为保护更多的无辜百姓和维护做人的尊严，虽然怀了孩子，油油还是毅然决然地亲手杀死了潘好。

严浩电影对女性命运的关注非常显著，本片是表现女人由被动接受提升到主动选择的重要作品。片中影像的表达非常朴素，场面调度复杂流畅，运动长镜头简洁自然，如同与摄影机和谐共舞。演员的表演精彩传神，演绎出独特的奇情韵味。

我爱厨房 (Kitchen)

出　品：1997年 嘉禾	片　长：111分钟
导　演：严　浩	编　剧：严　浩
监　制：严　浩　森重晃	制　片：杨志杰
剪　辑：潘雄耀	摄　影：潘恒生
主　演：陈小春　富田靖子　罗家英　莫文蔚	音　乐：大友良英　内桥和久
	美　术：梁华生　莫少奇

Louie是个发型师,他在内地唯一的亲戚Aggie最大的愿望是成为一流的厨师。因为相依为命的祖母过世,Aggie的情绪极度低落,Louie把Aggie接过来同住。在Louie和变性父亲华姐的关怀下,Aggie觉悟到了生命无常的道理。华姐意外去世,Louie的世界分裂,他经历到了Aggie有过的体验。两人相互扶持着走过一段艰难的路。

　　本片根据日本女作家吉本芭娜娜的原著小说《厨房》改编而成,是一部非常诗意、忧郁的电影。影片的叙事随性而流畅,平淡的叙事被第一人称旁白引导,飘逸出无尽的伤感和诗情,同时也细腻自然地传递出渗透影像的人间温情。

鸳鸯蝴蝶 (*A West Lake Moment*)

出　品:2004年 世纪英雄/精美风火/ 　　　　上海世纪英雄	片　长:100分钟
导　演:严　浩　杨　紫	编　剧:严　浩　郑　晓
监　制:吴宏亮　吕　军 　　　　张　威　胡　滨	制　片:孔庆达　刘　芳
摄影指导:潘恒生	剪　辑:严　浩　邹长根
音　乐:严　羚	美　术:吴黎中
	主　演:周　迅　陈　坤　严　羚
	造型指导:张叔平

　　阿秦在北京生活,偶然来到杭州,走进了小语的咖啡室。好友小彤一直暗恋着小语,总在一旁默默地陪伴她。在小彤的鼓励下,小语勇敢地去北京与阿秦相会。两人在街市偶然巧遇,很快成为了亲密的爱人。不久阿秦又开始逃跑,小语伤心地回到杭州。然而命运就是如此冥冥注定,他们又在互联网上相遇了……

　　本片是导演严浩从传统创作走向时尚叙事的转型之作。影片所描述的一对青年男女的爱情故事虽然情节简单但充满青春气息,多重时空和视点的安排、复杂流畅的镜头运动则凸显出影片超现实主义的独特风格。

▸ 作品一览

导演作品：

1978　《茄哩啡》
1979　《夜车》
1981　《公子娇》
1984　《似水流年》
1987　《天菩萨》
1990　《滚滚红尘》
1991　《棋王》（与徐克合作）
1994　《天国逆子》
1996　《太阳有耳》
1997　《我爱厨房》
2001　《庭院里的女人》
2004　《鸳鸯蝴蝶》

编剧作品：

1978　《茄哩啡》
1979　《夜车》
1981　《公子娇》
1990　《滚滚红尘》
1991　《棋王》
1994　《天国逆子》
1996　《太阳有耳》
1997　《我爱厨房》
2004　《鸳鸯蝴蝶》

表演作品：

2004　《鸳鸯蝴蝶》

监制作品：

1994　《天国逆子》
1997　《我爱厨房》

获奖纪录：

1985　第四届香港电影金像奖最佳影片（《似水流年》）、最佳导演（严浩）、最佳编剧（孔良）、最佳女主角（斯琴高娃）、最佳新演员（顾美华）、最佳美术指导（张叔平）

1990　第二十七届台湾电影金马奖最佳影片（《滚滚红尘》）、最佳导演（严浩）、最佳女主角（林青霞）、最佳女配角（张曼玉）、最佳摄影（潘恒生）、最佳美术设计（张西美、廖凤平）、最佳电影音乐（史撷咏）

1992　意大利剧本和影像国际电影节最佳影片（《棋王》）

1994　第七届日本东京国际电影节金麒麟大奖（《天国逆子》）、最佳导演（严浩）

1995　第二届香港电影评论学会最佳女主角（斯琴高娃《天国逆子》）

　　　第一届香港影评人协会金紫荆奖十大华语片（《天国逆子》）

1996　第四十六届德国柏林国际电影节最佳导演银熊奖（严浩《太阳有耳》）、国际影评人奖（《太阳有耳》）

　　　第四届北京大学生电影节最佳故事片（《天国逆子》）

1997　第一届韩国富川电影节最佳影片（《我爱厨房》）

1998　第十七届香港电影金像奖最佳原创电影歌曲（《我爱厨房》插曲《欢乐今宵》）

2001　纽约国际独立电影展最佳国际电影奖（《庭院里的女人》）

THE LEGEND OF

关 锦 鹏　　男生女相

▶ **导演故事**

掌舵"女性电影"和"同性恋电影"

关锦鹏是一个地地道道的香港人，1957年出生于香港。从小到大，关锦鹏受母亲的影响比较大。父亲的早逝，让母亲瘦削的肩膀担负起养家糊口的重任，但无论多么艰难，母亲还是用宽大的胸怀给孩子营造出家庭的温馨。为了能让关锦鹏上大学，母亲含辛茹苦地外出赚钱，妹妹初中毕业后就懂事地辍学工作。这一切，关锦鹏看在眼里，痛在心里，他下决心一定要考上大学。那时候母亲很喜欢戏曲，常带着他去看粤剧名伶任剑辉和白雪仙搭档演出的粤剧电影。这让关锦鹏在很小的时候，就不知不觉地喜欢上了电影。

中学毕业以后，关锦鹏考进了香港浸会大学传理学院。因为太喜爱影视了，不久之后关锦鹏又考入了无线电视台艺员培训班。毕业后，关锦鹏幸运地直接留任无线电视台工作。在担任专职副导演的很长时间内，关锦鹏有机会帮助许鞍华、谭家明、严浩等年轻导演制作电视剧集，其创意和工作能力得到了很高的评价。1979年以后，关锦鹏追随许鞍华、严浩等人从电视台转到电影圈，为很多部影片担当副导演的工作。

1984年，关锦鹏碰到了香港电影界的著名伯乐梁李少霞（章国明《点指兵兵》、许鞍华《胡越的故事》、于仁泰《救世者》等很多新浪潮电影的幕后推动者）。梁李少霞非常满意关锦鹏提出的电影选题《女人心》，于是1985年关锦鹏获得了第一次独立执导电影的机会。关锦鹏忐忑不安地完成了处女作《女人心》，没想到影片公映后票房和口碑出乎意料地好。

1986年，关锦鹏拍摄了迄今为止自己比较喜欢的第二部电影《地下情》，将几个年轻人对待爱情和死亡的态度在银幕上细腻地展现出来，获得了普遍赞誉。

1987年，应老板要求，关锦鹏盲打误撞地拍摄了电影《胭脂扣》，没想到这部影片成为了他导演生涯的经典之作。影片哀怨缠绵的情感表达，细腻如丝的影像风格，成为了关锦鹏女性电影的一大特色，艺术效应和商业票房轰动整个香港影坛。这部影片是关锦鹏和梅艳芳、张国荣两位巨星的第一次黄金合作，遗憾的是不可能再次合作了，这也成为了关锦鹏心中永远的遗憾。

关锦鹏的电影常常被称赞为"比女性还女性"。关锦鹏说，那是因为自己同性恋的身份和情感取向带来的独特视角，天生有着比女人还细腻的生命触角。他并不有意要拍女性电影，却总不自觉地站在女性的视角来观看事物。1989年之后，关锦鹏陆续导演了《人在纽约》、《阮玲玉》、《红玫瑰与白玫瑰》等优秀电影，为香港电影描摹下精彩的女性银幕画卷。1995年在纪录片《男生女相》中直接表白"同志"身份以后，关锦鹏如释重负。此后他可以轻松自由地从事同性恋电影创作。从《愈快乐愈堕落》、《有时跳舞》到《蓝宇》，关锦鹏在银幕上渐进式地推进同性恋情感，更多地融入自己的生命感悟和情感经验。

▶ **对话谈艺**

关锦鹏：我用电影影像坦承自己的性取向

受访：关锦鹏
采访：张燕
时间：2005年8月3日
地点：上海漕溪北路 Lox 咖啡厅

张：从我的角度讲，我非常喜欢你的电影，你是一个在影像上非常唯美、对人物情感和心理描摹非常细腻的电影导演。但是每一个导演的风格形成绝对会受相关因素的影响，比如说特定的成长背景，或者是受其他导演的风格影响等。关导，请问你这种细腻唯美的风格主要受哪些人或者哪些作品的影响？

关：在成长的过程里，我相信跟我母亲有很大关系。我父亲早逝，母亲作为非常保守的家庭主妇，同时肩负起父亲的责任，出去赚钱养家。还有，她为了让我念大学，让我的妹妹初中毕业以后就去工作，帮助补贴家用和开销。从母亲的身上，我看到了女性的坚韧。我母亲很喜欢戏曲，尤其是粤剧任剑辉和白雪仙的组合，还有他们的粤剧电影，给童年的我留下很深刻的印象。所以我小时候就蛮喜欢电影的。这些都是我成长过程中所观察到的一些很细腻的东西，对我有很大的影响，所以我的作品比较关注女性，而且从小对细节很感兴趣，我个人也是感性多于理性。

同时我觉得电影中的有些东西可能是天生的，包括我的性取向，这不完全是后天的影响。这种性取向导致很大程度上我是一个男生，但是内在却有很多真正女性的触觉。当我变成一个比较有意思或者比较复杂的个体的时候，这种风格的形成是很自然而然的。

在后天的工作过程中，我觉得我一直很幸运，刚念完大众传播专业就进入无线电视台，后来成为专职副导演，有机会帮助许鞍华、谭家明、严浩等导演在电视台制作电视剧集。那时他们用16毫米胶片拍摄小型的电影作品，非常有意思。他们每个人在无线电视台都有放毛巾、肥皂、牙刷等东西的地方，每天工作十几个小时以后，就睡在电视台。等他们转行电影之后，我也一起跟随他们转行电影，担任他们很多影片的副导演。大家都有一种坚持的精神。我觉得他们的电影风格我是没办法学的，但是那种坚持和对电影的理念是从他们身上学来的。还有我觉得一部电影其实最重要的不是故事，故事拍来拍去都是那些，最重要的是细节。我从许鞍华、谭家明等导演身上，懂得和学会了一部好电影应该充满细节，包括人物个性的细节、画面的细节和故事情节的细节。

张：迄今为止，电影已经成为你生活的一部分。事实上，在香港电影的商业环境中，很多人只是把拍电影当作谋生的职业，但也有真的对电影充满理想的。对你而言，电影在你的生活中究竟占有什么样的位置，你用什么样的态度来创作电影？

关：我相信我自己离不开影视这个行业。我没有想过做别的行业，或者说我也没有能力去做别的行业。可能年轻的时候，我刚进入社会和电影圈，我认为拍电影是我的唯一。现在仍然可以这样说，但是我会在生活上多关注一些，这对拍电影也有好处。过去我常常忽略了我身边的爱人、朋友、家里的亲人和交往的一些朋友，对生活上的一些事情也缺少考量，现在我会多关注。这种关注不是说我去做别的行业，我还是做我的电影，电影还是我可以赚钱、生活和我喜欢创作的唯一，只不过电影已经不再是我生命的全部，我的生命里同时还有很多其他的东西。

由盲打误撞到自觉摸索

张：截至现在，你已经拍了很多电影，为观众所熟知的经典作品也不少。如果让你自己纵向梳理的话，你觉得自己的创作可以分成哪些发展阶段，或者说哪些影片让你有一定的转变和发展？

关：我觉得首先是1987年的影片《胭脂扣》对我非常非常重要。这部电影带给我很多的东西，让我作为一个导演建立起自信和地位。《胭脂扣》之前，1984年我导演了第一部电影《女人心》；1986年拍了《地下情》，表现了几个年轻人对待爱情和死亡的态度，也是我自己很喜欢的一部作品。但是你可能不知道，《胭脂扣》不是我自己提供小说或剧本拿给老板看说是我想拍的电影。那个时候我跟威禾公司签了合约，已经有另外一个导演在弄《胭脂扣》这个剧本，弄了很多稿，最后那个导演说这样搞下去怎么活，然后就离开了。我刚到威禾公司的时候，提供一个剧本给老

《胭脂扣》剧照

板，但是老板觉得不够商业就否定了我的想法，然后叫我去拍《胭脂扣》。因此《胭脂扣》这部影片的成功，也是误打误撞的一种命运安排。

张：对于这样一个本来不是你自己想拍的题材，临时被安排去导演，最后却成功地把它变成了你最经典的作品，这简直是一种奇迹。

关：当然，在我接了这个题材以后，我找自己的编剧对剧本做了重新修改。还有《胭脂扣》对我非常重要的原因是，现在梅艳芳、张国荣这两位好朋友都不在了，加上这份沉沉的怀念，我更不能不提这部影片。2002年我想拍一部《逆光风景》时，原本想请梅艳芳和张国荣合演，但因为种种原因延后了。我一直以为还会有机会合作，但现在已经是永远的遗憾了。

接着，我自己确信在拍摄《人在纽约》和《阮玲玉》之间的这段时间，对我也很重要。1989年的影片《人在纽约》是在《胭脂扣》之后拍的，因为《胭脂扣》的成功带给我很多东西，我觉得那时候我有点飘飘然，觉得自己什么题材都可以拍，很好笑。那种状态下，我就接了《人在纽约》这部电影。虽然讲的都是中国人的故事，但是远离了香港和我熟悉的地方，讲述三个分别来自两岸三地的中国女人在纽约的故事。我现在都会问自己，那个时候怎么敢去接拍这样一部电影。那部电影从某种程度上我想还原一些最基本的元素，甚至想过把那么多颜色的东西用彩色胶卷拍成黑白片，现在回头来看真是一件比较傻的事情。人总有不同的阶段，我不会说恨自己做了这样一件事情。

张：但是《人在纽约》这部电影的特别经历，对你以后的创作有很大的刺激和影响。

关：对，所以就衍生了1991年的电影《阮玲玉》。我觉得《胭脂扣》不是我想拍的题材，是一个奇观的鬼故事，是一部制造了很多不实在的幻想和虚无的电影。而《人在纽约》我想还原很基本的东西，很实在的东西。两者之间的反差很大。《阮玲玉》因此而来，我觉得实质上，《阮玲玉》讲述的是一个有关电影本质的故事，其实人物是不是阮玲玉，或者周璇等人，都不是很重要。

张：你想通过《阮玲玉》这部影片，把你希望表达的幻想和现实两种东西结合在一起？

关：是的。影片主体是虚构和演绎的剧情片，但是我用纪录片去打破，让观众觉得这只是制造出来的电影。不管是以前阮玲玉主演的黑白默片，还是张曼玉演的阮玲玉的传奇，都只是虚构情节，不是百分之百真实的东西。影片中真实的东西，可能是我跟张曼玉的对话。我觉得《阮玲玉》这部电影是一部很有意思、很有趣的影片。通过《胭脂扣》、《人在纽约》和《阮玲玉》，我想了解自己多一点，或者说我想更多地去理解电影对我来讲意义是什么。这是我电影创作中一个非常重要的阶段。

然后，1996年，我做了英国电影学会邀请制作的、纪念世界电影100周年的纪

《阮玲玉》剧照

录片《男生女相》，变成了我自己现身说法的一部作品。对我来讲，那是一件很好的事情，因为如果性取向这个东西都可以不避讳，我自己的创作也就没有什么包袱了。

张：从性别的角度去切入世界电影百年，这种切入角度非常独特，而且对你自己来说，更是充满了勇气。你用影像的方式向观众直接告白了你的性取向，这对你有重要意义。是否从这部影片开始，你有意识从女性题材转到同性恋题材的创作？

关：我也没有刻意去做。只不过到1996年的时候，我拍电影已经十年了。拍电影的经验很有意思，你常常会接触到不同特点、不同行业的人，会接触到很多不同界别的艺术家。很多时候跟他们接触，真的好像是面对很多镜子，让我把自己看得更清楚，优点是什么，缺点在哪里。其中一个缺点就是我不够勇敢，不敢承认自己的选择。

张：你想表达某种意思的时候，需要其他的载体来进行转换表达。

关：对，所以我觉得《男生女相》这个制作过程对我很重要。英国电影学会一直强调说，要我们每个导演最好用最个人的手法和想法去做这个纪念电影百年的纪录片。这就让我想到我有那么多面镜子，为什么不可以承担自己做的选择呢。我用电影影像坦承自己的性取向，性别这个角度的切入也就自然而然了。我觉得就算没有《男生女相》这个项目，可能在差不多的时候，在我另外的电影里，可能是《愈快乐愈堕落》，或者再往后几年可能是《蓝宇》，也会来承担这样的性别表达。

张：从女性题材到同性恋题材，你的转变也是慢慢来、渐进式的。电影《愈快乐愈堕落》中，只有那么一点点同性恋的表达，将一个人物处理成双性恋。然后到《蓝宇》才是真正地展现最本质、最本真的男性同性恋情感的电影。对你来说，是不是《蓝宇》也是你一部非常重要的影片，听说在里面你还加入了很多自己的故事？

关：影片《蓝宇》是很重要，也加入了我跟我朋友十几年的感情关系等很多故事，并且细腻地赋予了两个男主角身上，甚至《愈快乐愈堕落》里那几个不同的男性角色都承载着我不同阶段的情感状态。

但是对我来讲，影片《蓝宇》最重要的意义不在于作品本身，而在于拍这部影片的一种纯度。影片的投资不是业内人士的资金，那时候我也有别的选择，甚至有朋友也跟我说为什么要拍这个东西。影片从投资到演员，胡军当时有一点知名度，但观众还不是很熟悉，刘烨更是一个新人。甚至拍的时候，我们也完全没想过在香

《蓝宇》剧照

港有没有市场价值,台湾会怎么样,或者能不能卖到国外去,这些外在的东西我们都没有想。

比女性还女性

张:可能正因为你特殊的性别取向,所以之前你作为男性导演所拍摄的《胭脂扣》等女性题材电影,被很多人评价为"比女性还女性"。你认为你的女性题材电影有什么特点?

关:我常常觉得女性很多时候容易把自己作为女性的优缺点给忽略掉。对电影创作来讲,导演在感觉真正抓住一个东西以后,会用放大镜的方式把它放大和表现出来,用英文表述就是"large and life",我不知道怎么翻译成中文。也就是说,女人本身很容易忽略更敏感一点的东西,而这对于一个同性恋身份的人来讲是要真正观察的,因为他不是女人,会更愿意思考这个问题,那就是如果我是女人的话会怎样。而且电影有很多原创的可能性。我觉得人们评价我的电影"比女性更女性",可能这是其中重要的因素。或许我电影中呈现的女性,不见得是真女性,而只是透过一个"同志"的眼睛所看到的女人,是用了丰富的想象之后设计出来的所谓的女性。

张:通过这样的思考角度去拍摄,或许可以把女人从局内人和局外人的双重视角得到展现。

关：对。当女性观众去看这些电影的时候，或许她们会有惊喜的发现，原来我们女人可以这样，也可以那样。

张：我在看《蓝宇》的时候，发现在这个虽然以男性为主的电影里，你着重表现的还是更偏向于温柔女性的那个男性角色。

关：所以才让刘烨得奖。我觉得在男人跟男人之间的同性恋人中，我们认定我们喜欢的是男人，相对地男人喜欢我也因为我是男人，我们有特别一点的喜好。但是在感情关系里，我们还是离不开或者没办法超脱传统的男女观念。在很多生活细节中，还是一定会有角色的扮演。我们不愿意把"我是你老婆，你是我老公，今天我在家煮饭，我做太太应该做的事情"之类的话挂在嘴边，虽然我们不讲这些，但实际上我们之间是有分工的。

张：我觉得在你所有的女性题材表达中，有一部影片的片名可以把你想表达的女性核心给揭示出来，那就是你的电影导演处女作《女人心》。"女人心，深似海，细如针"的感觉，几乎贯穿了你所有的影片。这种创作命名是自觉的吗？

关：是不自觉的，我觉得是朦胧的状态。当然那时我已经知道自己的性取向，只是没有像今天这样坦诚和坦然。那时我既懵懂，又想用一些自己所认知和接触到的方式去把这种感觉转化成电影里不同的女人来展现。

张：你的电影成就了很多女演员，比如说梅艳芳通过《胭脂扣》里的表演，获

《胭脂扣》中梅艳芳饰演如花一角

得了很多奖项，演技得到了极大的认可。还有张曼玉在拍《阮玲玉》这部影片之前很不自信，她怀疑自己是否能演，在影片的纪录片部分，她问你"我能行吗"，最后影片完成之后她变成了一个什么都可以演的出色的演员。

关：我其实没有那么厉害。我觉得不管梅艳芳也好，还是张曼玉也好，她们两个人基本上都很爱电影表演，只不过碰到我这样一个导演推她们一把而已，只不过把火烧旺一点而已。我相信导演跟演员之间最重要的是信任，我相信她们两位都经历了可以把她们自己完全交托给导演的那种经验。那种经验是比较难得的。你看她们两位，特别是张曼玉，她可能会在《阮玲玉》之后挑戏更严格，她一直强调越来越享受拍一个电影的过程，而不是电影的完成品。所以我相信《阮玲玉》只是让她找到一种找对导演的感觉。

《长恨歌》：我用上海来讲香港

张：今年底，你的新片《长恨歌》马上就要在全国公映了，这部影片是根据著名女作家王安忆充满上海风情的同名小说改编的。请问是什么原因让你钟情于拍摄这样一部影片？

关：1995年，小说《长恨歌》刚出版，我就看过，不过当时我没想过要拍成电影。因为我觉得那几年我在上海拍的题材已经很多了，特别是老上海的题材，我相信自己是香港导演里拍摄上海最多的一个导演，所以当时真的没想过要拍《长恨歌》。

直到2003年，我在上海拍摄电视剧《画魂》的时候，上海海润公司的老板找到我，说已经买了小说《长恨歌》的影视改编权，希望我来导演这部电影，所以我又重新翻读了一遍小说。说实话，这几年我在上海工作，越来越感受到跟第一次来上海的感觉不一样。我记得第一次来上海感觉非常好，比如徐汇区的老房子和梧桐树，还有外滩和建筑物，让我开了很大的眼界。在为拍摄《阮玲玉》做准备的一年里，我陆陆续续在很多文字和影像的资料上看到了老上海的东西。我觉得真的不可以用现在很多的价值观来看老上海，相比之下或许我们现在反而是比较保守的。

这当然跟香港人一直生活在小资的生活中是分不开的。我常常看到来自上海的老先生和老太太在下午穿戴整齐地到香港半岛酒店去喝下午茶，很优雅。对上海的印象，以及20世纪80年代初改革开放以后让我们有机会更多地看到上海老电影，因此90年代初第一次来上海时，上海给我的印象实在是太好了。但是这几年我在上海工作和生活，觉得这个城市发展太快，快到如果半年或几个月不来，可能它又是另外一番面貌。这个变当然是大势所趋，城市本身也有这种魄力去发展，但是我觉得有很多东西流失掉了。

张：也就是说，你原来想象中的上海的味道没有了。

关：是的，那些东西没有了。所以2003年我再翻开《长恨歌》的时候，我觉得它不仅仅是讲老上海的故事，它有很长的时间跨度，最终还是怀念流失的老上海的东西，甚至有一种一去不复返的感觉。对我来讲，对上海的这种感觉很有意思，在情感上我是可以抒发的。

张：你曾经表示过这部影片跨度从40年代到80年代，是一幅上海的风情画卷，也是对上海的一种感伤缅怀，而且据说你对原著的改编是大刀阔斧的，具体是怎么处理的？

关：对，影片要传达的就是感伤和怀念。在电影改编过程中，主要人物的框架还在，但是有些旁边的人物去掉了，比如小说里的严思武、中俄混血儿等很多角色都去掉了。不过我把程先生的部分放大了，不仅是篇幅戏份上放大了，而且把他变成甚至可以说是电影里的主要叙述人。现在的电影长度是1小时51分钟，所以可以看到电影把很多原小说有的情节变成了另外一种东西，在影像上、在电影的表达上用了一种更精致的手法来处理。

张：从主人公王琦瑶来

《长恨歌》剧照

说,原小说描摹了她在那么长的时间跨度中情感命运起伏波折的故事,那在电影里主要注重表现她的哪些部分?

关:电影中王琦瑶的故事基本没有变。刚才我讲了小说的改编和我对上海这个城市的感情抒发,但我觉得最终有一个很有意思的课题会在我们香港导演身上常常出现,那就是拿上海来讲香港。香港跟上海这个城市有着太多千丝万缕的联系,甚至我觉得王安忆是承接了张爱玲,虽然在风格上跟张爱玲有很大不同,但是这两代女作家都不约而同地选择用昨天来讲今天,用今天来讲昨天,也有用香港来讲上海,用上海来讲香港。

张:她们希望表达的其实是打破了历史的心态、情绪等内容。

关:对。所以回到你的问题上,我比较愿意说,《长恨歌》这个故事,其实是用上海来讲香港。作为一个香港导演,我用了王琦瑶,其实想表达的是更多人愿意留守在这个城市,跟这个城市恋爱。

张:你真正想表达的是你跟香港这个城市之间的故事和感情。

关:对。

张:据说你还把原小说中跟王琦瑶关系非常紧密的一个角色蒋丽莉的命运给改变了。小说中她投身革命,嫁给她不爱的男人,最后悲惨死去,而在电影中你安排她从上海移居到香港,最后她的儿子来上海寻找王琦瑶,这是不是有意识地编排?

关:这在剧本改编的过程中,很大程度上我觉得不是刻意的,更应该说很多东西是不自觉的。当时就有这样的一种想法,更在意说她们两个好同学从小一起长大,最后分开了,有人与人之间的离合。我跟编剧杨智深都是香港人,这种不自觉的东

《长恨歌》剧照

西累积在一起的时候，最后发现原来我们对香港这个城市有太多割舍不掉的感情。

张：据说你当时选郑秀文来演王琦瑶这个角色的时候，有许多人质疑她能不能把上海女人的状态展现出来。

关：刚开始听说我要找郑秀文来演王琦瑶的时候，很多人都有不同程度的质疑，但我真的不太理解他们的质疑从何而来。郑秀文除了她不是上海人以外，还有什么原因？我觉得郑秀文以前所演的电影都没有被人说过是"花瓶"，尽管她以前的电影已经形成一种风格，很多时候被框在非常典型、非常现代时尚的白领角色上，但是大家都觉得她演得不错，演技好。我觉得这次对郑秀文的质疑，不应该像当初拍《阮玲玉》时张曼玉被质疑的程度那么严重。拍《阮玲玉》的时候，梅艳芳不演，然后我找了张曼玉。那时张曼玉被质疑得更厉害，现在只不过是某种程度上重复了一次张曼玉演《阮玲玉》的模式。那些提出质疑的人没有从郑秀文的电影中看到她的演技，仅仅因为郑秀文要有一些改变，有点比较严肃的变化，以及从40年代到80年代这样大的时间跨度，就质疑她是否能出演王琦瑶，对于这我真的有点不理解。那些人以为怀旧一定不时尚，但对我来讲，20世纪40年代，上海女人王琦瑶碰到李主任的段落，是那个年代最时尚的生活。这一点可能是很多人无法理解的。

张：男人戏中，表演戏份最多的是梁家辉，他扮演了程先生这个角色。

关：对，从小说到电影，梁家辉这个角色是四个男人中最吃重的一个角色，时间跨度也是最大的，跟王琦瑶一样经历了40年代到80年代。程先生一辈子守望一个他得不到的女人，到最后他愿意变成王琦瑶身边的一个家人，在影片中，梁家辉通过表演呈现出来的东西会让观众很心疼他，表演相当精彩。

张：你跟胡军已经合作过两次了——电影《蓝宇》和电视剧《画魂》，这次他在《长恨歌》里的表现有什么新的感觉？

关：我对胡军的感觉，已经有一点离开了导演跟演员的关系，我觉得我们是兄弟。虽然他比我年轻，但是很多时候我把他看成一个大哥，我跟他甚至充满了哥哥情意结。我觉得这种情意结放在王琦瑶对李主任的感觉，她只能向上仰望着他，从这去看胡军的话，我觉得非常合适。

张：吴彦祖在以前很多的香港电影中，多扮演有点坏、有点邪气但很帅的男人。内地演员黄觉，则是刚刚从电影《恋爱中的宝贝》走出来的新人。你用他们两个，是出于什么样的考量？

关：我不觉得吴彦祖没有个性，他有很多的个性，而且他很帅，但他的形态对我来讲，我更愿意说是抓不到的，是不太实在的。比如说他某一个状态或某一种样子会跟他其他不同的样子混淆在一起，没有特别深刻的。这样的状态当演员可能是好事，因为他可以变很多东西。对我来讲，这种感觉放置在康明逊这个角色身上，是很有意思的。

黄觉这个演员，他平常不太爱理很多东西，从过去的音乐人、模特到今天做演员，我觉得他少了那种受过严格演员训练的搬腔摆调感，感觉非常自然。所以我觉得他比较适合演老克腊这个角色。

张：我发现在你原来的很多电影中，影像画面的处理总会有双重基调或多重基调，一般都会有两种或两种以上不同的影像风格，比如老上海那种浮华艳丽的色彩，而到了现实则会有一点偏冷调的处理。在《长恨歌》这部影片中，影像风格有没有这样的思路？

关：我相信有些东西是个性使然。你讲的那种浮华亮丽和偏冷的基调并存的状态，不管这部电影是讲上海的很多被怀念的东西现在流失了，还是用这个上海的故事来讲香港也好，肯定有一种强烈的感伤在里面。这种感伤很自然地会让我把新中国以前的那些段落处理得像梦一样，而且这次《长恨歌》可能会比《胭脂扣》和《阮玲玉》更强烈。

▶ 电影解析
"男生女相"的电影世界

关锦鹏向来被评价为"比女人还细腻,还执著",就他的创作而言,绝大多数的故事都是关于女人的,关于女人的成长、婚姻、情感、事业等任何方面。不仅有《女人心》、《三个女人的故事》(又名《人在纽约》)、《两个女人,一个靓,一个唔靓》等直接以"女"字为片名关键词的影片,还有《胭脂扣》、《红玫瑰与白玫瑰》、《阮玲玉》等围绕女性展开的电影,甚至《蓝宇》等以男性为主人公的影片也都是变相的"女性"表达。

在当代性别角色可以相互置换的情境下,关锦鹏突破狭隘的局限于女性执导、女性主演、展现女性情感生活的传统概念,以自己独特的性别视角为当代香港女性电影做了拓宽性的"命名"——女性电影不仅仅是女性导演的专利,男性导演只要有类似的性别取向和价值判断也可以拍出优秀的女性电影。同时,在西方指认的以李小龙、成龙功夫片为代言的香港电影印象中,关锦鹏凭借《胭脂扣》、《人在纽约》、《阮玲玉》等作品多次获得台湾电影金马奖、香港电影金像奖、柏林国际电影节、芝加哥国际电影节等奖项的垂青,以雄厚的实力向全世界"正名"了香港电影还有女性电影存在,成为了"最虔诚、用力最深、成绩也最显著"的香港当代女性电影代

《阮玲玉》剧照

言人。作为一个男性导演，何以得到如此高反差的"冠名"评价呢？这跟关锦鹏本身的电影观念和性别取向密不可分。

关锦鹏的电影观念

在1992年8月5日关锦鹏接受香港《明报》记者采访时，有这样一段对话：

记者：为什么钟爱拍有关女性的电影？

关锦鹏：我想这是我与生俱来的性格，一直都很主动地留意女人的言行举动，捕捉她们各自不同的神韵。

记者：可想过做女人？

关锦鹏：想过啊，如果第二世轮回，真的想做女人。

记者：做个什么样的女人？

关锦鹏：我喜欢蔡琴，就做一个像她那样的女人，细心、温柔、会替别人着想。

可见，向往女性、关注女性、认同女性，是关锦鹏最内在的"阴柔"心理基础。"我承认自己是男性，但同时亦不能否认自己有很多较女性的感触，以前电影中的女性感触，不多不少是自己的投射。"这种"女性投射"的心理积淀，便形成了关锦鹏一贯坚持的一种电影观念。

这种观念与关锦鹏的童年成长经历有很重要的联系。最早可追溯到他还未出世的时候，母亲特别喜欢看任剑辉、白雪仙这对女同性恋粤曲名伶的戏曲电影，如此痴迷的"胎教"养成了他喜欢诸如《帝女花》中"落花满天蔽月光"等细腻婉转的曲调，同时也促使他成长后认识到"性别并非禁忌，而可以是游戏"的道理。幼年时因为父亲偏爱弟弟、妹妹，老挨打的关锦鹏总渴望得到父亲的关爱，最令他陶醉的特权便是父亲可以单独带他进入澡堂这个纯男性的世界。14岁那年，父亲的病逝过早中断了关锦鹏阳刚成长的历程。身为长子却无力承担起养家责任的心理阴影和对母亲、妹妹等女性的依赖，潜在地形成了他内心特别敏感的阴柔气质。继而他转向张彻的《独臂刀》等新派武侠片寻找阳刚的认同，但银幕上的英雄豪情却仍然改变不了他对初恋女友没有生理欲望的事实。自身特殊的性别取向，更奠定了他阴柔多于阳刚的内在性格特点，这一切在当时思想并不很开放的香港来说是不能公开的，他只好选择曲折的表达方式，那便是在《胭脂扣》、《阮玲玉》等影片中习惯性地将自身的感情投射到女主人公身上。类似"如花有多痛，我就有多痛"等公开的银幕

《地下情》剧照

阐释，无不证明了他一贯的电影观念。

1979年，当香港电影新浪潮在徐克《蝶变》、许鞍华《疯劫》、章国明《点指兵兵》、翁维铨《行规》等处女作潮流中崛起之时，关锦鹏毅然放弃了无线电视台的好工作，追随他们转入电影圈。在1984年之前的五年时间中，他总共担任了许鞍华《撞到正》、《投奔怒海》，余允抗《师爸》、《山狗》，谭家明《烈火青春》等十多部影片的副导演。在新电影的文化实践中，许鞍华等人的创作为关锦鹏打开了一条清新朴素的艺术途径。关锦鹏坦言："他们对地方本土个人成长的经验和过去的回忆非常动人，对香港本土的关心多了一份更真切的东西。我可以从他们身上学到很多对社会状况、对周遭人的关心。这一点对于导演是很重要的事情。"这种开放、真诚的理念，也成为了关锦鹏创作的第二个重要观念，直接带动了《女人心》、《地下情》等影片的产生。

对于电影创作，关锦鹏相信"文如其人"，将自己的生活伸延到他的电影中，借用电影来展示他的人生。他曾说："对我来讲，电影是上帝赋予我的，我要保留这份神圣与执著"，"我不会靠电影求生存"，"每一部电影都是我的一面镜子"。这种自我生活的银幕延伸和纪录，是支撑关锦鹏电影创作的第三个重要观念。

如果要选择用一个最简练的词来概括关锦鹏的创作，那么"男生女相"最合适。《男生女相》是他在1995年为纪念世界电影诞生100周年、中国电影诞生90周年而拍摄的一部纪录片，片中他以独特的性别角度作为切入口来解剖中国电影史，同时也正式公开了自己同性恋的身份,标示出自己最本质的性别倒错式的电影创作——"男生女相"。"男生女相"并非字面上所指的"一个男人生成女人的面孔",而是指性别上的错乱,是指"拥有一颗女儿心的男人"。这一简短的阐述具有重要的意义,精确地区分出关锦鹏前后期电影中两大核心的人物形象:衣柜时代的女性镜像和走出衣柜的"同志"形象。

女相:衣柜时代的女性镜像

在传统世俗道德的约束下,一个拥有一颗女儿心的男人如果没有勇气冲破社会藩篱,那他的"女相"就只能深深地隐蔽在私我的"衣柜"中。如果需要在公开的银幕中有所表达,就必须运用"性别错位"的策略,悄悄地置换为影片中的女主人公,通过刻画女性形象来承载内在的女儿心。这种无奈但又有效的性别策略,给予了"同志"身份尚遮蔽在雾中的关锦鹏以很大的创作空间。他倾力打造的众多作品涌现出许多逼真的女性形象,组成了一幅独特而绚丽的衣柜时代的女性镜像图。

纵观关锦鹏《男生女相》之前所有的电影,女性形象的塑造都明显地渗透出一种浓烈的、更偏向于艺术思考的人文历史情怀。为了凸显女性探索的深度,关锦鹏往往首先会精心勾勒出一种以男性为中心的社会气氛,营造出一个鲜明的特定时代文化氛围,并努力建构起一个过去、现在交叉的人文坐标系,然后再选择一个坐标点来描摹女性真实的生存困境,在历史对照和形象对比中,立体而多维地刻画女性的性格,探讨女性最本质的情感心理。

《胭脂扣》:被礼教牺牲的女人/女鬼

影片改编自李碧华的同名小说,青楼女子如花30年代与十二少相知相爱、双双殉情,50年后来到阳间寻找恋人。就娱乐性而言,这个故事充满了灯红酒绿、十里洋场的怀旧味道,人鬼交错的畸形恋情和人鬼相斗的诡异灵幻都是商业电影竞相追逐的市场卖点。但故事一经关锦鹏过滤,所有人鬼交错的通俗化情节和噱头都被取消,只剩下如花与十二少相爱相离、再怅然相见这条核心爱情线索,青楼妓院等奇观化背景处理,也都是为表现如花的情感心理而设置的。如花,虽出身青楼却"出淤泥而不染",是一个完全为爱而生、因爱而死的女人/女鬼形象。30年代,她与富家少爷十二少一见钟情,相知相恋,共谋婚事,却被封建正统礼教棒打鸳鸯,只好双双殉情。片头一曲"你睇斜阳照住个对双飞燕,独倚篷窗思悄然"柔声而起,如花以亮丽男装现身,十二少双目紧随后又放眼四周,在缓缓转动的镜头、浓艳柔媚的色调和凄美哀婉的音乐组合中,两人的爱情被烙上悲剧的格调,如花被始乱而终弃的命运也得以暗示。因为爱的诺言,如花50年穿梭在人鬼之间,游荡在阴阳两界,终于重返世间寻觅十二少。历经磨难,终于见到了苟活于世、年老色衰、怯懦于礼教、负心再娶的十二少。壮烈的殉情瞬间完全失去了意义,如花纯净的心绝望了,含泪微笑地了断前缘,飘然而去。片尾,导演动情地调用了高速的长焦镜头,深重青灰的黑夜,一束弱光照开了朦胧缥缈的尽头,伤感哀怨的音乐主题悠然相伴,恍然间出现如花含泪微笑的特写,渐渐银幕变黑,悲剧在无言中达到了最震撼人心的极点。

如花,这个被礼教牺牲的多情而绝望的女人/女鬼形象,是导演关锦鹏用情至深,也最钟爱的女性角色。他甚至将自己比作如花,"如花有多痛,我就有多痛",并且用80年代不敢承担爱情责任的青年情侣作为参照系来反讽式映衬。

《胭脂扣》剧照

《阮玲玉》:传统与现代夹缝中,生存又被毁灭的女人

如花是生活在传统礼教中的女性,她的悲剧是一种宿命。而30年代默片明星阮玲玉的自杀,则完全是传统礼教与现代文化相互碰撞的悲剧。如果说,关锦鹏对如

花的钟爱更多出于感性的真情投射的话，那么他对阮玲玉的推崇则已经上升到了感性流露与理性思辨相融合的境界。

　　阮玲玉是一个在传统与现代夹缝中生存、最终被毁灭的悲剧女性。旧时代成长的阮玲玉，孝顺母亲，爱护孩子，多年坚守一段不平等的感情毫无怨言，这些都是她内在的传统美德。但社会的变革，特别是左翼进步电影的影响，使她逐步接受了寻求妇女解放等现代思想，希望改变自己的命运，与张达民解除不平等的情感契约，开始全新的生活。在感性地描摹她悲惨情感的同时，关锦鹏理性地将传统与现代两条线索结构起来，设计了张达民的无情无义和社会媒体的恶意诽谤，还设置了唐季珊的无耻与蔡楚生的懦弱，从而将阮玲玉的命运放置在激烈的斗争漩涡中。同时还巧妙地安排了"戏中戏"，让阮玲玉在《天伦》、《神女》和《新女性》中饰演的一系列悲惨女性像镜子一样映照出她的命运悲剧。这样，在传统势力促使她自杀时，女性的悲情控诉达到了空前的力度。

《红玫瑰与白玫瑰》：被男人玩弄的"热烈情妇"和"圣洁妻子"

　　男主人公振保"一生爱过两个女人"，一个是红玫瑰娇蕊，一个是白玫瑰烟鹂。红玫瑰是"热烈的情妇"，她热情似火，在炽热的情欲挑逗中渐渐地爱上了振保，并且为之离了婚，但很快被无情地抛弃了。白玫瑰是"圣洁的妻子"，冰清玉洁，纯情动人，一生为丈夫勤俭持家，但很快也被丈夫冷落在家。就像振保自己说的，红玫瑰是"留在墙上的一抹蚊子血"，白玫瑰是"留在男人衣服上的一粒饭粒子"，他所谓的"爱"

《阮玲玉》剧照

就是玩弄。无论红玫瑰还是白玫瑰,她们都是被男人尽情玩弄、最后又被抛弃的棋子。在影片中,她们才是真正的主角。在审美视觉的冲击中,通过女主人公的一举一动、一颦一笑传达出一种不安分的感觉,促使观众深入到女性被玩弄的悲剧内心。

《地下情》:情感困惑的时尚女性

在喧嚣浮躁的现代社会,物质的富足相对带来精神情感的匮乏。本片中导演关锦鹏把握住这个都市特质,打破了传统流线型完整叙事结构,用一种片断组合模式讲述女人的故事,并以不流畅的间断笔触来剖析女性的情感心理。

阮贝尔、廖玉屏、赵淑珍三个女人,有令人羡慕的时尚职业和比较丰厚的收入,但这种比较独立的状态在男人世界中却遭遇了困境,那就是情感的疏离与困惑。阮希望得到张树海的爱情,却又功利地对待他们的关系,不甘心以他为中心,她渴望与廖、赵亲近,却又心存芥蒂,于是疏离与猜疑的情感状态总伴随着她。廖渴望得到张树海以及其他男人的爱情,却又总自卑地退让和牺牲,甚至怀孕也是如此。赵生活在现代,情感却又非常传统,总沉浸在以往爱情的阴影中不能自拔,堕胎的经历更成为她心中的磐石。

与其说,这些女人最后发现自己最爱的人是自己而离开男人,还不如说在以男人为中心的世界中,她们不敢相信男人,不想依靠男人。这种矛盾的情感状态是现代社会所特有的,是每一个现代女性要面临的。性别置换的认同,导致关锦鹏多次坦承,片中三个女性角色充满了很多他自己和身边朋友的现代感触和情感体验,甚至是自己的写照。

《红玫瑰与白玫瑰》剧照

《地下情》剧照

《人在纽约》剧照

《人在纽约》：挣扎于男人世界的漂泊女性

影片就像一幅华人女性在纽约的生活素描图，淡淡的，几乎没有故事，三个女人不是因为情节冲突而相遇，而是因为漂泊情绪和身份困境而相知。赵红似乎非常幸运，她来到美国结婚，一下子就步入了富裕的中产阶级行列，但她没有能力反抗男人，也没有勇气摆脱对男人的依附而具有独立人格，这成为她无奈又苦涩的心结。黄雄屏是一个有才能、有学历的现代女性，但在美国男权统治的社会舞台，却永远找不到理想的位置，包括父亲在内的一个个男人的自私与无耻，让她的感情生活千疮百孔。在三个女人之中，李凤娇有自己的餐馆、股票等，似乎拥有了与男人一样的成功事业，但她的情感却非常脆弱，她的真情被男人无情地拒绝和践踏。

三个漂泊的女性，虽然各自的人生境遇不同，但无奈地挣扎于男人世界这一点是共同的。影片中导演安排了两场前后呼应的醉酒场面，将三个女性"无可奈何的爱，无家可归的情，无人可诉的心事和心结"以及苦涩艰难的生存困境生动地描摹出来。"无声胜有声"的寂静传达出她们对男权世界的反抗，同时也流露出漂泊女性的悲哀与无奈。

男生：走出衣柜后的"同志"形象

《男生女相》为关锦鹏卸去了沉重的世俗盔甲，打开了心灵的"衣柜"之门，转变为直接公开的男同性恋者。银幕身份与现实身份的相互统一，标志着他的创作真正进入了挥洒自如的新阶段。关锦鹏坦言,"以往我要将自己的感情投射在女主角身上,如《胭脂扣》的如花,不免有点扭曲",公开了同性恋身份以后,"片中角色的感情戏可以表现得更纯粹、更真实"。《愈快乐愈堕落》和《蓝宇》强有力地表现出"同志"电影的姿态,传达出为"同志"电影正名的豪情。

《愈快乐愈堕落》:喧嚣零碎的"同志"生存图景

影片情节比较含混复杂,两个相貌相似的女子月纹和Rosa同时搭乘国际班机,飞机失事,月纹死了,丈夫冯伟怀念她,情人小哲又看上了她的丈夫,还有同性恋者阿唐也对冯伟产生了兴趣。小哲回到台湾遇见即将离婚的Rosa并开始与之交往,而此时,冯伟在香港思念着小哲。

五个主人公胶着在同性恋、异性恋、婚外恋等多重交叉的情感关系中,呈现出一幅后现代式喧嚣零碎的"同志"生存图景。导演首先采用了类似波兰电影《维罗尼卡的双重生活》中双线并行的结构模式,用一人分饰二角的邱淑贞作为交叉点,将月纹与Rosa两个女人各自的家庭情感故事串联起来,完成了对零碎主体故事的梳理;其次,为了更好地回溯复杂人物关系的前因后果,导演选择了以倒叙加插叙的方式纵向贯穿五个人物的故事,特别是月纹与丈夫冯伟、情人小哲之间的情感经历。

虽然由女性角色(月纹和Rosa)贯穿影片叙事始终,但本片表现的重心并不是她们,而是三个男人之间暧昧的同性恋情爱故事,这是影片最独特的、平行于前面纵横线索的第三条叙事线。月纹的丈夫不能善待妻子,导致婚姻行将破裂,偶然中,他在地铁被阿唐和小哲这两位"同志"朋友注意。小哲无法接近冯伟,之后迅即与月纹陷入了情欲境界,但他最中意的爱人还是冯伟,他们的爱情终于在月纹死后、小哲离开之后的惦念中得到印证。阿唐也暗恋着冯伟,一直默默地陪伴着他,这个角色基本上是导演关锦鹏的心声表达。除去性别的同一性,三个男人各自扮演的角色实际上构成了一种俗套的三角情爱关系,他们真实流露的爱恋、思念、妒忌等情感,正是现代"同志"情感交错复杂、琐碎微妙的真实写照。

《蓝宇》:纯粹真实的"同志"情感世界

如果说影片《愈快乐愈堕落》、《有时跳舞》多少还带有同性恋者自述情感过于形式化的印记的话,那么《蓝宇》则真正把握住了"同志"世界最本质的情感问题,进行了细腻而纯粹的描摹和挖掘,成为了迄今为止最纯粹的一部"同志"文艺片。

导演关锦鹏在改编网络小说《北京故事》时，尽可能地进行了提炼，只着力描写两个男人十年间分分合合、纠缠不清的爱情故事。陈捍东、蓝宇这对同性恋人生活在一个相对开放的社会环境中，他们这种超乎常规的爱情并没有受到外界社会的指责，或者家庭内部的不理解，他们之间的相识、相知、相离和重新相聚，纯粹出于相互间情感密度的选择。蓝宇对捍东多年的执著爱恋和忠诚依赖，是真爱理想的表达；捍东对蓝宇的离弃与复归，也是同性恋者正常的矛盾抉择。不同于影像艳丽、声色浮躁的《春光乍泄》中黎耀辉与何宝荣形式化的阿根廷之旅，陈捍东与蓝宇之间的爱情朴实无华，充满了细腻生动的生活细节，虽然平平淡淡却又感人至深，给观众更强烈的内心震撼。

在关锦鹏所有的作品中，《蓝宇》应该说是他自传色彩最浓烈的一部作品，他将自己很多的情感体验和性别认同加入到作品当中，陈捍东与蓝宇十多年的情感故事正好应对着他与男朋友在一起的12年的爱情生活，甚至连陈捍东准备分手、结婚的情节段落都来自导演的亲身经历。1992年在上海庆祝《阮玲玉》拍摄完毕的当晚，关锦鹏猛地徒手打碎玻璃樽，结果被缝了11针，其伤心欲绝的原因就在于他的朋友希望放弃感情去结婚。他的绝望、心痛与愤怒等一切的感受，都真真实实地化成了影片中蓝宇有血有肉、有泪有笑的情感心理。关锦鹏自己说，《蓝宇》"正好是时候总结我和我的另一半12年的感情了"。一旦以前禁忌的同志身份公开以后，关锦鹏生机勃勃的创作力砰然迸发。《蓝宇》等影片的成功，透视出他希望重建被徐克《梁祝》等影片破坏的"同性恋神话"的努力。

▶ 佳片特写

胭脂扣（Rouge）

出　　品：	1987年　寰亚	片　　长：	92分钟
导　　演：	关锦鹏	原著故事：	李碧华
编　　剧：	李碧华　邱戴安平	监　　制：	成　龙
制　　片：	罗国强　王雅琳	摄　　影：	黄仲标
剪　　辑：	张耀宗	音　　乐：	黎小田
主　　演：	张国荣　梅艳芳	美　　术：	朴若木　马光荣
	万梓良　朱宝意		

30年代石塘嘴最炙手可热的妓女如花，与富家弟子十二少陈振邦一见钟情，论及嫁娶大事。陈家极力反对，十二少只好脱离家庭与如花同居，之后无奈地选择海誓殉情。如花在阴间等不到十二少，50年后回阳间寻找。在报馆编辑袁永定和女友的帮助下，发现了苟延残喘的十二少。如花绝望地将胭脂盒交还，飘然离开。

本片改编自香港著名女作家李碧华的同名小说。影片将文艺爱情片和鬼怪灵异片两种类型融合起来，在相距半个世纪的两个时空中铺排青楼女子如花与富家少爷十二少的爱情故事。在人鬼难分、阴阳交错的艺术构思中，寓荒诞于真实，生动刻画了如花这个为爱殉情又遗恨来世的悲剧性女人／女鬼形象。

人在纽约（Full Moon in New York）

出　　品：	1989年　学甫影业	片　　长：	122分钟
导　　演：	关锦鹏	编　　剧：	钟阿城　邱戴安平
监　　制：	方　平	摄　　影：	黄仲标
剪　　辑：	王献篪　邓长根	音　　乐：	张弘毅
主　　演：	张曼玉　张艾嘉　斯琴高娃	美术指导：	朴若木

台湾演员黄雄屏、香港移民李凤娇、内地妇女赵红，这三个来自两岸三地的中国女子，因机缘巧合在纽约相遇。同在异乡使她们很快就成了好朋友，经常在一起交换人在异乡的看法。现实生活中她们遭遇到不同的问题。在雪花飘扬纷飞的纽约第一个雪夜，三个女人在高楼屋顶含泪祝酒，发泄着内心的忧郁和苦闷。但是天亮了，她们的生活还得继续。

本片由邱戴安平创作剧本的第一稿，内地作家钟阿城修改定稿，关锦鹏率众赴美国实地拍摄。影片较早地涉及跨国界的身份认同题材，三个女人无可奈何的爱，无家可归的情，无人可诉的心事，意蕴深刻。影片如同一把锋利的剪刀，解剖了当代中国女性的生存困境，描摹出漂泊异乡的独特情怀。

阮玲玉（Center Stage）

出　品：	1991年　寰亚	片　　长：	118分钟
导　演：	关锦鹏	原著故事：	焦雄屏
编　剧：	邱戴安平	监　　制：	陈自强　徐小明
剪　辑：	张耀宗　张嘉辉　姜全德	摄　　影：	潘恒生
主　演：	张曼玉　梁家辉	音　　乐：	小虫
	刘嘉玲　李子雄　秦汉	美术指导：	朴若木

30年代之前，阮玲玉一直被认为只能演妓女等角色，但30年代的《故都春梦》、《三个摩登女性》、《神女》等左翼进步电影拓展了她扮演革命女性和底层女性的新戏路，演艺生涯直线上升。在进步电影的拍摄中，阮玲玉学会了反抗，她与同居男友张达民协议分手，与茶叶大王唐季珊开始新的生活。借影片《新女性》受媒体围攻之际，张达民诬告阮唐为"奸夫淫妇"，阮玲玉寒心于人言可畏而含恨自杀。

阮玲玉是中国电影史上的一个传奇，她在事业辉煌的时期结束了年轻的生命。本片采用历史时空与现实时空交错的套层结构方式，将90年代主创人员拍摄本片的过程和虚构演绎的30年代阮玲玉的情爱故事并列起来，并插入阮玲玉出演的真实影片片段，向观众讲述了阮玲玉精彩而悲苦的人生，引发历史与文化的深刻反思。片中张曼玉的表演尤其突出，成为影片的亮点。

红玫瑰与白玫瑰（Red Rose, White Rose）

出　品：	1994年　巨登育乐／第一机构	片　　长：	110分钟
导　演：	关锦鹏	原著故事：	张爱玲
编　剧：	林奕华	监　　制：	吴悟功　黄海
制　片：	周德华	摄　　影：	杜可风
剪　辑：	Brian Schtivgmann	原创音乐：	小虫
主　演：	陈冲　叶玉卿　赵文瑄	美术指导：	朴若木

被称颂为"坐怀不乱的君子"的振宝,其实是一个玩弄风情的高手。他与朋友之妻娇蕊相互吸引,度过了一段美好的时光。振宝最终和平淡如水的女子烟鹂结婚,婚姻并没有让振宝离开风月场所,这也促使了烟鹂红杏出墙。东窗事发,"死要面子"的振宝选择了沉默。振宝与娇蕊在乘公车时巧遇,这让振宝内心重新掀起了波澜。

为了更艺术化、更人文化地挖掘女性的悲剧命运,关锦鹏独到地采用了"文学+电影"的影像方式,将原著小说中张爱玲精彩的文字摘选在银幕上,采用流线型字体,并铺设鲜艳流动的色彩,形成一幅幅精美的图画。

作品一览

导演作品：

1985	《女人心》
1986	《地下情》
1987	《胭脂扣》
1989	《人在纽约》
1992	《阮玲玉》、《两个女人，一个靓，一个唔靓》（短片）
1993	《斯琴高娃二三事》（人物传记片）
1994	《红玫瑰与白玫瑰》
1995	《男生女相：中国电影之性别》（纪录片）
1997	《念你如昔》（纪录短片）
1997	《愈快乐愈堕落》
2000	《有时跳舞》
2001	《蓝宇》
2005	《长恨歌》

监制作品：

1985	《少女心》
1996	《狂情杀手》
1997	《飞一般爱情小说》
1999	《天上人间》
2003	《恋之风景》
2004	《做头》
2005	《长恨歌》

获奖纪录：

1987　第六届香港电影金像奖最佳编剧（黎杰、邱戴安平《地下情》）、最佳女配角（金燕玲）

第二十四届台湾电影金马奖最佳改编剧本（阮继志《胭脂扣》）、最佳女主角（梅艳芳）、最佳摄影（黄仲标）、最佳美术设计（朴若木、马光荣）

1989　第八届香港电影金像奖最佳影片（《胭脂扣》）、最佳导演（关锦鹏）、最佳女主角（梅艳芳）、最佳编剧（邱戴安平、李碧华）、最佳剪辑（张耀宗）、最佳音乐（黎小田）、最佳电影歌曲（《胭脂扣》）

	第二十六届台湾电影金马奖最佳剧情片（《人在纽约》）、最佳女主角（张曼玉）、最佳摄影（黄仲标）、最佳原创剧本（邱戴安平、钟阿城）、最佳剪辑（王献篪、邓长根）、最佳服装设计（朴若木）
1991	第二十八届台湾电影金马奖最佳女主角（张曼玉《阮玲玉》）、最佳摄影（潘恒生）
1992	第四十二届柏林国际电影节最佳女主角银熊奖（张曼玉《阮玲玉》）
	第二十八届芝加哥电影节最佳女主角（张曼玉《阮玲玉》）
1991	年度香港艺术家年奖之演员年奖（张曼玉《阮玲玉》）
1993	第十二届香港电影金像奖最佳女主角（张曼玉《阮玲玉》）、最佳摄影（潘恒生）、最佳美术指导（朴若木）、最佳电影配乐（小虫）、最佳电影歌曲（插曲《葬心》）
	日本影评人大奖最佳外国女主角（张曼玉《阮玲玉》）
1994	第三十一届台湾电影金马奖最佳改编剧本（林奕华《红玫瑰与白玫瑰》）、最佳女主角（陈冲）、最佳美术设计（朴若木）、最佳造型设计（阮佩芸、张光慧）、最佳电影音乐（陈焕昌）
	第一届香港电影评论学会最佳女演员（陈冲《红玫瑰与白玫瑰》）
1998	第三十五届台湾电影金马奖最佳男配角奖（曾志伟《愈快乐愈堕落》）
	第五届香港电影评论学会年度推荐电影（《愈快乐愈堕落》）
2001	第三十八届台湾电影金马奖最佳导演（关锦鹏《蓝宇》）、最佳男主角（刘烨）、最佳改编剧本（魏绍恩）、观众票选最佳片（《蓝宇》）
	第八届香港电影评论学会年度推荐电影（《蓝宇》）
2002	第七届香港影评人协会金紫荆奖最佳男主角（胡军《蓝宇》）
	第二届华语电影传媒大奖最佳男演员（胡军《蓝宇》）、票选部分最受欢迎华语电影（《蓝宇》）、票选部分最受欢迎男演员（胡军）
2005	香港评选"中国电影诞生一百年——最佳华语片一百部"第二十一位（《胭脂扣》）、第四十四位（《阮玲玉》）

尔冬升 爆"冷"制胜

1. 导演故事　2. 对话谈艺　3. 电影解析　4. 佳片特写　5. 作品一览

▸ **导演故事**

"演"而优则"导"

　　1957年，尔冬升出生于香港一个电影世家，父亲尔光、母亲红薇都是演艺圈名人，家族里有将近20位长辈都在电影圈发展，涉及编剧、制片、表演、摄影等多个电影行当。在香港电影界，尔冬升有两个名声响当当的兄弟，一个是早在1970年就赢得了第十六届亚太影展最佳男主角的姜大卫，一个是从小和他相伴成长、被香港电影圈誉为"演艺常青树"的秦沛。

　　在家族事业长久的耳濡目染下，长大以后的尔冬升自然而然地进入电影圈。1975年，尔冬升刚刚中学毕业，正考虑是出国念书还是留在香港发展，在偶然的机会下，他遇见了香港邵氏兄弟有限公司老总，一下子被看中。于是在母亲和哥哥的支持下，尔冬升正式进入电影界，第一次参加了电影的拍摄，演出了时装片《以毒攻毒》中的一个角色。影片公映之后，尔冬升的演技得到了业界和观众的认可。

　　那时候在香港，电影人的子女加入电影界是很常见的事，但很少有人像尔冬升这样幸运。1977年，尔冬升在出演了《以毒攻毒》和《白玉老虎》两部电影的配角之后，便走入了主角行列，主演了著名导演楚原执导的武侠片《三少爷的剑》。影片中他的表演沉稳娴熟、神韵备至，深受观众好评。从此这个被圈内人昵称"小宝"的年轻人成为一线武侠明星，与著名演员狄龙、姜大卫并驾齐驱，演艺之路顺利推进。

尔冬升外形俊朗，在银幕上多演金庸、古龙笔下的多情侠客，风流倜傥、浪漫儒雅的气质和迅速敏捷的身手，征服了大批观众，被许多少女视为理想中的白马王子。之后很长的时间里，尔冬升和香港著名演员狄龙、余安安、钟楚红等众多演员搭档，主演了《倚天屠龙记》、《达摩祖师》、《川岛芳子》等数十部脍炙人口的佳作。

在表演事业辉煌的时候，尔冬升越来越渴望创作上的自由和主动。1986年，在多年的酝酿准备之后，尔冬升意气风发地推出了导演处女作《癫佬正传》。虽然《癫佬正传》有周润发、梁朝伟、秦沛、叶德娴等多位实力派演员加盟，但因为涉及了精神病患者的生存状态这一敏感的社会现实问题，在公映时遭受了相关社会组织的抗议，政府审查机构立即禁映复审。好在虚惊一场，复审委员会一致同意再次公映。影片取得了1000多万港币的票房收入，开创了同类题材影片的票房新纪录。此片在当年香港电影年度评比中，被评为"1986年香港十大华语电影"之一，并在香港电影金像奖上多有斩获，一举奠定了尔冬升的导演地位。

1994年，尔冬升大胆推出纯情怀旧爱情文艺片《新不了情》，捧红了青春靓女袁咏仪和当时不被看好的"黑马王子"刘青云，创下了爱情片全新的高票房纪录，带动了新一波银幕文艺爱情热潮。在当年的香港电影金像奖的评比中，尔冬升成为了最大赢家，如愿以偿地囊括了最佳影片、最佳导演、最佳女演员等六个重要奖项，导演事业进入高潮阶段。2004年，他凭借《旺角黑夜》获最佳导演、最佳编剧奖，再创事业高峰。同时期，他还多次同内地著名演员搭档演出，比如和巩俐合作了《画魂》。

尔冬升是香港影坛公认的一位极具才华的导演，将自己的电影触角延伸到了编剧、监制等多个电影领域，成立了自己的电影公司。90年代中期以来，尔冬升陆续推出了《烈火战车》、《色情男女》、《真心话》、《忘不了》、《旺角黑夜》等精品佳作。尔冬升的电影以大胆启用新人著称，相继挖掘了舒淇、梁咏琪、张柏芝等众多女星的表演潜质，令她们的演艺事业大放异彩。

▶ **对话谈艺**

尔冬升：我只是拍我擅长的东西

受访：尔冬升
采访：张　燕
时间：2005 年 1 月 14 日
地点：北京五洲大酒店国际会议厅

从"演"到"导"

张：尔导，首先请介绍一下你是怎样进入香港电影圈的？

尔：对我来讲，加入电影圈是很自然的事。我们家有很多人从事这个行业，加上做摄影师、灯光师、翻译、制片、化妆师的，有很多人在电影圈。我父亲尔光是做制片的，母亲红薇是著名演员，姜大卫和秦沛是我同母异父的哥哥。他们的父亲严化在他们很小的时候去世了，我父亲和我母亲生了我一个，我和秦沛从小一起长大，感情非常好。我从小在这个行业里跟着家人在片场进出，以前香港的一些明星都是我的阿姨叔叔辈。

其实我进入电影业也是偶然的。中学毕业之后，我还在考虑是到外国念书还是留下来，突然那个时候就碰到邵氏电影公司的老总，他觉得我挺好的，就问我哥哥和妈妈说要不要拍戏，因为当时在香港第二代入行是很常见的，对我们家来讲拍戏没有什么大不了的。这样我就进入电影圈了。

张：入行以后，你最早为观众所熟知，不是作为导演，而是作为演员，你主演和参演了很多武侠片，是当时著名的武侠电影明星。你接拍的第一部戏就是武侠片吗？

尔：不是，我接拍的第一部戏是孙仲导演的时装片《以毒攻毒》，然后第二部戏才是武侠片，是楚原导演、狄龙主演的《白玉老虎》。作为一个新人，我非常幸运，第三部戏就开始当主角，主演了楚原导演的影片《三少爷的剑》。当时香港的武侠片分很多种类，有神怪型的，有武术实打型的。我小时候学过武术，当时拍的多是金庸、古龙小说中侠客之类的角色，很流行。

张：现在我们能看到的你主演的早期影片比较少，但事实上你拍片的节奏还是比较快的，差不多演了四五十部电影。

尔：其实四五十部电影，在香港不算多。大体来说，我在邵氏电影公司的时候，拍片节奏也不算快，一年最多演四部戏。后来香港电影畸形发展，供求完全失去平衡，才有了一些演员一年拍八部、十部戏。当然这种情形不仅仅出现在香港，泰国、印度都是如此。

张：在早期演戏的阶段，你和楚原导演的合作非常多，他是对影像构图和色彩尤其注意的一位导演，电影风格唯美独特，为武侠电影新的发展做了很多的摸索和尝试，被誉为香港后新派武侠片的重要代表。与他的合作，是否对你以后转行当导演有影响？

尔：香港武侠电影有很多的阶段，张彻导演带起了一股阳刚暴力风潮，楚原导演是比较唯美的，他的电影很特别，影像怪怪的。他们的出现都给予了武侠片很大的新鲜感。以前香港电影工业的产量是很高的，楚原导演拍摄了超过100部的电影，可能有些电影制作并不是很好，但是在电影工业过程里，它们是很成熟的。以前香港电影的导演多只注重戏，以剧情为主，后来进入七八十年代逐渐开始重视摄影，也产生了剪接方面的新概念。不同的导演有不同的处理风格，比如说李翰祥、楚原等人都是不一样的。跟楚原导演合作的时候，对我最大的收益在于演员训练方面。

《少林传人》中尔冬升出演二太子一角

楚原导演对新人很有耐心，因为他以前也当过演员，所以他耐心地训练我、教导我成为一个好的演员，同时我也看了许多他教导数十个新演员的情形，这方面对我以后做导演都是优势，使得我更了解演员的心态，更懂得怎么激发出演员充分的表现力。演员最怕在银幕上丢脸，知道戏出来效果好与不好，这是一个心理状况，怎么刺激他们展现出来，里面是有技巧的。虽然楚原导演没有正式教我，但是我从中看到了，有些东西记在脑子里。

张：应该说，当初你作为武侠电影明星，和楚原、狄龙的黄金组合非常稳定，电影拍得很多，也很卖座，表演上取得了很高的成绩，演艺发展也比较顺利。在这种背景下，你怎么会选择转向当导演，是不是觉得演戏不能完全展现自己，还是有什么其他的原因？

尔：其实理由也简单，就是兴趣。周星驰为什么后来去当导演，我认为他有这方面的兴趣。在我还没拍戏的时候，在中学的时候我就写过一个剧本，我有这个兴趣。在邵氏的时候，我常和一些导演聊天，年轻人要做电影一定要喜欢看戏，看了电影以后觉得这个很差，信心再加上兴趣就会一步步做得更好。

张：在做演员的过程中，你逐渐发现自己真正的兴趣是在幕后？

尔：演员这个工作是很被动的，能掌握自己发展方向的不多，即使达到了刘德华和成龙这种境界，他们都不一定能完全掌握。周星驰现在发展得比较好，因为他做了导演，他可以完全掌握自己要拍的东西。我自己当了这么多年的演员，不再愿意被动地去等角色，我不喜欢在现场去等，这个是我转向当导演的最大原因。

《癫佬正传》：社会写实

张：昨天晚上，我把你1986年拍摄的导演处女作《癫佬正传》的光盘重新找出来又看了一遍，真的很感动。因为在80年代中期，香港电影好像更多的是诸如《倾城之恋》之类的怀旧文艺片，而你的这个片子题材非常特别，关注的是香港社会边缘性的一些人和事，主要讲述了社工帮助精神病患者的故事。在香港商业电影主流的环境中，一个新导演要顺利融入导演这个行业，首先要考虑拍摄一些容易被主流片商和观众所接受的东西，这样才比较有利于未来的发展。而你一开始就触及社会写实层面，选择这个题材进行创作是不是太大胆了？

尔：当时没有太多的考虑，作为年轻导演，我没有顾虑很多的东西。香港社会写实片，多是反映社会黑暗面的影片，这种影片有些时候可以拍，也有人看，比如在香港经济比较好的时候，但是如果在香港经济不好的情况下拍肯定是没有人看的。我觉得拍社会写实片这种震撼性的东西，对导演创作是很好的，因为你找投资人的时候，题材一定要有很震撼的感觉。

说实话，我导演这部戏并没有想太多用什么方法拍，是很偶然的。从资料搜集到剧本完成，我用了七八个月的时间，当时还在当演员。我找到一些社会工作者，一批流浪汉，一批精神病，把他们的资料搜集起来拼在一块。当时就是吃准了这样一个社会新闻，把真实的事情改编了。当时香港政府对精神病人和一些精神病康复者，绝少数是有暴力行为的，要用一个中途宿舍，让他们出院以后在社区里面适应生活，以帮助他们找工作。而社区里面的居民很反对，就像这部戏的结尾，邻居们逼迫精神病患者又犯病而发生了悲剧，这些事情是真实发生过的。当时这部电影出来以后，有些曾经在这方面努力过的人，觉得我破坏了他们的工作。

张：是不是因为影片的结尾太悲了，热心公益事业的社工被精神病患者砍死，让人完全绝望了。

尔：对。实际上对我来说，这部戏拍出来到现在一直是一个遗憾，这个遗憾是没有表现出大家所认同的社会情况。因为现实生活中很多社会工作者去热心做一些帮助精神病康复者的工作，付出了很多的努力，但是因为我在这部戏的结尾所渲染的暴力，反倒使得香港市民对精神病康复者的误会更加大了，对社工们的工作更误解了。我感觉自己的创作有偏颇。我当时对一些人和事感到不公平，因为一个人发生的事被我改编到电影里面，让所有的观众认为社会全部是这样的，这是最大的遗憾。

张：《癫佬正传》中，明星很多，梁朝伟、周润发、秦沛等都在里面。周润发是在1986年《英雄本色》的时候开始走红的，你的这个片子应该是在《英雄本色》之前吧？

尔：是，当时周润发还没有大红。在拍摄这个片子的时候，我要求全是新人。但是香港电影流行监制制度，不同的监制有不同的人际关系，当时我的监制岑建勋考虑了很久，他觉得这个戏有很多血腥和暴力场面，很震撼，如果不用明星的话，就好像变成了一部纪录片，观众会因为太真实而受不了。我觉得这个非常对，如果

《癫佬正传》剧照

太震撼的话,对观众压力太大了。所以采用明星来表演,当时公司刚刚开,很多演员很给面子,梁朝伟很年轻,周润发也认识,还有我哥哥秦沛也有参演。

张:《癫佬正传》也叫《天天星期七》,这么严肃的影片当时公映的时候,票房好像还蛮不错的。

尔:当时算很好了,作为社会写实片在香港能收980万票房,很难得了。现在香港电影世道不景气,想收980万票房都是很困难的。

张:之后,你好像又连续创作了几部写实成分比较重的影片?

尔:后来拍摄了《人民英雄》、《再见王老五》等几部片子,差不多都是比较贴近现实的影片。90年代初又拍了一个爱情轻喜剧《色情男女》。

从《新不了情》到《忘不了》

张:1994年,你导演了影片《新不了情》,取得了市场和奖项的空前成功,迎来了你导演事业的一次高峰。客观上说,这个片子是剑走偏锋,因为当时90年代中期的香港电影多强调激情昂扬和喜剧无厘头,而《新不了情》讲述的是一个患绝症的女孩和一位怀才不遇的音乐人之间的悲剧爱情故事,更注重的是简单纯情,好像与主流创作格格不入。当时你怎么会想到拍摄这样一部回归传统的电影?

尔:冲动。这部戏是我成立工作室以后自己投资的一部电影,这是高风险的事,没有冲动就不会做这个事。

其实我拍这部电影是有计算的。当时观众对武侠片很腻了,电影世道不是很好,台湾也开始抵制香港的影片,流行一些暴力影片。我计算感人的戏在过去五年都没有了。我当时喜欢这个剧本,不知道为什么这个戏可以做,但是没有人去做,也就逼着自己去做。当时投资拍摄这样一部电影也不是很困难,投了700多万港币,很贵,后来票房非常好。现在想起来,觉得上天对我真是很好。

张:影片讲述的故事、表达的主题、刻画的人物,都是比较传统的模式化的东西,但是要契合现代观众的口味,就必须进行时尚的包装和风格化的处理。你在编剧的时候,是如何处理的?

尔:这个故事来源于我另外一个剧本,之前我想讲三个女孩的故事,三个好朋友进娱乐圈当歌星、模特、演员后各自的遭遇。后来经过资料搜集和构思演变之后,我觉得那个喜欢唱歌的女孩最有发挥空间。卖唱是每年旅游局宣传的特色,历史上就有,最近庙街旁边还有一些人唱歌,但相对来说比较少了。我通过朋友认识了一个在这里卖唱的人,他女儿就是原来粤语的歌星,通过调研和聊天得到了好多素材,再把以前的故事加在里面,故事就更加丰满了。另外我把人物设定在流行音乐界,

《新不了情》剧照

使得故事更具有现代观众容易把握的时尚特点。总体来说这个故事是有真实背景的。

张：《新不了情》之后，你还导演了一些影片，比如说《真心话》、《烈火战车》等。《真心话》是文艺片，跟《新不了情》有一定的相似之处，也讲述了两个年轻人之间纯真的感情。当时拍这部影片的时候，你是怎样考虑的？

尔：说实话，我每次自己投资拍片都是逼不得已的。作为一个制作公司，在项目里面拍电影，应该有一个投资公司，投资公司派下来的监制和我们的监制合作，拍出电影以后再找专业发行的人，这个制度才是健康的。我每次自己做老板拍电影，都是在电影世道不太好的情况下，觉得很多投资公司没有胆量和眼光，不知道什么题材是好的，什么电影是好的，不敢投资，那我就自己投资。《新不了情》是在这样的情况下拍的，《真心话》也是如此。我觉得人的思想是很怪的，要有动力给自己，很多事情你认为不行，只要做就行了，只要野心不太大就行了。总体来说，《真心话》比《新不了情》更时尚。

张：《烈火战车》是一部比较特别的电影，是讲赛车手的故事，不仅有动作，有风格，而且拍摄难度比较大。当时怎么会拍这样一部影片，相对于你以往的电影，好像是一种很大的挑战？

尔：其实我拍这样一部电影，对于观众来说好像很大胆，但对于我自己来说是很自然的。我小时候是玩赛车的，我在澳门赛过车，还赢过，在日本也赛车，还有赛车队。说实话，我对赛车手的生活很熟悉，其实赛车没有什么好拍的，很单调，也比较难拍。这样，在电影中，我加入了爱情、友情等感人的内容，再加上摩托车和赛车手衣服非常酷，对年轻观众很有吸引力，因此这部戏是很商业的电影，票房上很成功。

张：你在拍完了《新不了情》将近10年之后，到2003年又推出了《忘不了》。这在创作上是比较明显的重复，一般很多导演都比较忌讳。是不是你又计算出《新不了情》之后香港很长时候没有纯情的影片出现了，应该会成功。你拍影片《忘不了》的时候，到底是怎样一个状况？

尔：这部电影是一个任务。有一天中国星公司的向华强找我，让我帮张柏芝量身打造一部电影，作为老板他觉得张柏芝拍喜剧太多了，应该有一个转型，希望我帮她调整一下。当时拍这个戏的时候，起码在几个月里面没有流行过这种影片，我心里也比较担心。老板让我谈创意构思，我坐在那一个多钟头讲了各种题材，他没有什么太大的反映,后来我讲了这个故事,他说好,然后我就正式拍了。说实话,如果不是老板支持的话,这种类型的电影是很难开拍的。这部文艺片有比较好的明星演员搭配,张柏芝、刘青云,再加上古天乐,因此对我来讲没有什么市场压力。幸运的是拿了奖,终于达成任务。

张:你几乎所有的电影都比较简单,大都只围绕着时间顺序线性地讲述人物故事。但是《忘不了》在叙事上稍微有点复杂,是从回忆和现实两个交叉的时空来讲故事的。我觉得这是煽情的做法,如此处理有什么考量?

尔:《忘不了》就是一个煽情戏,就是一个小品,就是一个肥皂剧。我认为它和电视剧相比,就是拍的时候稍微精致一点。这是一个命题作文,我没有什么野心。这个戏在创意上让观众感动就可以了,艺术上可能不值一提。

张:影片使张柏芝获得了香港电影金像奖最佳女主角奖,使她的演艺事业又上了一个新台阶。

尔:拍这部电影的时候,张柏芝情绪上非常紧张,因为当时香港有很多传媒恶意针对她。她可能感情上有一些波折,所以睡眠很乱,有时候精神非常焦虑。我看到她几次,觉得她的状态很糟糕。说实话,在拍这部电影的时候,我作为导演也很坏,利用了她这种情绪来塑造角色。我没有安抚她,反而说要拍几场精神上很焦虑的戏,晚上不要睡觉,出去玩吧,后来她真的出去玩了。这其实是比较残忍的做法,因为我自己拍戏的时候不希望演员将现场的负面情绪带走。梁朝伟曾经说,他进入一个角色以后,会把情绪带回家。我说这是很不健康的,所以我尽量把演员的入戏

《忘不了》剧照

时间缩短，收工之前让他们离开，不要看剧本，第二天来了再看，我比较关注演员的心理健康。但是在拍这部电影的时候，我利用了张柏芝的真实情绪来演戏。戏里面张柏芝对家里人那么好，其实她生活中也是这样的，对家里人非常照顾，对她弟弟开车加油之类的琐事都要照顾。

张：你拍戏的时候，选用演员都是比较大胆的。《新不了情》把袁咏仪真正推出来，还敢于用外形不占优势的"黑马王子"刘青云。《真心话》里面，你又帮范文芳转型到一个有深度的角色里面。你选用演员主要考虑的是什么？

尔：演员除非他很害羞，一点天分没有，如果这样，导演就没有办法了。我选演员第一点就是直觉，觉得适合。怎么样适合就很难讲了。

《新不了情》我找袁咏仪的时候，戏里面这个人物有病，一些演员很胖就不行，还有她的眼睛会演戏就可以了。靠嘴来演戏是最差的，看刘德华也没梁朝伟那么厉害，梁朝伟是有眼神的。

《真心话》中，范文芳是新加坡的，也比较受欢迎，选用何润东是比较大胆的，他从台湾刚刚出来，还没有多大名气。《真心话》其实对我来讲也是有损失的，是一个经验教训，找新人是很累的，因为在赞助和广告上会比较困难，赞助商和广告商他们都是看明星的。不过这个戏投入不是很大，四五百万港币，也没有什么盈利，只要有一个版权就算了。有版权在，就是一个资产，将来可以卖掉。

张：《色情男女》中你选用了舒淇，使得她一举成名。

尔：当时我去台湾挑演员，第一次见到舒淇的时候，就发现她眼睛里有一股逼人的灵气。我是做演员出身的，一看到这种眼神，就明白她肯定是个好演员坯子，她一定能够把我需要的人物演出来。结果她演得非常好，还拿了香港电影金像奖。

张：《忘不了》中用了张柏芝，使她的戏路由喜剧一下子成功拓宽，转变成实力型的演员。你对她的表演怎么评价？

尔：张柏芝，怎么说呢，其实她还是个小孩子。她的年纪很小，这个年纪的人很贪玩，张柏芝还没有把心思全放在工作上，在片场时也不是很用功。张柏芝是个聪明的小孩，很有演戏的天分。圣诞节时，我就不安排她的戏，放她出去玩；平时在片场，也不需要提前30分钟告诉她要拍什么，只要提前3分钟告诉她，她就可以演得很好。有些时候需要让她丑一些，张柏芝从没有意见，而且她本人也不是很在意自己的形象,让她哭、打她、把她头发弄得乱糟糟的,她都无所谓。有时摄影说,张柏芝你的妆太浓了,擦淡一点。其实她根本没化妆,她生活中就是素面朝天不化妆的,从哪个角度拍都可以,但是观众看不出来,这就是她最大的本钱。我记得以前只有林凤娇、甄珍她们才可以做到这样。

张柏芝还没有真正成熟,她的黄金时间还没到。她需要时间和不同导演进行各种各样的磨合训练,两三年之后她肯定会更加优秀。我告诉她要和多一点的导演合作,因为三年一个阶段,再三年又一个阶段,她已经有天分和名气了,如果再努力一些,演戏更专注一点的话,那么她的表演成就肯定不只如此。

其实好演员都是骗人精,比如张柏芝、舒淇、袁咏仪等。她们演戏时的年龄都不大,本人也根本没有剧本中角色的那些经历,但最终却能令观众落泪,这是演技骗人。不过想当这种骗人精,是需要天赋的。

张:在你全部导演的作品中,好像除了《忘不了》之外,其他的影片都是你自己编剧的,这是一个非常显著的创作特点。此外你在电影中会安排很多前后对应的细节,纯粹是为了打动观众而刻意设计的吗?

尔:我从来没觉得自己是一个怎么好的导演,我只是拍我擅长的东西。电影导演创作一般有两种方向:一种是以戏为主,以剧本为主,以演技为主,剧本是灵魂;一种是剧本不重要,主要是导演拍摄的手段,要留空白给观众。我属于前者,以剧本为主,可能因为我是演员出身,我知道这样拍肯定有观众喜欢。因此包括自己编剧和细节处理等在内,我是在拍自己擅长的东西,包括《旺角黑夜》在内都没有脱离我擅长的东西。

《旺角黑夜》:暴力展示和电影审查

张:2004年你拍摄了《旺角黑夜》,这在你的作品系列中是非常特别的。我们感兴趣的是,你为什么会突然转到一个严肃的题材,把一个妓女和一个移民香港的人,以及当地的黑帮和警察之间发生的故事,复杂地展现出来?

尔:这是根据警察方面真实的资料改编的一部电影。香港人喜欢看警察片,因为拍得很像,李修贤导演和主演的一系列警察片就比较贴近警察真实的生活。资料中有一个警察小组,五个男的和一个女的,一个晚上,他们要寻找一个目标人物,

《旺角黑夜》剧照

怀疑这个人身上有枪,但是他们不能叫人来支援,不能叫飞虎队,后来等了一个晚上,在天亮的时候看到这个人出来买早点就抓住了他。我觉得这个很有意思,这是一个好玩的东西,中间涉及暴力的东西其实我在拍《人民英雄》、《癫佬正传》的时候就已经有了。

张:可以说资料提供给你一个发生在警察身上的故事事件,那么中间的情节内容怎样做?

尔:对,是这样的。他们要找一个人,但这个人对我而言是空白的。所以影片中吴彦祖扮演的杀手是我编出来的,设计张柏芝要回乡下也是编撰的。我觉得陈果的《榴莲飘飘》拍得太好了,我也借鉴了一些成功经验,将这个人离开家乡就开始编故事。

张:影片中你对暴力的表现和展示是很写实的。

尔:内地版电影和DVD与香港原版的电影有一些差异。原版是比较震撼的,暴力感很强。拍《旺角黑夜》是非常好玩的事情。我在创作方面以前是非常保守的,一定要有剧本,宽容度不大,想好了就不会修改太多。但是这个剧本基本上是我写的,随时可以进行调整,宽容度比较大。拍这个戏的时候,有一个演员叫钱嘉乐,他哥哥是钱小豪,是和洪金宝同时出来做替身的,现在做主持人很出名,因为他没有很深的武术根底，所以拍的时候我叫他写实地表演。香港观众看韩片暴力、色情的很多，韩国是放开双手去拍的。但这个戏很奇怪，在香港公映的时候，我去不同的影院观察，女性观众有些胆子比较大，但还是不大敢看原版。

我和内地导演黄建新很熟，他两年前说了一句话对我有很大的触动，他说我们当导演是一辈子的工作，不能搞得那么难受，一定要开开心心的。突然间我觉得对啊，为什么拍戏要把自己的压力弄这么大。虽然《旺角黑夜》这个戏很累，但是我很享受这个过程，因为拍一个戏对导演来说就是生活。

张：在内地审查的时候，影片最后的结尾修改有多大呢？

尔：审查后，结尾整体上是淡化了，在文戏上修改得很多。

香港的制作人对电影审查的经验是非常丰富的。台湾也是要审查的，和内地审查有一样的发展过程。我觉得电影绝对是需要审查的，是不能放纵的，要有一个导向在里面。举几个例子，一部古装片里面要下毒，瓶子上写的是毒药，在当时台湾经济没有发展的时候，就有农民拿农药下毒。香港许冠文的电影中有一些贼到戏院打劫，然后真有在某个旅游地方一群人进去绑架抢劫的，就是从电影里学的。

其实内地电影审查开放得很快。电影最主要是对青少年和知识水平不高的人群影响非常大。在没有分级的情况下，中国电影的市场发展是要调控的，不能乱。电影发展到一定时候要靠行业自律，但这是在水平高的时候才可以。

香港电影发展现状

张：你现在的公司在做独立制片的电影。我知道杜琪峰的银河映像公司一般只给其他电影公司制作电影，自己没有任何版权。你公司出产的电影完完全全有自己版权的吗？

尔：我们生产可以有自己版权的电影，也可以承担制作。电影《新不了情》是我自己投资的，《真心话》也是我自己投资的。除了自己投资，我也帮别人做。

张：你的公司规模有多大？

尔：我的公司是最小规模的公司，公司只有五个人，我、一个制片、一个总的副导演、另外的一个监制，还有一个制作的总会计。我跟另外一个监制方平同时做电影，但是我们两个主管的东西不同，我是以创作为主，他是以管钱为主。

我不需要养人的，其他人员都是外聘的，戏多的时候就加人进来。独立制片都是这样的做法。如果公司规模达到20个人，就不是独立制片了。香港成本很高的，租一个办公室的价钱没有内地的10倍，也有8倍，公司规模扩大了以后产量就要提高，纯粹为了数量去拍电影，就失去当独立制片人的意义了。

　　张：香港独立电影的发展状况如何？

　　尔：独立电影虽然存在的时间比较长，但是不成气候。我们也一直在留意一些年轻人拍的东西，但是比较成熟的很少。最近这一两年见到几个，都是因为政府给他们几十万港币的资助，他们才可以拍出电影。

　　张：香港值得关注的独立制片人和导演有哪些？

　　尔：独立电影人是很模糊的。陈果有他自己的工作室，我的公司其实也是工作室。陈果也是一个独立制片人，他在外面融资。他的影片可能欧洲人比较欣赏，他就拿海外的钱做海外的市场，香港不是他主要的市场。陈可辛会找韩国、泰国、日本等导演合作拍片，这些电影在市场上有成功的，也有不成功的，但把投资风险分散了。现在香港独立电影公司很少，我不希望我是唯一的一家。

　　张：就现在香港电影创作的环境来说，你觉得有哪些重要的问题，目前在国内我们能看到的香港影片越来越多，但发现没有几部有亮色的。

　　尔：因为这个话题太大了，我只能简单地讲。第一是我们的投资人、制片人基本上不太重视内容。他们在过去一年中失误很多，题材选错了，导演选错了，只是计算全球的DVD、电影台的底数是什么，估计票房是多少，他们是算出来的。但是他们没有搞清楚，不管你怎么算，到最后给你评判的是观众，你不重视内容而光包装的话是不行的，全世界的货品包括电影在内是讲品质的。第二是价钱越来越高，香港是很贪婪的，老板抢演员，演员的价钱高了，演员的心态就是我今天红你就要给我高价钱，再加上经纪人的贪婪，把这种成本炒得越来越高。还有我认为最大的问题就是香港从1993年开始有盗版，不解决这个问题，它会打乱所有的发行放映，会没有票房，甚至有一些老板自己做盗版。这种事情香港和台湾都发生了，希望内地不要再重蹈覆辙，如果再重复一次是很可笑的事情。

▶ **电影解析**

执擎社会写实之旗，推动情感怀旧之潮

在香港电影导演群中，刚刚卸任香港电影导演协会会长的尔冬升绝对是一位值得关注的特别人物，他是香港比较少见的"演而优则导"、表演和导演成就都颇高的电影人之一。1986年，尔冬升初掌电影导筒，之前的十年间，他主演了《三少爷的剑》、《倚天屠龙记》、《如来神掌》等20多部电影，是电影圈赫赫有名的武侠明星。导演方面，《新不了情》、《烈火战车》等佳作不断涌现，在香港电影金像奖、电影评论学会、影评人协会金紫荆奖等各类电影赛事中多次摘取最佳影片和最佳导演等奖项。导演事业顺利推进的同时，尔冬升的表演道路继续延伸，陆续推出了《画魂》、《川岛芳子》等优秀电影。

社会写实

在香港主流电影的框架内，尔冬升以极大的勇气悖谬于商业电影的娱乐创作，坚持和发扬了香港电影的社会写实路线。相对于商业主流，沉重严肃的香港社会写实片数量少得可怜，却有不少精品。70年代电影《香港奇案》与电视系列剧《北斗星》等取得重大反响之后，方育平《半边人》、张婉婷《非法移民》、吴思远《廉政

《川岛芳子》剧照

风暴》、刘国昌《童党》、张之亮《笼民》、关柏煊《一楼一故事》等又纷纷出炉,基本上形成了关注重大社会事件和底层小人物生存状态的创作传统。

相对于此,尔冬升举擎的社会写实之旗,在继承传统的同时又进行了个性化的艺术尝试。他自觉地规避了社会大视野,将小人物视野明确定位为边缘化,从客观的社会状态深入主观的内心世界,同时将写实表达的题材内容进行了广泛的拓展。在电影中,尔冬升以深沉的本土意识和饱满的人文关怀,将摄影机对准多个香港社会非主流层面的真实事件,从关注特定领域中处于边缘状态的小人物入手,细腻展现他们的生存状态和喜怒哀乐。

1986年,在自编自导的电影处女作《癫佬正传》中,尔冬升大胆切入此前香港电影很少涉及的精神病患者世界,抛弃同时期关心弱智和聋哑儿童的影片《何必有我》和《听不到的说话》所采用的刻意煽情模式,直面香港精神病患者这一另类边缘的社会现实问题。影片以一个专门帮助精神病患者的社工带领前来调研的报纸专栏女记者奔走采访为叙事线索,为观众讲述了几段真实震撼的悲剧。梁朝伟饰演的菜市场傻子善良单纯,他只想获得生活的宁静,却在周围人群的躲避逃跑和嘈杂噪音的刺激下,无意中砍杀了前来帮助他的社工冯。周润发饰演的白痴父亲遭受家庭破裂的刺激,非常疼爱自己的孩子,在炎热的夏天整天用被子包裹着死去的孩子。秦沛饰演的已经康复在家的精神病患者,本来可以告别阴影开始新的人生,但是妻子改嫁、儿子看护权的被剥夺、邻居们的鄙视攻击等种种外在因素,终于促使他再

《癫佬正传》剧照

一次精神混乱，拿着凶器进入幼儿园杀死了女教师。

片中尔冬升不仅以冷峻的纪录片式的电影风格和满腔的真诚去关注精神病患者这一长期被忽略的边缘人群，同时也深刻地揭示出香港社会应该反省的一个重要问题，那就是如何对待精神病患者这一独特人群，以及如何支持长期从事帮助精神病患者事业的社工的工作。电影所展现出来的空前的真实性和悲剧性，深深震撼了整个香港社会。

1987年，尔冬升将写实的笔触伸入警匪片的类型题材中，以一个真实的银行抢劫案事件为切入点，综合考察了其他许多相关的犯罪实例，进行有机融合，拍摄了影片《人民英雄》。影片讲述了一个真实紧张的抢劫故事：梁朝伟扮演的小劫匪和同伙抢劫银行，劫持银行工作人员和顾客作为人质，引来警察的铁桶包围；狄龙饰演的被通缉的杀人犯刚巧在银行也准备抢劫，他轻易地制服了两个小匪徒，反客为主，以人质为要挟与警察展开谈判，要求提供汽车和释放狱中女友；最后在众人的努力下，大贼、小贼都被警察逮住。从情节设计来说，这部影片似乎充满了巧合和意外，但实际上所展示的故事来源于真实的现实原型。值得一提的是，从创作开初，尔冬升就充分考虑到观众的娱乐审美需求，在尊重真实事件的基础上，不排斥剧情片的思维结构，将警匪剧情模式自觉引入，并借鉴了日本《天国与地狱》和美国《黄金万两》（Dog Day Afternoon）等影片的叙事架构，尽可能地将写实的冷峻客观与巧妙的情节编排结合起来。

在《人民英雄》问世17年之后，2004年，尔冬升再一次涉足警匪片，在警方提供的一份真实资料中得到创作灵感，拍摄了电影《旺角黑夜》。影片的情节线索完全以真实材料为依据：一个警察小组得到线人报告，有一个持枪杀手要进

《旺角黑夜》剧照

行某项行动,他们的任务是务必在一个晚上找到并抓获这名目标嫌犯,且只能独立实施追捕;结果老天跟他们开了一个不大不小的玩笑,晚上绞尽脑汁却一无所获,天亮时轻松吃饭却巧遇嫌犯并抓获,得来全不费功夫。在整部影片的谋篇布局上,尔冬升没有进行特别的艺术加工,因为这个真实而另类的事件本身已经具有了"柳暗花明又一村"的起伏剧情,只是用冷峻的镜头语言和逼真的演员造型展现出来,奠定了影片严肃写实的整体风格。

  尔冬升自己说过,他特别喜欢广泛收集资料,特别享受随之而来的自由创作的编剧过程。总览他的电影,你会发现几乎所有的电影都取材于真实的社会生活,特别是他自身熟悉而有着深刻体验的生活。在香港电影圈,尔冬升和成龙一样都是有名的爱好赛车的人,他不仅多次亲自参加赛车比赛,还组建了自己的赛车队,并开办了精品汽车店。这也成为了他丰富的素材,为他的电影创作带来了灵感。1995年,尔冬升终于推出了酝酿已久的电影《烈火战车》,主人公阿祖在一次飞车比赛中深受重伤,与死神擦肩而过,从此之后意志消沉、精神恐惧,好友赛车身亡给了他更大的刺激,最后为了寻找自信和回报友谊,他终于鼓足勇气重回赛场挑战对手。相对于同时期成龙的电影《霹雳火》,尔冬升在这部电影中并不刻意突现飙车的奇观动作场面,更多关注的是阿祖细腻而曲折的生活故事,着墨于父子、朋友、对手、恋人等多层面,令人耳目一新。

  1996年,尔冬升借鉴李翰祥电影《三十年细说从头》揭示影业内幕的"写真"手法,将电影人的生活搬上银幕,与罗志良联合编导了影片《色情男女》。影片根据圈内电影人拍摄三级片的真实故事提炼改编而成,张国荣所饰演的导演阿星为生计而接拍三级片,但内心充满了矛盾和痛苦,整个剧组也充满了隔阂,遭遇到了很多的问题,最后经过艰难的抉择和相互的理解,阿星终于坦然接受三级片,带领剧组圆满完成影片的拍摄。这部影片不仅生动展现了电影人创作的真实情况,而且细腻描摹了电影人真实的现实生活和心路历程。

情感怀旧

  尔冬升对情感题材也情有独钟,相继创作了《再见王老五》、《新不了情》、《真心话》和《忘不了》等多部爱情文艺电影,整体上呈现出简单纯粹的品格,艺术理念的

《再见王老五》剧照

表达也非常突出。

1989年,尔冬升首次尝试介入爱情范畴,拍摄了一部以结婚为题材的影片《再见王老五》。影片的故事情节非常简单,没有第三者插足、移情别恋等俗套的情感插曲和噱头设计,自始至终围绕两个人而展开,是一个纯粹的两人爱情故事。钟镇涛饰演的白领职员和张曼玉饰演的化妆品售货员是一对恩爱情侣,因为怀孕决定奉子成婚,结婚的琐事为两人带来了前所未遇的家庭矛盾和情感挫折,真爱也在这一过程中得到了锤炼。

影片突破了香港电影惯常的狭隘的浪漫爱情模式,更深地触及酸甜苦辣的现实生活,这实际上也是尔冬升写实艺术理念的进一步延续和发展。跟《癫佬正传》等电影一样,这个故事也取材于现实生活,尔冬升在大量的资料搜集中找到真实的人物和事件原型,然后加工成这样一个有重要现实意义的故事。《再见王老五》虽定位于商业类型片,但尔冬升巧妙地对爱情题材进行改装,将温情和喜剧的色彩融入电影中。影片充满了喜剧噱头,如亲家见面时双方父母都带着三姑六婆唇枪舌剑地来谈判,找新房时进入一个狭窄的离谱的袖珍单元,婚姻登记处瞧见另外一对新人大打出手等,都为影片带来了独特的效果。

从文化的意义看,尔冬升电影独特的简单纯粹品格,是对香港电影纯情传统的回归和致敬,带有一种鲜明的怀旧情结。这种怀旧,起源于20世纪80年代以后由许鞍华的《倾城之恋》、关锦鹏的《胭脂扣》等影片带动起来的怀旧爱情片潮流。但不同的是,《倾城之恋》等众多影片多直接以过去岁月的故事讲述或文学改编来展现怀旧情怀,而尔冬升的电影是一种精神上的怀旧,不真正讲述过去的爱情,多落笔于现代情感故事,回归于真爱至上的情感真谛和积极善良的生命精神。

1993年,尔冬升推出了导演生涯中最辉煌的作品,也是怀旧色彩最为浓烈的电影《新不了情》。影片的创作灵感源于1961年邵氏公司陶秦导演的电影《不了情》,参照了旧有的"爱情+绝症"模式,讲述了袁咏仪饰演的白血病卖唱女孩与刘青云饰演的音乐人巧遇相识、逐渐真心相爱、最后在生命尽头主动撮合男孩和前女友的一段感人的爱情故事。应该说,影片的故事情节相当俗套,当时很多电影人并不看好,认为绝对是没有观众和市场的。谁料影片一经推出,就大爆冷门,热映全港,不仅票房成绩出乎意料,而且一举囊括了香港电影金像奖最佳影片、最佳导演等六项大奖,艺术成绩颇为不俗,为90年代的香港电影带来了新一波的怀旧爱情片潮流。

1999年,尔冬升继续这种旧有题材时尚演绎的创作,拍摄了电影《真心话》,把镜头对准出生于富裕家庭、年轻帅气的男记者和性格泼辣、嗑摇头丸的酒吧少女,讲述了他们因采访而相遇相爱、因家庭阻挠而分开、最后克服重重困难彼此相守的故事。影片坚持了尔冬升电影一贯的简单纯粹的特色,不追求复杂多角的情感纠葛,也不崇尚花哨虚幻的叙事,而只简简单单地讲述一个朴实的爱情故事,抛弃现实物质,尊崇至爱真情。

《真心话》剧照

在香港商业电影环境中，尔冬升是一位常常不按常理出牌却每每都能成功的"冷门"导演。2003年，继《新不了情》、《真心话》之后，尔冬升又大胆推出了影片《忘不了》，将怀旧情怀进行到底。影片讲述了张柏芝饰演的失去未婚夫的女孩与刘青云饰演的离过婚的小巴司机之间相助相知、最后真诚相爱的故事。就内容而言，这部影片与前两部影片故事性质相同，情节设计相似，人物关系相近，但还是获得了很大的成功，不仅票房不错，而且将张柏芝捧上了香港电影金像奖影后宝座。十年之内三次重复创作，三次均获成功，这在当代香港电影中是比较少见的。

另类风格

尔冬升自由地穿行于香港主流商业电影创作和独立制片的双重空间，是一位温和低调的导演。他不像徐克那样跻身潮流浪尖，也不像王晶那样追逐潮流，不像陈果、杜琪峰那样特立独行，也不像王家卫那样标新立异。他虽然"只拍自己擅长的东西"，却兼有很好的市场和独特的个性。

在香港商业电影主流的环境中，尔冬升的电影在很大程度上是一种"另类"。商业电影多顺风而上、跟风抄袭，而尔冬升的电影却常常"逆"娱乐潮流而上，或者是开潮流之先，比如影片《新不了情》是在爱情片处于冷僻状态时推出的，《忘不了》是在不被市场看好的情况下推出的。另外，尔冬升对类型电影的改造是非常独特的。商业电影多注重故事的虚构和梦幻的编织，多强调视听奇观的营造，而尔冬升的电影则大多"逆"商业性而行，大胆采用反类型创作模式，坚持独特的银幕"作者"思维，在主题表达、叙事处理、人物塑造等方面呈现出另类电影风格。

香港是一个娱乐流行文化唱主角的都市。在这样的社会背景下，作为文化产品之一的香港电影多迎合当下市场和观众的需求，多为肤浅搞笑和视听炫目的应景之作，而很少有文化的深度。相对于此，尔冬升的每一部电影都注重人文内涵的表达，展现出"文以载道"的自觉性，"励志"风格比较突出：一方面，他的电影自始至终都贯彻着"言之有物"的理念，每一部影片的题材选择都来源于真实的社会事件和人物命运，比如《癫佬正传》源于香港精神病患者这一边缘群体真实的生存状态，《人民英雄》和《旺角黑夜》取材于香港社会真实的案件，《新不了情》和《忘不了》发端于香港底层小人物的情感故事，《烈火战车》的创作灵感则来自于导演自身的赛

《忘不了》剧照

车生活感悟;另一方面,他的电影有着鲜明的主题表达,每一部影片都有明确的中心意念,比如《癫佬正传》关注边缘人生存和尊重生命的现实主题,《新不了情》和《烈火战车》传达的是面对死亡必须自信等积极的人生哲理,《新不了情》、《真心话》和《忘不了》则表达了真情可贵、真爱无价的主题。

尔冬升电影的叙事风格非常另类,突出地呈现为冷静和煽情的适度架构,既保有导演写实的冷峻理念,又对观众具有很强的感染力。在尔冬升的巧妙创意下,影片叙事手法复杂多变。《癫佬正传》倾向于纪录片式的朴素写实风格,没有刻意编排跌宕起伏的故事情节,只是将多个人物(多个精神病患者)进行了合理的时空编排。《人民英雄》中杀人犯、小劫匪、人质和警察等众多人物全景写实呈现,先是小劫匪弄得一片混乱,然后是杀人犯控制大局,稍有安宁,最后是情况突变、冲突解决,情节一波三折,叙事节奏冷静把握、非常到位。而《新不了情》和《真心话》,虽然不是冷峻的写实风格影片,但尽可能地追求生活化的写实风格。如《新不了情》中,男孩求婚、女孩患绝症死去等段落没有大肆悲情渲染,而是处理得相当含蓄和节制。对应于叙事上的冷静写实,尔冬升电影的影像风格也以平实为主,镜头运用以长镜头为主,并辅之以丰富的运动形式和巧妙的场面调度,既客观冷峻又非常震撼。

在人物塑造方面,尔冬升聚焦社会底层和边缘小人物,反类型创作特点非常明显。通常,在警匪片和动作片等类型电影中,豪情壮志的英雄人物塑造是影片创作的核心任务,但是在尔冬升的摄影笔下,常规的英雄塑造模式完全被打破,只有负面的或失败的英雄。1987年被评为"香港最有分量的优秀影片"之一的《人民英雄》中,狄龙饰演的杀人犯将自己定义为劫富济贫的英雄豪侠,因为他责怪小劫匪扣押无辜人质、呵斥小女孩不孝顺父母而促使大家崇拜他,但事实上他只是一个心狠手辣、自私霸道的亡命匪徒,连在狱中的女朋友都拒绝与他一同逃亡。这部影片是典型的反英雄片,片名本身就是对盲目崇拜英雄行为的一种反讽。在爱情片类型中,尔冬升颠覆了传统意义上不食人间烟火的帅男靓女模式,勾勒出有缺憾之美的银幕情侣形象。从《新不了情》中绝症女孩和才气丑男的恋爱模式,到《真心话》中漂亮但吸毒的问题少女和帅气但懦弱的富家子弟的情感组合,再到《忘不了》中失去未婚夫的悲惨女孩和离过婚的男人的爱情架构,反类型的深度愈加明显。

　　尔冬升特别注重心理写实,擅长刻画和描摹人物的内心世界,由内而外地丰富人物形象。《人民英雄》中,在封闭的银行室内空间,小劫匪的紧张怯懦、杀人犯的凶狠霸道、人质的恐惧紧张以及警察的懦弱无能,等等,众多人物多层次的复杂内心都得到了充分的展现。《色情男女》中,崇尚艺术的导演阿星不甘心拍低俗的三级片,创作中扭扭捏捏,内心深处有着痛苦的挣扎,最后才得以自我解脱,这一心理变化轨迹在影片中得到了细腻而完整的展示。

《色情男女》剧照

▶ **佳片特写**

癫佬正传 (The Lunatics)

出　品：1986年　寰宇	片　长：88分钟
导　演：尔东升	编　剧：尔东升
监　制：岑建勋	制　片：杨继严
摄　影：陈沛佳	美术指导：黄仁逵
主　演：周润发　梁朝伟	音　乐：陈斐立
叶德娴　秦沛	剪　辑：蒋国权

冯是专门负责照顾精神病患者的社工，记者叶在目睹冯的一次行动后，决定随他一起工作。两个人奔走采访了许多病人，真诚地救助他们。一位康复在家的精神病人，因为妻子改嫁和儿子的离开而大受刺激，终于病发带凶到幼儿园酿成血案。这样的悲剧让冯备受打击，他决定退出社工工作。但不幸的是，在最后一次辅导市场傻子时，冯被傻子拿刀砍死。叶经历了这段经历以后，虽然悲痛万分，但仍愿意接替冯的工作继续为精神病人服务。

本片是尔东升的导演处女作，聚焦精神病患者这一香港社会边缘人群的生存状态，题材大胆深刻。全片充满了浓厚的人文关怀色彩，纪实风格明显，冷峻而震撼。演员表演娴熟自然，人物形象真实可信。

新不了情 (Never Ending Love)

出　品：1993年　无限映画	片　长：98分钟
导　演：尔东升	编　剧：尔东升
监　制：许忠明	制　片：吴裔铭
摄　影：谈智伟	美　术：奚仲文
主　演：刘青云　袁咏仪　刘嘉玲	音　乐：鲍比达

作曲家阿杰怀才不遇，在歌坛日渐走红的女友玫瑰也不理解他，创作和感情的受挫使他独自搬到一座旧楼住下。阿杰在寻找音乐灵感的过程中，认识了楼下戏班女孩阿敏。阿敏从小患骨癌，但意志坚强、性格乐观，充满着生命的渴望和梦想。在阿敏的鼓励下，阿杰逐渐找回了失去的自信，重新投入音乐创作。正当阿杰深深

地爱上阿敏的时候，阿敏病情恶化。阿杰为阿敏带上订婚戒指，希望留住阿敏的乐观和生命。阿敏却不忍自己死后阿杰孤独痛苦一生，主动劝阿杰和玫瑰重新和好。

影片一改当时香港电影的浮躁状态，沉淀纯洁高尚的人间真情，叙事细腻，影像风格清新自然，导演处理不温不火，演员表演准确到位。全片虽然故事情节并不新奇，却深受观众欢迎，市场票房奇高，带动了香港新一波的爱情文艺片热潮。

烈火战车（Full Throttle）

出　　品：1995年　永盛娱乐		导　　演：尔东升	
片　　长：98分钟		监　　制：陈望华	
编　　剧：尔东升		美术指导：奚仲文　赵崇邦	
策　　划：陈德森		音　　乐：陈勋奇	
主　　演：刘德华　梁咏琪　吴大维		剪　　辑：邝志良	

阿祖是一个性格反叛的青年，他爱好赛车，飙车是他生活中唯一幸福满足的事。一次在赛车中，阿祖深受重伤，生命垂危，女友非常担心。康复后，他意志消沉，没有自信，赛车执照也被吊销多年。好友飙车死亡给了阿祖极大的刺激，他必须正视内心的逃避和恐惧，只有重拾战衣、挑战对手才能真正找回尊严和自信。女友失望地离开，阿祖面临着情感、事业的矛盾选择。

本片是尔冬升在《新不了情》成功后创作的第二部情感电影。尔冬升以反类型片的思路，将常规的动作类型加以爱情文艺的改装，风格非常独特。尔冬升自身拥有丰富的赛车经验，片中奇观刺激的飙车场面处理得异常精彩。但作为导演，尔冬升在电影中关注的重点不在于飞车英雄的塑造，更多地强调人物细腻复杂的内心世界的刻画。片中刘德华的表演到位酷辣，新人梁咏琪的演出也清新自然。

色情男女（Viva Erotica）

出　　品：1996年　嘉禾		片　　长：108分钟	
导　　演：尔冬升　罗志良		编　　剧：尔冬升　罗志良	
监　　制：瑄嘉珍		剪　　辑：厉志良	
摄　　影：马楚成		音　　乐：许　愿	
主　　演：张国荣　莫文蔚　舒淇		美　　术：冯继辉	

新晋导演阿星在前几部电影票房接连失利之后，事业前途迷茫。好不容易获得一个拍片机会却是为老板拍摄一部低俗的三级片。在监制阿虫的协助下，阿星开始编写剧本，期间偶遇一位对电影充满热情的青年阿伟。电影正式开拍了，问题也接踵而来。对电影艺术满怀抱负的阿星，对于老板无理的商业要求非常抗拒，女主角梦娇扭捏差劲的表演也让他苦恼不已，监制也甚为不满。通过剧组全体成员的沟通理解，影片顺利杀青，却不料突发大火，毁坏了很多胶片。为了完成电影，剧组成员和阿星再一次团结起来进入拍摄状态。

影片可以说是香港电影难得的一部"讲述电影"的电影。尔冬升以电影人拍摄三级商业片的创作过程为素材，讲述了一段独特的电影人内幕故事。全片影像风格唯美浪漫，镜头语言别具一格，尽显导演的艺术构思和技巧功力。片中张国荣的表演炉火纯青，新人舒淇的表现也可圈可点。值得一提的是，片中刻意安排了"导演尔东升"因影片失败跳海自尽的段落，展现出一种特殊的戏谑效果。

忘不了（*Unforgettable*）

出　　品：2003年　银都机构／一百年	导　　演：尔冬升
片　　长：113分钟	监　　制：方　平
编　　剧：阮世生　方　晴	剪　　辑：张嘉辉
摄　　影：姜国民	美术指导：陆文华
主　　演：张柏芝　刘青云　古天乐	

性格倔强的小慧不顾家庭的反对，和小巴司机阿文在一起。两人正筹备婚礼的时候，阿文突遭车祸去世，给小慧留下了儿子乐乐。小慧主动承担起抚养乐乐的责任，将阿文的小巴翻新，当上了小巴司机。曾因赌博失去妻儿的大辉率直善良，非常同情小慧的遭遇，屡次出手协助，渐渐对她产生了爱意。在大辉的帮助下，小慧渐渐摆脱了创伤和阴影，带着乐乐走向大辉，三个人携手面对未来。

这部影片几乎是向十年前的《新不了情》致敬之作，同样地纯情、温情和煽情，同样也获得了商业票房和艺术奖项的很大成功。影片依旧胜在清新动情，最难得之处在于成功避开了孤儿寡妇的苦情戏模式，而加入了面对困难坚强努力的精神内核，感人至深。尔东升的导演技巧娴熟自然，风格把握准确到位。

旺角黑夜 (One Night In Mongkok)

出　　品：	2004年　寰宇	片　　长：	107分钟
导　　演：	尔东升	编　　剧：	尔冬升
监　　制：	方　平	制　　片：	陈耀华
摄影指导：	姜国文	美术指导：	马光荣
主　　演：	张柏芝　吴彦祖	原创音乐：	金培达

　　为了寻找恋人阿素，阿来受老六欺骗而偷渡到香港成为杀手，卷入黑帮社团的仇杀之中。老六又是警察的线人，将阿来杀人的情报提供给警方以获取酬劳。阿来成为替罪羔羊，在警方的追捕下被迫逃亡。阿来遇上了来港卖身赚钱的妓女阿丹，彼此了解了对方的故事之后，两人相互同情，决心一起寻找阿素的下落。警方的反黑行动如火如荼，但阿来两次成功逃脱。天快亮了，阿来到商店买东西，被警察认出并击毙。阿丹决定回乡重新做人。

　　本片可以说是尔冬升所有电影中最为复杂的一部。影片根据警方提供的真实资料改编加工，在紧凑的24小时时间里，讲述了涉及枪手、警察、黑帮、妓女等多个人物、多条线索的故事。全片叙事结构复杂，影像风格沉峻，演员表演内敛。

作品一览

导演作品：

1986　《癫佬正传》
1987　《人民英雄》
1989　《再见王老五》
1993　《新不了情》
1995　《烈火战车》
1996　《色情男女》
1999　《真心话》
2003　《忘不了》
2004　《旺角黑夜》
2005　《早熟》、《千杯不醉》

编剧作品：

1986　《癫佬正传》
1987　《人民英雄》
1989　《再见王老五》
1993　《新不了情》
1995　《烈火战车》
1996　《色情男女》
1999　《真心话》
2004　《旺角黑夜》、《窈窕淑女》
2005　《早熟》、《千杯不醉》

表演作品：

1975　《以毒攻毒》
1977　《白玉老虎》、《三少爷的剑》、《明月刀雪夜歼仇》
1978　《倚天屠龙记》、《倚天屠龙记大结局》
1979　《圆月弯刀》、《色欲与纯情》
1980　《无翼蝙蝠》
1981　《黑蜥蜴》、《辛亥双十》、《魔剑情侠》
1982　《魔界》、《如来神掌》
1983　《日劫》、《三闯少林》、《少林传人》

1984	《魔殿屠龙》、《我爱神仙遮》、《至尊一剑》、《情人看刀》
1985	《错点鸳鸯》、《再见七日情》、《开心鬼放暑假》
1987	《欢乐三人组》、《中华战士》
1988	《玩命双雄》、《裤甲天下》、《血衣天使》、《今夜星光灿烂》、《吉屋藏娇》
1989	《四千金》、《国父孙中山与开国英雄》、《血裸祭》、《打工狂想曲》
1990	《川岛芳子》
1991	《婚姻勿语》、《莎莎嘉嘉站起来》
1994	《画魂》、《达摩祖师》、《青春火花》
1996	《情人的眼泪》

摄影作品：

1987	《不是冤家不聚头》
1988	《双肥临门》
1989	《我要富贵》

监制作品：

1997	《对不起，多谢你》
1998	《我爱你》
2000	《阿虎》、《枪王》、《月亮的秘密》
2004	《天荒情未老》、《窈窕淑女》
2005	《神经侠侣》、《早熟》、《千杯不醉》

获奖纪录：

1986	第二十三届台湾电影金马奖最佳男配角（秦沛《癫佬正传》）
1987	第六届香港电影金像奖最佳男配角（秦沛《癫佬正传》）、最佳美术指导（黄仁逵）
1988	第七届香港电影金像奖最佳男配角（梁朝伟《人民英雄》）、最佳女配角（金燕玲）
1993	第一届中国珠海海峡两岸暨香港电影节最佳电影（《新不了情》）、最佳导演（尔冬升）、最佳女演员（袁咏仪）
	香港电影导演会最受推介电影（《新不了情》）、最杰出导演（尔冬升）
	香港电影编剧家协会最佳剧本（《新不了情》）
1994	第十三届香港电影金像奖最佳电影（《新不了情》）、最佳导演（尔冬升）、最佳编剧（尔冬升）、最佳女主角（袁咏仪）、最佳男配角（秦沛）、最佳女配角（冯宝宝）

1995	香港电影评论学会年度推荐电影（《烈火战车》）、最佳导演（尔冬升）
	香港电影导演会最受推介电影（《烈火战车》）、最杰出导演（尔冬升）
1996	第十五届香港电影金像奖最佳剪辑（邝志良《烈火战车》）
	香港影评人协会金紫荆奖十大华语片（《烈火战车》）、最佳男配角（钱嘉乐）
	香港电影导演会最受推介电影（《色情男女》）、最杰出导演（尔冬升）
1997	第十六届香港电影金像奖最佳女配角（舒淇《色情男女》）、最佳新演员（舒淇）
	香港影评人协会金紫荆奖十大华语片（《色情男女》）、最佳女配角（舒淇）、
2003	香港电影评论学会年度推荐电影（《忘不了》）
	香港电影导演会最受推介电影（《忘不了》）、最杰出导演（尔冬升）
2004	第二十三届香港电影金像奖最佳女主角（张柏芝《忘不了》）、最佳原创电影音乐（金培达《忘不了》）
	第四届华语电影传媒大奖最佳女主角（张柏芝《忘不了》）
	香港影评人协会金紫荆奖十大华语片（《忘不了》）、最佳女主角（张柏芝）
	香港电影评论学会年度推荐电影（《旺角黑夜》）、最佳导演（尔冬升）
	香港电影编剧家协会最佳剧本（《旺角黑夜》）
	香港电影导演会最受推介电影（《旺角黑夜》）、最杰出导演（尔冬升）
	第十届中国电影华表奖优秀对外合拍奖（《忘不了》）
2005	第二十四届香港电影金像奖最佳导演（尔冬升《旺角黑夜》）、最佳编剧（尔冬升）
	第五届华语电影传媒大奖最佳男主角（方中信《旺角黑夜》）
	香港影评人协会金紫荆奖十大华语片（《旺角黑夜》）、最佳导演（尔冬升）
2006	第二十五届香港电影金像奖最佳女配角（毛舜筠《早熟》）

陈可辛 怀旧表达

1. 导演故事 2. 对话谈艺 3. 电影解析 4. 佳片特写 5. 作品一览

▶ **导演故事**

香港爱情电影专业户

  1962年，陈可辛出生于一个从海外回归内地、再漂泊到香港的家庭。同家族经历一样，陈可辛的成长过程也在不断地游走世界中逐渐完成。12岁的时候，他随全家到泰国定居。18岁成人之后，他又远赴美国上大学主修电影理论。1983年21岁的时候，他经过慎重考虑做出一个大胆的决定，他选择从大学肄业返回香港，为未来的电影生涯做准备。

  1986年，陈可辛遇到了正在筹拍影片《英雄无泪》的吴宇森，给影片做泰文翻译。两人一见如故，融洽的关系促进了两人的合作，陈可辛很快就加入了协助吴宇森完成影片的队伍中。这次的合作非常默契，也非常成功，为陈可辛顺利进入香港电影圈做好了铺垫，同时也促成了以后陈可辛与嘉禾电影公司多年的合作。很长时间内，陈可辛一直担任蔡澜的副导演和助理制片，在创作上积累了丰富的经验。

  1991年，29岁的陈可辛终于得到了独立执导电影的机会，拍摄了处女作《双城故事》。影片一经上映,不仅票房节节攀升,而且在艺术上得到了业界的高度赞誉,为曾志伟捧回了香港电影金像奖的影帝桂冠。因为这部影片,陈可辛和曾志伟成为好朋友,不久之后他们联手李志毅等电影人创办了电影人公司(UFO)。在五六年的短暂时间里,电影人公司连续推出一系列叫好又叫座的影片。身兼导演和监制的陈可辛是创作的主力,在1992年监制了《亚飞与亚基》,1993年与李志毅联合导演了《风尘三侠》等影片。1994年陈可辛导演的影片《金枝玉叶》名利双收,公司希望他乘胜追击再拍续集。陈可辛虽然自觉意愿不强,但还是接受了要求,不过他希望同时拍摄一部小型文艺片《甜蜜蜜》。《金枝玉叶 II》的成功,让陈可辛完全没有市场压力地去精心艺术创作,最终《甜蜜蜜》成为1997年香港电影银幕的重磅炸弹,不仅在香港电影金像奖上大放异彩,史无前例地席卷九项大奖,而且在国际影坛也得到了非常高的赞誉,被《时代》杂志选为1997年度的十大佳片之一。此后陈可辛成为了香港文艺爱情片导演的杰出代表。

90年代中期,香港电影由盛而衰,电影人公司也因为种种原因解散。经过深思熟虑之后,陈可辛决定远离成名的压力,继吴宇森、徐克、林岭东之后离开香港赴美发展。他正式进军好莱坞的作品是1998年给著名导演史蒂文·斯皮尔伯格的梦工厂拍摄的《情书》,这是一部类似《金枝玉叶》加《甜蜜蜜》的爱情片。好莱坞给予了陈可辛发展的新天地,同时也带给他艺术发展的限制。经过权衡,陈可辛决定重返香港影坛。

2000年,回港之后的陈可辛联合陈德森等电影人合作成立了Applause Pictures公司,致力于制作自己喜爱的电影,特别是与亚洲近邻竭诚合作的高品质电影。他先后监制了《晚娘》、《春逝》、《见鬼》、《见鬼II》等许多优秀的电影,并以《金鸡》、《金鸡II》、《三更》等影片在香港本土赢得了不错的口碑和票房。期间他还亲自执导了影片《三更之回家》。2005年,陈可辛正式进军内地影坛,在上海开拍了怀旧温情的歌舞片《如果·爱》,开始了导演生涯的新阶段。

▶ **对话谈艺**

陈可辛：我每一部电影都有怀旧的表达

受访：陈可辛
采访：张 燕
时间：2005年6月6日
地点：上海徐汇盛捷公寓

《双城故事》和《新难兄难弟》

张：陈导，《双城故事》是你的第一部导演作品，也是你跟曾志伟第一次成功合作的电影。电影的英文片名是 Allen and Eric，讲的是曾志伟和谭咏麟的故事。当时为什么要拍这样一部电影？

陈：当时我想拍一些有关友情的东西。对我来讲，一对朋友从小到大的情感故事是很好看的。那时候想到了，就去拍了，代表了那时我最喜欢、最想看的一种电影。其实也没有什么特别的想法，只是用剧中人物和演员本身的真真假假的东西来更好地进行融汇创作，只是一种创作的方式。比如《甜蜜蜜》中黎明扮演的黎小军，我就用了很多黎明本身的东西，这是观众所不知道的。大家说黎明演得好，是因为他用了很多自己的真实感情去演。还有这次《如果·爱》中的金城武也是这样，他用了自己很多的东西来演，每天在现场帮我加对白，突然想到一句对白就会跟我讲，比剧本好太多了，因为更真实。

作为电影导演，我一定要鼓励大家去创作。因为我只是一个计划里面的带头人，就是给方向，才叫做导演，给了导向之后，一路去把关就可以了。大家都是在生活的细节里寻找更好的表达内容。这次我跟一些没有合作过的演员拍戏，金城武和周迅都觉得很好玩，我们一直在聊故事，拍得不好可以重拍，互动的感觉很强烈。

《双城故事》中，我基于谭咏麟和曾志伟的友情来进行创作。整个故事情节是假的，但是友情却是真的，然后怎么样把友情有机地带到戏剧里面，观众一定会分辨的。你找两个不认识的人去演和两个真正的朋友来演，感觉差距肯定会很大。

《双城故事》剧照

张：作为电影处女作，《双城故事》公映以后反响非常很好，不仅票房不错，而且让曾志伟获得了香港电影金像奖的最佳男主角奖。现在回过头去总结，这部电影对你以后的导演创作有什么样的意义？

陈：其实很难总结。《双城故事》代表了那时候我很喜欢的电影，代表了我当时的创作。现在回头看有点肉麻，觉得有些很直白的对白都讲出来了。其实我做人一向都很直白的，没有什么东西放在心里，跟朋友聊天什么都讲出来，朋友常说再讲就没有想象空间了。我不能改变自己，也不会为了拍一部别人觉得好的电影而改变我自己的创作风格，那样就不是我的风格了。这次《如果·爱》中，歌舞可以把我觉得很直白的东西表达出来，只是采用了一个不同的形式。而拍《双城故事》那个时候我很年轻，二十多岁，对白很直白。因为这个理由，我觉得《双城故事》这部电影对我很重要，似乎带我回到以前比较单纯、比较敢讲和肯讲的年代。《双城故事》拍得很轻松，没有什么压力，而后来的电影压力越来越多。

张：我觉得你从《双城故事》开始有了一个很好的开头，有一个别人很难达到的很妙的地方，那就是你虽然描述三角关系的情感故事，但是其中每一个人物都很好。但一般来说，大家都是好人，很难达到电影戏剧冲突的效果。

陈：我所有的电影中都没有坏人。在我看来，这个世界永远是好人坏事。我最讨厌电影中有黑白之分、正邪之别，我觉得就是大反派做了对不起你的事情，那也是有利益冲突等重要理由的。我爸经常对我说,拍电影一定要有反面角色,没有坏人很难拍。但是迄今为止我还没有一部电影中有坏人。

张:对内地习惯了好坏对立的电影观众来说,你这样的电影是非常特别的。为什么会有这种特别的表达?

陈:对我来讲就是这样,我相信这个东西就拍了。可能跟我的童年成长比较好有关系。我真的不觉得世界上有坏人,所以香港人总觉得我很天真。有时候他们很不喜欢我的电影,理由就是我的电影太天真了。对我来讲,我真的没有办法改变,所以直到《甜蜜蜜》,才是我第一部被广大香港观众认可的好电影。

张:你有一部和李志毅合作的翻拍片《新难兄难弟》。《难兄难弟》在香港电影史上出现过多个版本。60年代有秦剑导演、谢贤主演的版本,80年代有麦嘉、林子祥等主演的版本,你的《新难兄难弟》是90年代穿越时空的喜剧版本。

陈:香港电影史上叫《难兄难弟》的影片有多部,但是我的《新难兄难弟》和另外一部老电影《危楼春晓》倒有相似和借鉴之处。1993年的影片《新难兄难弟》,其实就是讲以前的香港精神和我们已经失去的内在东西。以前的粤语片都是左派的,比如《危楼春晓》就是左派的中联公司出品的,表达的就是一种人人为我、我为人人的思想,也是大家认同的一种香港精神。这种精神现在好像没有了。香港从一个渔村变成世界现代都市,中间失去了很多东西。我蛮喜欢这部戏的,电影的主题我们都觉得很好,但是拍得不好,因为有太多的商业考虑在里面。

《新难兄难弟》剧照

《金枝玉叶》和《甜蜜蜜》

张：在新片《如果·爱》之前的所有长片中，《金枝玉叶》和《甜蜜蜜》是你两部非常重要的代表作。《金枝玉叶》系列电影，涉及了大胆的性别策略和性别包装。比如《金枝玉叶》中袁咏仪女扮男装，还跟张国荣扮演的角色之间产生好像是同性恋、又好像不是的那种感情；《金枝玉叶Ⅱ》中人物情感关系就更乱，既有明确的梅艳芳扮演的角色对女扮男装的袁咏仪的同性恋情结，也有异性爱情的存在。我知道在《金枝玉叶》拍摄的时候，香港对于同性恋的情感环境和社会氛围还不怎么开放。当时你怎么会想到要拍这样一部影片？

陈：当时就想找一个题材故事适合张国荣来拍，所以想到这个故事也不容易。跟《如果·爱》中的金城武、《甜蜜蜜》中的黎明、《双城故事》中的曾志伟和谭咏麟一样，我在创作中永远要从演员自身真真假假的东西入手，寻找适当的故事切入点，把握观众对他的想象力，再带到电影情节中来注视，这样观众欣赏电影的时候就会特别投入。演员演戏的时候，流露自己的情感心理，也会很好，因为我们抓住的永远是演员演得最好的那一点。我并不觉得自己是特别会导戏的导演，也不觉得我有很多的资源让演员演到好为止，所以只能从演员身上寻找东西放到电影里。我们谈剧本的时候，把自己的经验放在剧本里就感觉特别兴奋。演员也一样，把自己的内心放在角色里会很有满足感，演戏也会更好。

当时在香港，大家对张国荣的性别取向一直在猜疑，我就觉得不管张国荣是不是同性恋，这种猜疑已经是这部电影很强的一个立意。如果这个戏由梁朝伟演，效果又会完全不一样。

张：你刚才说整部影片创作的起点是为张国荣量身定做一部影片，为什么不从张国荣本身的性别取向出发设计一个有趣的故事，而恰恰要将一种性别的错位感赋予女扮男装的袁咏仪？

陈：我觉得如果真从张国荣本身结构故事，电影就真的变成自传了，那就不好看了，观众也不会接受。这是需要平衡的。让观众感觉到电影里有张国荣的东西，那就会很特别，观众观看的时候也会很投入。

张：那为什么要在电影中加入曾志伟扮演的角色是同性恋、罗家英扮演的是人妖等奇观元素？

陈：有时候拍电影，里面会有很多的商业考虑。当时拍戏时间很短，基本上是赶档期上映。《金枝玉叶》拍完五天后就上映。这部电影是现场录音，不需要配音，在拍摄后面段落的时候，前面剪辑的段落就基本已经在做混音了，一路拍，一路剪，这样周一关机，周五晚上午夜场就上映了，所以我也没有时间好好地去琢磨。我拍的前五六部戏，除了《甜蜜蜜》之外，每一部戏都是赶得不得了，初剪完之后马上就上映，根本就没有精剪、修补的时间，这与内地的创作情况完全不同。

张：《金枝玉叶》非常成功之后，《金枝玉叶II》是不是完全因市场的需求而创作的，在人物关系和情感设计上五味杂陈，给观众特别乱的感觉。

陈：当时拍了《金枝玉叶》之后，作为导演的我有了一定的市场影响力，我就可以拍自己想做的电影。这样我就拍了《嬷嬷·帆帆》，那真是我很用心去拍、特别想拍好的一部电影，结果那部戏不仅拍得不好，而且票房也不好，亏了很多钱。当时电影人公司已经面临解散的命运，因为前面影片赚的钱都亏了。那时候真的需要拍卖钱的电影。我后来发现《金枝玉叶II》对我创作上起到的最大作用就是，使得我可以没有任何商业压力地去拍《甜蜜蜜》。《甜

《金枝玉叶》剧照

蜜蜜》是一部小成本电影,制作费比《金枝玉叶Ⅱ》少很多,所以没有人管我就真拍了。

为什么观众对《甜蜜蜜》感觉会那么好,那是因为我做了一部绝对比我当时拥有的导演能力强很多的电影作品。那我怎么可能拍出这么好的电影呢,其实跟《金枝玉叶Ⅱ》关系很大,那是我事业压力最大的时候。当时电影人公司即将要卖给嘉禾了,最重要的条件就是要拍《金枝玉叶》续集,因为当时的票房和强势效应已经很自然地决定了《金枝玉叶》是那种不可能没有续集的电影,对公司来讲一定要拍续集。究竟怎么拍呢?我搞了好长时间的剧本。我把两部戏同时拍摄,2月、3月的时候先拍《甜蜜蜜》,然后停机拍《金枝玉叶Ⅱ》,7月再去美国续拍《甜蜜蜜》。那时我把电影所有的商业压力都放在《金枝玉叶Ⅱ》里,《甜蜜蜜》这部戏是我完全没有商业压力的创作,所以会拍成两个小时那么长,剪片的时候也没有做很多修改。香港电影人在整个电影的商业架构里成长,所以我们只会在商业架构里拍自己想拍的东西,而不会去违反商业架构。

那时我觉得《金枝玉叶Ⅱ》反而是我一部很重要的作品。虽然故事整体上是虚构的,但是主题上我放了很多自己喜欢的东西进去。比如两个人如果相爱了会怎么样,生活会如何继续。我一直都想探讨两个人相好之后的情感发展故事。

张: 在观众心目中,《甜蜜蜜》是印象最深、最为感动的一部电影。影片选择了

《甜蜜蜜》剧照

两个从内地到香港、然后从香港到美国的青年男女之间的情感故事,为什么要选择拍摄两个从内地来到香港的内地人,而不选择香港人呢?

陈:我有一个强烈的意愿,觉得我们都是内地人。我只认识一个土生土长的香港人,那就是周润发,他们家祖上十四代都在香港。而其他的香港人都是跟着父母或者爷爷奶奶从内地来的,三代以上在香港的差不多都很少。所以香港人的好与坏,根源都来自内地,香港就是一个中途站。当时香港给我们的感觉就是没有国家的无根的感觉,我们很渴望有一个国家。这个观念在我们这一代可能很难改变,因为我们整个几十年都生长在没有国家的状态,但在下一代就会好一点。我觉得一个人一定要有国家,只有这样成长才会比较健康。所以我选择两个从内地中转到香港、然后到美国的内地人,希望能够传达出这种意念。

张:这部影片深深打动观众还有一个重要的因素,那就是邓丽君歌曲的运用。《再见,我的爱人》、《月亮代表我的心》等歌曲出现的时候,正是影片故事情节的关键点。就你作为导演的角度看,邓丽君的歌曲在这部电影里有什么样的含义和作用?

陈:含义不是很深,从影片表面看已经有很多外在的意思了。最重要的作用是,邓丽君是两岸三地的第一个偶像,对我们这一代人来说偶像是神,邓丽君就是那一代的神,这非常重要。邓丽君本身就是一个很重要的意象,所以不用加入太深的含义,观众就会理解和感动。

新片《如果·爱》

张:你最新的电影歌舞片《如果·爱》,即将于2005年底公映。应该说,在中国电影的创作视野中,没有歌舞片的创作传统和环境,只是在20世纪30年代有少量的歌舞片出现;之后基本上就没有什么发展,而且可能也没有可以清晰确认的歌舞片观众群。在这种情况下,你为什么还要大胆接拍《如果·爱》这部歌舞片?

陈:对我来说,以前很多的作品都是自己有了一个概念,然后才想办法去创作完成。而这次《如果·爱》的创作有点不同,开始好像就是一个功课和差事。这部戏由两家跨国公司投资,一个是香港的TVB,另外一个是马来西亚公司。可能是因为这两家公司的领导都是印度人的缘故,所以他们对歌舞片有很强烈的情结,他们有这样一种想法,觉得为什么中国会没有歌舞片?所以他们就找到我的美国经纪人,然后经纪人又回来找我，本来距离很近的事绕了一个很大的弯才找到我。

有了这样的功课，第一我先要考虑想不想做。迄今我也拍了不少的电影，八九部，但我不是那种很渴望拍戏的导演，因为我还有监制、制片等很多方式把我的想法表达出来。就长故事片而言，在《甜蜜蜜》之后我只拍过一部美国片《情书》，之后回到香港仅拍了一部短片《三更之回家》，严格来讲大概有9年时间没有好好地拍中文长片，所以我也真的需要一个很好的理由再做导演。

基于现在整个电影市场的状况，电影本身已经变成一个很极端的东西，每年只有几部电影观众是到戏院看的，其他都是通过看碟等方式观看的。我觉得看电影的经验就应该在戏院。但是什么样的电影才能把观众拉回电影院呢？这就需要足够的理由。第一个理由就是电影的制作费用要多，让观众觉得在家里看不到效果。我觉得从生活里找题材的东西其实都可以在家里看，虽然在影院看和家里看的效果有分别，但分别不是那么大。我既然不拍动作片，也没有那么多钱和想象力去拍特技片，所以在我擅长拍的东西里只有一个元素可以放进去，那就是歌舞。

接拍这部电影的第二个理由是，我个人很向往旧电影。那种对白可以拿捏得很好，想得很精细，在很自然的现实主义里，可能觉得很不够生活化，但是那种对白有时候真的很能够打动观众的心。比如以前看电影《乱世佳人》，片中克拉克·盖博说，"谢谢，亲爱的，我不管你了"，费雯丽接着说，"明天又是另外一天"，这种对白现实中是不能讲的，但看的时候真的很有感染力。现在我们的生活变得越来越现实，很多天真都没有了，很多东西本来可以感动我们的，但现在都不能了。什么样的电影可以给观众带回那种天真呢？我觉得歌舞可以在剧情前面加一层纱，允许那种对白存在，可以让观众忘记现实，重新感动。我希望可以感动观众，可以用歌舞的形式再重新天真一回。就我个人而言，这可能是我接拍这部影片的最重要的理由。在拍了爱情片《甜蜜蜜》之后，我真的不知道去拍什么样的题材，一方面随着年龄越来越大，经历的事情越来越多，有些话本来以前会讲的，现在也只是都放在心里，如果想把那些话拿出来讲，歌舞是一个很好的方式。

张：也就是说，整部影片最重要的是怀旧的基调和情感。

陈：我每一部电影都有怀旧的表达。怀旧也是这部电影需要研究的东西，表现为回忆的处理，回忆是很个人的，也是怀旧的，在电影中我一直在探讨这些东西。

张：从导演的角度来说，电影中歌舞在推动剧情的叙述方面到底起多大的作用？

陈：作用很大。这部电影如果没有歌舞，就相当于没有画外音了。现实生活中，人物都把很多话藏在心里不讲出来，这样角色会知道，但是观众怎么会知道，或者可能很聪明的观众可以想到，但很多观众会觉得看不懂。影片主要利用戏里的歌词跟歌舞去表达角色的心理感情。所以电影中歌舞戏对叙事是有很大作用的，没有一场歌舞是白唱白跳的。

张：是不是可以这么认为，其实歌舞在电影当中是一种内在的叙事动力，歌舞传达了三个主要人物的复杂关系和情感。

陈：可以这么讲，作用其实不只有这些。事实上电影中连基本的现实故事都是利用戏中戏的形式来带动的，整个戏都围绕戏中戏来进行，是现实故事和戏中戏平行推进的一个故事。

张：戏中戏是影片主要的叙事结构，但具体怎么样来操作？多次翻拍的《卡门》是戏中戏结构的经典电影，《如果·爱》在处理上是否相似？

陈：《卡门》我看过，但在拍这个戏的时候没有重看。其实《红磨坊》也像《卡门》，可能你看了《如果·爱》之后觉得也像《卡门》。但是主要的分别在于：《如果·爱》中人物角色所经历的事情都是很实在的，很现代的，用戏中戏的方式和40年代上海马戏班的背景把整个情感推大，但是实际发生的事情就是一种选择，并没有什么生离死别，没有《卡门》和《红磨坊》那么强烈的时代背景和贫富悬殊等方面的表现。我们这部电影是很内心的，主要就是三个人的现代故事，拍到最后我们真的都不知道电影怎么结束。影片中他们三个人都是爱着对方的，我们也制造了很多的小问题，但是为什么她会跟他而不选择他，为什么三个人要分开，没有绝对的答案，所以我们拍了两三个结局。现在的爱情就是这样，没有大是大非，不是谁要跟谁的问题，每个人都有不同的好和优点。这个爱情观是比较现代的表达方式。

张：在叙事的过程中，影片的时空处理因为戏中戏的结构也会变得多样。全片主要分成两个还是三个时空？

陈：总共有三个时空存在：第一时空是上海今天的电影圈，导演和男女演员的现实时空，这是最主要的时空，大概占全片的50%左右；第二时空是占全片约25%的戏中戏的歌舞时空；最后一个时空是改革开放初期的北京，约占25%的容量，讲的是90年代初的故事，但我拍得像是80年代中期，那时候主要是男女主角的回忆。

张：三个时空涉及的时间、地点、情节发展不同，影像上应该会有不同的区别处理。具体在影片中，怎么样呈现出不同的时空特点？

陈：最不同的是两个摄影师拍的，风格当然也不同。上海是鲍德熹拍的，北京是杜可风拍的。他们是很不同的摄影师，基本上是风格截然不同甚至相反的摄影师。这样的安排不是原本计划好的，我本来没有想过用两个摄影师，但后来因为种种原因形成了这样的组合，结果我觉得反而形成了这部电影突出的一种风格。北京的场景都是回忆，回忆永远是比较模糊的，回忆是最会骗人的东西，杜可风的风格很适合。

张：杜可风和鲍德熹都是很好的摄影师，作为导演，请比较一下他们的摄影风格有何不同，巨大的差别在哪儿？

陈：杜可风是最不准确的，但是他可以抓住很多很人性的东西，因为他把机器一直开着，直到拍到他想要的东西为止。这是王家卫电影的习惯。我们当然没有那么多时间和胶片，但也会抓到很多意想不到的东西，镜头从这到那本来以为是这样，但结果到那里才看到我们要表达的东西，这种拍摄需要的时间比较长，但得到的东西也比较有惊喜，因为不是原来设计的。

而鲍德熹是很准确的，站在歌舞片的立场其实是非常好的。如果不准确的话，是拍不完的。因为歌舞是动作，所以这次的拍摄他在摄影上有很精确的安排。当然

映画：香港制造 | The Legend of Hongkong Film
▶ 与香港著名导演对话

我也有影响鲍德熹的地方,拍摄的过程中大家互相学习,也互相习惯。鲍德熹的灯打得好得不得了,这两年更进步了,以前是很漂亮,但现在已经很有灵气了。

张:那么现实的生活和舞台上的东西怎么样具体区分?

陈:分别蛮大的。现实部分,灯都是很实在地打在脸上。而歌舞片部分,可以更加放肆地去设计一些东西,那些光会很强。虽然没有做到特别强烈,但是有一点20世纪二三十年代的表现主义特点。你会觉得灯光很强烈,整个影子都会在墙上很清楚。拍女主角特写的时候,镜头推前的时候灯光可以变,突然眼睛会亮起来。这种处理是很戏剧化的。

张:歌舞的风格,不会像很多电影中表现得那么华丽吧?

陈:我觉得有华丽的成分,但是因为我们的景没有太华丽的,都是很破烂的。40年代的大上海会是什么样,其实我特别抗拒拍以前的大上海,因为很多人都拍,你还能怎么拍。戏中戏的年代是1945年,是刚刚打完仗的时候,观众为什么要去马戏班,其实是希望可以帮助自己忘记过去的八年。影片中我要表现的都是有很多灰尘的马戏团,每个人的衣服都很脏,我希望传递出一点战后意大利新现实主义的感觉。

张:你拍摄的爱情片总有一种不变的模式,那就是男女之间的三角关系,或是明显的,或是暗在的。

陈:我觉得如果没有三角关系,爱情片就没有什么好讲的,如果没有三角爱情,

就没有戏剧性。从我的第一部电影《双城故事》一路走来，都是在讲这样的情感故事。还有好多人一提到《甜蜜蜜》就想到黎明和张曼玉，其实《甜蜜蜜》真正的意图是我为了曾志伟饰演的豹哥这个角色而拍的；拍《金枝玉叶》是为刘嘉玲扮演的这个角色拍的。很多时候我都认为第三个人物比较好看。《如果·爱》这部电影，我可能是为张学友扮演的这个角色而拍的。

其实我真的不知道自己还能熬多久，我真的很喜欢这种电影，我不介意自己拍同一种类型的影片，因为很多导演都这样。但我不会说一辈子就拍同一种类型的电影，因为到现在为止我真觉得这种类型很难再拍了。这次《如果·爱》没有歌舞加进去的话，我觉得可能就拍不成。加了歌舞之后，我有创作的欲望，但还是走回原来的情感模式。《甜蜜蜜》也好，《如果·爱》也好，其实本质都是《北非谍影》，而且《如果·爱》这部电影可能更明显，我也不会隐瞒观众，根本就是《北非谍影》。讲故事方面，我觉得没关系，在大桥段的框架之下，细节的东西你可以自己去想，去寻找一些适合现在这个时代和观众的东西。

张：电影中主要有三个角色，一个导演、一个男演员和一个女演员，为什么要选择张学友、金城武和周迅来演？

陈：其实这三个演员都是很符合各自角色的。我们敲定导演这个角色非张学友不可，那并不是因为内地人或者香港人的问题，反而因为他是香港人而对这部戏有一定的影响，因为他演的是一个内地导演。但是一定要张学友来演的理由是，那是唱歌最重要的角色，平时最不讲话的是导演，但是在戏中戏里唱得最厉害、用歌表达心情和感情最多的是这个导演。拍摄的时候，我对周迅和金城武说不要怕唱歌，这不是演唱会，而是歌舞片。歌舞片就是用讲话的方式来唱，唱歌不一定要唱得很好。张学友饰演的导演的同居女友跟了别人，也就是周迅扮演的角色，他有很多的愤怒和事业上、感情上的压抑，需要在戏里用马戏班班主的角色爆发出来。他的感情表达很强烈，好像歌剧一样，对唱功的要求很高，所以这个角色我一定只能找张学友来演。这样的话，女明星就不能再找香港演员，因为表现的是内地的故事，不然这部电影给观众的感觉会很假。张学友给观众的印象不是很内地的，虽然我觉得他演得很像内地人，但绝对不是陈凯歌等人的第五代电影中的感觉。所以我也不能找一个观众看了以后感觉很重的内地女演员，否则会凸显出张学友特别香港，感觉就不对。我觉得整个东西要把内地香港、国内国外的界限弄得模糊一点,不要分得那么清楚,我们的电影就是要营造这样一个世界。这样我觉得周迅是最适合的。

周迅是我一向都很喜欢的演员,我觉得她在国内国外都会有很好的亲和力。还有一个最重要的原因,张学友确定之后,选择她最合适。周迅演爱情片很好,演技没得说,她的眼睛会说话,是当今国内演员中少数可以放在任何地域空间都合理的演员,你看《苏州河》并不觉得她很漂亮,但是会感觉这个人很有时代感。那时候我就觉得她很像小张曼玉。张曼玉也是一个放在哪里都可以的演员。

张:在观众的印象中,金城武是一个具有日本血统的演员,既没有内地的感觉,好像也不太会唱歌,为什么要选他呢?

陈:我喜欢金城武的眼睛,他的眼睛也能传达很多的戏。影片中男演员这个角色是一个有病的人,基本上是歇斯底里地要保留回忆,近乎一种病态,他有一定的愤怒,我觉得金城武的眼睛里有这种愤怒。我找他的时候感觉很对,认识他之后感觉更对,因为在现实生活中金城武就是一个很孤僻的人。虽然他没有这个故事的背景,但我觉得设计这个角色之后,可以做一个很个人的解释。为什么金城武会很少跟媒体接触,媒体永远拍不到他的照片,讲话又不多,很具有神秘感,都可以用这个故事里的背景和方式去解释。当然一个是假的,一个是真的,他真正的理由是什么我不知道,但是影片可以从一个角度解释他现实生活的状态。

《如果·爱》剧照

▶ **电影解析**

香港情结主导艺术和产业

对香港商业主流和类型多元化的电影创作来说,陈可辛绝对是一位难得的优雅且专情的导演。

"优雅",主要指他拍摄电影的精致动机和创作态度。从1991年拍摄处女作《双城故事》至今的15年里,他慢工出细活,总共才导演了9部长片和1部短片。出于对电影强烈的喜好,在这个过程中,陈可辛还力图通过制片和监制来参与其他电影的生产。这种不为商业而赶拍电影的创作从容,在香港电影快节奏的市场环境中是很少见的。

"专情",主要指他的创作取向和类型选择。从《双城故事》到《如果·爱》,他几乎所有的影片都执著于一种类型的生产,那就是爱情、亲情、友情等情感的创作,特别是专注于爱情。部分影片即使表面上归属于其他影片类型,比如《三更之回家》归类于鬼片,《新难兄难弟》属于喜剧片,《如果·爱》是歌舞片,但实质上内在还是更多地关注情感。《三更之回家》要表达的是一对夫妻至死不渝、相爱相守的爱情传说;《新难兄难弟》通过儿子穿越时空来到父亲年轻的时代见证了父母真挚的爱情,加强了父子亲情;《如果·爱》在歌舞形式之下表达的核心还是三个男女之间的爱情故事。如此恒定的类型选择,在一定程度上给创作突破带来了很大的限制,陈可辛却真正地喜欢这种电影,执著于情感类型的探索。如此自觉创作,也是难能可贵的。

《三更之回家》讲述了一对夫妻至死不渝、相爱相守的爱情传说

银幕理念：香港情结·文化怀旧

从《双城故事》中温馨友情的发源地香港，到《新难兄难弟》中温情的60年代和现实的90年代香港，到《金枝玉叶》中青春时尚、性别错位的90年代香港，再到《甜蜜蜜》中辗转十年的九七前香港，我们可以明显地把握到陈可辛电影中浓烈的香港情结。除了近期在内地创作的歌舞片《如果·爱》外，陈可辛最喜欢表达的就是有关香港都市的故事。在陈可辛的电影理念中，香港既是当下的生活，也是历史的情结，更是文化的认同。于是，陈可辛浓郁的香港情结突出地外化为电影中强烈的怀旧表达，同严浩、张婉婷等许多导演一起加入了银幕怀旧的热潮。

如果说严浩的《似水流年》、张婉婷的《八两金》更多地是从香港与内地的关系来省思香港文化的话，那么陈可辛的银幕怀旧则更多地呈现为对香港自身历史文化的追溯，而且多以香港社会的小人物作为历史的探寻者。陈可辛的每一部影片几乎都有怀旧的表达。就怀旧的表现形式而言，是比较多样化的，大体上可以分成以下三种方式：

第一是立足现在、寻找过去，用建构香港历史记忆的方式来勾勒香港人共同的温情想象，并激发起潜藏于历史背后的中国文化认同。在处女作《双城故事》中，一对好友的真挚友情产生于六七十年代，两种美好的爱情积淀于80年代上半期。《甜蜜蜜》中，李翘和黎小军这两个内地人1986年来到香港，努力融入主流社会，经历了1987年的股市崩盘、90年代初移民热潮和1995年邓丽君的去世，见证了香港经济最繁荣时期的发展变化，虽有伤感但温馨地探询了历史背后潜移默化的文化认同。

《新难兄难弟》剧照

《金鸡》剧照

还有陈可辛倾力监制、赵良骏导演的影片《金鸡》和《金鸡Ⅱ》，巧妙地安排了一个妓女的角色，串联起70年代末色情业兴起、1980年地铁通车、1984年中英谈判、1987年股市大跌、1990年香港居民移民海外热和内地居民移民香港热、1995年邓丽君去世、1997年邓小平逝世和香港回归、90年代后期亚洲金融风暴席卷香港等所有重要的事件，浓缩了香港20年的社会文化和历史变迁。

第二是杂糅的超现实主义表现，将现在和过去相互嫁接，在交融中建构对香港的历史记忆。《新难兄难弟》中，借鉴美国影片《回到未来》的时空架构，儿子在无意间回到了父亲年轻时的60年代，不仅见证了父母间荡气回肠的爱情历程，还目睹了街坊邻里间古道热肠的互助，从而调动起他内心所有的激情想象和真情流露。回到人情冷漠、亲人隔阂的90年代，儿子用真情唤醒了昏迷的父亲。温情的过去给予了现在的儿子以启发和力量。而《嬷嬷·帆帆》则是通过超时空处理，将现实中母亲的冷漠孤僻和弥留之际虚幻中的温馨亲情联系起来，重塑家庭伦理的情感世界。

第三是致敬老电影的方式，通过借鉴和翻拍过去电影作品的某些经典场景或人物形象，回溯过去的社会变迁和电影文化。《风尘三侠》中，三个都市单身汉在生活和情感上相互帮助，这样的创作来源于40年代沈西苓导演、赵丹主演的影片《十字街头》。《新难兄难弟》中父亲和儿子成为惺惺相惜的好友借鉴于秦剑导演的电影《难兄难弟》，秉持"人人为我、我为人人"的人生原则的父亲形象则来源于1953年李铁导演的电影《危楼春晓》中吴楚帆主演的司机梁威，同时片中还设置了紫罗兰、包租婆等角色，以幽默风趣的方式向60—70年代银幕上的优秀演员和经典角色致敬。

另外值得关注的是，陈可辛的银幕怀旧除了故事之外，还体现在音乐的做旧、模仿和经典再现，影像处理的橘黄色调，以及表演风格的特殊要求等方面，呈现出一个全方位的表达格局。

电影风格：主题表达·三角叙事

进入影坛20年，陈可辛一直坚持着情感路线的创作，绝大多数作品都执著于爱情片类型的探索。正因为如此，通过处女作《双城故事》、代表作《甜蜜蜜》以及《如果·爱》等9部影片的创作积累，陈可辛在香港类型片领域已经奠定了非常鲜明的个人风格。

相对于大多数商业电影的娱乐至上主义，陈可辛的电影呈现出自觉注重主题表达的显著特点，这在香港电影中是比较少的。陈可辛电影的主题表达是非常丰富的，而且每一部电影的意涵指向都非常鲜明。从表达频率高低来看，陈可辛电影中的主题大体分成以下几个方面：

一、对崇高爱情进行或细腻含蓄，或荡气回肠的赞美。爱情在陈可辛的理解中，是丰富多彩的。爱情可以是常规的异性相吸。比如《新难兄难弟》中，年轻时家境贫寒的父亲和漂亮富贵的母亲克服一切阻力，冲破阶级的藩篱成就了一场轰轰烈烈的爱情。《甜蜜蜜》中，李翘和黎小军马拉松式的爱情在邓丽君柔美歌声的陪伴中走过了十年，虽然不惊心动魄，但细腻动人。爱情也可以是超乎寻常的爱情传奇。《三更之回家》中，丈夫三年来持之以恒地用药水给死去的妻子擦洗身体，并相信妻子一定能复活，讲述了一段神奇鬼魅的奇观爱情。爱情更可以是反常规的同性之爱。《金枝玉叶》中，音乐制作人顾家明、歌唱明星玫瑰和女扮男装的林子颖之间都产生了暧昧的同性恋情感；《金枝玉叶Ⅱ》中，已经在乐坛成名的林子颖在与异性恋人结婚之后，还和梅艳芳主演的重出江湖的女明星之间产生了同性恋感情，深陷于情感迷惘的十字路口。

二、对真挚友情进行或微风细语，或幽默调侃的表达。《风尘三侠》中，一个懦弱犹豫的银行小职员、一个宣称要性不要情的风流男士和一个天生怕羞的小男人，在寂寞的生活和刺激的追求女孩的过程中，产生了一段真挚的友情。《新难兄难弟》

中,穿越时空的儿子和年轻时候的父亲称兄道弟,展开了一段非比寻常的深刻友情。

三、对温馨亲情进行或朴实怀旧,或夸张荒诞的表达。《新难兄难弟》中,儿子在不经意间穿越时空,目睹了父亲的性格为人和情感故事,经过这一段特殊的怀旧经历再回到90年代的现实生活中,原本冷漠隔阂的父子回复到了心意相通的融洽状态。《嬷嬷·帆帆》中,脾气暴躁、与家人不好相处的母亲负气离家,经过一段超现实主义的荒诞的死亡旅程之后,回到家急切地渴望亲情。

四、对漂泊主题的探讨。面对香港回归的重要事件和移民海外的热潮,陈可辛深刻地感受到香港人模糊的身份认同和不知所措的情感归属。如此强烈的香港情怀,加上自己家族从泰国到内地、再从内地到香港的辗转经历,在拍摄《甜蜜蜜》之前,陈可辛就已经明确了漂泊主题这一创作概念,而后在影片中具象地呈现为李翘和黎小军两个先后移民香港和美国的内地人的故事。香港人的根在中国,香港人都是内地的人。内地人离开内地到香港,既包含香港人离开香港的所有体验,又具有无根的主题代表性。

陈可辛对爱情的叙述是独具特色的,他在创作中总坚持这样一个观点:如果没有三角关系,爱情片就没有什么好讲的,就没有戏剧性。这也决定了他电影中核心的叙事模式,即三角关系的爱情结构。除了《三更之回家》之外,陈可辛的其他影片几乎都设置了一重或多重的三角爱情,依靠不对称的情感地图和失衡的人物关系,自然而然地产生叙事张力。比如《双城故事》中,一对青梅竹马的好友同时爱上了一个女孩,结果引发了友情、爱情与事业之间的纠葛,在三人之间掀起了起伏不定

《嬷嬷·帆帆》剧照

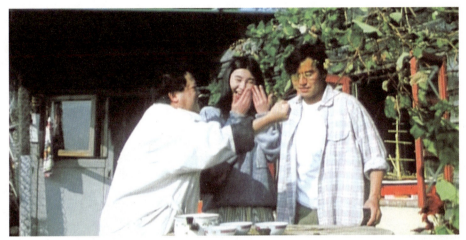

《双城故事》剧照

的情感涟漪。《甜蜜蜜》中,导演也相对复杂地安排了叙事结构,相亲相爱的李翘、黎小军与无锡来的婷婷、黑社会老大豹哥形成了双重三角关系模式。新片《如果·爱》中,导演在舞台表演和现实生活的对应中刻意编排了导演、女演员、男演员三人间一段微妙的情感关系,产生了独特的艺术效果。《金枝玉叶》中更是出现了另类的三角关系,女扮男装的林子颖分别被音乐制作人顾家明、歌星玫瑰喜爱,杂糅了异性恋和同性恋两种情感的暧昧表达。

在复杂的三角架构中,陈可辛一方面用三角情感来结构戏剧冲突,同时也在含蓄、细腻的叙事编排中巧妙地解构戏剧冲突。陈可辛一般会自觉回避有三角关系的人物之间的正面冲突,而常常会通过一个中心人物的悄然退场来成全剩下的两个人,在银幕上勾勒出和谐对称的爱情图,创造出简单有致的意韵空间。《双城故事》中,伟的绝症成全了另外两个相爱的好友。《甜蜜蜜》中,婷婷同意离婚、豹哥街头被杀,客观上先后消除了李翘和黎小军相爱的障碍,最后让他们有缘在美国重逢。正因为三角关系模式在建构冲突的同时,也在巧妙地解构戏剧情节,因此陈可辛的电影展现出了淡化戏剧冲突而注重细节描写的显著特点。《甜蜜蜜》中,李翘和黎小军之间曲折起伏、长达十年的爱情进行曲,不是依靠外在的三角冲突或情感争执来实现,而是通过邓丽君缠绵柔美的歌声断断续续地连缀起来,并通过黎小军给李翘的BP机留言、汽车喇叭声促动久已隐藏的爱情瞬间迸发、李翘在纽约街头追赶黎小军、两人在街头电视机店前重逢等细节场面来实现,虽然朴实平淡,却感人至深。

《甜蜜蜜》剧照

　　叙事过程中,陈可辛在人物角色的设置上也呈现出了人皆善良的独特格局。按照常规的电影理念,有对立才会有冲突和戏剧性,因此大多数电影都会安排正邪、好坏、美丑等相互对立的人物角色。但在陈可辛看来,世界上永远是好人好事和好人坏事,他最讨厌电影中有黑白之分、正邪之别。因此他在创作中完全颠覆了对立模式。迄今为止,他所有电影中的所有人物都是好人,没有一个所谓的反派或坏人,在银幕上将人的真诚和善良展现到一种极致状态。同时,在描摹好人形象的时候,陈可辛比较强调现实社会中人无完人的真实原则,注重对特定人物的性格优缺点进行立体展示。比如《风尘三侠》中,三个难兄难弟式的小男人都朴实善良,但是银行小职员胆怯懦弱,风流男士性观念开放,怕羞男人糊里糊涂。虽然人皆善良的理念给影片制造戏剧冲突带来了极大的困难,但是陈可辛巧妙地利用特殊情境下人的利益冲突来创造更加复杂而真实的现代社会好人冲突模式。比如《甜蜜蜜》中,李翘和黎小军多次分手,一次源于李翘对事业的追求,一次源于李翘对复杂三角情感的难以抉择。

　　淡戏剧冲突、重细节描写的叙事风格,也决定了陈可辛电影细腻唯美的影像风格。细腻唯美首先体现于流畅的影像语言和精彩的声音处理。《甜蜜蜜》中,李翘与黎小军送走婷婷之后，两个人在情感交流中都是尴尬而单向的，每个人的眼神都躲闪着另外一个人，害怕内心的平衡被打破而引起不必要的情感抉择。这时候，导演用相互交替的特写镜头，将车内的李翘和车外的黎小军不同的表情结合在同一个镜头中，巧妙传达出内在的情感。李翘望着远去的黎小军，趴在方向盘上的她不经意间摁响了喇叭，这声清脆的喇叭声瞬间唤醒了两个人深藏于内心的爱情。慢镜头的处理、推镜头的累进式剪切以及逐渐升高拉远的俯拍大远景，在动人的音乐伴奏下，深刻地揭示出人物之间彼此逃避却又互相吸引的复杂情感。《新难兄难弟》、《嬷嬷·帆帆》、《如果·爱》等影片中，因为存在两个不同的时空，因此导演往往通过影像基调的不同处理来实现唯美的表达。细腻唯美也体现于剪辑风格上。陈可辛在剪辑时，不依靠戏剧冲突的外在推动，而根据叙事和人物的主体感觉以及情绪节奏来进行合理衔接。

产业运作：香港电影·泛亚洲理念

在当前的香港影坛，陈可辛除了是一位风格独特的导演之外，还是一位特别值得关注的制片人和监制。在不同的时期，他尝试着用不同的方式来推动香港电影创作和产业的发展，而且已经卓有成效。具体来说，陈可辛的电影产业运作主要经历了1997年之前和2000年以后两个重要阶段。

在香港影业繁荣发展的90年代初，陈可辛与曾志伟、钟珍、李志毅、张之亮、阮世生等人联合成立了电影人制作公司（United Filmmakers Organization，简称UFO）。当时的香港电影因为在东南亚卖埠市场很受欢迎，所以很多影片粗制滥造、跟风抄袭、只求速度不求质量，这给香港电影的发展带来了潜在的弊端。应对这样的现状，负责创作的陈可辛、李志毅、张之亮提出了精品商业电影的主张，强调在结合香港社会九七心态的现实生活基础上，拍摄一些围绕小人物或中产阶层民众而创作的高质量的商业片，在电影本体制作和外在包装上都力求精致华美。由此，电影人制作公司陆续推出了《金枝玉叶》、《天涯海角》等叫座也叫好的影片，成为当时影坛非常出色的制片公司。陈可辛更是以《甜蜜蜜》带动起香港文艺片严谨认真的创作潮流。90年代中期以后，随着整个香港电影业进入低潮以及主要创作者之间出现理念分歧，电影人制作公司正式解散。陈可辛随后也接受好莱坞的邀请前往美国拍摄电影《情书》。

2000年,从好莱坞回港的陈可辛联合陈德森、冯意清成立了Applause Pictures公司,陈可辛主导制片和监制业务,开始了第二次目标明确的产业运作尝试。当时的香港电影已经深陷低谷状态,在亚洲金融危机之后出现了资金危机、卖埠危机和市场危机,本土电影的市场主导权已经让位于好莱坞电影,年度电影票房收益也从1992年最高峰时期的11亿港币降到了3.5亿港币,整个产业发展都存在着巨大的困难。在这样的背景下,陈可辛为香港电影的发展提出了全新独特的泛亚洲理念:面对席卷全球的好莱坞电影,他希望打破亚洲国家的界限,联合韩国、泰国、日本、新加坡和中国等亚洲各国电影精英,以共同投资、一起创作并同步公映的生产方式来打造亚洲高质量的电影,通过累加的合力来挑战好莱坞电影。2001年之后,陈可辛将这一泛亚洲电影理念成功地具化为带有魔幻色彩的泰国影片《晚娘》、韩国清新爱情小品《春逝》以及韩、日和香港共同创作的三段式多元化鬼片《三更》。这些影片不仅成功攻克了亚洲市场,也胜利进军西方主流商业市场,取得了非常不错的成绩。实践证明,陈可辛提倡的这种亚洲国家共同融资和创作发行的产业发展模式,是十分可取的,不仅将单个公司投资电影的风险降低,保证作品的质量,而且能促进各国电影业的发展和交流,生发出更多更新的产业商机,推动亚洲电影的整体发展。对于香港电影来说,这种模式有着突出的意义,不仅可以促进香港电影质量的提升,而且可以进一步拓展香港电影的国际市场空间,逐渐走出低谷、走向高潮。

《三更之回家》剧照

佳片特写

双城故事 (Allan and Eric: Between Hello and Goodbye)

出　　品：1991年　嘉禾	片　　长：95分钟
导　　演：陈可辛	编　　剧：李志毅　黄炳耀
监　　制：曾志伟　陈可辛	制　　片：李锦文
摄　　影：马楚成	剪　　辑：陈祺合
美　　术：陆文华	音　　乐：鲁世杰
主　　演：曾志伟　谭咏麟　张曼玉	

童年的亚伦与志伟是一对很好的朋友，后来志伟随父避债远赴美国。长大后亚伦当了歌星，志伟回香港经营农场，两人再度重逢。志伟将邂逅的Olive介绍给亚伦，两人一见钟情。志伟虽然也喜欢Olive，但极力成全他们。Olive得知志伟对自己也有爱意，进退两难。多年后志伟重遇二人时，已经身患绝症。

两个好友同时爱上一个女孩，在友情与爱情之中矛盾焦灼，这个故事非常老套。但因为谭咏麟与曾志伟在银幕上的真性情投入，表演真实动人，使得影片格外引人入胜。导演陈可辛用港片比较罕见的清新淡雅手法来处理三角恋爱故事，情韵别致，优美动人。

金枝玉叶 (He Is a Woman, She Is a Man)

出　　品：1994年　学者	片　　长：105分钟
导　　演：陈可辛	编　　剧：阮世生
监　　制：陈可辛	制　　片：张志光
剪　　辑：陈祺合	美　　术：奚仲文
摄　　影：陈俊杰	音　　乐：许　愿　赵增熹
主　　演：张国荣　袁咏仪　刘嘉玲　曾志伟	

才华横溢的音乐监制顾家明，一手栽培了女歌手玫瑰，两人是流行乐坛令人羡慕的一对，实际上他们的感情已淡。歌迷林子颖为亲近偶像玫瑰，做男生打扮参加公司新星选拔，被家明选中为全力培养的新秀。林子颖努力想让家明与玫瑰重修于好，不料他们同时对她产生好感，而她也情不自禁地爱上了家明。一场阴阳颠倒的

三角情缘由此展开。

本片是同性恋电影风潮下异军突起的优秀作品。导演陈可辛成功而适度地把握准了暧昧的同性恋美感，用稍带喜剧的方式微妙地展现出来，叙事高潮迭起，影像精致到位。片中演员搭配合理，表演也精彩细腻，袁咏仪更以反串造型蝉联香港电影金像奖最佳女主角奖。

甜蜜蜜 (Comrades, Almost a Love Story)

出　品：1996年　嘉禾	片　长：114分钟
导　演：陈可辛	编　剧：岸西
监　制：陈可辛	制　片：张志光　陈可辛
摄　影：马楚成	剪　辑：陈祺合　郑志良
主　演：张曼玉　黎明	音　乐：赵增熹
曾志伟　杨恭如	美　术：奚仲文

1986年，黎小军独自从无锡来到香港，最大的理想就是把小婷从无锡接到香港结婚。偶然间他认识了来自广州的李翘，两人都喜欢邓丽君的歌，渐渐地从朋友变成了爱人。有一天他们发现其实对方不是自己来香港的理想所在，于是分手。黎小军与小婷结婚，李翘跟了黑道老大豹哥。豹哥被枪杀，邓丽君去世，变故中两人在纽约街头再次相遇，苦涩而笑，耳畔传来的是那首熟悉的《甜蜜蜜》。

影片是导演陈可辛的代表作。整体风格细腻动人，叙事编排细节生动，巧妙地贯穿在邓丽君的歌曲这条情感主线上，情感高潮起伏，引人入胜。导演手法流畅细致、富有激情，影像风格唯美动人，张曼玉、黎明和曾志伟的表演精彩出色。

三更之回家 (Three: Going Home)

出　品：2002年　Applause Pictures	片　长：48分钟
导　演：陈可辛	编　剧：郑志良　陈德森　苏照彬
监　制：许月珍	制　片：庄丽珍　陈可辛
摄　影：杜可风	剪　辑：Kong Chi-Leung
美　术：奚仲文	音　乐：Cho Sung-Woo　Peter Kam
主　演：黎明　原丽淇　曾志伟	

便衣阿伟和8岁的儿子祥仔,迁入十室九空的旧警察宿舍。祥仔发现了一间古怪的空置照相馆,还有住在隔壁足不出户的4岁女孩和她父亲于辉,她家屋子总是烟雾弥漫,通风机不停运作。祥仔突然失踪,阿伟情急之下直闯于家,发现屋内有一具怪尸。于辉坦承三年前杀死了妻子,但他深信妻子很快就会复活。面对这个疯子,阿伟担心祥仔的安危而报案。

《三更》是由陈可辛和韩国导演金知云、泰国导演朗斯尼·美毕达各自执导一段,三段连缀起来的鬼片。三段故事在情节和人物方面没有关联,但相同的是都根据一个奇特的传说改编而成。陈可辛导演的这段《回家》注重悬疑氛围的营造,具有浓郁的中国传说色彩,引人入胜。

如果·爱 (Perhaps Love)

出　　品:2005年 星美传媒／Morgan & Chan Films	监　　制:覃宏　Andre Morgan　陈可辛
编　　剧:杜国威　林爱华	摄　　影:鲍德熹　杜可风
导　　演:陈可辛	音　　乐:金培达　高世章
美术总监:奚仲文	美术设计:黄炳耀
主　　演:金城武　周迅　张学友　池珍熙	编　　舞:Farah Khan
	武术指导:董玮

孙纳出身贫苦但志存高远,为了成功她不择手段,终于成为大明星。然而命运弄人,十年之后在她努力要忘记一切的时候,她生命中两个重要的男人同时出现了,他们三人要同演一出戏,舞台上的故事和真实的命运惊人地相似。戏里戏外难分真假,孙纳到底爱过谁,她究竟如何抉择。

陈可辛始终认为华语电影的巨大市场在内地,2005年的这部《如果·爱》是他大胆进军内地电影市场的首部作品。影片虽标榜为歌舞片,其实也是一部爱情片。影片主题和《甜蜜蜜》一脉相承,但更注重商业元素的运用,加入了一些耗资巨大的动作特效,并特别聘请为《名利场》等好莱坞影片担任过歌舞创作大师的Farah Khan助阵。

作品一览

导演作品：

1991　《双城故事》
1993　《风尘三侠》（与李志毅合作）
1994　《金枝玉叶》、《新难兄难弟》（与李志毅合作）
1996　《嬷嬷·帆帆》、《金枝玉叶Ⅱ》、《甜蜜蜜》
1999　《情书》（美国版）
2002　《三更之回家》
2003　《1∶99 电影行动之 2003 春天……的回忆》
2005　《如果·爱》

编剧作品：

1995　《救世神棍》

监制作品：

1986　《英雄无泪》
1989　《神行太保》、《壮志豪情》
1990　《咖喱辣椒》
1991　《双城故事》、Yesteryou, Yesterme, Yesterday
1992　《亚飞与亚基》
1994　《金枝玉叶》、Over the Rainbow, Under the Skirt、《晚九朝五》、《新难兄难弟》
1995　《欢乐时光》
1996　《金枝玉叶Ⅱ》、《甜蜜蜜》、《嬷嬷·帆帆》
2000　《12夜》
2001　《春逝》、《见鬼》
2002　《金鸡》
2003　《金鸡Ⅱ》
2004　《见鬼Ⅱ》、《三更Ⅱ》
2005　《见鬼Ⅹ》、《如果·爱》

制片作品：

1990　《咖喱辣椒》

1994	《金枝玉叶》
1995	《阳光地狱之人肉市场》
1996	《甜蜜蜜》
2000	《12夜》
2001	《晚娘》、《春逝》、《见鬼》
2002	《金鸡》、《三更之回家》
2004	《见鬼Ⅱ》、《三更Ⅱ》
2005	《见鬼Ⅹ》

表演作品：

1994	《晚九朝五》

获奖纪录：

1991	第十一届香港电影金像奖最佳男主角（曾志伟《双城故事》）
1995	第十四届香港电影金像奖最佳女主角（袁咏仪《金枝玉叶》）
	日本香港电影通讯十大助演男优奖（陈小春《金枝玉叶》）
1997	第十六届香港电影金像奖最佳影片（《甜蜜蜜》）、最佳导演（陈可辛）、最佳女主角（张曼玉）、最佳男配角（曾志伟）、最佳编剧（岸西）、最佳音乐（赵增熹）、最佳摄影（马楚成）、最佳服装设计（吴里璐）、最佳美术指导（奚仲文）
	第三十四届台湾电影金马奖最佳剧情片（《甜蜜蜜》）、最佳女主角（张曼玉）
	第四十二届亚太电影节最佳女主角（张曼玉《甜蜜蜜》）、最佳编剧（岸西）
	美国《时代》周刊年度十大佳片（《甜蜜蜜》）
	巴西巴伐利亚电影节最佳女主角（张曼玉《甜蜜蜜》）
2002	第三十九届台湾电影金马奖最佳男主角（黎明《三更之回家》）、最佳摄影（杜可风）
	第九届香港电影评论学会最佳导演（陈可辛《三更之回家》）、年度推荐电影（《三更之回家》）
2003	第二十二届香港电影金像奖最佳新人（原丽淇《三更之回家》）
	第八届香港影评人协会金紫荆奖最佳摄影（杜可风《三更之回家》）、十大华语片（《三更之回家》）
	第三届华语电影传媒大奖最受欢迎男演员铜奖（黎明《三更之回家》）
2005	香港评选"中国电影诞生一百年——最佳华语片一百部"第二十八位（《甜蜜蜜》）
2006	第二十五届香港电影金像奖最佳女主角（周迅《如果·爱》）、最佳摄影（鲍德熹）、最佳美术指导（奚仲文、黄炳耀）、最佳服装造型设计（奚仲文、吴里璐）、最佳原创电影音乐（金培达、高世章）、最佳原创电影歌曲（《如果·爱》）

张婉婷 移民写作

1. 导演故事 2. 对话谈艺 3. 电影解析 4. 佳片特写 5. 作品一览

▶ 导演故事

结缘舞台和电影

　　张婉婷是香港影坛赫赫有名的女导演，出生和成长在香港。从小张婉婷就特别喜欢看电影，童年时喜欢坐在父亲膝盖上看，后来父亲过世了就一个人看。她总是把自己幻想成电影中的主角，喜欢在电影中自由做梦的感觉。但是因为那个时候香港电影圈没有女导演，母亲也觉得入电影圈不好，张婉婷从来没想过要去拍电影。她先在香港大学主修英国文学及心理学，取得学士学位，而后到英国学习戏剧与文学。在英国的时候，因为帮助英国BBC的导演拍摄关于香港的纪录片，张婉婷真正迷上了电影。

　　1982年，张婉婷转到美国纽约大学学习电影并最终获得硕士学位。一次偶然的机会，张婉婷认识了到美国参加电影器材展览会的邵氏公司的方逸华小姐。之后张婉婷把毕业作品的电影剧本寄过去，很顺利地获得了邵氏百万港币的投资。这样，1985年张婉婷导演了电影处女作《非法移民》，关注美国华侨移民的真实生活，完成了"移民三部曲"的第一部。影片淋漓尽致地展现出张婉婷独特细腻的电影才华，一举获得了第五届香港电影金像奖的最佳导演奖。

1987年，张婉婷筹拍"移民三部曲"的第二部《秋天的童话》。公司要求张婉婷起用当红男演员许冠文，但张婉婷偏偏看中了当时沦落为票房毒药的周润发。结果浪漫的叙事不仅让影片斩获了第七届香港电影金像奖的四项大奖，而且也让周润发咸鱼翻身赢得影帝和票房。1988年张婉婷与丈夫罗启锐合作编写了剧本《七小福》，影片以著名演员洪金宝、成龙等人的真实成长经历为蓝本，由罗启锐导演。当时张婉婷很希望影片里的角色由真人来扮演，当得知洪金宝答应出演师父于占元一角时，被他"大哥大"的威风给震慑了，诚惶诚恐地把拍摄通告写在纸上，然后毕恭毕敬地交给他。谁知洪金宝拿到后只是轻描淡写地看了一眼，随手就交给了身旁的助手。这让张婉婷不知所措。后来两人混熟以后，洪金宝才对张婉婷说："这世上只有你会给我写纸条，因为我是不识字的。"

1989年，张婉婷感动于香港即将回归和严浩的电影《似水流年》，到内地拍摄了她的"移民三部曲"的终结之作《八两金》。影片温馨感人，艺术上获得了极大的认可。此后因为文艺片没有市场，张婉婷颇为清闲，帮助洪金宝拍摄《战神传说》中的文戏，见识了武侠电影的梦幻制造。

1993年以后，张婉婷花了差不多五年的时间筹备和导演历史片《宋家皇朝》。影片的拍摄坎坷不断，邀请理想的女主角遭遇困难、投资计划朝令夕改、电影审查几经修改，等等，这一切给张婉婷带来了挫折，也是一种难得的磨炼过程。如此艰难，张婉婷笑称几乎完成了一个历史学硕士学位。1998年，张婉婷回归文艺片路线，联合黎明、舒淇拍摄了有关香港回归的电影《玻璃之城》。

进入21世纪，张婉婷的创作继续推进，先回内地拍摄了一部表现地下摇滚乐队生活的影片《北京乐与路》，然后拍摄了成龙家族的纪录片《龙的深处——失落的拼图》，又参加了很多短片和广告的拍摄。2005年在中国电影诞生一百周年之际，张婉婷接受中央电视台电影频道的邀请，联合罗启锐、叶锦添、李宗盛等知名人士共同创作多媒体舞台剧《电影之歌》。

▸ **对话谈艺**

张婉婷：电影是兴趣，是职业，也是做梦的工具

受访：张婉婷
采访：张 燕
时间：2005年4月25日
地点：北京福楼茶餐厅

电影成长经历

张燕：张导，你现在在做一个独特的大型多媒体音乐剧《电影之歌》，而你绝对是非常合适的导演人选，因为我知道以前你就是搞戏剧出身的。

张婉婷：我是学戏剧出身。我读大学的时候，原本是学戏剧和读古典英国文学的。当时香港是英国殖民地，所以都是英文的，我们先读莎士比亚，再读比较现代的英国作家的作品，比如哈洛·品特等作家那些比较现代的实验化舞台剧，然后又学习美国阿瑟·米勒的那种比较写实的、有时代感的现代舞台剧。香港有中英剧团，从前都是演英文的戏剧，香港回归以后慢慢地把西方的戏剧翻译成中文，然后用

作者与张婉婷

中文来演。但是学完了戏剧，在香港好像没有什么机会去创作，因为舞台剧在香港出路不多。我读完香港大学以后，很喜欢那些英国舞台剧演员，就特意跑去英国读戏剧，常常去剧院看戏剧，希望能碰到他们，但一个都没遇上过。

张燕：什么时候开始真正喜欢做电影？

张婉婷：应该说在英国的时候我才真正喜欢电影。小时候我喜欢跳舞，以为舞女就是每天跳舞，告诉妈妈自己喜欢当舞女，把我妈气得不行。大学时候我喜欢当记者，因为我喜欢写东西，而且不用天天上班。在英国学习的时候，我喜欢舞台剧。但那时候我碰到英国广播电台BBC的一些纪录片导演，他们要拍一些关于香港的纪录片，找我去帮忙，我跟编导创作者一起拍，回到香港当场记和翻译。我发现他们都是很专业的人，每一个部门的人都是读很多书的，而且很投入，很勤奋，很有想象力，什么东西都知道。我才觉得拍电影是蛮有趣的，这样一个行业可以把我所有学过的东西都用上，创作上也是很大的满足，而且还可以把我的梦想通过银幕实现出来。

张燕：所以你在英国读完了之后，直接到美国纽约去学习电影了？

张婉婷：对。1982年我去纽约大学学电影，因为那里很接近百老汇，差不多每个星期都去看戏剧。纽约有一个中央售票点，每天所有剧院卖不完的票都可以在那里买到，是半价，很便宜。在纽约看舞台剧很开心，我基本上把所有的歌舞剧都看了，有时候真的看到一些大腕明星。比如我看《推销员之死》的时候，刚好是纪念舞台演员工会的庆典，我看到了达斯汀·霍夫曼演的推销员，实在是太高兴了。

张燕：在英国读书时，人家找你帮忙拍香港的纪录片，你才接触到拍电影，然后你才到纽约大学真正学电影，开始了对电影的不懈追求。这种强烈的电影情感的触发，肯定是有一些儿时的基础的。你对电影的兴趣是什么时候产生的？

张婉婷：应该说小时候我就对电影感兴趣。我出生在香港，当时香港没有女导演。我妈觉得电影圈特别乱，女的好像都是妓女，男的好像都是黑社会。所以读书的人不会进那个圈子，会看电影，但不会去拍电影。我妈让我好好读书，以后去当政府公务员，过朝九晚五的生活。可是我不喜欢，我觉得那太闷了，喜欢记者等办公时间比较随意的职业，但是没有想过要拍电影。

张燕：那时候你喜欢看什么样的电影，哪些电影给你的印象比较深？

张婉婷：那时候我爸每周带我去看电影，不用买票，我坐在他膝盖上。我很喜欢看电影,后来爸爸死了以后我自己一个人去看电影。我很喜欢做梦,看完每一部电影就觉得自己是里边的主角。比如说看完《阿拉伯的劳伦斯》,我就想以后要到沙漠去,去看太阳升起来很大很圆很红。那时候香港比较流行西片,看了《日瓦格医生》之后,我就觉得俄国生活太浪漫了,我要去俄国居住。我很投入每一部戏,很喜欢做梦,但是从来没有想过要拍电影,因为那时候电影导演都是男的,都戴墨镜、抽雪茄,很酷的样子,现场还有小朋友拿着椅子跟着。那时香港没有女导演,据说只有一个女导演叫高宝树,是明星转为导演的,每次出现的时候都戴很大的帽子,抽很长的香烟。我妈就说电影圈的女人都不正经。

张燕:在你的电影创作中,哪些导演和作品对你有一些影响?

张婉婷:我很喜欢马丁·斯科西斯和弗朗西斯·科波拉,因为我喜欢《教父》之类的电影。伍迪·艾伦也是我的偶像,他有很纽约式的幽默。欧洲导演英格玛·伯格曼也是我比较喜欢的导演。东方导演中,我喜欢黑泽明,我真地希望可以拍出他那样的电影,他的电影不仅知识分子喜欢看,而且不了解他要讲什么深奥道理的普通观众也喜欢看,他的电影给观众娱乐之外还有很深刻的思想。那时候香港流行日本片,黑泽明的影响很大,他是日本导演里我最崇拜的一个。

电影处女作《非法移民》

张燕:我看过一个资料,你在纽约大学的时候学习非常出色,而且你的电影处

《非法移民》剧照

女作《非法移民》就是你的大学毕业作品。一般来说，学生的毕业作品大多具有实验性，是很难真正进入影院放映的，但是你却成功地完成了这样一种转换。

张婉婷：真的，我特别幸运。在美国读大学的时候，很多美国、英国的同学家里都很有钱。只有我们三个中国学生比较穷，罗启锐和我是从香港去的，还有一个是台湾的荆永卓。每次拍学生电影的时候，其他同学可以从外面请来专业的摄影、美工、演员等，但我们都没钱，就很惨了。那时候1983年刚好是中英谈判，港币贬值很多，我们都没钱吃饭，跟学校说要分期付款。刚好那个时候邵氏公司的方逸华小姐带领员工来美国参加摄影器材展览，她不太懂最先进的机器，所以就跟我们说有没有电影专业的学生愿意做介绍。我们心里一想，介绍完了肯定可以跟她去吃一顿大餐。这样我就跟罗启锐去了。后来吃大餐的时候，方小姐说："你们学生有什么好的计划可以回来跟我说，我可以考虑投资。"当时这可能是很客气的一句话，然后我就当真了。

张燕：你真的把剧本写好了，回香港递给她，然后就促成了你的第一部作品。

张婉婷：对啊。我把剧本写好了，回香港给方小姐看，她也吓了一跳，可能当时她都忘了我是谁。然后我跟她说这是学生毕业作品，可以用学生来拍、来演，可以找唐人街真正的非法移民来演，所以需要的钱很少，大概100万港币就可以了。100万对我们学生来说很多，但对她来说，那时候香港电影很红火，所以没有问题。况且那个时候影院需要不停地放电影，可能她觉得这个项目比较便宜而且很特别吧，反正看完了之后就和我签约了。我真的很感谢方小姐，我回美国之后寄资料给她，然后她很认真地开始10万、后来20万地按时把钱寄到我的户头里，这是对我很大的信任，因为我还是一个学生，蛮可以拿100万就走人。我回美国的时候，同学都说我有100万，太厉害了，所有的同学都来机场接我，说："请我拍电影吧，只要盒饭就可以了。"这样才拍成了我的第一部电影《非法移民》。

张燕：在美国有很多题材可以拍，为什么会选择非法移民？

张婉婷：因为非法移民确实是我比较熟悉和了解的一个题材。那时候因为太穷了，我在唐人街当小时工，在一个录像店当店员，专门出租录像带。唐人街有很多黑社会、非法移民，很混杂，他们都不懂英文，但是他们都会来租录像带。那时候很流行香港录像。我负责出租，所以他们都跟我交朋友，所有非法移民都跟我谈话，跟我讲他们的故事。如果在香港，肯定没有大学生会到旺角等复杂的地方，一定不会跟黑社会接触。但是在美国异乡，每个人都很寂寞，好像黑头发、黄皮肤的都是朋友，我都觉得蛮亲切的，其中一些人是"文革"时期从内地逃出去的。《非法移民》就是讲述了一个"文革"时期从内地逃到香港、后来又到美国的非法移民的故事。

张燕： 看完《非法移民》，我觉得很震撼，这个人物太典型了。他在国内没有户籍，到香港没有户籍，在美国也没有绿卡，完全是一个黑户。塑造这个人物的时候，怎么样展现他的特质和个性？

张婉婷： 这些人其实很苦的，真的是一生都没有什么身份，也不会英文，逃到美国纽约以后就只能躲在唐人街。我为什么要写他们呢，有一点特别重要，他们不会因为受苦就怨天尤人，还是很积极地生活，有一点点钱就很开心，说很多笑话，很幽默，很乐观。所以我特别喜欢跟他们在一起，好像世界上基本没有什么问题，只要生存下来就可以经历所有的困难。我拍《非法移民》基本上就是对他们的一种纪念。

《非法移民》剧照

张燕： 非法移民是现实的存在，创作的时候可以有多种表现的方式。可能从学生毕业作品的角度来讲，拍摄纯粹的纪录片比较省事，但你却在现实生活的基础上，结构了一个非常独特的故事。

张婉婷： 当时我要交的作业是剧情片，是纪录风格的，也可以说是纪录剧情片。所有人都是自己演自己，很多非法移民觉得这只是学生电影，所以都不知道自己为什么会出现在电影院的银幕上。其实拍片的过程是一个很好的训练，要指导非职业演员演戏,是一个非常大的挑战,因为他们没有演过戏,没有任何经验。但同时也有一个好处,那就是如果你选对了演员,基本上就可以达到你想要的效果。不过拍片的过程中,有一些人真的很麻烦,每一天都会有很多问题。比如有一个妈妈每天要到工厂做纽扣,然后要打麻将,最后才能来拍戏。还有学生要考试和读书,可能今天就不可以来拍戏了。总的来说,其实蛮好玩的,现在想起来真是一个很好的纪念。

张燕:主人公的名字叫张君秋。

张婉婷:他是我那个台湾来的同学荆永卓扮演的。拍这部戏的时候,我当导演,罗启锐当编剧,那我就让他当演员。荆永卓很疯的,他拍的学生电影有黑帮打斗的场景,有一场戏是婚礼上黑社会的人冲进去把所有客人都杀死了。但是没钱请这么多客人,他就说反正他也打算结婚,就结婚吧。那时我们要轮流互相帮助拍戏,我导戏的时候他当主角,他导戏的时候我当摄影。那天所有的客人都来了,他叫我们扮成黑帮冲进去把客人杀得落花流水。我们说不用告诉客人吗,他说告诉他们的话就不真实了。现场黑帮冲进去的时候,所有客人和家人都认为是真的,就为这事,他老婆差点跟他离婚。那时候我们利用所有的资源来拍毕业电影,真的很不容易。

张燕:主人公先是假结婚,然后真正爱上了女主角,本来可以幸福地生活,但是结尾你很残酷地安排她被黑帮杀死了。是不是想通过这样一个悲剧性结局来凸显非法移民的困境,还是说穿插黑帮段落来加强影片的娱乐效果?

张婉婷:没有想过娱乐效果,这完全是我们真实的生活。那时候纽约很乱,有很多黑帮,不单是中国的黑帮,还有意大利的黑手党,等等。非法移民通常绝大部分都是被黑帮控制的,每条街都有不同的帮派。学校还给我们每个人发了如何生存的书。枪战的场面差不多每个星期都会发生。好多时候我们在吃饭,然后啪的一声,所有人都迅速趴到桌子下面,事后再好像很优雅、没事似地站起来。这些都是我们每天要面对的真实生活。

移民题材三部曲之《秋天的童话》和《八两金》

张燕:你的第二部电影《秋天的童话》也是移民题材,再加上后面的《八两金》,共同组成了你早期电影著名的"移民三部曲"。从严肃残酷的《非法移民》到温情浪漫的《秋天的童话》,两者之间有非常大的风格转变。为什么会创作《秋天的童话》?

《秋天的童话》剧照

张婉婷：《秋天的童话》也是讲非法移民的故事。其实《非法移民》里面有一个叫曹培林的人物，就是周润发扮演的船头尺的原型，"女人是茶包"，这些语言也是他说出来的。他是我很好的朋友，我困难的时候他替我找过工作，也帮助我找拍片景点之类的，比如《非法移民》拍摄主人公要从工厂跳下去，就是用的他朋友的工厂，他替我找的，不用花钱。根据他的经历，我写了《秋天的童话》这个故事。

张燕：影片中船头尺跟女主人公的情感故事，是真实的，还是虚构的？

张婉婷：爱情故事是虚构的。但是钟楚红饰演的女主人公的经历却是真实的，就是我的生活经历。那时候每一分钱都要算得很准确。真的，好像任何一个大学生跟船头尺只能是做朋友，很难真的发展成情侣。在电影里，因为是帅气有魅力的周润发，观众才对这个人物投入感情比较多。现实生活中，曹培林的模样一般。整个故事来看，人物是真实的，经历是真实的，但是爱情故事是虚构的。与第一部移民题材的作品《非法移民》不同的是，结尾我安排船头尺在海边开了一个餐厅，然后又与自己喜欢的女孩相逢。

张燕：这是一个比较开放的，同时又是比较明亮的结尾。

张婉婷：当时拍戏的时候，现实生活当中曹培林已经被抓起来。虽然没有第一部《非法移民》那么悲惨，人没有死，但是被抓起来坐牢了。在电影里，我可以给他一个希望，这就是后来我坚持要现在这个比较开放的结局的原因。实际上，我暗示男女主人公基本上不会在一起，因为他们两个人太不一样了，即使在一起，可能以后也会离婚。我给他安排一个希望，但仅此而已，两个人不可能再往前走了。

张燕：《非法移民》和《秋天的童话》这两部电影主要是拍华人在美国的生活。拍完之后，你的创作思想开始变化，转向拍华人滞留异乡多年以后回到国内的故事，这就是电影《八两金》。

张婉婷：1989年，我觉得差不多要回归祖国了。刚开始拍电影，我当然拍一些比较接近自己生活的一些人，都是拍在美国的戏。然后我假设那些人如果可以回到中国，那会是什么状况，肯定是蛮有趣的。1989年我第一次到中国内地，《八两金》中洪金宝饰演的主人公所有的经历都是我遇到的。这是一个我十分不了解的国家，发现很多我不明白的东西，而且这个国家也觉得我很奇怪。我觉得非法移民到了异国这么长时间，他走的时候是"文革"，回来时祖国已经改革开放了，是一个比较陌生的地方。我问过很多从外国回去的人，他们回去一定要带很多的龙虾，要穿金戴银，好像大款一样，让乡亲们觉得他们很有钱。

回去以后我有一个回归的心态，就是这样的心态使我拍了电影《八两金》，主要讲一个在美国多年后回到内地的男人和一个总是希望往外国去闯的内地女孩之间的情感故事。

《八两金》剧照

张燕：看这部电影的时候，其实蛮伤感的。片中两个人物都有一个目标，他想回去，而她想出去，完全是相反的方向，但是这样的两个人却偏偏产生了很模糊的感情。这个感情怎么样解决，观众其实是很期待的，但是你最终让他们分开了。这样的人物关系安排，有怎样的构思？

张婉婷：我觉得他们还是要分开一段时期的。这两个人其实是可以在一起的，但是要有一个结局的话，必须是时间、地点都对上才可以。实际上，他们相遇的时间、地点都不对。她想出去，他想回来，那怎么办呢？就让她先出去嘛，等她再回来的时候，或许他们就有可能在一起了。

张燕：其实我在看《八两金》的时候，觉得好像跟严浩的影片《似水流年》比较相似，题材差不多，都是讲述外面的人回到内地的故事。你是否看过这个片子，觉得两者之间有何不同？

张婉婷：其实我看《似水流年》这部影片，是在1984年我刚回到香港的时候。那时我回到香港宣传《非法移民》，我看了一些香港电影，觉得这部电影蛮好的。因为我离开香港的时候，主要是张彻、李翰祥的电影。回来之后，看到香港竟然有这样一部诗情画意的电影，而且是表达这样一种感情的电影，这也是我决定回到香港来拍戏的一个重要原因。我觉得香港电影蛮有希望的，而且很有趣。

张燕：《八两金》里，你安排了很多很幽默的戏剧性细节，很生动形象。比如主人公第一次坐飞机，遇上急流要写遗嘱；他在乡下路上开车的时候，一下子栽到稻田里，最后扛着一只小猪回去了。这些故事中很精彩的部分，你是怎么样创作的？

张婉婷：我是通过到处搜集资料知道的。飞机上写遗嘱那段，是我的朋友遇到的，他告诉我的。其他在内地的遭遇，都是我自己第一次到内地遇到的，还有汽车撞死猪、赔偿之后扛猪回家，也是我看到的意外事故。

历史题材电影《宋家皇朝》

张燕：看了《秋天的童话》和《八两金》，我觉得对情感的细腻表达是你电影最擅长的一个方面。这样的感觉，在看到后来的历史题材影片《宋家皇朝》时，更强烈了。宋家三姐妹的故事，因为涉及了不同的政治立场，是一段比较难表现的中国现代历史。而且对一般的历史片来讲，大多按照历史时序来拍摄。但是你这部和内地合拍的历史题材影片比较大胆，历史的东西褪掉了很多，你更关注的是三个姐妹之间的亲情。为什么会有这样的情感构思？

张婉婷：对我来说，我不是历史专家，我也不是写历史故事的，我拍这部电影的原因就是这三个姐妹的感情。我拍完《八两金》以后已经是90年代了，很多外国朋友以为我是中国内地人，问我们国家的历史是怎么样的，我真的不太了解，因为英国殖民地的时候读的都是英国历史，中国的现代史基本上没有教。这样我就去看历史，一看就看到了这三个特别的姐妹，最震撼我的是她们在同一个家庭出现，其中一个是中国共产党的支持者，一个是国民党的代表，两个党是敌对的政营，而后一个成为台湾地区的"第一夫人"，一个是中国的国母，还有一个姐姐是财政部长的夫人。如此家庭中外古今都没有。她们又是很特别的人，三个人在清朝的时候到美国读书，回到中国已经二十多岁，对她们来说中国也是很陌生的国家，而且这个国家也觉得她们是不中不西的，这跟我第一次回国的感觉是相通的，我真的很了解她们。这三个姐妹生活在一个不太对口的时空，而且她们希望通过自己的力量可以改变中国的命运，但是很多事情光靠她们也是不行的。

作为一个香港导演，而且是在九七回归前的特殊时刻，我觉得可以了解这三个姐妹的感情并投入创作，这绝对不是从历史的角度去看，而是从她们三个人的感情和感受去处理整个故事。我希望可以通过她们的故事来加强我对中国的了解，也加深我对自己作为一个中国人的认识。这就是我写这个故事的基本原因。

张燕：注重情感表达的基点一确定，整个影像风格也必须要有特别的设计。从观影的角度看，我感觉非常唯美。当初影像基调是怎么样定位的？

张婉婷：宋家三姐妹她们有的是"第一夫人"，那个时代也是有很大意义的时代，我希望拍出大时代气派的感觉。我把历史事件都放在朦胧的后景，讲的都是人的亲情、爱情和姐妹情，有一种朦胧的沧桑感。

张燕：从画面上看，有很多柔光镜和慢镜头处理的效果。

张婉婷：是这样的。影像美学方面，色彩一开始是比较暖的，用比较温柔的光

来处理。因为她们小时候很简单、很幸福,姐妹之间的感情很好,所以采用比较暖和的颜色,红的、黄的,把她们幸福的心情凸显出来。等她们变成政治人物以后,颜色就越来越往冷的方面走,蓝、绿、灰、黑,衣服和家具都这样,整个银幕也是这样,灯光处理也比较锐利,这样一直演变下去。

人物服装方面,我们有很好的设计师和田惠美,她把三个人不同的心情用衣服的颜色表达出来。宋庆龄穿着比较朴素,多是白、蓝等比较冷的颜色,单色调居多;有钱的宋蔼龄则打扮得很漂亮,金、黑、红等颜色都是她的;宋美龄的衣服是各种各样的,注重新的花样和时尚,还有西洋的衣服,其中有一件是和田惠美的珍藏,是30年代的古董衣服。服装方面还有一些改动,我们现在看到西安事变时宋美龄穿的是丈夫的军大衣,其实看历史资料就知道她是穿皮草的。但是和田惠美提议,面对那么多关押丈夫的敌对军人,这个女人去西安救丈夫是很害怕的,所以从衣服上可以表达她的心情,里面穿的还是女人的红色旗袍,有女人柔弱的一面,但是下飞机后外面穿上老公的军大衣看起来很威武。可惜的是,还有一场戏被剪掉了。

张燕: 哪一场戏?在足本出版的碟片中能看到吗?

张婉婷: 就是她在西安开会的一场戏,现在影片中看不到。是这样一个场景,一个穿红旗袍的女人,对着整个军装打扮的军人开会,我们希望通过这种方式来表达她的感觉,她在上面好像很镇定地、若无其事地吸烟,其实下面手一直在动,差一点连血都被掐出来了。我觉得这样设计很好,是美术跟剧情的完美配合。但可惜这场戏现在看不到。

张燕: 影片还有一个方面让我印象很深,你选的演员都是形象跟历史人物不太

《宋家皇朝》剧照

接近、但是表演上能够比较接近历史人物内在核心精神的演员。当时为什么做这样的选择？

张婉婷：我觉得外形上演员不一定要像历史人物，但是气质上一定要像。我选的三个女演员在背景和气质上都是跟宋家三姐妹很接近的，三个都是在外国读书的，张曼玉从小在英国读书，杨紫琼在美国和马来西亚学英文，邬君梅十多岁就到美国去学习了。三个人的英文都很好，甚至比她们的国语都好，而且都是很洋化的人。这种感觉是扮不出来的。我觉得气质接近比外形接近更重要，因为外形可以用造型来补足。孙中山这个人物基本上所有人都清楚是什么模样，所以不可能找一个不太像的。我觉得赵文瑄挺像的，特别是眼睛。吴兴国扮演的蒋介石蛮像，军人的气派很足，因为他是唱京剧出身的，所以一站着，腰都是直直的。我很满意这帮演员，因为他们基本上在气质方面都跟人物很接近。

历史书上没有记载宋家三姐妹她们是什么样的人，这些感觉都是我从她们的图画跟书信里看出来的，是我读心理学学会的。她们从小念书的学校老师给我看她们小时候画的画，宋庆龄都是画苹果什么的，但宋美龄画得特别复杂，工笔山水画得很漂亮，一笔一笔很厉害。她们姐妹通信和写给同学的信，都是用英文写的。宋美龄写信非常厉害，她不当"第一夫人"也可以当作家。她跟着蒋介石打仗的时候，看到梅花很漂亮，后来蒋介石剪了几条插在花瓶里，吃饭的时候放在餐桌上给她，这都是她信里写出来的，我就改编成了一个情节放在影片里。

张燕：这样的细节让人很感动，外在的大气的场面反而是处于第二位的。

《宋家皇朝》剧照

张婉婷：大气的东西在历史书上看到很多了，但是宋家三姐妹是怎么样的人，历史书上没有记载。我访问了很多人，有老师怎么说她们，有朋友、随从、医生等怎么评价她们。影片中有一场戏，餐桌很长，蒋介石一个人吃中国菜，其他所有人都吃西餐，这就是一个医生告诉我的。他说蒋介石永远不吃西餐，永远要吃他家乡的菜，而宋美龄永远要吃牛排之类的，所以他们虽然一块吃饭，但基本上都是你吃你的，我吃我的。其实还有很多东西，根本就没有容量放进影片里。

《玻璃之城》与"九七情结"

张燕：你的下一部电影《玻璃之城》，我们可以从影像中很清晰地感受到香港九七回归的历史环境。虽然影片整体上没有直接表现回归，只是关于父母和子女两辈人的爱情，但是从大量的焰火镜头中我们可以清晰地把握历史氛围。我采访陈果导演的时候，他说听说张婉婷在拍烟花，徐克也在拍，那他也应该拍一点，后来就拍成了影片《去年烟花特别多》。

张婉婷：对，那个时候大家都很激动，都觉得对于1997年回归庆典应该拍一些东西来纪念。

张燕：你是拍完了焰火才有创作故事的冲动呢，还是在回归之前就想好了要拍摄这样一部电影？

张婉婷：1996年我拍完《宋家皇朝》，差不多就到1997年了，觉得很多东西要记录下来。因为那时候谁都不知道将来会怎么样，会不会皇后大道改成毛泽东大道啊，都很紧张疑虑。所以每个人都说，要在这个世界消失之前拍一些东西。我也这样认为。然后我发现我以前住过的母校香港大学的河东宿舍也要被拆掉了，这怎么可以，这就等于把我的记忆都拆掉了，我就没有了。这太令我伤心了，因为大学时光是我最快乐的一段时间。观众一看影片就知道了，女生的学校生活基本上就是我在香港大学时候的生活。

基于这两个原因，我一定要拍，就拍我的大学生活和我对1997年所有的感想，再加上我们这一代人面对九七回归和不明朗的将来以及对以前殖民地生活的感受，就是把我们对这个时代的变迁的感受都拍下来。香港没有回归的时候，我不觉得有什么特别，总觉得香港特别闷，所以我的电影一直没有拍香港，多是拍美国和中国内地的戏，

《玻璃之城》剧照

而一直没有拍我们这一代人的故事。然后我发现学校没有了，机场也要拆了，很多以为理所当然存在的东西都要消失了，这种感觉就像我们城市里很多大厦的玻璃外墙。你在玻璃外墙上可以看到很灿烂的世界，但是那个世界一秒钟之后可能就没有了，可能就变成了另外一个影像。玻璃的反应变得很快，瞬间就没有了，而且玻璃很容易破碎，台风一来就破了。那时候我的感觉就是，我们好像住在一个玻璃之城里，很多东西消失得很快，而且都破碎了。

张燕：这就是片名《玻璃之城》的内在含义？

张婉婷：对。我理所当然地认为有些东西可以永远保留下去的观点是不对的，我要在它消失之前拍摄一部关于我们这个时代的电影。

张燕：为什么一定要采用上一辈和下一代两代人的故事结构，有什么特别的构想？

张婉婷：新一代的大学生跟我们这一代的大学生分别很大，我觉得透过两代人可以看到时代的变迁。就是说在殖民地出生、70年代长大的我们这代人，跟七八十年代出生、90年代面对回归的这代人的价值观是很不一样的。我希望通过两代人的故事结构方式，一方面展现他们对爱情的不同观念，同时记录香港在经济起飞后变成一个国际城市一直到回归变成中国的一部分这几十年的时代变迁。

张燕：虽然影片表现的是两代人的爱情，但是片中充满了历史的情结。比如保钓运动的展现，片头1997元旦和片尾九七回归庆典场面等，虽然没有明说历史，但确实是香港历史的鲜明写照。故事为什么要开始于1997元旦，结束于九七回归？

张婉婷：这是预先设计的，要不然我拍不了。元旦的时候我去英国拍，然后在7月1日回归时派了几组不同的摄影队从不同的角度去拍。这样我可以是历史的一部分，然后把历史的一部分加进我的电影里，我觉得很有意思。其实那天我们蛮伤感的，天还下着毛毛雨，我们见到了一个时代的过去，没有人知道明天将会怎么样，所以我们所有的人都一边拍一边浸透在时代的感受里。这是很特别的感情，又有一种期待，这部电影对我很有意义。我真的把这个时代记录下来了，把我们的感情都记录在电影胶片里。

张燕：很多年以后，这部电影或许也可以作为香港历史的一部分而存在。

张婉婷：我没有想过这样大的历史感，但其实人的心态和创作的意图跟历史的转变有很大的关系。我以前不明白，好像在跟你聊了之后，我觉得我们都不是独立的个体，就像海明威说的那样我们不是孤岛，周围的东西都会影响我们。我的创作也是这样，观众可以看到香港人崇洋然后回归、慢慢了解中国和历史的心路历程。从殖民地的心态转过来，透过玻璃之城看到我们的无奈和期待，这是很复杂的感情。于是我也回到内地来拍戏，要寻回自己的根。小时候我还觉得香港不会发生什么事，因为打仗的大时代都过去了，但我们经历的恰恰就是一个大时代，是一个慢慢转变的过程。

多媒体音乐剧《电影之歌》

张燕：2005年，是中国电影诞生一百周年的华诞年。在这个特殊的年份里，你在国内做大型项目——多媒体音乐剧《电影之歌》。应该说纪念电影百年的形式有很多，比如电影、话剧，等等。为什么要选择音乐剧的形式？

张婉婷：其实这个项目是中央电视台电影频道提出来的，为了纪念电影百年，他们也想过很多不同的项目形式。其实《电影之歌》不单是个音乐剧，而是个多媒体的东西，是结合音乐、舞蹈、电影、舞台剧等不同形式的东西，我们叫它歌影舞剧。这样就把所有的东西都包含在一起了，我觉得特别有意思。因为这是一个新媒体，我们尝试把新的东西弄出来。不单有老电影的片断，还有专门为这个音乐剧新拍的电影片断。

张燕：但《电影之歌》最终采用音乐剧形式，是你考虑的，还是他们选择的？

张婉婷：我参与构思策划，音乐剧形式是他们最后决定的。但是音乐剧《电影之歌》也可能会拍成电影。电影频道主要通过这两个项目来纪念中国电影一百周年。

张燕：音乐剧肯定要有故事，有一些人物，才能更有吸引力。当定下音乐剧的表现形式之后，在故事、人物、舞美设计等方面，有怎样的具体构思？

张婉婷：整体上，我们主要通过几个搞电影的人物，有的是导演，有的是明星，还有导演的家族，通过他们来展现电影的一百年。其实这是一个讲人物的故事，也是讲电影的故事。你从这几个人物起伏跌宕的一生就可以看到电影的兴衰过程。但是最重要的就是这个音乐剧是献给电影人的。看到那些电影人内心的斗争，他们为实现理想所付出的一些心血。我还是蛮喜欢做这个项目的，不单是纪念电影一百年，而且我希望可以一直演下去，让观众了解电影这个行业是怎么样的。

张燕：主要人物的走向是怎么编排的？

张婉婷：音乐剧的主角是一位导演，他出生在清末时期的一个京剧世家，家里也希望他成为一个京剧名角。电影是从外国引进的新东西，当时还是小孩的他看到

《电影之歌》星光灿烂

影片《定军山》以后就对电影特别有兴趣，决定到上海去闯世界，要当电影圈的一分子。当时家里竭力反对，觉得电影只是一个戏法，不像京剧那样是正统的艺术。但是他不管，一个人来到上海，并碰到了也梦想当明星的一个女孩，两人发展了一段感情。但那时候女孩要当明星是要付出很多的，要有一定的神秘感，公司不允许她有男朋友。为了成全女孩，他跟女友分开了，一直勤奋地当片场小工，到30年代成长为一名大导演。后来日本发动的侵华战争使电影的发展停顿了一段时间，他跟家人分开了。新中国时期，在一个采风活动中他重新碰到以前的女友。那时她已经淡出电影圈，因为有声电影出现以后，她声音不好，当不了明星。之后他们相依为命了一段时间，后来辗转经历，他找到了在香港电影行业里工作的儿子和孙子。他们一起回到内地，弄了一部可以走向国际的电影。最后，你可以看到那个人在电影里面可以活到永远，虽然他的生命有限，但是电影灵魂是无限的。

张燕：既然音乐剧要涉及多媒体表现形式，那么在进行的过程中具体怎么样编排和协调？从导演的构思来讲，哪些部分用人物语言来表达，哪些部分采用唱歌形式，哪些部分又出现影片片断？

张婉婷：写剧本的时候，我们已经基本上把这些东西都写进去了，因为这不单是文学的剧本，不单要写对白。在每一个重要的场景，我们都把所有的音乐点写进去，把舞蹈构思也写进去。比如说要表现三四十年代有很多明星，金焰、胡蝶、阮玲玉、周璇等，要表现他们怎么样努力争取到达事业最高点，我们会构思一个名利金字塔的歌舞点，在台上有一个特别的设计，让所有人以跳舞的方式来争取到达塔的最顶峰。

其实对这个剧来说，对白不是最重要的。每一个环节，对白很重要才放进去，不然不会出现，不像舞台剧那样从头到尾都讲。每一场戏都不是单靠对白来表现，最重要的是视觉方面和舞蹈歌曲怎么样来具体表现，还有他们拍的电影怎样通过不同的银幕形式来展现。所以我希望把舞台做得非常灿烂和立体，不单有歌舞，而且通过投影等方式，还有吊威亚等很多东西来表现时代的感觉。剧中每一种表现形式都很重要，歌、舞、布景和投影银幕上的东西，都是有一个平衡点来表现出整个故事的。

电影是做梦的工具

张燕：电影究竟在你的心目中有一个什么样的位置？

张婉婷：我觉得我很幸运可以拍电影，因为电影是我的兴趣，是生活的职业，也是做梦的工具，还是我跟观众沟通的渠道。很奇怪，很多人见到我说看过我的电影，我就很高兴。我可以把我心里的故事都讲给别人听，而且别人都接受，那是我最高兴的事情。

张燕：这是非常理想的状态，电影既是事业又是职业。我觉得你还有一个特别幸福的方面，那就是你跟罗启锐先生的完美组合。你们俩从《非法移民》开始合作一直到现在，你导演的很多影片都是由他来编剧、策划和监制，他导演的《七小福》、《我爱扭纹柴》等影片，你做策划和监制。你们的家庭生活跟艺术创作两者为什么能够配合得那么好，艺术上灵感火花的碰撞太理想了。

张婉婷：我们成长的背景基本上很相似，看事情的方法也蛮一致，不会相互闹得很厉害，但是我们的性格很不同，绝对是两极的，这样的话，可能可以在艺术创作上产生一些意想不到的火花。

张燕：你们合作的很多电影，都是你导演，他编剧。为什么会有这样的搭档安排？

张婉婷：我是一个比较乐观的人，喜欢跟人沟通和跟人一起做事情。基本上很多人觉得干不下去了，我说再往前一步，可能再走一步就有解决的方法了。我就是这样的人，在没有希望的情况下能够看到希望。当电影导演就要这样，所以我比较适合当导演。罗启锐看事情比较透彻，我看事情往好的方面看，他就可以看到负面、正面等所有的情况，所以他拍的电影比较少，因为他觉得没有什么电影值得他来拍，他现在准备一部电影，差不多已经准备了十年。

张燕：是一个什么样的题材？

张婉婷：主要讲中国人到美国的故事，一个名叫阿采的人的故事。

张燕：罗启锐先生编剧的作品比较多，他的思维转换好像非常快，能够通过一件事情不断地深化出不同的情节脉络和细节？

张婉婷：对。他对细节看得很深，弄得很好，而我看全面和大方向的比较多，很奇怪。他喜欢写东西，喜欢一个人坐在房里做事，不喜欢一群人乱七八糟的。这是我们不同的性格，基本上是互补的，还算不错。

张燕：迄今还有没有你特别想拍、但还没有拍出来的题材？

张婉婷：有。一个是第一个从中国到美国的妓女的故事，也是罗启锐来编剧，

《秋天的童话》剧照

我来导演。还有一个是《纽约·香港·北京》,是讲我们这一代人怎么样从一个个城市转到北京。这个故事来源是这样的,在美国我有一个朋友,我读书时他还说1997年快到了,我们一定要移民美国,可以搞假结婚,小孩也一定要到美国读书。然而前几个月我在北京机场又碰到他,他说现在我们要移民北京,一定要想办法把家搬到北京。我感觉其间的转变特别大。

张燕:还有据说《三国演义——红玫瑰和白玫瑰》这个题材,也是你想拍摄的?

张婉婷:对,我看了很多武侠片,希望从一个女导演的角度去做武侠片,拍一些真正的女人心中的武侠世界。我看《三国演义》都是男人的戏,看他们怎么打,怎么演变,没有女人戏。生活在那个时代的女人是怎么想的,这可以挖掘一下,而且有很大的想象空间让我去说故事。

张燕:我感觉好像你的每一部电影都将女性描述得非常细腻和独特,特别是《宋家皇朝》中的三个女人。创作的时候,你有没有一个自觉的女性主义立场?

张婉婷:没有这样的立场,没有特别说要表现女性主义,只不过每一部电影都不一样。《秋天的童话》中男性形象要比女的更好;《宋家皇朝》中三姐妹比较吸引我,所以写得比较多;《玻璃之城》中男女描写比例差不多。我没有说一定要替女人说话,有时候也要替男人说话。

▶ **电影解析**

银幕"寻根"的独特表达

在香港影坛，张婉婷是一个非常特别的女导演，她的创作既拥有女性的细腻严谨，又比很多男性导演更具有突出的挑战和开拓精神。从第一部电影《非法移民》开始，张婉婷所有的作品都创作突出，从剧本、表演、影像到细节各方面都精雕细琢，区别于很多赶档期上映、粗制滥造的香港电影。电影对她来说，是兴趣，是职业，更是做梦的工具。电影成全了张婉婷做梦和造梦的银幕理想，电影也是她和观众沟通的充满神奇幻想的渠道，这些都决定了她创作上的细腻严谨。张婉婷外表文静柔弱，但内心充满了韧劲和勇于挑战的精神。迄今为止，她为香港电影进行了多次可贵的创作尝试。1984年，处女作《非法移民》开拓了香港电影移民题材的深度表达，同时创造了学生电影进入影院公映、并成功获奖的纪录；1997年，《宋家皇朝》继李翰祥《火烧圆明园》、《垂帘听政》等影片之后，在香港银幕上大胆涉及国共政治关系，为香港历史题材电影做出了很大的突破。

寻根·省史·描现

20世纪80年代初，中英双方开始了香港回归问题的谈判，从此掀开了香港政治、社会、历史的全新篇章。从最开始的"移民三部曲"《非法移民》、《秋天的童话》、《八两金》，到《宋家皇朝》和《玻璃之城》，再到《北京乐与路》，张婉婷的电影创作过程与香港由中英谈判到迷惘等待再到成功回归的历史进程是一致的，同时也应合了香港人在这一大时代变革中从焦虑失措到安然处之的情感状态。具体呈现在作品中，张婉婷的电影鲜明地呈现出寻根、省史、描现的三大电影主题。

香港回归对于大多数香港人来说都是空前的震撼，英国殖民文化和教育在瞬间开始动摇，而中国社会文化的架构又基本处于空白，于是一种被历史所放逐的迷失的国族身份和文化认同意识弥漫开来。随之，一些有识之士和海外念书的学生，"开始对陌生的祖国关注起来，努力去补习中国的历史，追寻自己早已遗忘的根"[①]。张

---

① 张婉婷：《关于"移民"及其根脉的探寻》，《北京电影学院学报》1993年第1期。

《非法移民》剧照

婉婷也在此行列中，身在美国求学的她在一连串的反思过程中，结合在唐人街兼职时的所见所闻和感同身受，发现近百年来流亡海外的中国人因为语言和生活习惯的差异很难融入西方社会，但寻找中华民族文化之根的精神一直在这一特殊的人群中延续着。于是张婉婷创作了《非法移民》、《秋天的童话》和《八两金》"移民三部曲"，表达了寻根的主题，也成为了香港影坛中最突出的时代电影表征。

处女作《非法移民》是"移民三部曲"的第一部，也是张婉婷在香港影坛一鸣惊人的重要作品。影片在题材选择上与同时期的萧荣导演的《血洒唐人街》、唐基明拍摄的《黄祸》、梁普智执导的《英伦琵琶》等影片有异曲同工之妙，都涉及海外华人的艰难生活，但是张婉婷的表达更加深刻。她首先将人物与中国情结联系起来，选择了一个在内地没有户口、在香港没有身份、在美国没有绿卡的偷渡者，但她并没有停留于这名非法移民的海外生活的奇观展示，而是更注重生活表象背后人物内在精神的挖掘。就情节而言，影片跟90年代张艾嘉导演的《少女小渔》比较相似（主人公性别不同），都讲述了非法偷渡的华人通过假结婚来谋求居留证的故事。但是就表现的风格而言，张婉婷的处理更独特。张婉婷打破了传统剧情片的虚构创作模式，大胆采用纪录片手法来拍摄，将主人公张君秋拼命打工赚钱、尝试假结婚、与女方真心相爱、在正式结婚前夕女方却在黑帮枪杀中死亡的悲剧故事真实地展现出来，非职业演员不加修饰的倾力表演描摹出唐人街华人艰难困顿的生存状态，特别具有震撼力。在纪录写实的整体基调下，张婉婷在银幕上真正挖掘到中国人民族之根的内涵。"他们的背景复杂,过了半生颠沛流离的日子,可是他们对生活的态度,比起我们这些在温室里长大的学生,更为乐观、豁达。跟他们混熟以后,发觉在吊儿郎当的外表背后,蕴藏着惊人的斗志、顽强的生命力、出奇的幽默感及看破世情的自嘲。"①于是,张婉婷通过朴实无华的影像画面和令人心酸的故事,在银幕上展现出了这种坚韧顽强的中国人精神。

"移民三部曲"是张婉婷导演生涯中一个有机的系列创作,但同时又是各有分工、各有所长的影片个体。1993年张婉婷撰文回忆:"离开纽约近十年,期间他们有些回流祖国,有些被困坐牢,有些扎根异国。但我知道无论在任何困境下,这些朋友都会有重新站起来的一天。"②"移民三部曲"的第二部《秋天的童话》通过一个到美国留学的文雅女孩和一个在唐人街混饭吃的粗俗男子之间的爱情故事,以浪漫细腻、雅俗共赏的方式展示了华人海外生活的另一面。影片最后男主人公成功开餐馆并和女主人公重聚,是相对开放和光明的结局设计,也是寻根主题的另一种温馨表达。在聚焦华人海外生活之后,张婉婷在《八两金》中将摄影机焦点对准了返乡探亲的华人。影片通过洪金宝饰演的纽约出租车司机倾尽积蓄回乡探亲、回家后

《秋天的童话》剧照

---

① 张婉婷《关于"移民"及其根脉的探寻》,《北京电影学院学报》1993年第1期。
② 同上。

难以适应的生活经历和伤感失落的情感经历,探索了寻根的一个关键点,那就是海外华人的主观回归愿望和客观身份认同之间的矛盾以及如何解决这一矛盾的问题。这种主题探讨,也是香港人回归寻根的矛盾心态的集中体现。

在"移民三部曲"充分挖掘海外华人、香港人同中国的关系之后,张婉婷开始触及香港与中国历史的命题,反思和探讨历史的主题。由于殖民地教育中中国史的空缺,如何确立香港在中国历史上的纵横坐标、如何填补中国历史的遗漏、如何看待中国历史的发展等问题,也成为了香港社会越趋回归越加关注的话题。1993年,张婉婷深入中国近现代历史的洪流,选择了对中国政治格局产生过重大影响的宋氏家族这一题材,花了近五年时间精心拍摄了影片《宋家皇朝》。相对于内地严肃的正史电影创作,张婉婷的《宋家皇朝》绝不是为政治历史人物做传,而主要从香港人中西交融的情感共鸣出发,尝试着以私人化的角度去省视历史片断。影片采取主观回忆的叙述方式,讲述了宋家三姐妹从幼年成长到成人后分道扬镳的亲情故事。随着爱钱的蔼龄嫁给了孔祥熙、爱国的庆龄嫁给了孙中山、爱权的美龄嫁给了蒋介石以及三姐妹关系的矛盾波折,影片穿插了孙中山广州遇险、西安事变、日本侵华等20世纪上半叶重要的历史事件,并较为客观地刻画了宋美龄、蒋介石等人物形象,尝试从相对中立的角度窥探这一段重要历史的真相,成为香港电影史上难得的一部历史片。

如果说《宋家皇朝》是从旁观的角度来省史的话,那么1997年的《玻璃之城》则可视为张婉婷主观创作的表现历史的影片。面对即将来临的九七回归,张婉婷深切感受到应该记录香港这一重大的时代变革。而且那时香港大学即将拆除河东宿舍区,意味着将要抹去张婉婷大学时代所有的美好印迹,这触发了张婉婷1997年的创作动机。于是她将宏大的历史叙述和私人化的情感追念结合起来,以1997年元旦伦敦的一场车祸为由头,结构了一段父母辈的婚外恋情和一段子女间的现代情感故事,并在其中融入了大学生保钓运动、回归庆典等重大场面,浓缩了香港数十年的历史发展和时代变迁。2005年,张婉婷接受中央电视台电影频道的邀请,为中国电影一百周年华诞执导多媒体音乐剧《电影之歌》,并有可能拍成电影,进一步推进以情写史的个性化创作。

回归之后的香港,经济体制、生活方式一如往昔。原先80年代产生过浓烈的国

《北京乐与路》剧照

族身份、文化认同等迷惘意识的香港人,在学说普通话、升五星红旗等社会步履中渐渐明确了国家意识。他们不再沉迷于历史的质询与追溯,而更关注香港和内地的发展现状。呈现在银幕上,于是就出现了很多描摹社会现状的影片。在这股描写现实的潮流中,张婉婷的《北京乐与路》独特地聚焦一群在北京从事地下摇滚音乐的边缘人,细致地记录下他们在北京的奋斗历程和生存状况,将中国人生活压不倒、困难打不死的乐观豁达精神融入当代社会描摹中。究其实质,张婉婷还在延续着银幕"寻根"的创作。

淡情节化叙事·唯美化影像表达

综观张婉婷的电影,除了《宋家皇朝》外,其他作品都是以男女情感故事来结构叙事的爱情片。相对于香港其他爱情片,张婉婷的电影呈现出一种源于生活真实、再艺术加工的鲜明特点。《非法移民》中的主人公偷渡到美国和花钱假结婚、未婚妻被黑帮枪杀等重要情节,都来源于导演在纽约学电影期间的所见所闻;《秋天的童话》中虽然爱情故事是虚构的,但人物都是有真实原型的,男主人公船头尺的故事源于导演的一个好朋友的美国经历,女主人公的故事则是以导演真实的留学经历为蓝本的;《八两金》中,所谓"衣锦还乡"的主人公是当时许多回乡探亲的华人形象的集合体，在飞机上写遗嘱的事情是朋友告诉导演的，而乡下无牌驾车、撞死小猪、扛着死猪回家等情节都是导演第一次回内地时碰到和看到的事情；《玻璃之城》中，父辈年轻时的大学故事是基于导演当年在母校香港大学的真实经历而创作的。几乎在张婉婷所有的爱情片中，都有相应的真实生活原型。

叙事层面，张婉婷的电影呈现出平实淡雅的风格，多倾向于淡化情节，不注重戏剧冲突和人物命运的刻意编排，展现出其独特的女性诗意情怀。即使是戏剧性很强的戏，她也往往只是冷静地展示，而更多地聚焦于其背后的人性和情感。比如，《秋天的童话》对男女主人公异国恋情的描写是含蓄的，虽然留学生和唐人街船头尺的身份差异注定了他们之间爱情的奇观性，但是导演巧妙地将戏剧性情节和真实细节巧妙地编织在一起，不刻意煽动三角爱情的矛盾激化，而更注重女主角租房、失恋自杀未遂、煮饭和男主角烂赌打架、坐马车漫游等场面描写，使得全片妙趣横生。特别是生日舞会段落，虽然借鉴了欧·亨利小说《麦琪的礼物》的情节编织出了悲剧高潮，男女主人公都卖掉了自己最好的东西给对方买了礼物，充满伤感，但不煽情。描写海外华人回乡探亲的影片《八两金》，整体上遵循乡土情怀的思路，展现出主人公在回家路上和乡下所见的风土人情，在细腻舒缓中传递出别样的亲情和爱情。历史题材的《宋家皇朝》更为典型，影片虽然涉及西安事变等中国历史上重大的政治事件，但大多规避了宏大事件的外在冲突，而主要将它们处理成故事的背景，着重表现三姐妹私人情感的细腻发展和演变过程。

叙事过程中，张婉婷尤其注重挖掘细节，注重在细节的铺排和积累中营造出散文化的生活气息和诗意境界。《秋天的童话》中，船头尺的手表有打火机功能，多次幽默展现；船头尺吃下一把瓜子、然后集中吐出瓜子壳的细节，形神兼备地塑造出这个表面吊儿郎当、内心却善良多情的独特人物形象。《八两金》中的细节描写风趣动人，张艾嘉扮演的大陆妹笨拙地帮男主角妹妹接生，回乡路上指路分不清左右，引发了汽车撞入稻田、撞死小猪等喜剧场景。《玻璃之城》中，很多细节设置前后呼应、简洁有致，比如男主人公手的模型、儿子打电话给过世的父亲等，都在无声中描摹了人情人性。

影像方面，张婉婷电影精致唯美，特别注重镜头运动和画面构图。比如，影片《宋家皇朝》中，大量的运动镜头、俯视镜头展示出宏观大气的大历史场面，而静止

《宋家皇朝》剧照

的平视镜头和近景镜头等多用来传达三姐妹内心的情感。全片影像基调的设定也独具匠心,回忆部分橘黄色怀旧基调和现实部分冷峻的蓝色基调,形象地揭示出人物情感、命运的发展变化。此外,影片《宋家皇朝》剪辑节奏张弛有致,平行蒙太奇手法运用巧妙,比如蒋介石遵照宋美龄母亲的要求读《圣经》("基督说:你们必须宽恕你们的敌人……")的画面和国民党反动派大力逮捕和枪杀共产党人的画面平行剪辑,蒋介石与宋美龄举行豪华婚礼与宋庆龄独自来到冰天雪地的苏联的场景平行剪辑,宋美龄脚穿带有慈禧太后戴过的珍珠的鞋和宋庆龄用报纸垫在皮鞋里御寒的场面交替剪辑,彰显出独特的情节张力。

张婉婷在影像的处理中,还特别将色彩从它所依附的人物、道具等形体中解放出来,还原它的独立性,展现出独特的色彩叙事和表情达意的功能。如《宋家皇朝》中,小时候温馨融洽的三姐妹被红、黄等暖色调包围,长大以后隔阂逐渐扩大的三姐妹逐渐被蓝、灰、黑等冷色调所笼罩,随之光影的处理也日渐凛冽锐利。总体来说,张婉婷将色彩作为电影的一种表现手段发挥到了极致,将最单一的颜色发挥到最强烈和最具有表现力的程度,达到了非常好的效果。

佳片特写

非法移民 (The Illegal Immigrant)

出　品：1984年　邵氏		片　长：92分钟	
导　演：张婉婷		编　剧：罗启锐　张婉婷	
监　制：方逸华		制　片：黄家熹	
摄　影：Bob Bukowski		美　术：Laurle Lyno	
主　演：荆永卓　吴福星		音　乐：钟镇涛　徐日勤	
廖军佑　李巨源　刘健宁			

内地青年张君秋经香港偷渡到纽约，一日在制衣工厂被移民局拘捕。保释出来后面对失业和将被递解出境的问题，他必须马上物色一个女人假结婚才能申请居留权。因此他结识了李雪红，经过一段时间的磨合，两人真正相爱并决定结婚。但此时却被偷渡头目追讨偷渡费用，引发了一场悲剧。

本片是张婉婷的毕业作品，也是她在香港影坛一鸣惊人的作品。影片以纪实性的电影语言和表现手法，描绘出中国移民在纽约的艰难生活和悲喜人生，不仅是张婉婷"移民三部曲"的第一部，也是香港较早关注移民问题的电影。

秋天的童话 (An Autumn's Tale)

出　品：1987年　寰亚		片　长：85分钟	
导　演：张婉婷		编　剧：罗启锐	
监　制：罗启锐		制　片：潘迪生	
剪　辑：蒋国权　李炎海		摄　影：James Hyman　钟志文	
美　术：黄仁达		音　乐：卢冠廷	
主　演：周润发　钟楚红　陈百强			

为了男友，美丽而骄纵的李琪从香港到纽约攻读大学。前来机场接她的是在唐人街做工的远房亲戚船头尺。男友移情别恋，李琪心灰意冷，煤气中毒，幸得船头尺悉心照顾。外表粗俗的船头尺爱上了李琪，但感觉自己配不上她而只是默默关怀。秋天时李琪接受了新工作即将离开纽约，船头尺黯然相送，两人将情感深藏内心。数年后，船头尺实现诺言在海边开了一家餐馆，与李琪再次重逢。

本片是张婉婷"移民三部曲"的第二部。影片整体风格唯美浪漫，打造出一个童话般的银幕世界，爱情表达含蓄婉约，导演手法细腻娴熟。影片上映后迅即轰动香港影坛，获得了许多电影奖项。演员的表演非常精彩，尤其是周润发的调侃粗俗令观众惊喜连连，由此咸鱼翻身为票房灵药。

八两金 (*Eight Tales of Gold*)

出　品：	1989年 嘉禾	片　长：	100分钟
导　演：	张婉婷	编　剧：	罗启锐　张婉婷
监　制：	岑建勋	制　片：	谭志侃
摄　影：	黄仲标	音　乐：	罗大佑　鲁世杰
主　演：	洪金宝　张艾嘉		

偷渡美国16年的出租车司机"八两金"终于取得了永久居留证，他向亲友借了钱和首饰衣锦还乡。回乡后发现家人已搬去台山，于是跟着童年时的玩伴乌嘴婆及其弟弟一起回家。途中不平遭遇连连，笑料百出，两人也逐渐流露出心中早已隐藏的爱恋之情。但是乌嘴婆渴望出国，马上要嫁给一个海外移民了，八两金在岸边伤感地追逐着远去的轮船。

本片是张婉婷"移民三部曲"的压卷之作，前两部重在描写移民在国外的境遇，这部则聚焦于移民回乡之后的茫然与无奈。影片情节淡淡如水，但是情韵却浓烈在心，人物心理描摹细腻精致，是继《似水流年》之后香港电影难得的散文化佳作。

宋家皇朝 (*The Song Sisters*)

出　品：	1997年 嘉禾	片　长：	145分钟
导　演：	张婉婷	编　剧：	罗启锐
监　制：	吴思远	摄　影：	黄岳泰
制　片：	郑文怀　吴思远	美　术：	马磐超
主　演：	张曼玉　邬君梅	剪　辑：	姜峰
	杨紫琼　姜文	音　乐：	喜多郎　Randy Miller
	赵文瑄　牛振华　吴兴国		

晚清末年，政局腐败，在美国接受教育的宋查理回到中国，和孙中山结盟推翻

清政府。宋查理共有六名子女，三个儿子任职民国政府，三个女儿才华出众，后来分别嫁给了当时中国最重要的三个男人。爱钱的霭龄嫁给了富甲天下的孔祥熙；爱国的庆龄嫁给了孙中山，导致父女不和、好友决裂；爱权的美龄嫁给了蒋介石，后成为了"第一夫人"。孙中山病逝，蒋介石接手，宋家三姐妹的关系伴随着不同的婚姻和政治时局起伏波折了半个世纪。

影片可视为一部有着特别意义的中国现代史，导演大胆突破正史的宏观格局，而选择从三姐妹的手足情感这一私密的角度出发，展现现代中国的历史变革和命运波折。片中张曼玉、杨紫琼、邬君梅等演员虽然外形不似原型，但是颇有真人之气质神韵，表演流畅成熟。

玻璃之城 (City of Glass)

出　品：	1998年　嘉禾／艺神	片　长：	110分钟
导　演：	张婉婷	编　剧：	张婉婷　罗启锐
监　制：	罗启锐	制　片：	杜玉贞
剪　辑：	李明文	摄　影：	马楚成
主　演：	黎　明　舒　淇	音　乐：	赵增熹
	吴彦祖　谷德昭　金燕玲	美　术：	余家安

1997年除夕夜，伦敦人都在热闹地迎接新年，一辆汽车失事撞毁，车上一对中年男女双拥而逝。第二天报刊头条新闻报道，两人原来是一对偷情恋人。双方配偶都拒绝认尸，各自派子女前往伦敦办理后事。两个年轻人起初都互相怨恨，后来随着父母爱情往事的逐渐揭晓，他们转向相互理解，惺惺相惜，将延续父母未完的爱情故事。

本片是一部温情怀旧的香港爱情电影，同时也浓缩着香港社会历史。父母辈的爱情连缀着香港的过去，子女辈的爱情代言着现在，两代人的情感故事由九七香港回归作为分界线，呈现出社会大历史和个人小情怀的关系。

作品一览

导演作品：

- 1984 《非法移民》
- 1987 《秋天的童话》
- 1989 《八两金》
- 1992 《战神传说》
- 1997 《宋家皇朝》
- 1998 《玻璃之城》
- 2000 《北京乐与路》
- 2003 《龙的深处——失落的拼图》(纪录片)、《1：99电影行动之我的飞行家族》

编剧作品：

- 1984 《非法移民》
- 1988 《七小福》
- 1989 《八两金》
- 1998 《玻璃之城》
- 2003 《三国演义——红玫瑰与白玫瑰》、《阿采传奇》

策划作品：

- 1988 《七小福》
- 1991 《我爱扭纹柴》
- 1992 《战神传说》

广告作品：

- 1998 《新世代》
- 2000 《香港——动感之都》
- 2001 《Panasonic 数码世界》

多媒体舞台剧：

- 2005 《电影之歌》

获奖纪录：

1985　第三十届亚太影展评审团特别奖（《非法移民》）
1986　第五届香港电影金像奖最佳导演（张婉婷《非法移民》）
1987　第二十四届台湾电影金马奖最佳男主角（周润发《秋天的童话》）
1988　第七届香港电影金像奖最佳影片（《秋天的童话》）、最佳编剧（罗启锐）、最佳摄影（James Hyman、钟志文）
　　　第二十五届台湾电影金马奖最佳原著剧本（罗启锐、张婉婷《七小福》）
1989　年度香港十大华语片（《八两金》）
1990　第九届香港电影金像奖最佳音乐（罗大佑、鲁世杰《八两金》）
1997　第三十四届台湾电影金马奖最佳美术设计（马磐超《宋家皇朝》）、最佳音乐（喜多郎、Randy Miller）、最佳音效（曾景祥）
　　　第十七届中国电影金鸡奖最佳合拍故事片（《宋家皇朝》）
1998　第三十五届台湾电影金马奖最佳原著剧本（张婉婷、罗启锐《玻璃之城》）、最佳摄影（马楚成）、最佳视觉特效（先涛数码影画制作）、最佳剪辑（林明文）、最佳音效（曾景祥）
　　　第十七届香港电影金像奖最佳女主角（张曼玉《宋家皇朝》）、最佳男配角（姜文）、最佳摄影（黄岳泰）、最佳美术指导（马磐超）、最佳服装造型设计（和田惠美）、最佳原创音乐（喜多郎、Randy Miller）
　　　第三届香港影评人协会金紫荆奖十大华语片（《宋家皇朝》）
1999　第十八届香港电影金像奖最佳原创电影歌曲（《玻璃之城》插曲《今生不再》）
　　　第四届香港影评人协会金紫荆奖最佳女配角（舒淇《玻璃之城》）、最佳摄影（马楚成）、十大华语片（《玻璃之城》）

THE LEGEND OF

第四场
动作电影旗手

DIRECTOR

杜琪峰 以静制动

1. 导演故事 2. 对话谈艺 3. 电影解析 4. 佳片特写 5. 作品一览

▸ **导演故事**

另类电影作者

　　杜琪峰，1955年4月22日出生在香港，从小喜欢看电影和电视，1972年加入香港无线电视台。20世纪70年代的香港无线电视台聘用了徐克、许鞍华、严浩、谭家明等一大批留洋归来的青年电影人，为日后香港新浪潮电影的诞生打下了坚实的人才基础，被誉为"香港电影少林寺"。很长一段时间内，杜琪峰在无线电视台的发展一直不顺利，只是送信打杂。后来出于对戏剧的痴迷，他转入了艺员培训班学习，毕业之后留任无线电视台做电视剧的编导和监制，先后参与制作了《陆小凤》、《雪山飞狐》、《鹿鼎记》、《射雕英雄传》等一大批观众耳熟能详的经典电视连续剧。

　　1983年，杜琪峰决心离开电视台投身电影业，在凤凰公司（即后来的银都机构）的支持下导演了处女作《碧水寒山夺命金》，将清新纪实的手法运用于武侠电影的创作中，风格比较独特，但当年的票房反响却比较平淡，这大大出乎杜琪峰的意料。虽说此时艺员培训班的同学林岭东已凭借《最佳拍档》等影片名声大噪，这给杜琪峰带来了一定的压力，但是杜琪峰非常沉稳冷静，不急不躁地坚持创作，马不停蹄地铆劲前行，在主流商业电影的环境中严谨地历练自己。如此努力，使得杜琪峰在整个80年代创作成果丰硕,几乎拍遍了所有类型的商业电影,票房业绩屡创高峰,尤以喜剧片和情感片的成熟把握比较突出。1987年,杜琪峰成功推出了贺岁电影《八星报喜》,不仅为周润发在《英雄本色》塑造了经典形象"小马哥"之后拓宽了幽默风趣的喜剧表演天地,而且创造了当年的票房奇迹,问鼎票房排行榜冠军宝座。翌年,杜琪峰快马加鞭导演了《阿郎的故事》,再一次激发了周润发巨大的表演潜力,创造出一个可感可泣的悲情英雄形象,不仅在同类电影中脱颖而出,而且让杜琪峰平生第一次获得了香港电影金像奖最佳导演奖的提名。

90年代以后,杜琪峰的创作更加游刃有余,进入了商业片创作的高峰阶段。一部《东方三侠》取得了异乎寻常的成功,杜琪峰大胆突破了传统动作片男性主导的叙事模式,将女性推向了动作片的前台,创造出阳刚和阴柔并济的英雄模式。而后他监制和导演的《天若有情》系列,在战争历史和情感故事相交融的空间中,生动刻画了以刘德华和吴倩莲为主角的荡气回肠的银幕爱情,成为爱情片中的佼佼者,在香港影坛引起极大反响。

1993年拍完《济公》以后,杜琪峰不再满足于商业类型片的操作,积极地寻求转变和突破,他希望自己的电影能够拥有独树一帜的风格和长久的生命力。1996年,杜琪峰与韦家辉等人合办了银河映像控股有限公司,监制和导演了《一个字头的诞生》、《暗花》等一系列富有个性风格的另类影片,为处于低潮期的香港电影带来了一抹亮色。1999年,杜琪峰又联合徐克等导演合组一百年电影公司,继续推进香港电影的发展。

2000年,对于杜琪峰来说是一个非常好的年份。在离45岁生日只有7天的第十九届香港电影金像奖上,杜琪峰以《枪火》和《暗战》两部影片同时入围最佳影片和最佳导演奖,最终凭借《枪火》众望所归地获得了最佳导演奖,迎来了他导演生涯的最辉煌时刻。这一年,低成本的影片《枪火》还为他创造了很多的奇迹,囊括了当年香港电影评论学会和香港影评人协会的年度最佳影片和最佳导演奖。同时第二十三届香港国际电影节还专门为他特别设置了"焦点导演"杜琪峰单元。

进入新世纪,杜琪峰不仅继续以另类路线创作出《PTU》、《龙城岁月》等优秀作品,同时还为银河映像成功探索出艺术与商业并行的发展道路,拍摄了《孤男寡女》、《瘦身男女》、《龙凤斗》等系列商业片,为香港电影创造出不俗的市场业绩。

▸ **对话谈艺**

杜琪峰：电影要有理念，有原创性

受访：杜琪峰
采访：张　燕
时间：2005年1月26日
地点：香港银河映像控股有限公司

导演创作：三个阶段

张：杜导，从1983年独立执导电影《碧水寒山夺命金》开始，你在香港电影圈已经整整22年，拍摄了几十部电影。现在很多电影研究者都主要以银河映像作为分界线，把你的创作分成两个或三个阶段。就你自己的角度来看，你整个的导演创作大致可以划分为哪几个发展阶段？

杜：电视阶段我不谈了，因为跟电影没有什么关系。按我自己的看法，我整个的导演过程大致经历过三个发展阶段。第一阶段，大致从我第一部电影到1996年银河映像没有成立之前。我第一部电影大概是1974年或1975年在国外拍的，以后差不多整整七年没有拍电影，然后到80年代的《八星报喜》、《阿郎的故事》，到90年代拍摄过《东方三侠》等影片，再到1994年我整整停了一年没有拍电影，这是一个阶段。这一阶段里，我拍的绝大多数电影都是很商业的、为老板赚钱的、以观众为主导的、尽量让观众喜欢的电影。

张：你在第一阶段的主要创作任务，就是为观众去拍电影。

杜：对。这些电影要求有很多商业的元素在里面，大部分都是要经过精确计算的，比如用哪个演员、拍什么题材、怎么讲故事等，要揣摩观众喜欢看喜剧片还是动作片，然后就拍，拍完观众进电影院看，都是比较简单的。我是在1993年拍摄了一部电影《济公》之后，才开始认识我要拍什么样的电影，我应该做一个怎样的导演。

张：也就是说，从1994年开始，你才真正开始思考自己的创作，而以前更多地是一位电影工匠。

《大块头有大智慧》剧照

杜：对！以前导演对我来说，只是一个电影工种。这是一个很重要的界定！1994年整整一年没有拍电影之后，我意识到作为一个导演，应该要以自己的电影作品去跟人家比。不管电影是商业还是不商业，这都不重要，重要的是电影本身应该带有你的思想、你的看法。观众看完了电影以后，就会明确地评价这是哪个导演的风格或是哪个导演的意念。我觉得自己的电影风格要自成一个流派，这样我的电影就能生存下去，电影生命力可能就比别人的要长一些，否则如果继续走主流商业电影路线的话，时间拍得久了，可能自己就完全麻木了，可能还干不下去。

最后我选择了转变，我希望自己的每一部电影都能代表我的一种想法或意念。我也不排除观众一定是最重要的，但只不过创作上的思想和认识一定要以自己的看法为出发点，而不是以当时的商业潮流为方向去创作。这是1996年我成立银河映像以后做电影的一种理念，也是我第二阶段的创作。从2003年开始到现在，我很希望自己的电影可以改变得多一点。

张：在你获得香港金像奖的影片《大块头有大智慧》，以及《柔道龙虎榜》等影片中，我们已经能够比较明显地感受到你的尝试和努力。你希望自己的电影具体怎样改变，怎样来明确定位？

杜：我希望我的电影能够多往文学性方向转变。比如说《柔道龙虎榜》电影里头，我拍的英雄跟往常的人物形象就不同。当时我拍《大块头有大智慧》、《柔道龙虎榜》等电影的时候，从寻找一个意念开始，我开始去学怎么样去拍，怎么样把一种内在精神有机地放到一部电影里去。这是我第三个创作阶段的电影理念，现在也正是第三阶段的开始。

张：顺着你的话，我们可不可以这样理解，在第二阶段其实你开始着重培养自己的一种独特风格和美学特点，现在这第三阶段在电影深度上要有一些新的尝试，或者说在电影的文化层面上要往深里走？

杜：在《大块头有大智慧》里，文化层面上有了深度，这样讲是可以的。但是用"深度"来概括，可能可以这样讲，可能又不对。我的电影意念就是要让一部电影文学化一点，里面包含一种文化，有一个主题和话题性，比如说人与人之间的感情、关系、历史等方面的内容都有。

银河映像：创作上走新路

张：虽然以往你什么类型的电影都拍过，包括《阿郎的故事》、《吉星拱照》、《八星报喜》等电影票房都很不错，但是没有你的个性。对香港电影来说，其实你的创作最突出的、最为人关注的是从银河映像这个阶段开始的。当初是什么样的机缘，使你能够把一些有个性的电影人才集合到一块儿来创办银河映像公司。

杜：从最早开始拍电影，很多年了，我从来没考虑过自己的电影。到1994年我开始仔细思考，自己将来怎么做导演，怎样拍电影。决定了以后，我就投入到这个全新的银河映像公司来。当时总的想法就是，我们拍摄的电影要有自己的风格和精神，希望在创作上走出一条新的路线。最重要的是，电影要有理念、有想法、有原创性。原创性最重要，还有一点也非常重要，就是我们希望我们的电影事业不要重复。这两点都是我自己以后拍电影一直要努力做下去的。

张：韦家辉、游乃海、游达志等众位导演和编剧，是和你志同道合走到一起的。

杜：对！我跟韦家辉他们都是电视台出来的，我离开电视台差不多二十年了，我做了十几年电视，韦家辉他们差不多也都是做了十几年的电视。我们当年一起搞电视，所有电视剧都是一集一集相互借鉴编写的。到了银河映像，我们的创作宗旨就是一定要坚持我们的原创。我跟韦家辉都坚持这样讲，不仅要对自己讲，而且要对身边的一些年轻编剧讲，对工作人员也要讲，就是不要抄，坚决不要抄别人的东西。

张：韦家辉在银河映像中的主要角色是怎样的？

杜：在银河映像这个创作团体中，韦家辉是最重要的创作成员，可以说是我们的"大脑"。在创作过程中，我们的意见会先经韦家辉过滤和组织，再由游乃海等人将电影意念写成剧本，而我则执行影像上的设计，将意念化成胶片上的影像。

张：银河映像最具代表性的影片，是带有沧桑、悲情的英雄片，比如《暗花》、《枪火》之类，创业作应该是《一个字头的诞生》吧。

杜：银河映像的创业是从《一个字头的诞生》开始的。这是完全不同的一条分界线。1996年银河映像开始之后，我们所有的电影都跟以前不同了，有很大的距离，没有哪一部我感觉是相似的。之前只有一部《无味神探》比较接近或稍带我后来电影的风格，而且对我的电影路线有影响。

张：《无味神探》是不是你电影转向的尝试之作，是你导演创作的一个重要标志？

杜：可以这么说。《无味神探》这部电影，是我把自己的理念放进去后拍出来的第一部电影，主要想通过一个故事的讲述来表达较多的自己的思想。从这时候我开始转变，以后再没有这么多的商业电影创作了。

张：1999年前后，你执导和监制了一系列充满个性的电影，如《暗花》、《真心

《一个字头的诞生》剧照

英雄》、《再见阿郎》、《枪火》等，有着强烈的自我风格。这类电影是如何构思出来的？

杜： 你说的这类电影都是由我和韦家辉合作的，我们在创作上会和以往香港电影的惯性设计和构思方法有所不同。观众在看我们的电影的时候，会觉得我们的电影无论在人生观还是在处理手法上都很另类。但这只是我们在某一类型的电影上的一些思维。回归到最基本的观点来说，银河映像的目标是：第一，我们是原创人，我们所拍摄的电影一定要能够保证质量；第二，摄影上也要保持我们的风格。

张： 你在第一个创作阶段，拍了《审死官》、《八星报喜》等多部喜剧电影，票房非常好。到了银河映像阶段，好像以动作片、警匪片等类型片为主。为什么改变风格是从警匪片等类型片开始，而不是您擅长的喜剧片，这出于怎样的考虑？

杜： 说实话，其实喜剧电影也不是我很擅长的，我基本上是一个不太懂得拍笑的喜剧电影的导演。银河映像成立以后，我们会选择警匪、黑帮、杀手等一些类型，主要是有一个市场的关系，而且这些电影在影像风格方面可以处理得非常特别。比如《暗花》、《真心英雄》、《枪火》，在包装上好像是动漫电影，非常特别。这些电影都有一个比较统一的主题在里面，那就是生命是无常的，因为生命里很多东西是抓不住的，是无法控制的，是突如其来的。所以我希望观众看完我的电影以后，一定要活在当下，珍惜现在这一刻。

每一部电影里，我们都把自己的意念放在里面，包装可能是警匪片等类型，原因就是希望市场比较好一些，最重要的是希望观众去看我们的电影，然后观众慢慢地感觉到可以冲破类型电影，另外一些电影也可以接受。就像我现在希望拍《龙城岁月》这部黑帮片，其实就是要不断尝试一些东西，之后有时间的话可能再拍一些跟黑帮完全没有关系的题材。

张：我特别喜欢《枪火》，这部影片的影像风格非常独特。当初创作时是怎么样构思的？

杜：这首先要从这部电影的意念开始谈，很多人说这部影片很cool，还能用镜头去说故事，这些完全都是后来的人感觉的。当初构思这部电影的时候，我主要运用舞台的感觉去拍摄，因为我觉得帮匪就好像是舞台上的舞者。我表现的是一个黑帮的舞台，在这个舞台上演员的形态犹如大家在剧院内看舞台表演一样。简单来说，就是我希望用这种形式去表达另一种黑帮电影。

张：影片中，你开创了一种把动作片不拍得动而拍得静的做法。这样处理事半功倍，你是一个特别有高招儿的导演，当初你是怎么想到以静制动的方案的？

杜：其实我这个想法是受黑泽明导演的思想影响。我感觉在他的电影里，很多时候他的动作只是一招，而且很短，但是非常具有冲击力和震撼力。黑泽明是一个

《枪火》剧照

善于利用摄影机去表达概念的导演,很容易使观众看完他的一部电影以后,可以从不同的角度去思考和讨论电影。说实话,当初我也不晓得怎样具体去拍《枪火》,但是我最终的意念就是不要拍以前香港人的激烈枪战、中枪倒地的模式。以前电影中,英雄不中枪是不行的,而且枪声很密集、很夸张。因此我觉得这种表现方式一定要改变,应该以一种新想法去拍。我们应该这样拍,从一个人很小心地放一枪去拍,我要改变常规的模式。

张:从枪战片、警匪片等类型角度说,你的电影和吴宇森的电影最大的区别是什么?

杜:吴宇森所拍的英雄片或警匪片都表达了他的电影风格,他电影的风格和格调是首先要考虑的,而我的电影首先考虑的是电影的主题。每一次拍摄之前,我们都会先决定电影的主题,然后决定究竟使用警匪、枪战、黑帮等哪种类型,这是取向的问题。现在我们的电影带出这样一个信息:警匪片不一定必须那么拍,还有其他的拍摄手法。

张:银河映像作为公司,肯定要考虑公司成本、盈利等营运方面。刚开始的时候,《一个字头的诞生》、《暗花》等表达的内容和方式都比较个性,好像票房不太好。这是否直接促动你们后来拍摄《孤男寡女》、《瘦身男女》等一些有商业票房的电影。

杜:可以这样说。银河映像一开始,是我们自己坚持要这样去拍摄的,后来出现了票房不好这个问题,也没办法去改变。但是现实问题是,你在电影工业中要生

存,一定要有人给钱你,你才能继续拍电影。拍完《真心英雄》以后,我就希望我们的电影能多一些观众,观众能重新进入影院看我们的电影。所以我们的观念有些改变,《孤男寡女》、《瘦身男女》等有观众的商业电影也拍。

为了可以继续拍电影,银河映像要两条腿走路,搞商业电影和个性电影的生态平衡,不要太偏颇,哪一方面太高都不好。商业电影太高,就没有我们自己想法的电影空间;个性电影太强,比如《枪火》、《PTU》等太多,市场就会不好,没有人给钱去搞,会带来公司的生存问题。

《龙城岁月》:展示黑社会独特的生存状态

张:对于香港电影来说,应该说以前讲述黑帮、黑社会的电影非常多,题材也比较广泛。你现在拍《龙城岁月》,对这一题材怎么样进行独到的处理,有什么样的导演意图?

杜:现在几乎所有的电影题材都有人拍,或者都被人拍过,比如鬼、黑帮、警察、家庭伦理等这些东西。但是就我的电影理念来讲,电影应该有一个创作观点。只要你的观点不同,这个电影就不同。这部黑帮片,实际上讲的不是什么英雄,也不讲什么人好不好,而是要展现在香港这个小地区出现的这些人物。以我的看法,香港已经不是以前英国的殖民地,它是属于中央政府领导下的特别行政区,所以将来一定会慢慢地改变。这部电影要讲的是一个历史问题,一个现代的问题,一个有强烈个人看法的问题。

张:电影擅长用具体的故事和影像去说话,但你要传达一种很抽象的观点,这比较有难度。你怎样把抽象的观点用具象的方式传达出来?

杜:正因为有较大难度,所以在整个创作过程中,我一直要努力改变和摸索。在黑帮题材里,我先把自己的视点放进去,然后从视点出发,慢慢地就变成了不单单是一个故事,其中也包含了很多其他的东西。这也是我拍《大块头有大智慧》时候的想法。大家都很明白,因果关系是什么样的,故事是什么样的,等等。影片所有的方面,我都有自己强烈的看法在里面。从我的角度看,怎么讲一个故事、用怎样的影像去表达、设计什么样的对白,这些都不是最重要的东西,最重要的东西是影片的内容是什么、影片的纯粹的意义是什么。那意义是什么,我可以用一两句话把它讲出来,一旦我确定这东西已经有它的生命,那就产生不同的画面和不同的故事。希望将来整个香港影坛能多一些有文化意味的人。

张:其实我们在看你的《PTU》等很多电影的时候,能感觉到的电影里边所蕴含的个性特点和意念,包括讲故事的方式、演员的表演、动作风格的设计等,全方位展现出与以往香港类型电影不同的独特方面。就改变的程度来看,《龙城岁月》跟《PTU》有多大不同?

杜:很不同。首先因为影片的种子即题材不同,这样种出来的效果肯定是不一样的。《PTU》是警匪枪战动作片,《龙城岁月》是在黑帮片的领域内生根发芽,最后种出与其他电影不同的东西来。

张:具体来讲,你在《龙城岁月》这片土壤里,要种出一部什么样的与众不同的电影来?

杜:其实很简单,我们首先从为什么有黑帮这一源头说起。我们看了很多资料,黑帮最早是从清朝开始,清政府要杀少林寺和尚,火烧少林寺,中间有15个人逃出来,最后在清政府的围追堵截下,只有5个人跑出来。这5个人在一个破庙里结拜成兄弟,然后重新易帜,反清复明。

张:有一部香港电影《少林五祖》就描写了这段故事。

杜:对,还有其他的电影和电视剧也有一些表现。当初他们是洪门忠烈,逃出

《PTU》剧照

来是为了反清复明。从这个基础开始,黑帮慢慢地在数百年里不断地变化,到现在大致变成了一些违背大业之人拉帮结派。随着时代和利益的变化,黑帮的行为也会不同。所以从我的角度看,虽然整个电影讲述的是黑帮的题材和故事,但我从来没有感觉到是在做所谓的黑帮电影。

张:你要展示黑帮存在的独特状态,或黑帮这些人本身,而并不是想用模式化、已有成规、已有偏见的一些方式去展现?

杜:对。就我现在的《龙城岁月》整部电影来讲,核心的表现内容差不多就一句话,这些黑帮的人将要何去何从。

张:我很好奇,你用整部影片提出一个问题并试图解决一个问题,但其实问题的展现形式是需要很多的小细节的积累才能传达出来的。

杜:对!所以我们就从这个意念出发,看黑帮现在是怎么样,将来是怎么样。整个故事的开场,就是从选举黑帮首领开始,然后直接讲述他们的一些规矩,他们之间的恩怨,以及他们的生存状态。

张:其实黑帮里边有形形色色的人,生存的状态是很复杂的,也很多样。在一部电影中,你不可能包容所有的现象和人物,但你又要把黑帮真实的状态展现出来,这就有一种选择和表现的难度。你在这部影片里面,大概浓缩了哪几种黑帮人

《龙城岁月》的故事从黑帮首领选举开始

物状态?

杜：我只是要从比较简单的一个角度去讲黑帮故事。从过去到现在，黑帮都有一种规矩，但是黑帮中有人反对这个游戏规则，他们中间也有很多个人利益和相互之间的争斗。从这个角度讲，其实黑帮选举也是一种必要的规矩。黑帮虽然犯法，但是他们也有自己的法和规矩。他们的法就代表着他们的世界，整个社会的法是代表整个社会的，两者之间存在一定的冲突。

张：听你介绍，《龙城岁月》从黑帮选举开始，那肯定有人反对，也有人支持。这样在叙事层面和讲故事的方式上，是不是采用了两条线索或两种状态并列的方式？

杜：是，你从这样的角度讲是可以的。可能有些人感觉，为什么整部电影不从他们怎么样变成黑帮开始讲呢，那样可能更有意思。但是我不想从那个角度去讲，我只想展现黑帮世界的规矩。

张：从《枪火》到《PTU》，这些影片整体风格上还是比较接近的，虽然每一部影片的内容不一样，但是在影像的设计、动作场面的处理等方面，都非常相近。这部《龙城岁月》，肯定也有动作场面。

杜：如果从《PTU》和《枪火》的动作场面期待去看《龙城岁月》的话，那么可能观众要失望了。在《龙城岁月》里，我不想集中太多精力去构思动作场面，不想从动作这个角度多去下笔。我希望电影讲的就是我对黑社会整体的感觉和想法，展现他们做事生存的一种规矩。

张：你主要着墨于黑帮世界在帮规下的一种生存状态。

杜：对，没错。我是用自己的理念去搞这个电影，像是把一粒种子放进去，然后努力尝试去做。因为我要转变，所以电影完成之后，动作场面可能有跟《PTU》接近，也有可能有很大的距离，这也不是我自己能够完全控制的。

张：综观你的电影，第一阶段中《阿郎的故事》等电影饱含的英雄悲情的东西，特别令人感动；到第二阶段《枪火》、《PTU》的时候，影片中内在精巧的细节特别打动观众，比如《枪火》中几个杀手在走道里将小纸团踢来踢去，表面上非常平静，其实内心充满紧张的角逐和较量。到现在的《龙城岁月》，通过你的讲述，我感觉你好像把故事性的东西打破了，动作等元素也削弱了，主要通过黑帮社会中人的生存状态来展示真正的独特的社会生态环境，而且同时也在展示一个心理上的层面。

杜：对，是这样的。在《龙城岁月》中，故事性没有以往的电影那么浓烈了，而是变成一个主题。但为了让电影有一定的可看性，就必须要有一个故事在里面。但是故事不能完全顺着讲，也不能东讲西讲完全没有章法。它需要经过一定的巧妙构思，分成多个部分，再以独特的思路架连起来。

张：但是因为你要打破很多东西，而且故事性慢慢淡化，这样创作起来难度比较大。这对你自己是怎样的一个挑战，主要体现在什么方面？

杜：这对我来说，是一个挑战。因为我要把以前拍电影的很多东西都打破，要改变，要创新。这种挑战是好还是不好，我自己也不是很清楚，因为我不晓得挑战有哪些。我只是希望能够把自己的思想、把我要做的理念完全放在这部电影里面。我现在关注的是，从不同的角度去拍一部电影到底是怎么一回事，怎么能更好地从另外一个角度去讲述。所以这部电影不仅是一个挑战，而且是一个实验。

张：作为导演，要把自己以前的电影打破，全部从一个新的思想和角度出发，等于从零点再开始，这是需要极大勇气的，特别是对你这样一位已经有很大知名度的导演来说。

杜：也不是啦，你过奖了。

张：听说《龙城岁月》中你用了很多以前合作过的演员，比如刘青云、林雪、张耀阳、任达华等，好像是众演员的一种集大成的演出。这种安排，是出于最大程度地争取本土和海外市场的考量吧。

杜：有这方面的因素，但不完全是，这些演员也适合我电影中的角色。我平常喜欢合作的演员，就是希望他不是明星，而是真正的演员。所以要拍比较出名的人，我反而没有兴趣，或者说兴趣没那么大。我希望他就是一个演员，能够相信和理解我要拍摄的东西，尽量配合我去表演，尽量去想我的理念，而不是自己的个性，最后达到比较好的创作效果。我希望演员能习惯我导演的方式，很快能明白我想要什么样的东西。大部分跟我合作过的演员都是这样的，常合作的演员差不多就那几个。其他有些演员跟我合作的话，可能会比较困难。

▶ **电影解析**

类型电影的另类作者

在香港影坛，相对于20世纪70年代出道却早已成名的徐克、许鞍华、吴宇森、关锦鹏等人，杜琪峰可谓是一位名副其实的大器晚成的导演。

虽然杜琪峰早年的影视从业经历非常丰富——1972年进入香港无线电视台从事编导和监制工作，参与了《射雕英雄传》、《鹿鼎记》、《雪山飞狐》等经典电视剧的创作；1983年拍摄了电影处女作《碧水寒山夺命金》，之后，整个80年代和90年代上半期几乎成功拍遍了香港所有的类型电影，包括最卖座的《八星报喜》(1987)、最煽情的《阿郎的故事》(1989)、最荡气回肠的《天若有情Ⅲ之烽火佳人》(1996)、想象力最丰富和风格最与众不同的动作片《东方三侠》(1992)以及周星驰出演的经典无厘头喜剧《审死官》(1992)等影片，但是杜琪峰在电影界的真正成名却整整迟到了14年，直到1996年银河映像电影公司成立以后拍摄了一系列另类风格的黑帮片和警匪片，杜琪峰才声名远播，广受认可，2000年他凭借《枪火》第一次获得香港电影金像奖和台湾电影金马奖双料最佳导演奖，之后2004年又凭借《大块头有大智慧》和《PTU》赢得了香港电影金像奖最佳影片、最佳导演等四项大奖。

《阿郎的故事》剧照

从类型电影到作者电影

以1996年银河映像的成立和2003年为分水岭，杜琪峰的整个导演生涯可以明显地划分成从类型电影到反类型电影再到作者电影这前后三个阶段，并且在每一个阶段都推出了很多脍炙人口的经典作品。

类型电影阶段

1996年之前，是杜琪峰比较纯粹的商业类型电影创作阶段。从1983年到1995年，杜琪峰通过《开心鬼撞鬼》、《八星报喜》、《阿郎的故事》等诸多商业影片的创作，逐渐成长为一个熟悉类型电影模式、创作技术精湛娴熟的电影工匠。

这一阶段的杜琪峰是一位不折不扣的商业电影多面手，善于把握多种电影题材和类型。在差不多12年的时间里，杜琪峰导演了近20部影片，涉足了喜剧片、文艺片、动作片、武侠片等多种类型。这些影片虽然艺术风格缺失，但是导演技术非常精湛，类型掌握非常到位，绝大多数影片的票房都非常成功。

在喜剧片方面，杜琪峰的成绩最为显著。1986年杜琪峰在新艺城的支持下，在传统人鬼喜剧的故事基础上导演了一部鬼与鬼相斗的电影《开心鬼撞鬼》，第一次成功完成喜剧片创作。1988年新年之际，杜琪峰推出了周润发、黄百鸣、张学友、郑裕玲、钟楚红、冯宝宝等众明星主演的贺岁电影《八星报喜》，以电话故障为叙事噱头引出了兄弟三人截然不同的爱情故事和情感遭遇，幽默诙谐、风趣动人，一举跃升为当年电影票房排行榜的冠军。1992年杜琪峰联手周星驰，将60年代轰动一时

《八星报喜》剧照

的粤语老片《审死官》重新搬上银幕,并对故事情节和人物语言进行了现代性的改编,此片也成为周星驰无厘头喜剧走向成熟的标志性作品。人物关系结构巧妙,细节噱头妙趣横生,角色语言鲜活生动,这样的特色在杜琪峰后期的古装荒诞喜剧《钟无艳》和《百年好合》等影片中仍然延续。

在文艺爱情片方面,杜琪峰为香港电影奉献了两部至今仍被观众津津乐道的经典作品《阿郎的故事》和《天若有情Ⅲ之烽火佳人》。《阿郎的故事》讲述了一个独自抚养儿子的过气车手为了尊严和爱情重回赛场、最后不幸死去的故事,展现出了浓烈张扬的情感,获得了极大的成功,不仅在电影市场上赚足了观众的眼泪和钞票,而且让杜琪峰第一次获得了香港电影金像奖最佳导演奖的提名。同时,影片让周润发在"小马哥"经典形象之后塑造出一个荡气回肠的平民英雄形象,这种诗意悲情的人物基调延续到了杜琪峰作者时期的电影创作中。《天若有情Ⅲ之烽火佳人》以抗日战争为背景,讲述了富家古惑仔和贫家纯情女之间一段可歌可泣的爱情,颇有时代历史的内涵,同时刘德华和吴倩莲的明星组合很有清新之韵味。杜琪峰的文艺爱情片细腻动人却不失豪情,煽情而又有节制,颇合观众的欣赏口味。

在动作片方面,杜琪峰的创作格外与众不同。1992年,杜琪峰导演了一部想象力超群的纯女性武侠动作片《东方三侠》,将强烈的现代女性意识注入动作片中,突破了以男性为尊的类型巢窠。全片故事情节玄异复杂,叙事时空多重交错,影像处理神奇迷离,动作设计飘逸帅气,成为香港动作片领域中难得的一部佳作。

《东方三侠》剧照

当然在整个类型电影的创作过程中,随着导演技术的不断成熟和对商业体制的充分认识,杜琪峰对电影创作现状也越来越不满意,他希望自己的电影不仅仅是被商业主流所淹没的类型片。所以他在1994年拍摄完喜剧片《济公》之后刻意沉寂了一年,一年里他深入思考了应该怎样做电影导演的问题,不断地努力探索应该怎样拍摄具有杜琪峰独特风格的电影,最终他坚定地选择了转变。

反类型电影阶段

1996年以银河映像公司成立为契机,至2003年,杜琪峰开始了真正表达自我意念和形成自我风格的第二个创作阶段,即非常自觉的反类型电影创作阶段。在这个阶段,杜琪峰执著于创新和突破,也经历了一个比较长的发展过程,不断地寻找各种表达方式来解构传统类型电影,尝试用独特的表达方式来结构另类电影,试图用多种影像语言来承载和实践自己的电影理念,拍摄了《真心英雄》、《暗战》、《枪火》等一系列个性张扬的另类影片。

在此值得一提的是,1995年的电影《无味神探》是杜琪峰尝试转型的一部重要作品。影片对警匪片的主流类型框架进行了大胆的改造:片中主人公刘青云扮演的警察不是《警察故事》中的英雄警察,而是一位普通平凡的警察;影片着重描写的不是警察如何侦察破案,而是其生存状态。在类型片中注重现代人生存困境的探讨,这在香港影坛是非常少见的,也在一定程度上确立了杜琪峰以后的电影的雏形,在1999年的反英雄挽歌《再见阿郎》中得到延续和深入。

1998年的电影《真心英雄》,是杜琪峰进入银河映像之后的第一部导演作品。影片讲述了两个各为其主、但是惺惺相惜的黑帮落难兄弟最后团结报仇的故事,并将"玩到残、杀到绝"的游戏规则推到极致,两个悲剧人物在报仇雪恨之时双双毙命。

尽管《无味神探》、《真心英雄》在一定程度上遵循了类型片的创作模式,但已出现了非常鲜明的反类型处理方式。首先,叙事编排非常缜密,基本不遵循传统类型模式,观众不到最后一分钟,根本不可能猜到结局会怎样;其次,人物塑造上,影片所要刻画的不是正义英雄或黑帮偶像,而是有着悲剧命运的底层小人物;再次,在影像处理上,导演基本摒弃枪林弹雨、潇洒浪漫的动作场面,而着重表现主人公的寂寞尴尬状态。通过这些不同的表达方式,杜琪峰努力要传达的信息是,警匪片、黑帮片不一定非得按照类型片既定的模式去拍,还有其他可行的、个性的拍摄方法。

《枪火》剧照

  面对同一题材类型，不断探寻不同于传统的创作模式，努力实现自己的电影理念，努力在商业票房和艺术个性之间寻求更好的平衡和融合。正是秉承着这样的创作思路，杜琪峰在香港商业电影体制下逐渐走出了一条非常独特的反类型电影之路。其中，影片《枪火》是非常优秀的代表作。

  《枪火》拍摄于1999年，是杜琪峰反类型理念自由发挥到炉火纯青的地步的最杰出作品。以"简约"来解构黑帮枪战片的类型框架，这是杜琪峰这部电影最大的特点。影片故事非常简单，五个来路不同的黑帮分子被召集起来共同执行保护社团老大的特别任务。虽然缺少一般剧情片起伏跌宕的戏剧冲突设计，但导演却在人物内心冲突上做足了"静中蕴动"的文章，不仅让这五个人和老大时时刻刻笼罩在死亡的威胁下，而且五人之间也相互较劲。影片最突出的方面是杜琪峰对动作场面的独特驾驭，没有弹雨纷飞的场面，也没有瞬间爆发的暴力火拼，更多地展现的是枪手们开枪前后蓄势待发、屏气凝神以及紧张等待和细致观察的场景，而且在镜头语言上刻意用节奏感比较弱的长镜头或慢镜头去捕捉人物持枪的状态，在银幕上展现出类似舞台造型的静态效果，但是静态之中蕴藏着巨大的内在张力，呈现出非一般的动作震撼力和视听感染力。这样的一种动作场面处理方式,在世界电影中是比较少见的。另外,《枪火》也是杜琪峰电影中商业市场和艺术风格获得完美平衡的一部作品,影片投资290万港币,票房收入是投资的5倍。

作者电影阶段

从2003年开始,杜琪峰不再满足于类型电影模式的单纯解构,他希望在电影理念上更进一步,希望自己的电影往文学化和文学深度方面转变,尽可能地把深刻的精神理念、人文意念、历史观念放入电影中,提升电影的文化深度和意义内涵,由此开始了完全自觉而自由的另类作者电影创作阶段。

《大块头有大智慧》是典型的标志性作品,是很具有佛学哲理的一部影片。影片创作大胆,故事情节和人物性格塑造都具有了多元化的形态,围绕着"万般带不走,唯有业随身"的关键语讲述了大块头和女警李凤仪之间罪与罚的微妙孽缘故事,深入探讨了因与果的宿命悲剧和人生的救赎醒悟等主题。大块头与李凤仪相识、李凤仪进山查凶、大块头寻找李凤仪、大块头与心中自我等多时空的交错叙事让情节奇情不绝,不仅挑战了类型电影的叙事结构,而且在坚持独特风格和自我意念的基础上,有意识地使故事更加文学化、抽象化,也为"非典"之后的现代香港做了一定程度的悲情勾勒。2005年,杜琪峰希望以一部《龙城岁月》来真实描摹黑帮的生存状态,并思考和探讨独特的香港黑帮文化本质和内蕴。这些由外而内的转变,都标志着杜琪峰真正进入了由形而神的另类作者电影创作阶段。

与短短19日赶拍而妙手偶得的《枪火》不同,2003年的警匪片

《大块头有大智慧》剧照

《PTU》是杜琪峰意念先行、自《枪火》之后用尽心力的自我风格鲜明的一部电影。影片题材跟日本著名导演黑泽明的《野狼犬》和内地青年导演陆川的《寻枪》差不多,也是关于警察丢枪和寻枪的故事,但有质的不同,杜琪峰真正想表现的是警察这一特殊人群的生存状态和人际关系,所以他设计了一群警察在晚上竭力寻枪的故事。

《PTU》的故事依然简单,但是也有了复杂的发展。虽然故事主线只是阿肥一个晚上丢枪和找枪的故事,但影片中还穿插了警察帮助寻枪、重案组查案、巡逻队发现被毁车辆等三条关联性不强的线索,最终经过巧妙编排,都为寻枪的圆满结束划上了漂亮的句号。影片延续了《枪火》以静制动的表达方式,注重以人物拿枪瞬间的静态表现来突现别样的动作张力,同时还跟北野武的电影《花火》等取经,尝试了香港式的静态暴力展示,比如任达华饰演的警察在游戏厅不动声色地抽打古惑仔的脸,以此来逼迫另一个人打电话给老大。另外影片还颇有一种基耶斯洛夫斯基电影中常常出现的扔垃圾的老太太的表现意味,一个骑着自行车的小孩在街上不时地绕来绕去,似乎见证着这个看似偶然却又必然的故事。种种元素的加入,是杜琪峰全新电影理念的一种尝试,他坦言是一部"简单的习作",而实践证明他比较成功地试验了另外一种讲述警察故事的电影创作方式。到了2004年的《大事件》,杜琪峰又将电视直播手段带进警匪片类型中,让传媒在电影中跨界参与叙事和改造类型,这又是另一种新颖的尝试。

电影风格:悲情宿命·以静制动

杜琪峰的品牌电影多集中于黑帮片和警匪片两大类型范畴,《枪火》、《真心英雄》等是黑帮片,《PTU》、《再见阿郎》、《大事件》等是警匪片。尽管类型不同,但从影片表达的核心理念和文化内涵来看,杜琪峰的电影所选用的黑帮抑或警匪的故事情节以及人物身份本身并不十分重要,都只是一种主题的外在表达形式。如此评价,有杜琪峰受访时谈论《PTU》的说法为证,他自述到,"我知道警察有他们自己的世界","有一道蓝幕挡在警察和这个世界之间","这点其实和黑社会差不多"。杜琪峰已经模糊了类型电影的范畴概念,他反类型的所有创作表达的核心基本是相同的,即描述和探讨某一种人群的生存状态和人际关系。同时杜琪峰将个性理念贯穿于电影创作中,整体上在主题表达、叙事编排、影像设计、人物塑造等方面呈现出了悲情宿命、以静制动的独特风格。

主题为先·宿命无常

在香港影坛的黑帮枪战片领域,杜琪峰电影常常被评论界与吴宇森电影相提并论。虽然两者都专注于黑帮世界、另类英雄和男人情谊,但是杜琪峰电影与吴宇森电影有很多不同之处,最重要的一点是杜琪峰电影往往是主题先行、主题第一,然后再考虑合适的电影风格和表达方式,而吴宇森电影则首先考虑酣畅淋漓的暴力美学风格和格调。

几乎所有的杜琪峰电影都有一个统一的主题,那就是宿命无常的观念。在杜琪峰看来,生命是无常的,生命里有很多东西是突如其来的,也是抓不住和无法控制的,人是无法抗拒命运的,前途常常是绝望的,只能接受命运的残酷安排,无法逃脱死亡的悲惨结局。1997年他监制的银河映像创业作《两个只能活一个》,为观众描摹了一个杀手必须要死的宿命结局,金城武饰演的杀手因为生活潦倒而赌命杀人、有钱后因为珍惜生命而雇凶杀人、最后又因为爱上杀手而自愿杀人,虽然情节经历了意想不到的转折变化,但是结局又回到了故事的原点,恢复到了命运原始的残酷安排。此后,宿命无常的主题就一直贯穿在杜琪峰的电影创作中。《真心英雄》中,Jack和秋歌无论相互敌对还是同心同力,最终他们都无法摆脱被枪杀的悲惨命运。《枪火》中,虽然四个杀手采用巧妙的方式救下了与大嫂有染的阿信的性命,但是阿信这个人却在香港永远地消失了。

杜琪峰电影对死亡的主题表达是残酷而执著的,死亡不是成就英雄形象的浓墨重彩的最后一笔,而是无处不在的恐惧。电影中的"另类英雄"不再悲壮震撼,而是在无常的宿命中艰难挣扎,并且往往是"两个只能活一个"或"一个都不能活"的绝望安排。《一个字头的诞生》中,刘青云扮演的龙二虽然经历了假设的三种不同的生命经历,但最终的结果都是一样。《暗花》中梁朝伟虽能在与刘青云的斗狠中取胜,却躲不过背后黑手的冷枪。《枪火》整体上包裹着一种凄凉压抑的死亡气息,五名保镖为保护大哥汇集到一起,无时无刻不被暗杀的阴影所笼罩。

叙事编排·游戏诡异

无论黑帮片、警匪片还是诸如《孤男寡女》、《瘦身男女》、《龙凤斗》等新主流文艺爱情片,银河映像时代的杜琪峰电影的叙事编排总会闪现出某种后现代特征,即杜琪峰绝对不会按照此前已有的主流类型方式来讲述故事,而往往用游戏的方式来解构套路模式和颠覆主流价值观念,并且在故事讲述的过程中充分运用各种电影手段和情节设计,制造出诡异出奇的独特叙事效果。可以说,杜琪峰电影叙事的整体特点就是"猫鼠游戏"的独特设计。无论黑帮片、警匪片还是爱情片,杜琪峰不同的影片都只是"猫鼠游戏"的不同版本的表达。

1999年的《暗战》是一部特别值得关注的杜琪峰电影,代言了杜琪峰电影叙事的游戏特征。影片的故事灵感来源于美国影片《谈判专家》、法国影片《纵横四海》和吴宇森电影《纵横四海》,华因为患了绝症还能活四个星期,他决定为被黑帮所杀的父亲报仇,跟黑白两道同时玩起了斗智角力的决战游戏,他选中了督察何尚生作为游戏的主要对象。华一方面"黑吃黑",从黑帮手里截获巨额钞票和钻石项链并密报警察,另一方面又大胆"戏猫",布下天罗地网请何尚生入瓮,将这个谈判专家和警察队伍玩弄于股掌之间。依照以往的类型模式,在故事结尾,何尚生将亲手抓获华,但杜琪峰的处理却格外精妙。先是巧妙地多次安排两人多次交手并错肩而过,之后何尚生终于有机会逮住华,结果剧情却出乎意料地突转为华成功逃脱,产生了非常新颖强烈的戏剧感染力,完全突破了类型电影的封闭式缝合结构。

杜琪峰电影的叙事充满了丰富的想象力,所有电影看上去都只是一个"猫捉老

鼠"的游戏，但是杜琪峰的游戏规则却总在原创思维下调整，情节会在陡然之间突转为"老鼠戏猫"，观众只能猜到故事的开头，但永远猜不到结尾，因为结尾永远是超乎想象的。如此的叙事编排，实质上也渗透了杜琪峰"命运无常"的浓烈主题情怀。

悲情人物·颠覆类型

相对于吴宇森电影打造的英雄人物神话，杜琪峰电影的人物塑造自觉地遵循反英雄的模式，完全颠覆了类型电影中的英雄概念，比如，《暗战》中华无论多么智慧过人地逃脱了警察的追捕，但是他多次吐血却暗示了他逃脱不了死亡的安排；何尚生虽然是谈判专家，但还是多次被华所愚弄。

杜琪峰电影中的人物无论身份如何，他们都只是一些反英雄的小人物，不仅不具备英雄的自信神采，而且有些人物甚至可以说有几分人性的委琐和卑劣，但是在与命运搏斗的关键时候，也会存在某种英雄气质的爆发力，不过最终的结局都只能是悲情的、绝望的。《枪火》中被认为是最冷血的阿鬼，在关键时刻也展现出惊人的情意结，他违反了黑帮的行规，与其他三人合谋救了阿信的性命。很多情况下，杜琪峰电影中的黑帮往往会比较遵守游戏规则，而警察却常常不按常理出牌，这也增加了杜琪峰电影捉摸不定的神秘意味。同时在以男性为主的阳刚电影中，杜琪峰更加注重女性形象的塑造，常常赋予女性坚强的品质，使其在叙事中承担起关键的承

《再见阿郎》剧照

转作用。比如《再见阿郎》中漂亮的女宾馆老板改变了暴力的黑帮大哥，《枪火》中戏份很少的大嫂扭转了由保护老大到解决阿信的故事线索，等等。

在人物关系处理方面，杜琪峰往往超越常规，没有黑白之分，而更注重表现人物身上的反英雄特质，在"猫鼠游戏"的过程中，建构起身份对立、性格迥异的对手之间的惺惺相惜和相互扶持。《真心英雄》中，秋歌和Jack虽然是各为其主，但他俩却情同兄弟。《暗战》中华和何尚生虽有罪犯和警察的身份区别，但是在较量角逐的过程中，两人建立起了惺惺相惜的情感。

影像设计·以静制动

在影像设计上，杜琪峰电影摒弃了以往注重暴力美与血腥场面渲染的类型模式，不强调外部动作场面的枪林弹雨、白鸽纷飞等动态的美感，而更多地强调内在紧张的情节张力，强调人物内心的角力和静态的造型美感，制造以静制动的另类效果。

杜琪峰电影中的枪战动作场面以简约为视觉主调，道具方面非常吝啬，不浪费一枪一弹，镜头语言也极其冷峻沉着，没有飞身扫射、持枪腾空等煽情的动作描摹，更多的是战前战后人物屏气凝神的紧张神情和静态动作，而且每一个静态动作都能影响情节的发展。《枪火》中令人津津乐道的荃湾商场枪战场面最为典型，这场戏总长4分多钟，杜琪峰共用了85个镜头，以舞台化的假定格局来完成整场戏的创作。人物动作和镜头运动非常节制，除了少数的开枪和中弹的镜头外，更多的是多机位拍摄的人物拿枪的各种姿势，把人物内心的紧张情绪刻画得细致入微，同时镜头的频繁切换更增添了令人窒息的紧张感。

如此别致的拍摄手法，来源于杜琪峰超越主流类型电影的创作主旨，同时很大程度上受黑泽明1954年的电影《七侠四义》所影响。杜琪峰曾经在接受采访时说过，《七侠四义》"当中那种静态到现在仍没有导演可以拍到，尤其是那种静中的动，单单站在那儿已经很厉害，静之中隐藏着大大的动力。没有黑泽明的电影，我根本拍不出《枪火》"。

细节铺陈·隐喻象征

影像上的以静制动风格，也催生了杜琪峰电影的另一个重要特点，那就是注重细节的铺陈。如果说吴宇森电影中的"暴力动作就是舞蹈"，那么对杜琪峰电影来说，镜语细节的描摹就是最有神韵和最本质的电影舞蹈。

《枪火》剧照

　　在杜琪峰电影中，细节担当的角色非常多。一方面简约的情节所带来的巨大的叙事空间，需要细节来填补；另一方面语言的贫乏和静态的动作对人物性格心理刻画的不足，也需要细节来弥补。《枪火》中五人在办公室狭窄通道等待老大，无聊之际踢纸团打发时间，杜琪峰刻意选择五人同在一个镜头内的机位，采用多个不同景别的镜头交替切换，纸团在五个人脚底下传来传去，串联起五个人的情感，同时也呈现出一种妙不可言的剧情张力。

　　就杜琪峰电影宿命无常的主题而言，细节也在很大程度上承载着隐喻象征的内在含义，最显著地体现在"雨"这个意象的突出使用上。"雨"在杜琪峰的很多电影中多次出现，每一次出现都暗示着故事情节或人物命运的转变。《两个只能活一个》中金城武和李若彤所扮演的角色在雨中明白彼此深爱上了对方，《暗花》结尾刘青云和梁朝伟饰演的角色在大雨中拔枪对决，《非常突然》中阴雨绵绵的天气暗示了突然而至的警匪枪战悲剧，"雨"被用来营造忧郁晦暗和压抑窒息的气氛，同时也预示着即将到来的死亡命运。

▶ **佳片特写**

八星报喜（The Eighth Happiness）

出　品：	1987年　新艺城	片　长：	87分钟
导　演：	杜琪峰	编　剧：	郑忠泰　黄百鸣
监　制：	黄百鸣		李居明　吴文辉
摄　影：	陈广鸿	美　术：	陈锦河
主　演：	周润发　钟楚红　郑裕玲	剪　辑：	胡大为
	冯宝宝　张学友　袁洁莹	音　乐：	卢东尼

　　方家有性格迥异的三兄弟。作为烹饪节目主持人的老大阿辉老实稳重，因为一次电话故障认识了醉心于粤剧的离婚妇女吴芬芳，两人的感情发展几经误会，最终都获得化解。老二方剑郎是一个俊俏型的花花公子，虽然钟情于自己的空姐女朋友红，但仍旧到处留情，后来因为结识了美艳的Beauty引起一番情感战争，但最终还是回到了红的身边。三弟方剑笙是漫画家，性格纯真、善良诚实，为人热心，但在感情方面毫无经验，偶然的一次晨练遇上了天真活泼的少女莹莹，两人的恋情温馨甜美。

　　这部贺岁影片，在当年创造了排行第一名的票房佳绩。面对日渐搞笑的喜剧片类型模式，导演杜琪峰浓烈地加入了家庭伦理的亲情和温馨浪漫的爱情，成功地以情感进行新颖包装，同时叙事节奏的把握也张弛有致，成为此类影片的佼佼之作。影片中演员的表演非常出彩：黄百鸣的表演憨厚敦实，非常动人；周润发的表演略带夸张，率性诠释逢女必追的娘娘腔大情圣，十分搞笑；张学友的演出清新幽默，最后反串旦角开唱粤剧令人忍俊不禁。

阿郎的故事（All About Ah Lang）

出　品：	1989年　新艺城	片　长：	95分钟
导　演：	杜琪峰	编　剧：	吴文辉　郑忠泰
监　制：	黄百鸣	制　片：	吴志名
武术指导：	程小东　元彬　朱继生	摄　影：	黄永恒
剪　辑：	黄永明	美　术：	陈锦河
主　演：	张艾嘉　周润发	音　乐：	罗大佑　鲁世杰
	吴孟达　黄坤玄		

年轻的阿郎是一位出色的赛车手，与女友波波结婚以后还到处留情。争执中，怀孕的波波被阿郎失手推下楼梯。阿郎母亲谎称孩子夭折，从此波波远赴美国。十年后阿郎成为建筑工人，对妻子离散的悲剧后悔莫及，和儿子波仔相依为命。波仔被选中拍广告，而负责这一广告的导演正是他的母亲波波。波波要带波仔回美国生活，阿郎为了波仔的前途只好忍痛答应，引致波仔对他产生误会和不满。阿郎决心找回男人的信心，再一次参加赛车，波波带着波仔来助阵加油。团圆在即，阿郎却不幸被撞身亡，母子二人痛不欲生。

本片含蓄收敛而又恰到好处的煽情，掀起香港电影新一波的悲情英雄片热潮。片中导演手法娴熟生动，周润发的表演洒脱柔情，张艾嘉的演出真实温情，再加上可爱小孩黄坤玄和配角天王吴孟达的倾情演绎，一经公映便感动了无数的观众。

暗 战 (Running out of Time)

出　品：1999年　银河映像	片　长：93分钟
导　演：杜琪峰　罗永昌	编　剧：游乃海　Julien Carbon
监　制：杜琪峰	Laurent Courtiaud
摄　影：郑兆强	制　片：陈献官
作　曲：黄英华	美　术：冯乐斌
主　演：刘德华　刘青云　蒙嘉慧	

华身患癌症，被医生告知只有四周的生命。华决定利用最后的时间为被黑道大哥杀害的父亲报仇，并策划了一个绝妙的犯罪计划，和警方谈判专家何尚生玩一个72小时的猫捉老鼠的游戏。何尚生不甘任人愚弄，力求亲手抓住华，由此卷入了华与黑帮的恩恩怨怨。华从黑道大哥手里劫得2000万元和一条价值连城的钻石项链，并揭发了黑道大哥的罪行，使之被警方抓住。交手过程中华与何尚生已惺惺相惜，最终何尚生放了身患绝症的华。

本片中导演注重以心理智力包装动作英雄片，呈现出强烈的游戏感、多元化的价值观和开放的电影形态，带有浓厚的后现代主义色彩。两大实力派影星刘德华与刘青云在片中有精彩对手戏，时时争锋，处处出彩。

枪 火 (*The Mission*)

出　　品：	1999年　银河映像	片　　长：	88分钟
导　　演：	杜琪峰	编　　剧：	游乃海
监　　制：	杜琪峰	制　　片：	施爱玲
策　　划：	李景仪	武术指导：	郑家生
摄　　影：	郑兆强	剪　　辑：	陈志伟
主　　演：	高雄　黄秋生　林雪	作　　曲：	钟志荣
	吕颂贤　任达华　吴镇宇　张耀扬	美　　术：	冯乐斌

　　黑社会老大文哥被人追杀，他召集了五个一流杀手做自己的保镖。阿来和阿信是江湖上知名的高手，阿鬼、Mike、阿肥是已经金盆洗手的昔日英雄。经过几番紧张的较量，五人杀死了文哥的仇家，并在此过程中成为了肝胆相照的好兄弟。不想阿信与文哥之妻通奸被发现，盛怒的文哥命令阿鬼杀掉阿信，而其他三人为义气誓不允许阿鬼这么做。在最后的晚餐上，阿鬼拔枪指向阿信，其他人将枪对准了阿鬼，开始了一场意想不到的激战。

　　在1997年以后的香港影坛，杜琪峰以另类的静态方式改写枪战动作片而著名。本片是另类枪战片的代表作。江湖兄弟保护老大，结成好友却又拔枪相向，这个故事虽然俗套，但是叙事节奏被导演处理得疾缓有致，细节描写有声有色，动作场面的设计特别注重雕塑般的造型美感和冷峻的舞台格局，静中蕴动，动中蕴静，风格鲜明独特。

PTU (*PTU*)

出　　品：	2003年　泛亚影业	片　　长：	88分钟
导　　演：	杜琪峰　韦家辉	编　　剧：	游乃海　欧健儿
监　　制：	陈勋	制　　片：	朱淑仪
摄　　影：	郑兆强	剪　　辑：	罗永昌
主　　演：	任达华　黄卓玲　邵美琪	音　　乐：	钟志荣
	林雪　黄浩然　卢海鹏　高雄	美　　术：	冯乐斌

　　在街角的一家火锅店里，警员肥沙遇上黑帮老大光头的儿子马尾和他的四个手下。之后餐厅外肥沙与马尾的手下冲突，混乱中他被打晕，醒来发现自己的警枪不

见了。几乎同一时刻,马尾也被神秘人物暗杀了。PTU巡逻队随即抵达案发现场,一向谨慎的展警官决定给肥沙一个挽回过失的机会,让他在天亮之前找回自己的警枪。重案组帮办Madam张接手马尾谋杀案,在陈尸现场观察到肥沙神情紧张,认定他与案件有关联而决定跟踪他。另一黑帮老大大眼派手下和肥沙接触要求警方提供人身保护,与此同时,光头也以还枪为条件利用肥沙引诱大眼露脸。昏暗的街角上演起一场突如其来的混乱枪战,最终肥沙取回了配枪……

　　本片是杜琪峰回归冷峻风格之作,承接起因果宿命的母题探讨,在一个意外的丢枪和寻枪故事中融汇了人与命运博弈的精彩隐喻。影片构思精巧,深夜的香港街头转换成鲜明而个性的舞台,在灯光的强烈对比和声音的动静映衬中,彰显出非一般的风格特点。

龙城岁月 (*Election*)

出　品:	2005年　银河映像／一百年	片　　长:	87分钟
导　演:	杜琪峰	编　　剧:	游乃海　叶天成
监　制:	罗守耀　杜琪峰	制　　片:	夏泽信
摄　影:	郑兆强	剪　　辑:	谭家明
主　演:	任达华　梁家辉	美术指导:	余兴华
	古天乐　张家辉　张兆辉	音　　乐:	罗大佑

　　香港最古老的帮会"和联社"面临两年一届的老大选举,有资格参选的阿乐和大D明争暗斗。很多麻烦也接踵而来,警察死盯着不放,旧老大不想卸任。众长老最终选出阿乐为新老大,但象征权力的信物"龙头棍"不翼而飞。于是帮会选出最厉害的五虎追查龙头棍下落,开始了一场看似平静实则汹涌的权力争斗。

　　本片是杜琪峰在《枪火》之后希望实现重大转变的重要作品,另类路线改造类型创作的意识自觉鲜明。影片选择了香港黑帮片的题材,却尝试了平民化创作和史诗性风格,新颖别致而富有个性。

作品一览

导演作品：

1983	《碧水寒山夺命金》
1986	《开心鬼撞鬼》
1987	《七年之痒》、《八星报喜》
1988	《城市特警》
1989	《阿郎的故事》
1990	《吉星拱照》、《爱的世界》
1991	《至尊无上Ⅱ之永霸天下》、《沙滩仔与周师奶》
1992	《审死官》、《东方三侠》（与程小东合作）
1993	《现代豪侠传》、《江湖传说》、《赤脚小子》、《济公》
1995	《无味神探》
1996	《天若有情Ⅲ之烽火佳人》、《十万火急》
1998	《真心英雄》
1999	《暗战》（与罗永昌合作）、《再见阿郎》、《枪火》
2000	《孤男寡女》（与韦家辉合作）、《辣手回春》（与韦家辉合作）
2001	《暗战Ⅱ》（与罗永昌合作）、《钟无艳》（与韦家辉合作）、《全职杀手》（与韦家辉合作）、《瘦身男女》（与韦家辉合作）
2002	《呖咕呖咕新年财》、《我左眼见到鬼》（与韦家辉合作）
2003	《百年好合》（与韦家辉合作）、《PTU》、《向左走，向右走》（与韦家辉合作）、《大块头有大智慧》（与韦家辉合作）、《1：99电影行动之狂想曲》（与韦家辉合作）
2004	《大事件》、《龙凤斗》、《柔道龙虎榜》
2005	《龙城岁月》

编剧作品：

| 1990 | 《爱的世界》 |
| 2000 | 《孤男寡女》 |

监制作品：

| 1990 | 《天若有情Ⅰ之追梦人》 |
| 1993 | 《天若有情Ⅱ之天长地久》、《现代豪侠传》 |

1995	《呆佬拜寿》
1996	《天若有情Ⅲ之烽火佳人》、《摄氏32度》
1997	《一个字头的诞生》、《两个只能活一个》、《恐怖鸡》、《最后判决》
1998	《暗花》、《非常突然》、《真心英雄》
1999	《暗战》、《枪火》、《再见阿郎》、《甜言蜜语》
2000	《孤男寡女》、《无人驾驶》、《辣手回春》、《天有眼》
2001	《钟无艳》、《爱上我吧》、《瘦身男女》、《全职杀手》、《暗战Ⅱ》
2002	《呖咕呖咕新年财》、《我左眼见到鬼》
2003	《百年好合》、《PTU》、《向左走，向右走》、《大块头有大智慧》、《1∶99电影行动之狂想曲》
2004	《大事件》、《龙凤斗》、《柔道龙虎榜》
2005	《龙城岁月》

表演作品：

1991	《莎莎嘉嘉站起来》
1996	《摄氏32度》

获奖纪录：

1990	第九届香港电影金像奖最佳男主角（周润发《阿郎的故事》）
1998	第五届香港电影评论学会最佳导演（杜琪峰《真心英雄》）、年度推荐电影（《暗花》）
1999	第六届香港电影评论学会最佳影片（《枪火》）、最佳导演（杜琪峰《枪火》）、年度推荐电影（《暗战》）
2000	第三十七届台湾电影金马奖最佳导演（杜琪峰《枪火》）、最佳男主角（吴镇宇《枪火》） 第十九届香港电影金像奖最佳导演（杜琪峰《枪火》）、最佳男主角（刘德华《暗战》） 第五届香港影评人协会金紫荆奖最佳影片（《枪火》）、最佳导演（杜琪峰《枪火》）、最佳编剧（游乃海等《暗战》）、最佳男主角（刘青云《再见阿郎》）、最佳男配角（张耀扬《枪火》）、最佳摄影（郑兆强《枪火》）、十大华语片（《枪火》、《再见阿郎》、《暗战》） 第七届香港电影评论学会年度推荐电影（《孤男寡女》）
2001	第六届香港影评人协会金紫荆奖十大华语片（《孤男寡女》）、最佳女演员（郑秀文《钟无艳》）

	第八届香港电影评论学会年度推荐电影（《暗战Ⅱ》）
2002	第二十一届香港电影金像奖最佳原创电影歌曲（《瘦身男女》插曲《终身美丽》）
	第七届香港影评人协会金紫荆奖十大华语片（《瘦身男女》）
2003	第四十届台湾电影金马奖最佳原著剧本（游乃海、欧健儿《PTU》）、最佳原创电影歌曲（《向左走，向右走》插曲《回旋木马的终端》）
2004	第二十三届香港电影金像奖最佳影片（《大块头有大智慧》）、最佳导演（杜琪峰《PTU》）、最佳男主角（刘德华《大块头有大智慧》）、最佳编剧（韦家辉、游乃海、欧健儿、叶天成《大块头有大智慧》）
	第四十一届台湾电影金马奖最佳原著剧本（游乃海、叶天成、欧健儿《柔道龙虎榜》）、最佳导演（杜琪峰《大事件》）、最佳剪辑（David Richardson《大事件》）
	第九届香港影评人协会金紫荆奖最佳影片（《PTU》）、最佳导演（杜琪峰）、最佳编剧（游乃海、欧健儿）、最佳男主角（任达华）、最佳女配角（邵美琪）、十大华语片（《PTU》、《大块头有大智慧》）
	第四届华语电影传媒大奖最佳编剧（韦家辉、游乃海、欧健儿、叶天成《大块头有大智慧》）、最佳男主角（刘德华）
2005	第十届香港影评人协会金紫荆奖十大华语片（《大事件》）
	第五届华语电影传媒大奖最佳男配角（张兆辉《柔道龙虎榜》）
	获选香港"中国电影诞生一百年——最佳华语片一百部"第十四位（《枪火》）
2006	第二十五届香港电影金像奖最佳影片（《龙城岁月》）、最佳导演（杜琪峰）、最佳男主角（梁家辉）

唐季礼 健康暴力

1. 导演故事　2. 对话谈艺　3. 电影解析　4. 佳片特写　5. 作品一览

▶ 导演故事

儒雅导演　动作出身

　　唐季礼，1960年出生于香港，祖籍广东。小时候，唐季礼非常喜欢看功夫巨星李小龙的电影，和小伙伴一起将李小龙奉为自己的偶像，希望有朝一日可以行侠仗义。因为崇拜李小龙，唐季礼幼年时就醉心于武术，12岁时就已精通洪拳、太极拳和跆拳道。唐季礼身体素质很好，中学时代一直是好运动员，常代表学校去参加运动会。1977年，17岁的唐季礼在香港完成了初中的课程，远赴加拿大开始留学生涯。在加拿大的时候，唐季礼又迷上了赛车等时尚的东西。这些都为他日后动作片的创作打下了基础。

　　1979年，唐季礼回到香港，准备协助家族打理生意。一天，他和姐姐去片场探望姐夫罗烈，应姐夫和片场工作人员的要求，唐季礼在现场打了一套洪拳，当即被武术指导看中。再加上原先对电影就有浓厚的兴趣，于是以此为契机，唐季礼进入香港电影圈。一开始，他做了三年的特技演员，曾经为张国荣、周润发、狄龙等多位明星担任过替身。他对电影拍摄尽职尽责，表演过几百个特技动作，危险系数大的高难度动作也会全力出演，因此落下了浑身的伤痕。

1983年，唐季礼放弃特技演员而转型做导演，尝试开拓电影创作的另一片空间。此后很长一段时间内，唐季礼先后在无线电视台和邵氏等电影公司当副导演、制片和编剧，在实践中不断补充知识和磨炼能力。1988年，唐季礼作为执行导演创作了影片《天使行动Ⅱ之火凤狂龙》和《天使行动Ⅲ之魔女末日》。创作中意想不到的限制和无奈，促使他着手思考自己的电影。

1991年，唐季礼的电影生涯发生了重大转变，他成立了自己的电影公司，开始拍摄第一部自己喜欢拍的电影《魔域飞龙》。拍摄资金的极度紧张，使得影片在拍摄中几经磨难，但是唐季礼咬紧牙关、含着泪水坚持完成了，他一人身兼了监制、编剧、导演、武术指导、场务等多个职位。影片上映后虽然略有亏损，但是影片采用的独特创意和展现的导演功力，让电影业界人士刮目相看。嘉禾公司的何冠昌对唐季礼的导演才华非常赏识，1992年特别邀请他执导成龙、杨紫琼和张曼玉主演的《警察故事Ⅲ之超级警察》。结果唐季礼不负众望，影片不仅一举打破了东南亚多个国家的电影最高票房纪录，还将成龙大哥第一次扶上了台湾电影金马奖影帝宝座，唐季礼也由此真正奠定了自己的导演地位。

此后唐季礼和成龙继续长达十多年的愉快和谐的银幕合作之旅。1993年成龙客串参演唐季礼的《超级计划》，唐季礼帮助统筹成龙电影《醉拳Ⅱ》的制作；1994年唐季礼为成龙量身打造冲击国际市场的电影《红番区》，成绩斐然；1995年，两人再度联手贺岁片《简单任务》，在东南亚各国创下票房新纪录。

1996年，唐季礼前往好莱坞学习考察，执导了第一部外片《符碌先生》，影片获选为美国十大家庭片。1998—1999年，唐季礼监制了CBS电视剧集《过江龙》，收视率居高不下，并斩获多项电视大奖。1999年，唐季礼被美国亚洲贸易联合会授予亚裔传媒领导人奖。

虽然在美国的发展非常顺利，但是内在的爱国激情和民族尊严，促使唐季礼在1999年毅然返回中国。他在香港创立了中美国际影视娱乐有限公司，投资制作了影片《雷霆战警》。影片主角虽然不是国际巨星成龙，但还是叫好又叫座。2005年，唐季礼再次牵手成龙，拍摄了穿越时空的爱情动作传奇片《神话》，成为年度电影的重要亮点。

▶ **对话谈艺**

唐季礼：让中国电影阳光、自信地走向国际

受访：唐季礼
采访：张　燕
时间：2005年8月7日
地点：北京新世纪饭店

从香港到好莱坞

张：唐导，在我的印象中，你是一个有着矛盾美感的人，你拍的影片多是《超级警察》、《简单任务》等视听感觉很强烈的动作片，而你的外貌却又特别像一个非常文弱的儒雅书生。你对自己和自己的创作有什么样的评价？

唐：哈，我从小佩服岳飞，我要像岳飞那样文武双全。

张：你的电影对目前的中国电影有一个很值得借鉴的地方，那就是借用好莱坞电影的类型形式来包装本土的电影内容。

唐：对。如果你留意我的电影生涯的话，就会发现我一直都在努力让自己的工作具有开创性。我在流行《倩女幽魂》之类的电影的时候跳出来做导演，拍摄了第一部电影《魔域飞龙》。我既没有周润发，也没有张国荣，我不是吴宇森，也不是成龙，还没有钱，那我怎么能够突出自己的特点呢？我就想把《魔域飞龙》开拓成那种惊险的探险片。我了解到我们这边飞船都升空了，地球的那边还存在着活在石器时代的人类，我觉得很有趣，但是这种东西没有人愿意去拍，因为太辛苦和太危险了，我就觉得自己要去做。可能是我做武行出身的，够胆识吧。

张：《魔域飞龙》这部戏的拍摄过程好像特别艰难，剧组原先有二十多人，到最后只剩下十多人，是这样吗？

唐：对，开始有29个工作人员，最后只剩下11个，其中有一个是跟我学拍戏的朋友的儿子，才17岁。

那时候我没钱，有些人做两份工作，我说："我没钱给你，你就少做一份工作，

我少给一份钱",他们都不愿意,结果都走了。那时候真的很艰辛,只有1个摄影师、1个助手、1个灯光师、5个武行兄弟、2个演员,还有我朋友的儿子。我们有49箱机器,摄影组就2个人,制片是我,司机是我,摄影是我,副导演、场记、道具、替身等都是我。那时候我有一个心态,家人和朋友都投了钱,我不能辜负大家对我的信任,如果不能完成电影的话,就太对不起大家了,所以咬着牙就算死也要把电影拍完。结果电影完成后,还是亏了200多万。不过其实也不算亏,正是因为这部影片,才使我有机会拍摄成龙的电影。

张:《魔域飞龙》这部影片给你创造了什么样的机缘?

唐:《魔域飞龙》公映以后,香港影评人石琪写到:"《魔域飞龙》中的土人和惊险动作场面,比成龙的《飞鹰计划》有过之而无不及。"因为这句话,何冠昌先生看到了《魔域飞龙》这部影片,他找到我请我拍《超级警察》。

那时候《超级警察》是第一部成龙没再做导演的戏。当时大家都很奇怪,唐季礼这个导演才刚拍了一部电影,何先生为什么会有这个决定?成龙成名以后,一直都是他自己做导演和武术指导,这一下子找了个年轻的新导演做武术指导,没人搞得懂。那时候成家班刚解散,我带着4个武术副指导拍完了《超级警察》。为了证明我能拍成龙电影,我做了很多尝试和改变,比如现场录音,后期制作时从原来的单声部变成杜比多声道,这也是第一次在成龙电影中展示,还有我把原来在电影圈所有学过的枪战、爆破、飞车、直升飞机等海、陆、空元素,以前在成龙电影中没有

《超级警察》剧照

《超级计划》中男扮女装的成龙

出现过的东西都用了,全部推出来。

张:在《超级警察》中,你还为成龙的《警察故事》做了一次大胆的尝试,把内地和香港警察两边的情形有对比地展现出来?

唐:我尝试把两地警察的特色都展现出来。所有这些改变和努力,都是希望能证明我可以拍成龙电影,因为有很多人在看着我,尤其是原来跟着成龙拍电影的人,他们因为我的加入而没参与《超级警察》,他们会观看我是否能够成功拍完。最后《超级警察》公映,结果很幸运,成龙大哥平生第一次拿到了台湾金马奖最佳男主角奖。他说:"我自己拍了那么多年的戏也没拿到,唐季礼你第一次拍就帮我拿到金马影帝,太好了。"

张:此后你跟成龙大哥的合作就比较多了,包括《简单任务》、《红番区》和《超级计划》等影片。

唐:对。《超级警察》破了中国台湾以及马来西亚的开埠纪录,台湾的票房是前两部成龙电影的两倍,成龙大哥非常感谢我。所以后来我拍《超级计划》的时候,成龙大哥帮我拍了两天戏,扮演一个女人,穿高跟鞋、穿丝袜、染手指甲、穿裙子、戴假牙、戴假发和胸罩,什么都做了,而且还一分钱都没收。成龙从来没有给别人客串过,他给我的电影一客串就扮成女人,还免费,他真是太好了。紧接着我就跟他合作拍摄《红番区》。

张:《红番区》这部电影是你和成龙一部非常重要的电影,以完全中国特色的东西征服了国际主流商业电影市场。

唐：对，没错。从题材上来讲，以前的《警察故事》都是讲述香港本土的故事，这次我把它变成一个跑出香港的国际性故事。《超级警察》成功之后，美国哥伦比亚的片商跑到嘉禾说一定要见我，见我之后说："我一直是成龙电影的影迷，可我看到《超级警察》时觉得跟以前的成龙电影很不一样，我很喜欢你的表现手法，它比较接近我们美国的观众"，同时他也提出了一个问题，那就是成龙电影不讲英语，美国所有的电影院线是不放配音片和字幕片的，他还说："即使我们喜欢成龙电影，想买都买不到"。他很喜欢成龙，相信成龙电影一定能打进好莱坞，但是我们突不破讲英语的困难。这个片商也告诉我，美国电影发行第一周要1500万美元的宣传发行和拷贝费用。这一切都是我作为导演要考虑的问题。他还跟我说："导演，你如果再跟成龙拍电影，能不能让他讲英语，能不能想一个故事，让题材跟我们美国观众有关？不然的话，观众会没有亲切感。"

我觉得这个主意很好，因为我在加拿大念过书，能感受到中国人在外国的移民生活和新移民弱小社群被外来恶势力歧视欺负却只能忍气吞声的心态。这样我把这种经历变成了《红番区》这个故事，故事中因为香港人去了美国，这样就可以让人物合理地去讲英语，是一个突破。

作为导演，我的方针很明确，这部电影是要打国际市场的，但那时公司怕失去本土市场，反对我这样做，因为他们觉得语言上一半英语、一半中文，如果合得不好的话，可能会失去本土的观众。那时候美国好莱坞电影在香港和亚洲的票房是不如港片高的，因为有地域文化认同。但是我坚信自己的想法，觉得我不会失去市场。影片的故事对中国人来讲会有很强的感受力，我们被外国人欺负，有一个英雄出来帮我们争一口气，观众怎么会不支持呢？因为有了美国片商给我的概念，我拍成了《红番区》，《红番区》的成功也使原来不能卖到西方的《超级警察》也卖出去了。新线（New Line）公司买断了这些电影在美国的发行，是全年投资的项目中赚钱最多的，翻了25倍。《红番区》的成功，让我接下来的《简单任务》也能够打进美国市场。

张：拍完《简单任务》之后，你好像就到好莱坞去发展了，当时是一种什么样的状况？

唐：其实是我主动跟何冠昌先生要求的。那时我已经拍完了《超级警察》、《红番区》、《简单任务》三部电影，他希望我再多拍两部成龙电影。我说我们的电影是低科技，天天在现场想办法如何真的去撞、跳，这怎么能和好莱坞的高科技去抗衡？我说这样下去不行，单靠成龙的拳脚功夫去打，怎么打得过他在二十多岁时的身手？人只会越来越成熟，动作越来越慢，如果一直走这样的道路，我没办法创作。创作一部成龙电影的难度是非常大的，很多人不理解。观众对成龙电影的要求越来越高，主要希望动作

《红番区》剧照

场面常拍常新。这么多年以来成龙大哥拍了那么多经典的动作场面，还有李连杰等其他演员演过许多精彩的场面，史泰龙等外国动作演员也有很多好的作品，常拍常新的难度是非常大的。

而我要拍成龙电影，就要保持一贯的原创性，让观众感觉很多动作场面只有在成龙电影里才能看到，只有成龙一个人能做到，这是对我作为导演和编剧来说最大的压力。你要有从来没见过的、新鲜的动作场面，还要考虑动作场面怎样跟故事和人物串联，文戏和动作戏要结合得非常好，这是最大的难度。

我跟何先生请求给我四五年的时间去好莱坞学习高科技、市场推广和电影制作的定位，这一直是我想学习和研究的。我一直觉得自己水平不够，又没时间去念书。我去好莱坞是学习，我给好莱坞公司制作电影、电视剧，不把自己当作大导演，虽然他们给我的签证是那种"美国没有的专业人才，需要从国外请的"，那是很难申请的。因为如果是一般的工作，一定要请美国工会的人，美国工会有几千名导演，为什么一定要请一个香港导演，那他就要有美国导演做不到的能力。美国请我的理由

是，我拍的成龙电影又打又笑，而美国没有。在《红番区》进入好莱坞之前，美国电影是分得很清楚的，打就是枪战片之类的，笑就是金·凯利等人演的喜剧片，他们没有打中有笑的幽默动作电影的概念。他们觉得香港电影有些太搞笑，周星驰电影他们是不喜欢的。我们如何把香港电影好的部分抽出来，抛除夸张，真实一点，再加上西方的技术，这是我一直在研究的问题。

我希望从好莱坞回来再发展的时候，以中国内地为主，因为中国电影要发展必须有庞大的本土市场做支撑。《红番区》是最早引进内地的香港贺岁片，打破了开埠的纪录，不算偷漏瞒报的票房，正式报出来的总票房就已经上亿人民币，影响很大。受这样的成绩影响，我觉得没有新的东西就不要再拍下去，所以到好莱坞去学习如何用电脑特技。

从好莱坞回到中国

张：你什么时候从好莱坞回到国内，具体创作了什么影片？

唐：1999年，我回国拍了影片《雷霆战警》，这是我所做的一个试验。那时候召开"中国电影如何打进国际市场"的研讨会，很多人说中国电影打不出去，我就不认同。他们对我说："你在香港打出去了，能不能在内地也拍一部电影？"我觉得讲是没用的，我在外国念书对西方文化比较了解，而且我是学武术的，同时也是做特技的，所以我加进电影里的东西是其他导演不会有的。这样，《雷霆战警》只是一

《雷霆战警》惊险刺激

个实验，我全部找中国和东南亚的演员，整个故事情节、拍摄都在中国，资金也是中国的，没有外国的，我就看能不能打进国际市场？最后《雷霆战警》在全世界都卖，美国主流电影市场也买了我的影片。片中我没有用成龙，演员几乎都是新人，郭富城在电影里是新人，藤原纪香是第一次在电影里演女主角，王力宏是第一次演电影，林心如是电视演员。结果影片也大卖。

张：可以说，《雷霆战警》对你有很重要的意义。可能很多人认为你以前的电影成功是因为有成龙，而这部影片没有成龙，完全靠你自己的导演功力和崭新的表现方式来获得成功。

唐：对。还有洪金宝主演的电视剧《过江龙》，也没有成龙，我也拿了全美两年收视冠军，还拿了很多奖项。大家很奇怪，问我："唐季礼，你干嘛要去拍电视剧？"那时候其实是龙永图部长要求我做一个研究，研究中国电影如何走出去。我作为一个香港导演和到过好莱坞发展的影视导演，那么了解国际市场，如果我做的中国电视剧都走不出去，其他人就更难了。

张：是不是由你来做前锋，尝试一下中国电视剧如何走出去？

唐：其实这也是我自己想做的，没有任何人要求我这么做。龙永图部长只是说了一句"学习在海外，发展在祖国"，这感动了我。回来后我什么条件都没享受到，享受到的只是我是一个香港导演，我在做监制的时候名字不能挂，很多优惠政策都没有。现在开放了。1999年我回来的时候，中国加入WTO还在谈判，中国还没有把影视看作一个产业，那时我就已经提出中国电影一定要走出去。可惜那时提得太早了，还没有人接受。在这个过程中，我觉得自己讲是没用的，最实在的是我真正去做影视作品。现在我的香港公司名字叫中国国际传媒集团有限公司，上海的中美公司是中国国际传媒集团有限公司里面的子公司，我还有发行公司。

张：现在你已经建立起了电影制作发行一体化的运作体系？

唐：是，除了电影制作和发行的公司之外，我还有五个餐厅。

张：这是在你从好莱坞回来以后，有意识地要把电影创作和产业观念相互结合的尝试？

唐：对。从好莱坞回来以后，我觉得电影一定要产业化，我做导演早晚会老，导演是我自己的兴趣，最终我是想要开办影视学校，我想拥有一个电影制片厂。拍完《红番区》之后,我讲过未来的香港会主要变成供应东南亚的音像市场,因为失去影院市场,因为盗版的猖獗、好莱坞的崛起和笼络人才的手法。好莱坞把全世界最高尖的人才,比如香港的徐克、吴宇森、成龙、黄志强、洪金宝等全部拉过去,给予优厚的待遇,能不去吗?结果现在大部分香港的大导演全部拿的是美国护照。人才全部外流之后,本土还有谁来拍电影?好莱坞要攻占全球市场,他们就有很多的优势。

美国公司给我办的签证可以移民,但我没有移民,因为从小我就有民族意识,民族自尊不让我做二等公民。我崇敬美国的影视发展,但是我不想作为好莱坞电影工业的一个工具和廉价劳工,去为好莱坞电影的发展做贡献,我希望为自己祖国的电影发展做出贡献。我觉得这是一个电影人应该做的事情,既然电影人对社会有那么大的影响,那你必须要在个人行为和社会工作上尽一份责任,这是我个人的取向。

张:目前在办影视学校和建设影院方面,有没有具体的计划?

唐:现在我已经跟美国加州大学达成协议,我跟他们在中国合作办一所电影学院,目前我正在寻觅中国本土的高校来作为合作对象,因为我想做一个双语的电影学院,一个整合中国电影制作传统、香港电影发展特质和美国电影技术的电影学院。我是实战教学,利用电影制作来带动教学,使得产、学、研一体化。这是一个大事业,我个人的力量有限,毕竟我只是一个导演。只不过我在影视生涯中不断求变,完成了武术指导就做导演,完成导演就做监制,完成监制就做发行,等等。我很想做一些事情,如果我只是拍一部电影,那做不多。如果我能有一个学校,请很多国际知名的导师,让他们的经验和我几十年的经验跟中国的年轻人分享,那样就可以做很多。如果中国有100个张艺谋、唐季礼和冯小刚,我们的中国电影那该有多好!

张:你是在李小龙、刘家良等电影人的影响下才开始慢慢走上电影道路的。李小龙、刘家良等很多电影人拍的都是动作片,你现在扬名国际,也主要是以动作片而成功。在你的理解中,你拍摄的动作片有什么独到的风格特点?

唐:我拍摄的动作片,其实跟成龙电影很相似。可能因为我和成龙大哥是同一个星座、同一天出生,我属老鼠,他属马,他大我6岁。我们入行经历也差不多,从武行、编剧、副导演、武术指导到导演,分别在于他主攻了演员,我主攻了幕后导演。

我的电影有非常清晰的特点:第一、民族意识很强;第二、黑白分明;第三、动作场面紧张而不残酷，在紧张的过程中观众会突然爆笑。我会在特别紧张的场面中加入喜剧的因素，这可能是跟我个人比较开阔的性格有关。我电影中夜景很少，因为黑暗、狭窄的东西我不喜欢。我需要很大的空间。在我电影里，很多东西是很广阔的。

张：祝愿你电影拍得好，产业运作也出色，而且能为中国电影培养出一大批优秀的人才。

唐：我会尽自己的力量去向着目标努力。毕竟我一个人的力量有限，我能做出的贡献也是很有限的，可是如果我做这一切的成绩，人家能用来借鉴，能够在我身上取长补短，能够做得更好，我会最开心。

我现在四十多岁，人生来来去去就那么长。我信佛但不迷信，我信佛家的人生道理，但我不相信轮回。我是一个黑白分得很清楚的人，人家说这个人不好，我不会听的，我觉得自己没有见证过的东西就相信，那是不对的。但是有些东西不需要你见证，比如佛家引导人向善的思想是好的。每个人都是要离开这个世界的，比如跟我一起成长的张国荣，他当小演员的时候我做武行，那时候我的车子还以7000元的价格卖给他，可是现在他走了。梅艳芳和我一起合作过《红番区》，现在也走了。罗文是我从小家里的朋友，也走了。每个人都要走，是笑着走，还是有遗憾地走？我希望我的人生旅程，走的时候是笑着的，没有枉费我这一生。

《神话》：浪漫爱情动作片

张：你的新片《神话》9月份要在全球范围内正式上映。据说为了这部影片，你准备了很长时间，也希望有比较大的创作转变。请问最初的题材灵感从何而来？

唐：题材灵感来自于很多我原先喜好的东西。小时候，我总梦想能够环游世界，太空太遥远了，如果能逛遍地球就太好了。所以从小我对旅游、《探索》、《发现》等节目特别感兴趣，也特别喜欢美国斯皮尔伯格的《夺宝奇兵》等系列探险片。另外我也很喜欢中国历史，对历史中的很多人物非常敬仰，反而觉得武侠世界里没什么人物值得崇拜。

我八年没跟成龙大哥合作了，三四年前我有了构想，写了一个我喜欢的故事。同时成龙大哥也问我："你能不能帮我写一个故事，咱们再合作。"我觉得再合作的话,我不想拍《警察故事》之类的电影,也不想让他再去演一个警察,因为我觉得他演了这么多年的戏,做了这么多个警察,没有新鲜感了。作为编剧和导演,我很难再创作。

在创作的过程中,我总在想现在的成龙和以前的成龙差别到底在哪?当然是成熟了,演技更好了,人生经历也多了。我总感觉成龙大哥是一个很浪漫、很感性的人。在以前的成龙电影里,因为要讨好成龙的影迷,他总是又打又笑,动作密度很大,电影节奏很快。我帮他拍了《红番区》、《超级警察》和《简单任务》等影片,票房成绩非常好。本土和国外观众都喜欢的原因是电影里有很重要的民族精神和爱国精神。作为一个中国人,他那种不畏强权、锄强扶弱的精神,一直贯穿在我以往拍摄的成龙电影中。

而在《神话》里,我很想拍古装片、历史片,我想今天如果让成龙演一个古装英雄的话,会有什么反应?可能观众不一定习惯。对成龙大哥来讲,一下子要做这么大的突破,挑战太大了,不一定能够成功。他以前没演过古装历史片,古装片不可能保留原有的成龙式幽默,因为以前的历史人物形象不可能那样。如果新的电影把观众喜欢他的原来那种东西完全抹掉,也是一个非常大的风险。而我喜欢探险,

《神话》剧照

所以我就把古装和现代两种元素结合在一起。怎么样结合呢？这跟我以前许多的梦境有关，我曾梦过自己是一个带兵打仗的古代将军。

张：这种梦境是不是跟你从小喜欢岳飞将军有关，希望和他一样带兵打仗。

唐：对，是这样的。可能我看岳飞看得太多了，总梦见自己骑在马上打仗，还常常梦见自己会飞，有时候发现自己抱着枕头一提气就能飞，很过瘾，但放下枕头就飞不起来。这种感觉萦绕着我，让我在影片中将成龙写成一个现代的考古学家，他经常有古代将军和公主的爱情故事的梦境，故事发生在他去印度以后在古墓里发现了一幅中国古画，然后产生了许多印象深刻的回忆和幻象。他一直解不开这个谜。为什么现实人生中许多真实的东西会跟梦境结合在一起？到底是不是有前世和今生？通过资料收集，我们了解到人的梦境其实是和我们的记忆系统、创造系统相结合的，这样才会形成那种如幻如真的梦境。

张：你好像说过，《神话》这部影片不是一部动作片，而是一部浪漫的爱情片。

唐：对，我说过。影片刚剪辑完，我放给成龙看，他一看完就说，"这次你帮我拍了一部爱情片"，他说很好，他也很喜欢。这部爱情片里也有很多动作场面，但是看过这些动作场面之后，观众可能最喜欢和印象最深刻的还是那段爱情。为什么《神话》里我要加入爱情故事呢？以前拍完《红番区》，我对何冠昌先生说有一个爱情故事很想拍，有一半是我个人的经历。

张：这是不是说《神话》里的爱情一半是你自己的故事呢？

唐：不是啦，我没有跟一个公主交往过。我很想拍爱情片，我觉得感情是最令人心动的。我喜欢《罗密欧与朱丽叶》、《音乐之声》、《爱情故事》等，那些爱情都是人们想追求的。何先生听完之后跟我说："爱情故事男女主角非常重要，一定要有明星，不然没人看，还有外埠市场会卖不出去，如果你要找张曼玉和梁朝伟，800万我还敢给你拍，超过1000万我就不敢给你投了。"这样两个演员的薪酬就超过制作成本的一半了，再有一半的制作预算，那我作为导演就没薪酬了。何先生让我趁年轻赶紧再拍电影赚钱，如果我再拍一部成龙电影，他就给我8000万预算，那是800万的10倍。

张：90年代中期，爱情片没拍成，然后你把这个愿望一直延续到现在。

唐：是，愿望一直延续到现在。反正他不让我拍爱情电影，我就把动作片拍成爱情片，将爱情加入动作片中，这是很鲜明的。我觉得一部电影能够很清楚地反映导演个人的心态，还有他对人生的感觉。我同意《神话》里成龙扮演的古代将军的角色其实也是我自己，我觉得我在古代也会是一个将军。

张：这个角色也是你自己的化身，也希望经历一段神话般的爱情？

唐：对，也是我自己追求爱情的目标。如果真有那样的公主，我也会订下爱情盟约的。因为我很喜欢秦始皇和秦朝的故事，我要写一段浪漫凄美、天长地久的爱情故事。经过很多选择，我就利用秦始皇临死之前的一段历史作为背景，选择成龙来演一个古代将军。我觉得成龙本人具备将军的气质，如果他生在古代，可能就是一个将军。很多香港演员骑在马上，你怎么看怎么不像一个将军，他们没有那种气质，而成龙有。

而后我接着想，将军该配什么呢？当然应该是一个公主。其实古代的公主是很无奈的，被作为礼品送给人家，根本没有自由恋爱的权利。而古代将军的结果就是杀敌饮血、战死沙场和为国捐躯。我就抓了这两条线，让将军和公主两个人在不可能走在一起的情况下走到一起，经历了一段生死患难的人生旅程。虽然时间非常短暂，但足够让他们两人相爱永恒。将军想爱不敢爱，也不能爱，因为他是一个很忠心爱国的人，不能违背作为将军的人格，就算他再爱这个公主也不能表现出来；而公主，从来没有这么近距离地跟一个男人接触，生死与共之后产生了爱情，但她拿这段感情也没办法。两个人因为不能相爱，所以才能爱一辈子，爱两千年都爱，这就是《神话》中我想表现的东西。

张：除了爱情，《神话》中动作场面好像也有全新的设计？

唐：有两场戏非常特别：一场是时装戏，成龙跟印度女演员一起逃走的时候走在生产粘老鼠的胶的工厂，追逐的时候他们要走到对面，一下子就粘住了鞋子，鞋子不能动就脱了，身体被打倒了衣服要脱了，屁股坐下来裤子要脱了，最后他们两个人脱得光光地逃走了，很好玩。这场戏源于我回加拿大的时候，一走出停车场就踩到了粘老鼠的胶纸，看到一只死老鼠就在我脚旁边。我是最害怕老鼠的，当时吓得跳起来。鞋子粘在胶上很紧，怎么撕都撕不开，怎么弄都弄不掉，我把鞋子脱下来走开了，然后叫朋友慢慢地帮我把鞋拿起来。

张：这是你从现实生活中得到的创作灵感。

唐：我想这场戏想了很久，总不能想到什么东西就随时放进去，一直没有找到合适的故事。前后我想了四五年，终于在《神话》里被放进去了。还有一场戏，我一直很喜欢历史人物的大场面，古代将军在战场上很威猛，那种感觉让我设想在打斗的时候人马合一，成龙能够控制马，马能够配合他来打。

张：这种动作设计好像没人做过，难度很大。

唐：没人做过，是因为做不到，很难做。这部戏是我创作思想的创新，我要成龙骑马就要比其他人骑得好，一定要比美国人骑得好，中国人才有面子。如果只是骑马在跑，那就没意思了。我跟成龙一块想人和人打、马和马打的场面，我们特地坐了五个小时的车去广西山区看每年斗马的马节，他们斗马的时候，马会互相咬、踢腿、转身，马有时也是很坏的，转身就咬对手的要害处。看完马节，我就构想将军在马上对打的精彩场面。当然完全实地拍摄是不现实的，后来我也用了一些电脑特技合成的方法来完成构想。

《神话》剧照

▶ **电影解析**

中国动作片，国际新思维

唐季礼是一位执著于动作片创作、对动作片的发展贡献良多的香港导演，也是一位自觉摸索具备国际竞争力的中国电影的先锋导演。自1991年拍摄处女作《魔域飞龙》以来，唐季礼总共导演了《警察故事Ⅲ之超级警察》、《红番区》等8部影片，除了在美国拍摄的家庭片《符碌先生》之外，基本上都属于动作片范畴，其中多部影片为香港动作片的进步和转型奠定了良好的基础，也为中国电影走上国际获得了显著的可贵经验。1992年，《警察故事Ⅲ之超级警察》突破了以往只注重本土故事和男性英雄的成龙电影模式；1994年，《红番区》第一次将中国故事搬到了美国纽约，继李小龙电影之后第一次将成龙电影推进西方主流电影院线，也第一次将贺岁片的概念引入内地；2000年，《雷霆战警》在没有超级巨星成龙出演的前提下，以纯中国化的制作顺利进军西方市场，拓展了中国电影走向国际的新思维。

民族化主题·国际化叙事

从价值形态来判断，唐季礼电影绝对是属于正统主流意识创作范畴。对于唐季礼来说，电影不仅仅一种纯娱乐的商品，还是一种可以改变观众的国家、民族等重要意识的载体。因此电影创作对于他来说，是一种艺术创作，也是一种高尚的责任。基于这样的理念，唐季礼的每一部电影都是一次慎重的民族化写作，充溢着自尊自强、正义爱国等主流精神的浓烈气息，呈现出健康积极的创作形态。《超级警察》中，香港警察陈家驹和内地警察杨建华联手卧底行动，与凶狠的贩毒黑帮展开了机智而顽强的斗争，终于实现了深入虎穴一网打尽的办案目标，在整个东南亚的银幕上树立了两个充满社会责任感的超级警察的形象。《雷霆战警》中，两名年轻刑警与国际刑警同时行动，最后通力合作，一举破获了跨国集团的犯罪案件，并找出了警察内部的贪污罪犯，在惊险娱乐的故事中倡导了反贪、反走私等健康主题。2005年新片《神话》，民族主题表达更加明显，借考古学家之口直接表达了要保护民族历史文化遗产的鲜明主题，并且以蒙家子弟兵生死与共、豪迈赴死的悲壮故事讴歌了为国捐

《雷霆战警》剧照

躯、视死如归的爱国精神。

值得特别关注的是,唐季礼电影的这种主旋律写作,截然不同于内地重思想性、轻观赏性的主旋律电影模式,而具备了非常鲜明的娱乐化策略和国际化视野。在唐季礼的理念中,电影的输出是民族文化的一种软着陆,但是能否输出,关键取决于电影作为商品而必需的娱乐属性,只有电影具有强烈的观赏性,融汇在电影中的民族文化和精神意识才能潜移默化地传输出去。唐季礼从好莱坞主旋律电影中成功取经,采用娱乐化的商业策略精心包装情节架构和人物塑造,在精心营造的类型故事空间中,巧妙融入中国主流意识、爱国精神、凸显自尊、自强、正义等民族化的主题。比如《超级警察》和《雷霆战警》的叙事借用了警匪之间斗智斗狠的惊心动魄的情节故事,《神话》则结构了一个穿越时空的爱情神话。

除了在纯粹中国的故事中积极承载社会主题和价值取向之外,唐季礼还把目光投向国际。从小深受李小龙的爱国情怀激励的唐季礼,把自身在加拿大的成长过程中感受到的海外华人受外国恶势力欺负的真实情况进行艺术加工,采用国际化叙事策略,将中西对抗的模式巧妙融入电影题材中,借助银幕上塑造的中国英雄来大力弘扬自尊自强的民族主题。这样的主题表达最典型地体现在影片《红番区》中。影片中香港警察马汉强来到纽约参加叔父的婚礼,目睹购买超市的依玲被地痞流氓骚扰欺负,他挺身而出,仗义帮忙,最后被迫卷入与美国黑手党的激烈较量中。影片《红番区》虽然明显设置了中国人与美国人正面对抗、最后中国人取胜的关系

《简单任务》剧照

模式,却没有遭遇美国观众的反感,反而很受追捧,取得了非常高的票房。这主要是因为唐季礼在叙事构架中巧妙地采取了避重就轻的原则,成功地规避了狭隘的民族情感,而侧重于不畏恶势力和强权迫害的正义意识的国际性表达。影片没有触及中国与美国之间的民族、历史、政治、宗教等潜在的本质对抗,而着力于超越地域、文化、民族的人性情感的刻画,影片中只存在有正义感、同情心的好人和野蛮欺负别人的坏人,巧妙避开了民族逆反的雷区,而切中了观众娱乐欣赏的潜在认同。影片中无论是中国人还是美国人,其遭遇迫害和危难时所展现出来的善良、真诚和人性得到了观众极大程度的共鸣性认同。如此国际性的民族化主题探讨模式,也体现在唐季礼在好莱坞拍摄的《过江龙》等电视剧中。

再如《简单任务》,超级警察陈家驹的身影出现在俄罗斯,与澳大利亚华人黑帮、俄罗斯黑手党开始了一场国际性的较量,最后陈家驹以其正义感感悟了华人黑帮,两者联手捣毁了威胁国际社会秩序的黑手党,充分展现出华人警察的智慧与能力,弘扬了中国人的民族自豪感。

就人物关系的设置来看,唐季礼电影大体承袭了中国传统电影的主流价值判断,基本上是好坏、正邪等黑白分明的模式。片中主人公多是充满正气、正义和智慧的好人,与之对抗的多是凶狠狡诈的坏人。不过在人物性格的塑造上,唐季礼的处理颇具现代性的平民特质。他所有电影中的人物,都不是刀枪不入、豪情万丈的大英雄,而是在坎坷经历中被迫成长的充满平民气质的小人物英雄。在小人物的普泛接受原则下,唐季礼巧妙地进行国际化叙事和民族化表达。

开拓创新·健康暴力

综观唐季礼的创作,前期多以成龙主演的《警察故事Ⅲ之超级警察》、《红番区》、《警察故事Ⅳ之简单任务》等影片而出名,成龙的倾情出演也是其电影成功的一大因素。

尽管如此,唐季礼电影并没有被成龙电影的光环所掩盖。他以《雷霆战警》等影片展现出个性化的电影风格,在中国动作片领域开拓出一块自己的个性电影空间。唐季礼电影的个性风格,主要源于其始终坚持的开拓创新意识以及他在好莱坞学习多年后自觉"化好莱坞经验为中国电影所用"的创作理念。突出的个性风格,不仅为原本日趋模式化的成龙电影注入了丰富的想象力和新鲜的活力,而且使其电影有着独特审美的影像表达、健康暴力的动作美学和温馨感人的人物描摹。

超越于常规模式的成龙电影和传统手工作坊的动作片形态,唐季礼电影在影像表达上展现出独特审美的特点,具体呈现在原创性强的创意构思、镜语化思维的动作结构等方面。就创意构思而言,唐季礼不断地挑战动作片已有形态,以天马行空的想象力和细腻丰富的创造力调度情节思维,结构出新颖的动作场面。《超级警察》中,唐季礼不仅为成龙电影第一次带来了跨越香港与内地的新特色,并且根据内地独有的公安局、煤矿、闹市等场景分别结构了精彩的动作场面,枪战、飞车、爆炸等海、陆、空元素齐齐亮相,为《警察故事》系列增添了新鲜的审美兴奋点。《简单任务》中,陈家驹远赴俄罗斯,在冰天雪地里追踪国际匪徒,从高空坠落冰河的动

《简单任务》剧照

作戏刺激惊人,在银幕上形成了独特的影像表达。《神话》中,老鼠胶生产线上的谐趣打斗和威猛精彩的人马大战等动作场面,都是导演唐季礼独特的创意想象和原创灵感,以精致影像和电脑特技合成的方式得到了不俗的审美展示。

  以往成龙自编自导的《警察故事》等影片,一般采用多机位升格镜头的重复性剪辑来延展和放大高潮性动作的效果,着重在重复性的观赏中强化和凸显"真实搏命"的明星表演。相对于此,唐季礼电影在动作场面的结构中,鲜明地呈现出镜语化的思维,很大程度上改变了以割裂故事情节的流畅性为代价的镜头表现方式,更强调影像镜语和叙事张力并行并重的双重结构方式,注重通过镜头的积累来建构精彩惊险的动作美感,并力图保证故事情节推进的顺畅性和持续性。影片《简单任务》中,陈家驹在追逐疑匪的过程中从直升机坠落冰河的动作段落,导演唐季礼在基本保持叙事推进的同时,采用多景别、多角度的镜头分解方式,不仅将这一时长不到一分钟的动作场景分解成陈家驹在火箭弹攻击下坠落冰河、浮出水面后再次下沉、匪徒走后爬上冰面的三个动作片段,而且巧妙地分解成了空中、水下等景别交叉、仰俯变换和垂直水平方向兼顾的38个镜头。虽然部分镜头仍有一定的重复性,给叙事造成了一定的停顿,但是基本上不破坏情节的流畅进行。在细腻碎化的镜头展示和缜密流畅的蒙太奇剪辑中,导演巧妙地对动作时间进行适当地压缩或膨胀、分割或整合、延长或缩短,最大限度地放大动作的高难度、真实性和刺激性,在剧情精彩推进的同时,传达给观众艺术化的动作影像美感。

  从动作美学的角度来评价,唐季礼电影在表现形式和思想观念上其实是矛盾的影像综合体。作为商业娱乐创作的动作片,暴力性的动作是不可避免的,因为没有暴力或不依赖暴力,这种类型片就失去了存在价值和观众基础。因此唐季礼电影既然定位为动作片,就必须在银幕上展示暴力、强化暴力,并且不断推陈出新地渲染暴力,这样才能立足影坛。作为一个具有强烈社会责任感的导演,他又必须在展现暴力的同时,尽可能地消解暴力动作残酷的一面,将银幕暴力对青少年等社会群体的伤害和误导降低到最低限度。于是在此双重前提下,唐季礼电影建构了一种独特的健康暴力的动作美学。

  健康暴力的动作美学,首先体现在对正义暴力的建构上。唐季礼电影中的主人公在任何情况下都不会是最先使用暴力的那个人,而是在屡次经受反面人物的挑衅

《雷霆战警》剧照

伤害后，在忍无可忍的情况下，才以正义的暴力去对抗非正义的暴力，以求得个人的生存，为弱势人群找回公道。其次，暴力动作的影像展示统一在真实刺激但不血腥的健康理念之下。唐季礼电影中的大多数暴力动作都非常刺激，《红番区》中成龙从停车大楼跳到对面大楼的高难度动作，《简单任务》中成龙从直升飞机坠落冰河的危险动作，《雷霆战警》中郭富城与罪犯在高空玻璃上对决的惊险动作，给观众带来的观赏体验和心理感受是前所未有的。但是所有惊险动作的展示都是非常健康的，银幕上基本不会出现血肉模糊、鲜血淋漓的血腥场面，不会大肆渲染血腥暴力，而是将暴力的伤害程度非常含蓄节制地展现出来。《红番区》中主人公马汉强在小巷中被地痞流氓用玻璃瓶砸打、最后遍体鳞伤地回到住处，即便这个场景惨烈无比，影片中也没有出现十分血腥的画面。同时唐季礼大多会选择在明亮的白天设计动作场面，而尽可能规避夜晚的黑暗与压抑。再次，在暴力动作的风格方面，唐季礼电影多采用了真实但不残酷、紧张但不压抑的设计原则，呈现出暴力动作喜剧化、幽默化的鲜明特征，力求在真实击打的过程中创造出别样的喜剧效果。在动作主线中穿插许多细节噱头，是唐季礼电影中常见的处理方式。比如《超级警察》中，导演在陈家驹与公安局教练较量功夫的过程中，加入了他被卡在树杈中间的小笑料。打斗道具随手选择，并能机智发挥，也是唐季礼制造暴力喜剧的方式。比如《简单任务》中，陈家驹捡到机枪当成骑杠、捡到树枝当作武器等即兴展现，幽默风趣，兴味盎

《简单任务》剧照

然。唐季礼还擅长把握灵活动作和特色空间之间的独特基调差异，制造匪夷所思、奇特独到的喜剧效果。比如《简单任务》中正反双方与鲨鱼为伍、在海底世界较量，《红番区》中水上气垫船在繁华街道横冲直撞，《神话》中围着棺材睿智打斗等动作场景的设计，都展现出唐季礼电影独特的空间概念和喜剧情境。

在人物塑造方面，唐季礼电影着力于采用典型的情感化策略和显著的女性化策略。爱情、亲情和友情的情感表现，丰富了影片的故事空间和叙事张力，也使得影片更易为观众所接受。阴柔女性人物的刻画，不仅巧妙地加强了动作叙事的张力，为原先男性主宰、以动作为主的阳刚模式增添了别样韵味，而且也使得人物情感更加丰富，人物形象更加丰满真实。影片《超级警察》中，唐季礼特别在陈家驹的身旁设置了无比神勇的内地女警杨建华，其后充分铺垫两人在卧底破案过程中的战友情、朋友情，突破了原先单调的男性主导模式。影片《雷霆战警》中，不仅安排了两男一女内外合作破获案件的故事情节，而且刻意穿插了一段年轻刑警与高官女儿的质朴爱情。《神话》中，更是以现在和过去两个时空的叙事连缀起一段超越千年的浪漫爱情。

▶ **佳片特写**

警察故事Ⅲ之超级警察 (Police Story Ⅲ Super Cop)

出　　品：1992年 嘉禾		片　　长：96分钟	
导　　演：唐季礼		编　　剧：邓景生　马美萍	
监　　制：陈自强　邓景生		剪　　辑：张耀宗　张嘉辉　嘉禾剪辑部	
摄　　影：林国华		音　　乐：鲁世伟　李宗盛	
主　　演：成龙　杨紫琼　张曼玉		武术指导：唐季礼　陈爱珍　周国伟	

香港特警陈家驹奉命到内地，任务是设法让正在服刑的军火走私犯豹强招供出国际军火毒品走私集团的内情。为博得豹强的信任，家驹在内地女警杨建华的帮助下潜入监狱当卧底。家驹得到了豹强的赏识，两人密谋越狱非常顺利。豹强与家驹偷渡香港，家驹和建华成功混入走私集团的内部。就在家驹逐渐掌握军火集团的罪证时，与女友阿美不期而遇。阿美怀疑家驹与建华相恋，与家驹产生争执，导致卧底身份泄露。最后两人在马来西亚警方的配合下，与走私集团展开了生死决战。

《超级警察》一方面延续了《警察故事》前两集正气凛然的特警形象，保留了成龙搏命演出危险动作的特色招牌，同时在故事编排上延伸至内地、泰国和吉隆坡等地，力图让成龙走向亚洲。

超级计划 (Once a Cop)

出　　品：1993年 嘉禾		片　　长：101分钟	
导　　演：唐季礼		监　　制：苏孝良　董韵诗	
编　　剧：唐季礼　莫等闲　邵丽琼		武术指导：唐季礼	
摄　　影：林国华		剪　　辑：张耀宗　张嘉辉	
主　　演：杨紫琼　于荣光　周华健　樊少皇　朱茵　成龙		音　　乐：Mark Mothersbaugh　Michael Wandmacher	

香港高级督察何光明等人为明妹举行生日会，发现一帮悍匪打劫保安系统设计公司，而且打劫手法不一般。内地公安派特警杨建华来港提供资料。光明被建华的外表所吸引，但是建华早已对表哥程峰心有所属。两人联手破获了一宗军火交易，谁知犯罪头目竟是程峰。另一主谋人Roger唯恐事败想终止计划，但程峰决定先抢

救人质再照计划进行。不久中央银行发生执枪抢劫案,建华与程峰正式对垒,并一直追入海底隧道地铁工程站。

本片是《警察故事》系列电影中比较特别的一部,成龙大哥饰演的陈家驹第一次退居二线,而由上一集《超级警察》中的内地女特警杨建华坐镇主导。尽管这样,影片整体上还是保持了以往成龙电影的精彩动作,而且还加入了三角爱情的处理,更加引人入胜。

红番区 (Red Bronx)

出　品:1994年　嘉禾	片　长:104分钟
导　演:唐季礼	编　剧:邓景生　马美萍
监　制:丹尼尔·汉克　米切尔·帕克	摄　影:马楚成
美　术:黄锐民　艾伦·本杰明	剪　辑:张耀宗　彼得·张
莱斯·福特	武术指导:唐季礼
主　演:成　龙　梅艳芳　周华健	音　乐:彼得·罗宾逊　王宗贤

香港警察马汉强来到美国纽约,参加叔父马骠的婚礼。骠叔因不堪歹徒骚扰,廉价出售超市给依玲女士。超市开张后,托尼一伙人前来骚扰,汉强知道后打跑了歹徒。晚上汉强中了托尼的圈套,被打得遍体鳞伤。邻居残疾儿童丹尼叫来姐姐南茜为他包扎伤口。丹尼的轮椅被藏上了赃物而成为黑手党与警方关注的目标,汉强与纽约警方配合,救出了被扣押为人质的南茜和丹尼。

本片是唐季礼为成龙量身打造并成功将其推入美国主流电影市场的里程碑作品。影片以美国纽约为故事背景,情节简单直接又明快热闹,在成龙一贯的漂亮打斗之外,梅艳芳的加入为影片增加了很强的喜剧效果,观赏趣味非常强。

雷霆战警 (Thunder Cop)

出　品:2000年　嘉禾	片　长:92分钟
导　演:唐季礼	编　剧:唐季礼　史蒂文·惠特尼
摄　影:杰弗里·C.Mygatt	武术指导:唐季礼　薛春炜
姜全德　邱志伟	剪　辑:Pietro Cecchini
主　演:郭富城　王力宏　藤原纪香	音　乐:王宗贤
林心如　刘兆铭　秦　沛	监　制:唐季礼　麦礼安　董韵诗

在上海一场贵宾云集的时装展示会上，聚集了来自各方的知名人士，不法势力也混迹其中。一名黑帮分子突然惨遭暗杀，会场顿时大乱，两名年轻刑警Darren和Alex立即展开调查。Alex发现一名性感的日本女子Norica从死者身上偷走一样东西，开始追缉，却让她逃脱。调查中他们发现另有一伙黑帮（跨国贩毒集团）与此案关系密切，而那名女子Norica就是打入这个跨国贩毒集团的国际刑警。最后三人联手，与犯罪集团展开了惊险激烈的搏斗。

本片是唐季礼远征好莱坞之后重回亚洲拍摄的第一部跨国巨片，也是唐季礼第一次不依靠成龙而以中国电影风格顺利走向西方主流电影市场的电影。片中许多惊险场面都由演员亲自上阵，动作设计精彩刺激，又稍带些许幽默调侃的味道。

神话 (The Myth)

出　　品：2005年　中影集团/成龙英皇	**片　　长**：120分钟
导　　演：唐季礼	**编　　剧**：唐季礼　王惠玲　李海蜀
监　　制：金忠强　陈自强　苏志鸿　董韵诗	**制　　片**：黄东花　黄昭敏
剪　　辑：邱志伟	**摄影指导**：黄永恒
美术设计：黄锐民	**音　　乐**：曾景祥
主　　演：成　龙　金喜善　梁家辉	**服装指导**：庄志良
孙　周　邵　兵　Mallika Sherawat	**武术指导**：成　龙　唐季礼　元　德

秦朝大将军蒙毅受命护送朝鲜公主玉漱入秦为妃，不料路上遭遇朝鲜王族阻挡，两人堕入悬崖下的激流中。这个梦境已经缠绕了考古学家Jack多年。热心于超自然能量研究的William邀请Jack前往印度探寻神秘漂浮力量，帝沙圣殿中信众膜拜的悬空灵棺因William摘下祭坛宝石而堕地。逃跑中，Jack被印度少女Samantha所救，高僧师父指点出前世缘分。Jack前往西安急于解开梦境，他从骊山上空冒险跳入峡谷瀑布，玉漱公主活生生地出现在Jack眼前，谁知假借学术之名而盗墓走私的古先生也阴谋前来，由此展开了一段殊死的斗争……

这是唐季礼和成龙齐心协力寻求突破的最新力作。唐季礼将十年来一直没有实现的爱情片创作展现出来，巧妙地融入动作片类型中，并为成龙量身打造从现代人物渐变为古代英雄的转型之路，创造出这部浪漫大气的历史爱情动作片。影片故事感人至深，影像唯美清新，动作场面轻松幽默，成龙大哥的表演也别有韵味。

作品一览

导演作品：

1988　《天使行动Ⅱ之火凤狂龙》、《天使行动Ⅲ之魔女末日》（执行导演）
1991　《魔域飞龙》
1992　《警察故事Ⅲ之超级警察》
1993　《超级计划》
1994　《红番区》
1996　《警察故事Ⅳ之简单任务》
1997　《符碌先生》
2000　《雷霆战警》
2005　《神话》

编剧作品：

1991　《魔域飞龙》
1993　《超级计划》
1996　《警察故事Ⅳ之简单任务》
2000　《雷霆战警》
2005　《神话》

监制作品：

1991　《魔域飞龙》
2000　《雷霆战警》

武术指导：

1988　《天使行动Ⅱ之火凤狂龙》、《天使行动Ⅲ之魔女末日》
1990　《烂赌财神》
1991　《魔域飞龙》
1992　《警察故事Ⅲ之超级警察》
1993　《超级计划》
1994　《红番区》
1996　《警察故事Ⅳ之简单任务》

电视剧作品：

1998	《过江龙》（CBS 剧集）
1999	《过江龙Ⅱ》（CBS 剧集）
2000	《平地》（CBS 剧集）
2002	《壮志雄心》、《男才女貌》

获奖纪录：

1992	第二十九届台湾电影金马奖最佳男主角（成龙《警察故事Ⅲ之超级警察》）、最佳剪辑（张耀宗、张嘉辉）
1996	第三十三届台湾电影金马奖最佳武术指导（唐季礼《警察故事Ⅳ之简单任务》）
	第十五届香港电影金像奖最佳武术指导（成龙、唐季礼《红番区》）
	美国十大家庭片（《符碌先生》）
1997	第二届香港影评人协会金紫荆奖十大华语片（《警察故事Ⅳ之简单任务》）
1998	TV Guild Award 美国电视最佳新剧奖（《过江龙》）
	Viewers Voice Award 最受欢迎最佳新电视剧奖（《过江龙》）
	第九届美国观众票选大奖最受欢迎黄金时段新影集（《过江龙》）
1999	Asian Business Association 亚裔传媒领导人奖（唐季礼）

陈木胜　"文"写动作

1. 导演故事　2. 对话谈艺　3. 电影解析　4. 佳片特写　5. 作品一览

▸ 导演故事

新动作力量

陈木胜是目前香港电影界炙手可热的枪战动作片导演之一,他从小喜欢看电影,特别是李小龙主演、张彻导演的武打片,但是他从来没有想过要拍电影和电视,因为他对汽车更感兴趣。中学毕业后,他开始跟汽车公司的朋友学习买卖汽车。一天他看到报纸上说电视台请人便懵懵懂懂地去了,然后就开始在丽的电视台当场记,跟着电视剧《大路群英》的麦当雄、李惠民、麦当杰、查传谊等导演们学了很多东西,并与他们成为了好朋友。受他们的感染,陈木胜慢慢地喜欢上了电影这一行,全身心地投入电影学习中。

1983年,陈木胜跳槽到无线电视台,给杜琪峰导演做副导演,帮助杜琪峰拍摄了《倚天屠龙记》、《雪山飞狐》等经典电视剧。1987年,陈木胜离开无线电视台,为黄百鸣导演的影片《呷醋大丈夫》做执行导演。1989年,陈木胜随招振强加入了亚视,拍了《皇家档案》等剧集。陈木胜在电视台待了很长的时间,拍摄过梁朝伟

电影创作中的陈木胜

主演的《倚天屠龙记》等古装武打电视剧,积累了非常多的拍动作片的经验。

1990年与亚视合约期满后,陈木胜希望在电影界有所成就。为庆祝师公王天林光荣退休,陈木胜集合了师傅杜琪峰和林岭东、王晶等朋友,共同创作影片《天若有情》,他担任导演。飙车的新颖题材和煽情动人的影像表现,使影片在众多香港电影中脱颖而出。他还接受香港电影怪侠徐克的邀请,翻拍神怪武侠片《新仙鹤神针》。1995年的《旺角的天空》和1996年自编自导的《冲锋队怒火街头》的空前成功,使陈木胜正式晋升为香港最具实力的新动作片导演。

90年代末,陈木胜在香港影坛更显锋芒,1998年与成龙合作了《我是谁》。1999年,陈木胜自编自导了偶像动作片《特警新人类》,一举捧红了在歌坛初露锋芒的谢霆锋和其貌不扬的李灿森,为香港类型电影带来了另类时尚的气息。2003年,陈木胜进军内地市场,邀请内地演员徐静蕾同黎明、郑伊健等香港明星合作,成功拍摄了风格清新、情节跌宕的影片《双雄》。2004年,陈木胜与成龙再度联手,请来复出江湖的玉女明星杨采妮拍《新警察故事》,打破了内地保持十年之久的合拍片票房纪录,非常成功。2005年,陈木胜大胆尝试了叙事模糊的动作电影《三岔口》,将复杂的作者叙事和类型电影相互交织,进入了导演生涯的新阶段。

对话谈艺

陈木胜：我从内心的感动出发去拍动作片

受访：陈木胜
采访：张 燕
时间：2005 年 6 月 17 日
地点：香港九龙塘成龙电影工作室

新片计划和动作片观念

张：陈导，在特别风格的电影《三岔口》之后，你还有什么新的拍片计划？

陈：新计划是跟成龙大哥再拍一部比较轻松开心的喜剧动作电影。在即将开拍的新电影中，成龙只有一个条件，那就是不再扮演警察，可以选一些新的角色去演。对此我了解他的想法，他现在很想在演技方面有所发展和被认可，要让观众知道他不单单是一个动作巨星，而是一个演技也可以发挥得很好的演员。这次成龙饰演的是一个很纯粹、很地道的坏人，是一个专门到人家里开锁的偷东西专家，是一个从事不正当工作的人，在生活上很倒霉但内心却很善良的一个好人。

张：影片风格整体上有何变化，有没有动作场面的设计？

陈：肯定会有动作场面，成龙电影一定要有动作，因为国外市场要求成龙电影不可缺少动作，所以这次的喜剧动作片也会有打斗、飞车等危险的动作场面。

张：我知道在你的导演创作中，动作片拍得非常多，有《我是谁》、《冲锋队怒火街头》、《特警新人类》、《新警察故事》等作品。就整体状况来说，动作片也是香港电影比较出色和非常重要的类型。请问，你认为香港的动作片有什么样的独特风格？

陈：在香港拍动作片，我感觉很幸福，因为前面的导演为我们探寻了一条很好的路。比如说吴宇森、杜琪峰、成龙、洪金宝等，他们为我们开发了很好的动作电影国际市场，所以我们这一代的导演很容易在国际上拍动作片，这是香港动作片的一个重要优势。还有在香港拍动作片有最好的条件，我们对于动作场面的处理非常熟练，对动作片有一个基本的认知和重要的感觉，几乎是手到擒来，一拍就知道什么事情危险，什么动作不可以做。这种经验非常重要。

张：目前香港的动作片模式化已经很严重，很多香港和内地的观众都已经流失。作为导演，你觉得香港动作片到底有什么样的问题，将来应该有哪些改变？

陈：拍动作片永远最难的是，拍摄之前要想一个新的构思，动作方面要有新变化。目前香港动作片面临的最大冲击是，好莱坞拍动作片可以天马行空，想到什么就可以马上制作出来，但我们现在还没有达到和电脑特技配合很好的程度。所以每一次构思新的动作是最难的，因为最难的动作成龙大哥以前都做过了，真的是一个挑战。在我看来，动作方面一定要配合戏份和演员的表演，比如我跟成龙大哥合作有一个默契，一定要在打中有戏。《三岔口》没有成龙了，我要发挥另外一种动作，比如郭富城想死撞车的场面，以前都是向前面撞，我就要求向后溜车撞。有新意念是最难的。

张：现在香港有很多导演在拍动作片，你觉得与他们比，你自己最独特的风格是什么？

陈：可能我跟他们最大的不同，就是比较看重人物。还有我的影片基本上情节都比较复杂，需要费点脑筋。因为我看很多其他导演的动作片，都比较放纵动作场面的设计，在讲故事方面比较弱。其实这也是商业的妥协，因为每一个老板都想拍有很多打斗的动作场面。很多导演拍动作片都是老板给他们的压力。我刚从戛纳电影节回来，每一个买家都要动作片，他们没看片就对动作有一定的要求，我吸取了一些经验。相比而言，我的电影更看重人物的感情，注重人物的个性。

张：从电视时代到《天若有情》等影片，你和杜琪峰合作过很长时间。就目前的创作来讲，你的招牌是动作片，杜琪峰的代表作品也是《枪火》等动作片。从你的角度看，你和他的风格有什么样的区别？

陈：我和杜琪峰的风格很不一样。他比我更大胆，大胆地走一条全新的动作片之路。我比他保守，我没有那么强的 power 去跟老板说要拍《PTU》、《枪火》那样很文艺的警匪片、动作片。我很大胆地表达自己的风格，枪战等动作场面设计得比较热闹；但杜琪峰非常不同，枪战的时候非常冷静，甚至很吝惜枪声和子弹。真的，我不够那么大胆，至少现在还不能够，这是我自己的问题。将来有机会的话，我可能也会豁出去了，在电影中表达另外一个我。

《双雄》剧照

张：迄今为止，你已经从事影视行业二十多年，拍摄了很多的影片。从宏观的角度回顾总结，你的电影创作大概经历了哪几个阶段？

陈：前后共三个阶段。对我来说，《冲锋队怒火街头》是一个很大的转折点。《冲锋队怒火街头》之前我还没有想过去创作。这部影片对我来说具有蛮好的发展意义。那时候我开始想，自己应该做什么样的电影，不单单是为了娱乐，还要从人性、风格等角度出发。创作上完全自由，是从电影《双雄》开始的，我清楚地知道自己在电影里追求什么，所以《双雄》是我导演创作生涯的一次很大的改变。

很多人说《双雄》是英雄片。我重新把英雄定位，英雄不一定是周润发饰演的小马哥那样很能打、很潇洒的形象。每一个英雄的定位是不同的。黎明和郑伊健一个是囚犯，一个是警察，一个为了查案，一个为了救老婆。黎明好像是坏人，但其实不是。他们把对方定位为真心英雄。当郑伊健知道黎明背后的故事之后，他就把黎明从犯人看成是英雄，为什么？因为内心的感动，感动是最重要的。所以从《双雄》开始，每一次拍英雄片我都给予人物不同的定位，从内心的感动出发去拍动作片。

电影成长经历

张：你什么时候开始对电影感兴趣？在电影生涯的成长过程中，有哪些导演和作品对你有影响？

陈：我真的是盲打误撞地闯进电影这一行的。原本我从来没想过要拍电影和电视。在香港念完中学之后，我对汽车有兴趣，就跟开汽车公司的朋友学习买卖汽车。尽管我不知道电影是怎么拍的，但从小喜欢看电影，放学后常去电影院，那时多数是武打片，比如刘家良、罗维、张彻等大导演拍的影片。然后家里有电视，我开始看电视剧。后来我看到报纸上说电视台请人，我就去了，开始在丽的电视台当场记。那时候拍了一个很出名的电视剧《大路群英》，每一个导演都不睡觉，创作很疯狂，我跟着他们拍戏，学了很多东西。麦当雄当总监，由后来拍摄《新龙门客栈》的李惠民导演，还有麦当杰、查传谊等人参与，现在都还是我的好朋友。那时候他们拍的电视剧风靡新加坡、马来西亚等东南亚国家。我很喜欢，就把全部精力投入电影学习中，开始感受什么是拍戏，慢慢地就爱上了电影。那时候拍电视剧是用16毫米胶片，我就掌握了16毫米拍摄的技巧。迈出第一步是最重要的。

张：你刚开始做场记，后来什么时候转行当编剧和导演？

陈：那是后来的事。编剧是最难的，编剧要想一个故事出来，研究每一个人物的性格，我们都是通过一部部作品学出来的。第一部先学怎么样把文字变成影像画面，然后学习怎么样把故事讲得精彩好看。我什么都学，最后学怎样剪辑。剪辑对我来说，是一个很重要的方面。我帮很多导演剪辑过，我不知道什么原因，他们都是不剪片子的。比如李惠民导演拍完之后就不管了，让我去剪，剪完之后他来看，不好再剪，就这样。

张：这种训练实际上对你是一种特别好的锻炼。

陈：是。我学了很多东西，这是一个很重要的方面和收获。所以后来我教副导演的时候，都要他们学剪辑，这对拍电影和电视有很大的帮助。很快我升任导演，因为那时电视台很需要人，有很多机会可以当导演，每一年都有副导演升为导演。

张：后来在哪些电视台工作过，有哪些作品？

陈：我在TVB和亚洲电视台都待过，第一部当导演的作品是《雪山飞狐》。我拍的多是古装武打电视剧，拍过梁朝伟主演的《倚天屠龙记》。在TVB时，还拍过一个时装剧《新扎师兄》。我拍动作片的很多打斗经验都是从这些电视剧而来。

张：这些都是我们耳熟能详、在内地非常有观众缘的电视剧，原来都出自你之手。

陈：第一次当导演就拍《雪山飞狐》的高潮结尾戏，给我这个新导演这么重要的任务，我一定要做得很出色。那个时候很开心。1995—1996年我在亚洲电视台做监制，拍完电影《冲锋队怒火街头》之后我就不再拍电视剧。拍电影之前，我跟很多电视剧监制合作，在电视剧的创作过程中，寻找到了自己善于把握的电影类型。

电影处女作《天若有情》和动作片首作《冲锋队怒火街头》

张：《天若有情》是你的电影处女作，讲述的故事跟飙车有关，怎么会有这样的故事构思？

陈：我从小就很喜欢飙车。选材的时候，我对杜琪峰说带他去看一些东西。我们去看的时候，很多人在一起飙车，有一个女孩就站在货车上面，我们用摄像机拍下了这个场景。

张：后来是不是运用到电影中，表现为影片刚开始吴倩莲扮演的女孩站在飙车用的货车上的情节。

陈：对。我们真的见到那个场景，就把它发展成电影中的一场戏。最重要的是我想拍飙车的细节，看到赛车场上有一个人送给别人一辆车，这肯定是飙车高手。看到这个场景后，我们回去就想了一个故事，并在山口百惠主演的一部日本电影《污泥中的纯情》中得到一些意念，然后就形成了《天若有情》的故事构思。

《天若有情》中，我编写故事，杜琪峰监制，找吴倩莲等新人主演。可以说监制王天能先生是我的师公，杜琪峰是我的师傅。我在电视台做过杜琪峰一年的副导演，王先生是总监制。对我来讲，《天若有情》有一个很特别的意义。你看《天若有情》

《天若有情》剧照

《冲锋队怒火街头》剧照

有林岭东、王晶、杜琪峰和我几个导演,一般一部电影不会有这么多的导演,我们能够在一部电影中走到一起,究其原因就是因为王先生退休。

张:这部电影等于是献给他的一份礼物。

陈:是,也是我导演的第一部电影。他们让我这个最年轻的副导演来拍摄这部电影,他们分别担任编剧、策划、监制等职务。到拍摄《冲锋队怒火街头》的时候,我就知道自己最喜欢拍动作片,所以我就确定自己的路线。导演应该有自己的风格和招牌,我不想拍太多类型,也不想尝试用太多不同的方法来拍电影,只是希望单单走动作片的路线。其实也走不完,就像吴宇森直到今天还不断地在拍动作片。

张:《冲锋队怒火街头》这部影片成功地奠定了你的动作片招牌。现在回头去看,这部影片对你以后的创作有什么样的影响,有哪些经验和教训?

陈:《冲锋队怒火街头》的确给我一个很大的改变。在嘉禾的时候因为这部影片,老板何冠昌先生很欣赏我,给我一个机会,叫我去拍成龙的电影。那时候我还担心自己可不可以拍一个大明星,何先生鼓励我说始终都要走这一步的,所以我大胆去拍成龙电影《我是谁》,也在他身上第一次学到了很多东西。

与成龙的电影合作

张:《我是谁》开启了你和成龙合作的电影之路。从《我是谁》到《新警察故事》,再到即将开拍的喜剧动作新片,在不断合作的过程中,你怎么样将他的明星气质和你的导演风格融合起来，每一部影片都会有哪些不同的新变化？

陈：其实合作中，大家都有很大的改变。《我是谁》和《新警察故事》相比，问题在于，一个导演应该拍自己的故事。成龙大哥把很多故事意念和创意写在小纸片上面，他是一个军人，因为一次任务流亡在非洲就是《我是谁》的故事了，然后就决定拍这个。《我是谁》是他的故事，大哥说这个故事想了差不多十年，他很坚持原来想的东西。作为导演我其实蛮辛苦的，因为只能配合而改变不多。你想啊，当时一个新导演怎么可以拍一部投资一亿的电影呢？最难的是因为没有拍自己想要的东西，就变成了一个执行导演。所以电影的灵魂非常重要，剧本中应该有导演的生命。当时我在旁边学了很多以前没想过能拍的大场面，机会很难得，这是比念大学还要好的机会。影片拍摄过程很艰难，去南非、荷兰拍摄，语言不通，荷兰话要跟英文对译，每一个环节都很艰难。

而到了《新警察故事》，情况就完全不同了，那完全是我自己的故事，这是最大的分别。原本想让张学友演大哥这个角色，但他要去演一年《雪狼湖》。那时成龙大哥刚刚拍完《80天环游世界》，听了故事就说他来演。他很喜欢这个人物，那我就很开心。第二个改变就是成龙大哥在《我是谁》之前没去好莱坞，他有自己的制作方法，因为在嘉禾他是最大的老板和最大的明星，拍戏的方法都是从小由经验而来的。拍《新警察故事》的时候，我感觉他去好莱坞几年之后回到香港改变了很多，跟从前很不一样，我相信好莱坞的拍片制度给他很不同的拍戏感受，每一个部门的

《我是谁》剧照

意见他都会听。以前他管的东西很多,服装、美术、化妆等都要帮其他人,从好莱坞回来之后就坐着看,然后综合之后给意见。

张:我们都知道,以前成龙大哥拍过非常著名的影片《警察故事》。当初设计《新警察故事》的时候,是不是想回应80年代的那部电影?

陈:其实这个故事开始不叫《新警察故事》,最初的意念从《杨家将》而来。我想现代的表达也可以,我想表达的是一个人物怎样从最失落、最低迷的人生状态中重新振作起来的故事。这部影片一开始就叫"陈木胜的新电影",还没有名字,成龙大哥答应出演之后,他说就叫《新警察故事》吧,因为那是他的一个招牌。我第一次把故事说给他听的时候,他非常投入,我就知道那个故事肯定行,而且我相信给成龙一个新的改变是好的。

重要作品《三岔口》

张:之后你拍了电影《三岔口》,前段时间在北京也公映了。我们知道有一个京戏名字就叫《三岔口》,影片如此命名是否受到戏曲的影响?为什么要用这样一个片名,故事意念从何而来?

陈:这个故事完全是我跟编剧岸西想出来的。她是一个很有自我的编剧,是擅长写爱情片的高手,但还没写过动作片,我给她郭富城、郑伊健等三个演员,给她一个动作片的条件,她就回去想。一天之后她跟我讲了这个故事,我感觉这个故事可以拍。《三岔口》原先指高手在黑暗中对打,彼此不认识对方,不过在电影最后我用了一个主题,那就是每一个人都面临三岔口的选择,影片中郭富城扮演的人物在一个三岔口停滞了十年,一直寻找他的女朋友。郑伊健扮演的人物也处在三岔口状态,他是一个律师,又要为生存努力,他明知道代理人有罪还得去帮他辩护,他的内心有很大的斗争。吴彦祖扮演的杀手也是,但是有良心。这部影片给我一个最模糊的创作状态。

张:这部影片最明显的特点就是有三个故事、三条线索,而且每条线索可以说是各自发展,没有太多的外在或内在联系。在香港商业电影的创作环境中,这种戏剧性的把握是不是太大胆了?

陈:是很大胆,我也常问自己是不是太大胆了。因为三条线之间唯一的联系就是李心洁扮演的外貌相似的郭富城女朋友和郑伊健太太这两个角色。拍《三岔口》,我有一个很大的体会,那就是什么叫"一线之差",原来拍电影可以这么奇妙。一个杀手对郭富城说他女朋友死了,他为什么没有相信他,因为他处于最脆弱的时候,放弃了自己。那是一种感觉,无法解释他的心情,很生动细致地表达这种内心情感,真的很难。岸西给我的剧本第一稿,她不写动作,留一个空间给我,我就在里边加了很多动作,包括改了结局。

《三岔口》剧照

张：岸西剧本中原来设计的结局是什么样的？

陈：原来的结局是很文艺的。郭富城在花园，郑伊健从便利店走出来，郭富城走过去说："我是警察，我知道你杀过人，我现在要拿你归案"，就这样。不过我还是坚持一个动作片的脉络，所以结尾高潮段落一定要有动作戏。我跟岸西有很多不同的意见，她不赞成我拍郭富城的感情世界，但我说这个故事不拍感情世界拍什么。这部电影令我很头疼，有很多方法可以拍，拍完之后有很多方法可以剪，最后我完全放开了，我知道自己的决定，很有趣。最幸运的是，拍这部戏的老板给我非常大的自由。对我来说，观众觉得陈木胜的电影里有好看的文戏，讲故事的方法和别的导演不一样，这就是风格。

张：影片中你尝试做了很大胆的改变和探索，截至目前，它是不是你导演创作中非常重要的一部作品？

陈：非常非常重要。对我来讲，重要的原因是令我改变很多，体会更多。票房虽然不太理想，但是我觉得已经不错了。内地票房1500万也可以了，因为几个演员对票房没有一定的保障。香港票房600万不太理想，我们希望是1000万，所以有一定的距离。创作时我放开自己，没有考虑这一点，我知道有很多人不喜欢，有人看不明白，比如他们会问谁杀了吴彦祖等问题。

张：结尾吴彦祖和宁静坐在船上，镜头摇过去，两声枪响就结束，处理得非常妙，既含蓄又让观众有无限的想象，韵味很足。影片故事可能有漏洞，但是影片中几个主要人物的塑造还是非常突出的，每一个人都有鲜明的个性。

陈：你一提《三岔口》，我就想笑，因为这部电影对我来讲真是很难。影片中罗嘉良的故事我还没讲完，但是戏里面已经没有时间和空间让我再去讲这个人物。他好像是一个反派，但其实是一个很悲惨的人物。这部影片给我另外一个体会就是不要贪心。岸西剧本里给我这么多的人物，对每一个角色我都想了解和表现，所以我就希望她多写一点，她说够了。我希望对每一个人物，观众都可以了解多一点，是我自己很贪心，可能岸西是对的，有一些次要的人物可以不用过多下笔。因为电影就是电影，没有太多的时间，尤其是香港商业片。昨天我刚看完获今年美国奥斯卡最佳影片奖的《杯酒人生》，它用了两个多小时去讲两个人物，很好看，可是《三岔口》有这么多人物，题材那么小，真是头痛。

《三岔口》剧照

张：但对你自己来说，收获是非常大的。

陈：对，收获很大。我自己是知道答案的，可是表达不出来是我自己的问题。另外我知道时间不够。影片本来是两个半小时，但是香港影院不可能给我那么长的时间，成龙大哥也反对。香港从来没有三个小时、两个半小时这么长而且好看的电影。《三岔口》是98分钟，不能超过100分钟，还是很遗憾。说实话，我知道答案，这是最好的，如果我自己不知道答案，那我就惨了。拍摄《三岔口》的过程其实是很有趣的，我从来没有这样的经验，我知道答案，却无能为力。

▸ 电影解析

渐重文戏的新动作片

　　20世纪50年代以来，动作片一直是香港电影的创作优势和走向国际的招牌项目。在一定程度上可以说，动作片是香港电影兴衰的晴雨表，标志着香港电影的新发展和高成就，也孕育着最丰富的人才。动作片领域值得关注的导演有很多，除了成龙、洪金宝、元彬等能文能武、幕前幕后通吃的编导之外，还有吴宇森、唐季礼、杜琪峰、陈嘉上等众多才华横溢的导演。整体优势资源的存在，一方面为香港导演创作动作片提供了最好的条件和最丰富的经验，同时也为每一位导演彰显独特个性提出了严峻的挑战。如何利用行业优势更好地实现个性风格，已成为了每一位动作导演关注的主要命题。其中，陈木胜就是一位值得研究的个性风格相当突出的导演。

　　陈木胜不是一位从创作伊始就执著于动作片创作的导演。在1990年从电视台转向电影界之后长达6年的时间里，陈木胜尝试了爱情、武侠、动作等多种类型的创作，执导了《天若有情》、《新仙鹤神针》、《哗！英雄》等7部电影，其中《天若有情》和《天若有情Ⅱ之天长地久》都是上乘银幕爱情之作。直到1996年拍摄影片《冲锋队怒火街头》时，陈木胜才真正认识到自己最喜欢和最擅长拍摄警匪动作片。

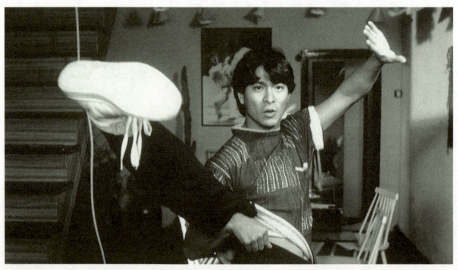

《哗！英雄》剧照

从此，陈木胜坚持动作片方向，一路推进，先后导演了《我是谁》、《新警察故事》、《三岔口》等6部影片，并在近10年的创作过程中，逐渐形成了动作首要、渐重文戏的鲜明风格，区别于成龙和洪金宝的搏命展示、吴宇森的动感暴力、杜琪峰的以静制动等风格特色。

复杂叙事·悬疑风格

在叙事方面，陈木胜的电影相对比较复杂，注重故事，遵循情节发展的线性推进原则，但是那种纯粹强调以因果关系为叙述动力、按照线性时间展开的简单模式基本上很少出现。陈木胜的电影主体上倾向于复杂的叙事结构，一般都会设置两个或多个人物并行演绎、两种或多种叙述形态交叉呈现、两条或多条叙事线索交错推进的复杂模式，注重在对比性的张力中凸显情节的紧凑缜密和某种开放性的意味。

首先，围绕故事核心冲突设置多个人物且并行推进的模式，是陈木胜电影进行复杂叙事的主要手段。《特警新人类》中，围绕日本反社会恐怖分子赤虎串通本地黑帮在香港偷运高科技武器的犯罪事件，影片巧妙编排了被踢出警校的Jack、Mark和Alien这三个新新人类作为主要角色，同时安排了一位病怏怏的老警察和一位傲气自满的中年督察针锋相对地参与案件，在紧张的较量和暗在的角力中尽显叙事张力。《双雄》中，围绕偷窃与反偷窃两颗稀世宝石这一主要事件，人物角色的安排更加错综复杂：李文健在查寻警察被催眠犯罪的案件真相过程中，不仅结识了心理医生黎上正，而且和另外一名警官成了冤家对头；同时黎上正也身处复杂的境遇中，一方面与李文健亦敌亦友，一方面又与心理学老师生死较量。此外，影片还让两个男人分别与两个女人发生了细腻缠绵、生死与共的爱情。人物的众多，决定了叙事进展的头绪繁多，也决定了叙事过程的复杂推进。《三岔口》中，警察、律师、杀手三个有着对立身份的人代表着三种不同的人生处境，围绕着抓犯和释犯的重要案件，涉及污点证人被杀、歌手儿子被杀等枝节段落，三人一直在暗中较量，同时又因为一个女人而微妙地联系在一起。三足鼎立的人物角色格局，呈现出叙事的曲折矛盾。

其次，在大体遵循情节主线推进的脉络中，顺叙、倒叙、插叙等多种叙述形态交叉呈现，也是陈木胜电影进行复杂叙事的重要手段。《我是谁》是成龙作品中剧情最复杂的一部，也是陈木胜电影中叙事最简单的一部。影片围绕成龙饰演的失忆特种兵追寻"我是谁"的事实真相这一主要情节,结构了非洲蛮荒奇遇、撒哈拉沙漠越野赛车、鹿特丹闹市追逐火拼等重要的叙事段落,并且在每一个段落不断地巧妙穿插主人公断裂、琐碎、无序的片段回忆,在多次的闪回处理中呈现出两个对比时空的叙述形态,制造出现实事件与人物内心之间的叙事张力。《三岔口》中,警察孙在发现律师妻子形似女友之后的跟踪过程中,过去浪漫美好的爱情回忆画面不断地穿插于现实线索中,极大地丰富了人物细腻矛盾的内心世界,也在外在叙事和内在叙述中创造出广阔的深层空间。

再次,在多个人物并行推进的过程中,与之相对应地采用一条警匪对抗的主线与多条副线相辅相成的线索架构,也是陈木胜电影特色叙事的重要方面。《冲锋队怒火街头》是比较典型的例子:朱华标因为殴打上司关Sir被公报私仇地由重案组调职冲锋队,但他仍然坚持调查"教授"、"小鸟"等犯罪分子意图从国际刑警总部抢夺巨额赃款的案件,与此同时,对朱华标咬牙切齿的关Sir也在缜密调查,由此他们总能在许多场合中不断交锋,产生丰富的戏剧冲突和情绪张力。这种围绕警察内部的矛盾对抗来设置主、副线索架构的"内讧"模式,成为了此后陈木胜电影多线索叙事的主要模式,基本上出现在每一部作品中。《特警新人类》中,设置了病症多多的老警察和盛气凌人的督察之间的摩擦对抗;《双雄》中,编排了李文健和同事之间的针锋相对;《新警察故事》中,铺设了趾高气扬的警察处长和主人公陈国荣之间的打赌较量;《三岔口》中,安排了警察孙和不断挖苦他办案失利的上司之间的冲突矛盾。

整体上看,在《双雄》之前,陈木胜电影的叙事模式和1996年《飞虎》、1997年《神偷谍影》、1998年《幻影特工》等香港影片基本一样,多是从好莱坞经典的

《我是谁》剧照

《特警新人类》剧照

警匪动作片模式中取经,吸收传统的香港武侠功夫片创作经验,再进行本土化改造。因此,其叙事风格基本上以紧张严肃为主要基调,但值得关注的是,陈木胜电影还有非常鲜明的幽默喜剧效果。为了更好地增强娱乐观赏效果,陈木胜总会在影片中根据特定的场景即兴创造喜剧性细节,穿插信手拈来的幽默情境,在紧张严肃的警匪对抗叙事之中创造出独特的趣味效应。比如《我是谁》中,非洲大草原上主人公因为抱起幼狮而被母狮围困在树顶;《特警新人类》中,三个新新人类在卧底查案的过程中还不忘调侃一下成龙,对激战中抢到枪之后不用反而拆掉的做法辩解——"成龙不也是这样吗,做做样子",结尾还刻意安排了成龙假扮渔夫的噱头场面。

《双雄》之后,陈木胜电影的叙事有了重大调整,基本上摒弃了喜剧搞笑,而增添了很多人物内心的刻画,且采用了悬疑结构方式,呈现出悬念迭生、含蓄内敛、深沉严肃的叙事风格。《新警察故事》一开始,影片用倒叙的方式描摹陈国荣醉倒街头,向观众抛出了第一个悬念;然后回溯一年前陈国荣外出办案时正中犯罪分子的圈套、导致所有兄弟惨死的事件,为什么机密行动会失败,是自满所致还是谁泄露了机密,影片给我们设置了第二个悬念;之后影片又安排了谎称为警察的郑小锋到底是谁这一悬念,环环相扣,逐渐推进情节发展。《三岔口》是陈木胜电影悬念叙事最具代表性的影片,三个男人独立推进情节,但又因为一个女人的出现而产生了莫名的某种联系,生发出这个女人到底是不是警察十年前失踪的女友、杀手与这个女人之间又有什么关系等悬念,再加上片中到底谁杀了污点证人和黑帮头领儿子等人的主要悬念,构成了一张纵横交错的悬念网络,令影片叙事峰回路转、柳暗花明。

火爆动作・细腻文戏

作为商业类型的动作片,陈木胜电影在叙事的过程中也将动作的展示作为首要任务。在香港影坛,陈木胜素有"火爆导演"之称。他的每一部动作片都会有异常火爆但新颖独特、同时又对情节进展有突出推动作用的动作场面,这也是陈木胜动作电影的一大特色。《冲锋队怒火街头》中,街头炸水桶、国际刑警总部大较量等动作场景,独具特色;《我是谁》中,他与成龙联合设计了陨石碎片爆炸、闹市赛车追逐、荷兰木屐打斗、天台对决、高空坠落玻璃墙等动作场景,惊险刺激;《双雄》中,被催眠后偷烧警察局证物库、青马大桥意念逃亡、密封柜外生死对决等动作场景,另类别致;还有《三岔口》中,汽车倒退着大撞车等逆向构思的动作场景,也创意盎然。

综观陈木胜的电影不难发现,在动作场面的设计上,陈木胜有三大非常突出的创意情结。首先是钢筋混凝土情结。陈木胜很多影片的高潮场面都设置在钢筋混凝土建筑中,在空旷、冰冷、昏暗的建筑意象中,巧妙构思火爆惊险的高难度动作。《特警新人类》中,日本反社会恐怖分子赤虎和三个另类警察的决斗就选择在钢筋架构的建筑内,正邪对立的警匪对抗和刻骨铭心的个人恩怨最后都消逝在爆炸殆尽的冰冷建筑中。《双雄》中,被缉捕的李文健警官解开手铐逃跑的动作戏,发生在钢筋铁索结构的青马大桥上,桥体的复杂和车辆的繁杂很好地映衬了叙事的紧张。其次是玻璃情结。陈木胜似乎特别喜欢玻璃,在众多动作场面中都巧妙使用受撞击后坠落的玻璃。玻璃的易碎和垂直坠落特性,可以对动作的火爆效果进行更突出地展现;同时玻璃的透明和层次感,也为动作场面的视觉展示提供了良好的条件。《新警察故事》中,满载乘客的公交车在司机被打死之后处于无人驾驶的状态,公交车横冲直

《我是谁》中的荷兰木屐打斗

《双雄》中密封柜外生死对决

撞地进入闹市,撞毁店面和天桥,街道两旁的商店的落地玻璃纷纷碎落,犹如珠玉落盘,错落有致,很好地烘托了紧张激烈的气氛。再次是会展情结。自《冲锋队怒火街头》之后,陈木胜的每一部电影都努力追求动作场面的新构思,不断地转换空间场景,以创造与众不同的火爆动作场面。即便在这样的理念统摄下,香港国际会展中心还是多次出现在陈木胜的电影中,并且每一次出现都产生了不一样的效果。《特警新人类》中,三个另类警察阻止恐怖分子杀人的高潮场景就发生在会展中心,并且随着冲突的加剧,最后会展中心被炸得粉碎。《新警察故事》中,陈国荣和超级罪犯祖的决战在会展中心楼顶进行,会展中心见证了这一高潮迭起的动作场面。可以说,会展中心作为一个典型的空间意象,既标志着陈木胜电影独特火爆的动作风格,同时也承载着陈木胜电影鲜明的本土特色和浓郁的香港情怀。

有趣的是,陈木胜除了以"火爆导演"著称之外,还是一位越来越注重文戏展现的动作导演。这样的创作倾向,给陈木胜的电影带来了独特的风格。虽然在动作片领域,吴宇森、唐季礼等导演也会在动作之外加入一些兄弟情义、浪漫爱情等展示人物情感的文戏,但是文戏的时长非常有限,基本上只是附属和服从于动作场面的,对人物命运的转变不太具有直接而关键的决定性作用。但是陈木胜的电影则很不同,在影片《双雄》之后,不仅文戏的比重骤然增加,而且文戏所能产生的叙事推动力和情节结构力是非常大的,对人物命运的转变起着主宰性的作用。《双雄》中,心理医生黎上正之所以心甘情愿地接受他人摆布去做偷盗宝石这样的违法事情,唯一的理由就是对美丽妻子的执著爱情。影片回溯的两人浪漫美好的爱情段落虽然篇幅不长,却成为了这条线索中所有动作戏得以成立的重要基础。《新警察故事》中,

《特警新人类》中会展中心爆炸场景

往日神勇破案的陈国荣因为兄弟们的惨死而惭愧,并因为没能拯救小舅子而对女友充满了愧疚,这是他沉沦于酗酒之中的主要原因。女友被牵扯进犯罪游戏、手托随时可能引爆的炸弹,在生死攸关的关口,在女友真诚期待的剖白中,陈国荣终于打开了封闭一年的心灵窗户,将原来不曾表白的心声"我爱你"吐露出来。这场杂糅于动作之中的文戏尤其重要,不仅巧妙地扫清了两人情感推进的心理障碍,而且对后半部分的情节进展起到了至关重要的推动作用——这之后的陈国荣才真正恢复起往日的信心和勇气,才能最终成功地破案和抓住罪犯。影片《三岔口》更具典型性,虽然影片设计了警察、律师和杀手之间的动作交锋,但它已经不是一部以动作为主的影片,女编剧岸西的细腻思维为影片带来了浪漫温柔的情感部分,并且使"情"成为了影片要表达的最突出的内容。

  文戏的加重,随之带来了注重人物内心刻画和情感表现的特点,这也是陈木胜的电影在众多动作片中脱颖而出的重要原因。可能是因为经历过社会历史的沧桑岁月的缘故,创伤理论在陈木胜电影的人物描摹方面得到了显著而具体的呈现。综观陈木胜的作品,几乎多崇尚残缺、遗憾的美学原则,多数电影人物都不是身心健康之人,而是在工作或生活中饱受过心理挫折和情感创伤。比如《冲锋队怒火街头》中,朱华标是一个被上司关Sir打压、被迫调职的警察;《特警新人类》中,扛起查案重任的是三个被警队开除、毛病多多的另类青年。正面人物如此设置,反派人物也一样。《特警新人类》中,日本恐怖分子是因为父亲被杀而怀抱褊狭恩怨,才展开了意图偷运高科技武器和暗杀仇人的犯罪行为。《新警察故事》中,衣食无忧、家境优裕的祖之所以犯罪,是因为憎恨从小对自己拳打脚踢的父亲,继而恨所有的警察。无论是被动所致还是主动使然,都对后面的情节推动和人物命运的发展产生了非常大的影响。《新警察故事》中,陈国荣不摆脱遭遇挫折后的消极沉沦状态,案件就永远破不了。《三岔口》中,对失踪女友的疯狂思念,让警察孙的生命时间在女友失踪的那一刻就停滞了,这成为他后来沉浸于将律师妻子混淆为女友的幻觉中不能自拔的唯一原因;在第一天当杀手时偶然杀死了警察的女友,因为内心潜在的一点良心,杀手祖才一直不忍心杀死警察孙,也才有了影片后半部分两人面对面交手和揭晓事情真相的情节发展。在这些电影中,陈木胜都特别注重刻画人物内心变化的真实轨迹和描摹情感转变的点滴细节,强调从内心的感动出发、由内而外地塑造具有立体感的人物,同时产生真正感动观众的创作效果。

佳片特写

冲锋队怒火街头 (Big Bullet)

出　品：	1996年　嘉禾		片　长：	92分钟
导　演：	陈木胜		编　剧：	陈淑贤　马伟豪　陈木胜
监　制：	陈木胜		剪　辑：	张嘉辉
摄　影：	黄岳泰		音　乐：	许愿　星工厂
主　演：	刘青云　陈小春		美术指导：	马磐超
	张达明　李绮红　黄秋生		武术指导：	马玉成

　　重案组成员朱华标因不满上司关Sir虚报资料而殴打他，受处分调往EU冲锋队，逐渐和司机大丹、便衣麦兜、警花Apple等同事熟悉起来。国际罪犯"教授"及"小鸟"准备枪杀一名国际刑警总督察，华标及其新上司当即追捕，双方发生了枪战，新上司龙Sir被枪杀。前上司关Sir接手案件后公报私仇，刁难华标及EU冲锋队的成员们。但最后华标还是侦破了"教授"的打劫行动，为龙Sir报仇雪恨。

　　本片是陈木胜火爆风格动作片的代表作品，也是他前后期重大转变的标志性作品。在这部电影中，他延续了香港电影的男性阳刚情意结传统，叙事起伏而流畅，火爆刺激的动作场面相当出色，导演手法大气而且细腻，整体制作水准很高。

我是谁 (who am I)

出　品：	1998年　嘉禾		片　长：	120分钟
导　演：	陈木胜　成龙		编　剧：	成龙　Lee Reynolds
监　制：	董韵诗		制　片：	区伟强
摄　影：	潘恒生		剪　辑：	张耀宗　邱志伟
音　乐：	王宗贤　周华健		美术指导：	黄锐民
主　演：	成龙　法拉美惠　山本未来		武术指导：	成龙　成家班

　　科学家在南非发现了一种一经震动就可以产生巨大杀伤力的矿石。特别突击队队员杰克和11名队友被中央情报局派往南非，但在返回途中被人暗算，只有杰克侥幸生存。杰克在非洲土著居民的精心照料下日渐康复，却完全失去了记忆，"我是谁"成为他的名字。一天他无意中救了日本女郎阿雪，之后又遇女记者姬丝汀为他

解密。根据线索，杰克赶往鹿特丹终于揭穿了阴谋。

本片延续了以往成龙电影的动作神话，天台格斗、玻璃幕墙坠落、直升机摔落等场面拍得惊险万分。同时主景选在非洲，也为成龙电影带来了民俗奇观、地域猎奇的新特色。陈木胜为影片带来了动作之外的文戏创意，虽稍为薄弱，也算神采飞扬。

特警新人类 (Gen-X Cops)

出　品：	1999年　寰亚	片　　长：	110分钟
导　演：	陈木胜	编　　剧：	陈木胜　戚家基　许安　李绮华
监　制：	陈木胜　庄澄　苏志鸿	摄　　影：	黄岳泰
剪　辑：	张家辉	音　　乐：	王宗贤
主　演：	谢霆锋　李灿森	武术指导：	李忠志
	冯德伦　曾志伟　吴彦祖	美术指导：	余家安

以日本恐怖分子赤虎为首的神秘军事组织，在香港走私军火和从事科技犯罪，令香港地区政府束手无策。一个饱受歧视的警官陈聪明，在警校选了三个被开除的反叛青年私下组成一支特警新人类。首次行动便渗入黑帮，经过几次惊险经历后逐渐被黑帮杰少所信任，但同时也被警方通缉。年轻特警腹背受敌、危机重重，最终和警察里应外合，一举粉碎了犯罪集团的阴谋。

本片是香港影坛迈向新世纪的青春版警匪动作片。导演陈木胜集合了谢霆锋、冯德伦、李灿森、吴彦祖等影视界新秀，在警匪动作片范畴大打青春偶像牌，颇具人气。就叙事而言，全片布局严谨合理、节奏张弛有致，动作编排也比较时尚新颖，特别是压轴高潮的大爆破场面虽非完美但已属港片之少见。

新警察故事 (New Police Story)

出　品：	2004　中影集团／成龙英皇	片　　长：	110分钟
导　演：	陈木胜	编　　剧：	袁锦林
监　制：	陈自强　苏志鸿	制　　片：	陈自强　陈木胜
	陈木胜　董韵诗	摄　　影：	安东尼·Pun
主　演：	成龙　谢霆锋	原创音乐：	Kai-leung Wai
	杨采妮　蔡卓妍	剪　　辑：	凯·Wai·Yau

香港警署超级警探陈国荣奉命追缉犯罪集团五人帮，突袭行动中因为同僚出卖，同事全部遇难。从此陈国荣一蹶不振，终日借酒浇愁。叛逆青年郑小锋发现陈国荣醉卧街头，假冒警察协助追捕五人帮。慢慢地，陈国荣被郑小锋年轻的冲劲所感动。郑小锋假冒警察的伎俩被识破，他和陈国荣被关进看守所，但女警莎莎帮助他们逃出。最后他们合力与五人帮进行了一场生死决斗。

本片是陈木胜和成龙期望突破和转变的精致作品。导演陈木胜希望拍一部在人物塑造和动作特技上都生动精彩的电影，成龙希望摆脱角色套路，拓宽表演领域，这从根本上令本片的创作格外动人。为了表达匪帮的狂野和警方的拼搏，影片特别设计了警匪两种高难度的动作风格。片中成龙大哥的表演也可圈可点，带给观众较多的惊喜。

三岔口（*Divergence*）

出　　品：2005年　山西电影制片厂／寰宇		**片　　长**：98分钟	
导　　演：陈木胜		**编　　剧**：岸　西	
监　　制：陈木胜		**制　　片**：林子雄	
摄影指导：潘粤明		**剪　　辑**：邱志伟	
原创音乐：褚镇东		**音响设计**：曾景祥	
主　　演：郭富城　郑伊健　罗嘉良		**武术指导**：李忠志	
吴彦祖　李心洁　宁　静		**美术指导**：张叔平	

被押解回港的污点证人刚下飞机便遭枪杀，买凶杀人的主谋是洗钱集团首脑饶天颂。负责押解犯人的警员孙是个倒霉专家，十年前女友素芳突然人间蒸发，至今一直不能释怀。他发现饶天颂的律师杜厚生的妻子与失踪的女友颇为神似，开始着手跟踪调查。不久，饶天颂的独生子饶夏神秘失踪。职业杀手顺利完成任务，却不由自主地对案件产生好奇，原因是第一次杀死警察女友的事令他终生难忘，还有他爱上了专门替他接活的女代理人。

影片借用京剧名段《三岔口》作为片名，寓意三个男人黑暗中无声的较量。导演陈木胜特别邀请撰写《甜蜜蜜》、《男人四十》等文艺片的编剧岸西操刀剧本，再结合自身动作片特长，创作出一部集动作、悬疑、爱情和人性思考于一体的电影。

作品一览

导演作品：

1990　《天若有情》
1990　《惊天龙虎豹》
1992　《天若有情Ⅱ之天长地久》、《哗！英雄》
1993　《新仙鹤神针》
1995　《旺角的天空》、《欢乐时光》
1996　《冲锋队怒火街头》
1998　《我是谁》（与成龙合作）
1999　《特警新人类》
2000　《特警新人类Ⅱ之机动任务》
2003　《双雄》
2004　《新警察故事》
2005　《三岔口》

编剧作品：

1996　《冲锋队怒火街头》
1999　《特警新人类》

监制作品：

1995　《旺角的天空》
1996　《冲锋队怒火街头》
1999　《贼公子》、《特警新人类》
2001　《愿望树》
2004　《新警察故事》
2005　《三岔口》

获奖纪录：

1991　第十届香港电影金像奖最佳男配角（吴孟达《天若有情》）
1997　第十六届香港电影金像奖最佳剪辑（张辉宗、张嘉耀《冲锋队怒火街头》）
　　　第二届香港影评人协会金紫荆奖十大华语片（《冲锋队怒火街头》）
1998　第三十五届台湾电影金马奖最佳武术指导（成家班《我是谁》）
1999　第十八届香港电影金像奖最佳动作设计（成龙《我是谁》）

2004	第四届香港影评人协会金紫荆奖十大华语片（《我是谁》）
	第四十一届台湾电影金马奖最佳男配角（吴彦祖《新警察故事》）、最佳视觉效果（黄宏达、何志辉）、最佳动作设计（李忠志、成家班《新警察故事》）、观众票选最佳影片（《新警察故事》）
2005	第七届长春国际电影节票房价值奖（《新警察故事》）
	第十届香港影评人协会金紫荆奖十大华语片（《新警察故事》）
2006	第二十五届香港电影金像奖最佳剪辑（邱志伟《三岔口》）

THE LEGEND O

第五场
动漫电影引领者
DiRECTOR

刘伟强　潮流探索

1. 导演故事　2. 对话谈艺　3. 电影解析　4. 佳片特写　5. 作品一览

导演故事

由"摄"而"导",创造奇迹

20世纪60年代是香港电影盛行但又期待转变的时期,刘伟强就出生在此时的香港,从一降临人世就冥冥中注定了与电影的缘分。因为父亲的熏陶,刘伟强从小就喜欢上了摄影,而且在8岁的时候已经学懂了摄影。他非常喜欢通过相机的镜头看世界的感觉,觉得摄影就像变魔术一样总能得到很神奇的效果。

1980年,刚刚中学毕业的刘伟强决心投身电影界,与纵横影坛数十年的邵氏电影公司签订了合约。1982年,他开始参与电影拍摄,参与的第一部电影是著名导演刘家良执导的《十八般武艺》,不过那时他还只是一名默默无闻的摄影小工。刘伟强师从黄岳泰、敖志君等人学摄影,在师傅们手把手的精心指导下,在电影圈历经了几年锻炼和磨打之后,终于在1985年正式晋升为摄影师。刘伟强掌镜的影片非常多,如《风云雄霸天下》、《不道德的礼物》、《重庆森林》、《五亿探长雷洛传Ⅰ之雷老虎》、《旺角卡门》等,多次获得了香港电影金像奖最佳摄影奖或提名。他的摄影风格很独特，功力深厚，和杜可风等人同为香港电影界首屈一指的优秀摄影师。他的好搭档文隽这样说过："王家卫的成名作《旺角卡门》由他掌舵。我敢说，甚至连杜可风也得承认，刘伟强的手提摇镜技术在全行业是最棒的！"

虽然进入了香港优秀摄影师行列，但刘伟强并不满足于单方面的成就，他对电影有着全方位的雄心勃勃的计划。于是，他开始向电影其他领域进发。1990年以后，刘伟强成功转型做导演，先后执导了《朋党》、《人皮灯笼》、《庙街故事》等众多影片。很多电影虽然不是很优秀，也不为观众所熟知，却为刘伟强在导演方面积累了丰富的经验。1995年，刘伟强顺利进入制片业，与文隽、王晶组成了最佳拍档电影有限公司。翌年，他执导了公司创业作《古惑仔I之人在江湖》，影片从漫画改编而来，时尚另类的青春展示和切近当下的现实演绎带给观众不一样的观影感受，一经公映就轰动了整个香港影坛。之后刘伟强和麦兆辉再接再厉，接连推出三部《古惑仔》系列电影。这些影片全部入选年度香港十大卖座电影之列，如此佳绩促使刘伟强他们又拍摄了两集《古惑仔》电影，创造了现代江湖片的一个奇迹。

自此，刘伟强一举成为香港一线导演，创作一发不可收拾，成为振兴香港电影的中流砥柱。刘伟强善于将漫画改编成电影，并在影片中大量运用电脑特技，创造出独特的影像效果。成名作《古惑仔》系列之后，他连续推出了《风云雄霸天下》、《华英雄》、《决战紫禁之巅》等多部叫好又叫座的影片，为香港电脑特技电影的发展做出了相当大的贡献。

2002—2003年，刘伟强联合麦兆辉在香港电影低潮时期掀起了《无间道》三部曲的黑旋风，将自己的导演事业推向了新的高峰。而《无间道》系列电影也为香港电影开创了警匪片的新纪元。2005年，刘伟强重回漫画电影之路，将日本红极一时的漫画家重野秀一的代表作《头文字D》改编成电影，并且力邀乐坛小天王周杰伦担纲主演，票房节节攀升，在全亚洲掀起了飘移热。

▶ **对话谈艺**

刘伟强：勇于尝试的电影行者

受访：刘伟强
采访：张　燕
时间：2005年6月5日
注：因刘伟强导演在荷兰拍戏，采访通过email方式进行

漫画电影

张：1996年在香港电影低落的时候，你拍摄了改编自漫画的电影《古惑仔Ⅰ之人在江湖》，带动起"古惑仔"电影的潮流，后来又拍了6部。当初怎么会对同一种题材有这么强烈的创作欲望？

刘：拍摄《古惑仔》系列电影第一集《古惑仔Ⅰ之人在江湖》的起源，是出于我对漫画书的情意结和敏锐触觉。当时看《古惑仔》漫画，最吸引我的是漫画里面的那些小人物，他们各自有各自的特点，深刻地反映出香港20世纪七八十年代年轻人的典型心态——反叛。因为那个年代，香港的经济刚开始起飞，父母都为生计奔忙，小孩子被忽略掉，从而造成了很多社会问题。其实这种意念，和我的处女作电影《朋党》讲的一样，但《古惑仔》漫画体现出来的内容更真实、更有力量，所以它很受欢迎，观众完全接受了它，有很多的共鸣。

张：《古惑仔》系列电影票房不错，但舆论批评也不少。你对古惑仔和古惑仔文化有怎样的理解和表达？

刘：当然，因为《古惑仔》系列电影对社会问题的反映很真实，所以也造成某些人士对它的舆论批评。但我觉得，每件事的成功都会造成另一方面的指点，这点完全可以理解。但我没有放弃自己的创作理念，因为任何一部电影所表达的讯息，不可能寻求统一的认同，许多人可能有不同的看法，因此要明确自己的创作思路，知道自己在做什么。其他人对我的评价，我会细细品味和琢磨。关于这一点，观众可以在之后其他《古惑仔》系列电影中清晰地看到（比如角色的演变、不断成熟、

《古惑仔Ⅰ之人在江湖》剧照

出现更人性的一面)。因为我一直认为,电影始终是拍给观众看的,他们对电影的定位,也是电影本身的定位。

张:1998年你又导演了改编自马荣成漫画的古装武侠片《风云雄霸天下》。当初怎么会一下子从现代古惑仔跳到古装武侠世界呢?

刘:《风云》也是我很喜欢的漫画书,很有趣。我看中它主要是因为它有着能成为一部独特电影的潜力。但要将它改编成一部成功的电影,那就不是用几句话能形容得很清楚的。简单来说,那也许是出自我对漫画书的敏锐吧。我和原作者马荣成开始接触,商议合作的可能性。这个过程花了很长的时间,因为《风云》是一本很成功的漫画书,要说服原作者将电影著作权给我们,那是很困难的事,经过不断地沟通、了解和具体地计划,才得到原作者的信任。毕竟影片还是空前地成功了,但付出的精力和资源,不是观众们从90分钟的画面里所能完全看到的。

张:从你的角度看,将漫画改编成电影,主要有哪些困难?

刘:首先,我们要掌握将漫画书拍成电影的创作技巧。那就是漫画书本身的创作自由度比电影的要大。要将几本或几十本漫画书变成90分钟的影片,难度比较大,不是轻易能做到的。因此怎样取舍原故事里面的情节和加插电影的剧情,这才是最考究之处。其他的特技画面，只是衬托演员的表演和令影像画面更丰富、更精彩。原著里的人物角色，在电影里还需要我们理智地修饰和塑造，否则不如拍动画片好了。

张：你对漫画电影的创作非常执著，1999年你又拍摄了影片《华英雄》。当时最初的创作构想是什么？

刘：1999年拍的《华英雄》，也是《风云》漫画的原作者马荣成的成名之作，属于他最早期的作品。年龄超过30岁的香港男孩子，无人不晓。再次拍摄这样一部影片，主要是基于《风云雄霸天下》的巨大成功，是在增加了双方合作的信任度之后而撮合起来的作品。但说实话，将《中华英雄》漫画改编成电影，一直是我的梦想，同时我想也是很多香港导演的梦想，因为它的巨大魅力实在是无法想象的。

张：那么《华英雄》与《风云雄霸天下》比较，有何最大的不同？

刘：既然有了这个机会，当然要好好地珍惜，而且更想多一些和《风云雄霸天下》不同的故事元素。最明显的不同是，将主要人物塑造得更接近现实一些，有更真实的生活。同时为了让观众有新鲜感，我们将特效技术改良，引进新的器材，令观众在观看时获得更多的乐趣。

张：你如何看待目前香港漫画电影的发展现状？

刘：香港漫画电影的发展，其实已经有很好的基础，我们的技术在亚洲是名列前茅的，创作的空间也很不错。只是要跟欧美竞争，目前的器材提供还是挺困难的。毕竟，我们没有超级大公司去采购最新的器材，况且就算有公司买回来的话，成本回收也是一个需考虑的因素。但我觉得，香港人的创意还是能弥补这方面的不足。

《风云雄霸天下》剧照

警匪电影

张：就你的作品来看，警匪电影也是你创作的一个重点类型，先后拍摄过多部出色的警匪片。比如1996年拍摄了《飞虎雄心Ⅱ之傲气比天高》，2001年拍摄了黎明主演的《不死情谜》等。为什么有如此执著的警匪片创作情结？

刘：警匪片一直是香港电影的强项，我想这一点应该没有人反对吧。只要我们保持着原创的精神，警匪片的发展就仍然是无止境的。比如说在2002年香港电影市场极差的情况下，我决定开拍警匪片《无间道》。因为我深深地知道，观众并没有对电影灰心。只要是好看的电影，他们还是会回到电影院的。因此，我坚定地决定开拍这个近年来难得一见的好剧本《无间道》。

张：《无间道》的推出，引起了香港影坛的极大轰动，并对香港电影市场起到了救市作用。当时香港电影市场那么不景气，为什么敢投资3000多万港币来拍摄？

刘：当然《无间道》的融资和创作过程，也不是我现在所说的这么容易。当初经过和几家公司的多次磋商，最后我们才敲定和寰亚电影有限公司合作。因为他们给了我很大的信心，支持我用最好的演员和最强的幕后组合，将投资风险降到最低，并和我们一起承担投资的风险。寰亚公司的这种魄力和勇气，在当时的香港影坛，恐怕几乎没有几个公司能有。同时各方面的支持，也给了我自组成立公司的勇气，那样就可以拍摄我自己喜欢的电影，拥有更自由的创作空间。应该说，这部电影改变了我对电影的观念，那就是群体的力量很伟大，这点非常重要！

《不死情谜》剧照

《无间道》剧照

张：片名"无间道"的含义是什么？影片《无间道》的深层文化含义又是什么？

刘："无间道"的原意，是指在地狱最底层的那条路。所谓"无间行者"，指的是走在地狱最深层的那群人。他们怎样在绝路上挣扎，怎样竭尽全力、拼尽所能地向上爬，希望早日功成升天，引用到现今社会，大家仔细想想，在很多方面其实很接近。《无间道》这部电影，就是要体现出人与人之间的冲突和好与坏在现代社会的定义，借此启发大家对金钱、地位和真理的价值观。也就是说，做坏事而成功，并非表示他将来或离开人间之后的道路也如此地如愿。此后影片《无间道Ⅱ》和《无间道Ⅲ之终极无间》，都是这种主题精神的延续。

张：《无间道》系列电影的成功，对你的创作有什么重要意义？对你的未来电影发展有重大影响吗？

刘：拍完《无间道》系列电影之后，我思考了良久。它的成功不是偶然的，但也不是必然的。因此我想告诉年轻的朋友，只要努力地做好自己想做的事，抱着永不放弃的精神，成功是不会舍你而去的。另一方面，更不应该让胜利冲昏头脑，应该尽量保持冷静。对我来说，每个新的工作、每部新的电影，都是我的另一个起点，这是我的座右铭。

张：你和麦兆辉联合执导了《无间道》系列电影和影片《头文字D》，合作非常成功。你认为他的特点和长项在什么方面？

刘：我和麦兆辉正式合作，是从《无间道》开始的。麦兆辉以前做过我的副导演，而我在拍《爱君如梦》的时候，也请了他做执行监制，从而留下了往后合作的伏笔，这就是现实的人生。麦兆辉拍过几部电影，我看中的是他对剧本的要求。他的特点和强项，和我完全相反，他属于过度冷静型的导演，但跟他合作，我们之间在创作上却起了化学作用，这也是合作有趣的地方。

赛车电影

张：新片《头文字D》马上就要上映了，当初是什么机缘让你接拍这部影片的？

刘：首先，我从小就喜欢看漫画书，而《头文字D》漫画书已经陪伴我十多年，而且我一直都很欣赏它里面的画功、说故事的能力和它带给读者的青春活力气息。香港寰亚电影有限公司取得这本漫画书的电影版权后，就和我开始联系，经过长时间的研究，才决定接拍这部片子。

张：影片根据日本畅销漫画《头文字D》改编，题材最打动你的地方是什么？

刘：大家都应该知道，《头文字D》漫画书里，最吸引人的就是那些山路赛车。而在山路上拍摄赛车场面，对电影制作来说，是一件很困难的事。而我，却偏偏喜欢挑战难度大的事，因此就造就了这次的合作。

张：影片整体的风格定位怎样？创作的核心意图是什么？

刘：这部影片，我考虑很长时间才接拍。主要是因为需要想清楚，怎样在《头文字D》这个成功漫画作品的基础上，加上我们的看法和漫画本身之外的东西，而且更重要的是要找出观众想看《头文字D》电影的理由。如果拍出来的

《头文字D》剧照

电影跟漫画作品完全一样，那就很没意义。因此我们不断思考，希望除了将漫画的主题拍摄出来之外，更要将主角藤原拓海那不屈不挠的精神带给年轻的朋友。当然，除了上述因素，我想让观众从这部片子里多看到一些人性的东西，比如亲情、友情和爱情，等等，这些都会细致地展现在这部电影里。

张：这是一部有关赛车的影片，赛车动作场面的展现追求怎样的风格？与以往的赛车电影相比，风格有何不同之处？

刘：我以前也拍过跟赛车有关的电影，但这次的挑战是前所未有的。因为《头文字D》漫画里的所有车子，都跟平常在街上见到的一般家用车完全不一样。要忠于原著，我们就必须使用这批山路比赛专用的车，它们的马力非常大，引擎所发出的声浪非常惊人，观众可以在电影院里感受到它们所发出的澎湃动力。当然，这就增加了制作上的难度和演员、工作人员的不安全性。所幸的是，我有一班很棒的工作人员，他们让我在整个拍摄过程中，得到最好的支持。当然还有片中的所有演员，他们精彩和拼搏的演出，让我非常欣慰！

张：拍摄时最大的困难是什么？

刘：我们拍摄的山路，地势非常险要，弯路特别多，斜坡特别陡，而且拍的都是深夜的场景。大家看过原著漫画的话，都该知道，深夜在山路赛车是《头文字D》漫画最大的特点。因此，哪怕在制作上遇到再大的困难，我也坚持将深夜赛车这一点保留在电影里。为了让观众感受到深夜山路赛车的刺激感，我们是值得这样做的。

张：在音效和音乐制作方面，为突显赛车紧张刺激的场面，有怎样的构思？

刘：音效方面，《头文字D》给了我很大的突破空间。最初我们决定使用杜比音响效果来配合这部影片。但后来看样片的时候，我们才发觉有这么好的素材，如果再用"DTS"将那些更细微的音效也发挥出来的话，会让观众多一份享受，既能感受到那些车辆的强大马力，也能感受到那份澎湃的力度。虽然在预算方面没有这一部分，但我仍然坚持要做，最后得到大家的支持。毕竟在近年来的亚洲电影里，能用得上"DTS"音效的电影，好像没几部。既然有这个条件，那还等什么呢？况且我们做的，绝不逊色于欧美国家，从这点上也反映出我们这次创作是不惜工本的。

音乐，我想在《头文字D》这部影片里，是很重要的一环。比如说，从父子间情感的冷漠到亲情的复现，从恋爱初期的热恋到双方的冷战，从友情的误解到重拾那份情义，等等，音乐都是每个人生活的一部分。因此音乐怎样将这些情感增强，让观众有共鸣感，还有要能增加赛车的动感，是个难度很大的工作。但音乐部门最后还是做到位了，非常好。

  张：银幕上你能将赛车场面表现得如此精彩和神韵备至，肯定是对赛车有非常多的了解。那么在现实生活中，你对赛车有怎样的感情？

  刘：现实生活中，我想大多数的男生都喜欢车，也喜欢看赛车。那种自己自由地到处驾驶和赛车道上的刺激感，哪个男生不追求呢？对我来说，赛车这项运动充满了激情，带给观众无限的刺激和视听享受。车手们争分夺秒地朝着同一个终点冲，危机四伏，冠军只有一个，不能有出错的机会。这就和人生一样，不是每个人都有经过挫折而重生的机会，但信念是不能放弃的。我想每个年轻人在有冲劲、有理想之余，也不应该忽视预料之外的障碍，同时更不应该让那片刻的挫折影响往后的人生路！

  张：记得1991年你在第一部电影《朋党》中就开始关注和表现赛车场面。当时为什么选择这样一部电影开始导演生涯？

  刘：第一部导演作品《朋党》，当时公司找我执导的时候，我还很年轻，拿了剧本回来看，发觉虽然它表面上是说几个社会低下层的年轻人的故事，或者说是展现社会负面、不好的一面，但在它的背后其实也反映出社会应该关注这些问题，关心那些处于社会低下层的问题家庭，以及年轻人对社会的不满。我就是抱着这个心态，

《朋党》剧照

才接下了《朋党》这部影片。

张：当时用什么方式来展现赛车？

刘：当时影片里所谓的赛车场面，基于制作条件，不能像现在有这么多的资源、器材和人力的支持，但由于我本身是摄影师的缘故，用镜头技巧去处理那些赛车场面，也不是难事。当然真实感方面，就不会像今天观众看到的《头文字D》这部电影一样。但当时的票房，对投资者和我来说，都算是有交代的，也增强了我往后做导演的信心。

张：1999年你拍了《烈火战车II之极速传说》，为什么要创作这部影片？

刘：到1999年，我接拍了另一部和赛车有关的电影《烈火战车II之极速传说》。这部影片跟前面一部影片《烈火战车》其实是没有任何剧情方面的关联的，完全是个独立的故事。这部影片主要是我和文隽（他是影片的编剧和监制）迎合市场需求而创作的，当然我们也希望能让观众接受，最后的结果是达到了预期的目标，在票房方面取得了比较好的成绩。

张：很多电影都表现男人爱车如命而忽略爱情，你却表达了一个男人既爱车也爱女人，这样的处理有怎样的考虑？

刘：在现实生活中，车和女人总是被人们相提并论，或许这也是赛车电影的一种模式吧。所以我们在研究剧本的时候，考虑到了这点，同时也希望做一些跟惯例不一样的事。因此观众看到男主角既爱车，也赢得美人。

关于最佳拍档电影有限公司和基本映画电影有限公司

张：1995年你和文隽、王晶成立了最佳拍档电影有限公司。公司是在什么情况下成立的，发展目标是什么？

刘：1995年我和王晶、文隽组成最佳拍档公司的主要目的，是想拍摄一些风格和样式清新的电影，并且在我们三个人创作的基础上，再找一些有潜力的电影导演，去拍他们特别想拍的题材和片种。

张：主要创作的影片有哪些？

刘：我们最佳拍档公司，创作了一批比较清新的影片，取得了很好的票房成绩和市场效应，主要电影作品有《百分百感觉》系列、《古惑仔》系列、《风云雄霸天下》、《华英雄》，等等。

张：什么时候离开最佳拍档公司，并开始成立了自己独立的电影公司？

刘：几年之后，我决定离开最佳拍档公司。原因很简单，主要是大家合作了很长的时间，都应该到外面吸收一些新的事物，这对电影创作来说是好事。因为电影创作是没有定律和限定的空间的，要接受新鲜的东西，到处接触不同的人和事，增加自己的见闻，这样才能创作出好的作品。同时我也想有独属于自己的电影创作空间，创作自由度更大。因此2002年，我就组成了Basic Picture Ltd公司（基本映画电影有限公司）。主要的目的很单纯，也很明显，就是为了更好地自由创作！

张：目前正在紧张拍摄的《戴西》，是一部什么样的电影？据说影片主要讲述的是一个女孩和一个刑警、一个杀手之间的故事，故事结构怎样？

刘：目前我正在荷兰拍摄一部由韩国演员担纲主演的电影 Daisy，片名直接翻译成中文的话，叫《戴西》(暂定的名字)。影片的故事发生在荷兰，内容基本上是你提到的有关女孩与刑警、杀手之间的故事，是非常有趣的一部电影。这部电影无论创作意念，还是制作过程，都和香港电影不太一样。韩国演员们都非常专业，我们之间的合作很愉快。

张：现在除了马上要上映的《头文字D》和正在拍摄的《戴西》，还有其他什么拍摄计划？

刘：拍完影片 Daisy 之后，当然我还有一些别的计划，但到目前为止，那些还只是雏形。等我全力完成这部片子之后，再研究其他的事吧。而且在编剧和我谈好之后，还需要用很多的时间去写剧本。从处女作《朋党》开始，到2005年的影片《头文字D》，说实在的，每次执导电影，我自己都像学生一样在学新事物，从拍摄中吸收许多东西。这么多电影，它们让我从新手变得熟能生巧，在这个过程中经历了甜酸苦辣。所幸的是，甜的还是占多数。

张：你认为自己的特点和强项是什么？

刘：比较长的电影创作过程，让我清楚地知道自己的特点或者说强项，那就是勇于尝试，不限定自己电影创作的题材，多方面创作，不会让自己停顿在某一个层面上，我的电影头脑不能停滞不前。

▶ **电影解析**

香港电影潮流先锋

在香港影坛，刘伟强是由摄影师转向导演的最成功的代表。1985年，在电影圈历练多年的刘伟强终于晋升为摄影师，之后十年内他为《旺角卡门》、《咖喱辣椒》、《豪门夜宴》、《重庆森林》等众多影片成功掌镜，其凛冽锐利的影像构思和出色的运动镜头独具一格，被业界高度赞誉，顺利进入香港一流摄影师行列。1990年以后，在继续推进摄影艺术的同时，刘伟强开始尝试"摄"而优则"导"，并逐渐上升为香港影坛举足轻重的导演之一。1996年，他执导影片《古惑仔Ⅰ之人在江湖》大胆开拓了动漫电影领域，成为香港电影新潮流的引领者；2002年，在香港电影整体上处于创作低潮的时候，他又凭借《无间道》成功推动香港电影市场复苏，创造了其导演事业的第二次高潮。

动漫电影：开拓香港电影新潮流

20世纪90年代下半期，因为长年的抢拍滥拍，又面临好莱坞电影的强劲冲击，香港电影逐渐走向低潮，不仅创作数量急剧减少，影片质量大幅跌落，而且遭遇了非常严峻的资金危机和卖埠困境。在长达四五年的香港电影低谷阶段，刘伟强的导演创作却蒸蒸日上、异常醒目，以高票房、新时尚的鲜明姿态成功引领了香港电影的新潮流。1996年，刘伟强以一向我行我素的漫画作家牛佬和瑞新的名作《古惑仔》为创作源泉，导演了影片《古惑仔Ⅰ之人在江湖》，为香港延续起《老夫子》系列电影之后的漫画电影传统，开拓了跨媒介动漫电影创作的热潮。

就影片的类型定位而言，《古惑仔Ⅰ之人在江湖》成功地根植于《跛豪》等香港黑帮片和《英雄本色》等英雄片，独具一格地尝试了聚焦于青年人成长的黑帮片类型，第一次从青年人的角度在香港银幕上书写了黑帮江湖的世界。如此处理，源于导演刘伟强和编剧文隽对香港草根阶层生存状态和青春文化的独特关注，也源于他们要将电影变成流行文化的独特意识。影片刻画了陈浩男、山鸡、包皮等成长于复杂环境中的众多年轻人，讲述了他们为出人头地而加入黑帮、而后为帮派多次拼杀

《古惑仔Ⅰ之人在江湖》剧照

的江湖奋斗故事。

　　虽说影片《古惑仔Ⅰ之人在江湖》的故事颇有主流江湖故事的模式，但是多种元素的巧妙结构和后现代式拼贴，使全片呈现出个性化、时尚化的风格。影片最突出的特点就是把脉住香港青春文化的特质，契合时下具有强烈反叛意识和个性思维的年轻人的精神状态来塑造人物，将冲天豪情、敢作敢当和重情重义的男性美德赋予这些主流社会之外的边缘人物。配合内在精神，影片从酷辣的服饰造型到人物名字，都具有鲜明的新新人类特征，人物形象多像是街头游戏机里的角色，融合了游戏和漫画等现代时尚的文化元素。同时，影片作为另类的黑帮片，也出色地传承了黑帮片暴力元素，如浩男被山鸡、包皮等人前呼后拥地去抢夺地盘和为兄弟报仇，充分展现了黑社会帮派有组织地以暴制暴的行为。此外，影片一开始用橘黄色暖调描写古惑仔们的童年时光和成长故事，并用字幕的形式交代出1956年的时代背景，为影片注入了温馨可溯的怀旧氛围。再加上全片酣畅淋漓的影像表达和紧凑的故事情节，使得影片在当时的香港影坛脱颖而出，公映之后迅速风靡了香港和东南亚市场。

　　此后，始作俑者刘伟强又再接再厉，导演了《猛龙过江》、《只手遮天》等6部古惑仔题材电影，形成了具有极大票房号召力的古惑仔系列片，给香港电影带来了极大的震荡。就整体表现效果而言,《古惑仔》系列电影对香港传统电影类型和银幕价值观进行了一定程度的颠覆,构筑起个性化、时尚化、青春化的影像风格和人物群像,同时也呈现出了比较浓烈的写实味道,不仅将生活在复杂社会环境中读书前途无望的边缘青年的生活状况和黑帮奋斗经历比较真实地展现在银幕上,而且巧妙加入政治现实的因素来实现对当今社会的写实描摹。比如《古惑仔VI之胜者为王》中,雷公子就职三联帮帮主的仪式和陈水扁的就职典礼交叉剪辑,深有政治讽喻的意味。此外,在《古惑仔》系列电影的带动下,香港影坛涌现出《洪兴十三妹》、《山鸡的故事》等一大批古惑女、古惑仔电影,掀起了轰轰烈烈的古惑仔电影热,成为20世纪末香港电影史上值得关注的一种独特现象。

《古惑仔》系列电影的热映,不仅仅是电影创作的个体行为,还涉及复杂的社会原因,契合了当时的香港社会现实和文化状况。90年代中期以后,亚洲金融危机的爆发对香港经济造成了极大的破坏,这给绝大多数的香港人带来了生活的困境,尤其给原本不富裕的草根阶层带来了生存的困难,再加上对香港回归境遇的迷惘和忧虑,这些都积淀成了潜在于香港人内心深处的情感焦虑。而且对于没有中国情结的年轻人来说,这种情感焦虑更加强烈。因此《古惑仔》系列电影对香港观众来说也是一种银幕宣泄和安慰,在一定程度上消解了现实生活中草根阶层小人物内心深处的情感焦虑。

《古惑仔》系列电影之后,刘伟强继续推进跨媒介的动漫电影潮流。1998年,他将香港漫画界的"天之骄子"——著名漫画家马荣成的重要作品《风云》搬上银幕,努力尝试在武侠片的创作范畴中将现代电脑特效与动漫效果相结合,成功拍摄了影片《风云雄霸天下》,由此开创了动漫武侠电影的新潮流。

影片《风云雄霸天下》除了将孔慈改变成雄霸的女儿而与风、云发生多角情感之外,基本上是对原著漫画的原汁原味的呈现,受到了马氏漫画迷的高度认可。制作方面,刘伟强和参与影片投资的先涛数码公司默契合作,第一次大量采用眼花缭乱的电脑特效来叙述天马行空的故事,设计出纵横天地、魔幻神奇的武打动作场面,创作出气势浩大、绚丽多彩的精彩影像,也描摹出生动逼真的人物形象。这是香港电影史上继1983年的徐克电影《新蜀山剑侠》首开香港特技电影之河后,本土人才和电脑技术精彩结合的第二次里程碑式的突破。刘伟强采用漫画风格的分镜头方式和构图特点来巧妙结构动作场面，想象力极其丰富。聂父与雄霸的竹林大战悲情惨烈，风云联手在剑冢决战雄霸的动作场面精彩绝伦，成功回应了原著漫画画面静中蕴动的精粹意蕴，产生出漫画和游戏交融的独特效果。电脑特效为影片创造出五彩缤纷的视觉效果，步惊云的排云掌拨水道劲、聂风的神风腿疾风狂扫等武打招数设计十分出色，而且火麒麟喷吐火舌、张牙舞爪等精彩设计也层出不穷。就影像的创造和镜语的使用而言，摄影师出身的刘伟强为影片设计了充满现代动感的MTV式拍摄手法，色彩变化大胆出位，场面调度灵活丰富，聂父与雄霸的竹林大战和乐山大佛之战、步惊云与孔慈的情爱戏，还有剑圣与雄霸决战等场面都令人惊叹不已。再加上服装造型、人物动作等展现出的飘逸风格，使得影片更像是一部科幻片。由此，影片在成功地拼贴了后工业时代漫画、电子游戏等大众文化的基础上，最大限度地发挥了电脑特效对故事讲述和人物塑造的辅助表达作用，创造出"漫画＋游戏＋武侠＋电脑特效＋大明星＋刘伟强"这一全新的现代武侠电影，公映之后迅即成为当年香港电影票房的超级大赢家，也成为了当时香港影坛的典范之作。

《风云雄霸天下》之后，香港动漫武侠电影在刘伟强的创作中继续发展。1999年，刘伟强再寻漫画家马荣成的成名之作《中华英雄》，改编成电影《华英雄》。影片虽然因为时空交错和多人轮流叙述的复杂视角等因素而在故事改编和人物塑造方面并不太成功，但是电脑特效的使用还是非常精彩，无敌和金傲雨中激战、华英雄与无敌在自由女神像上决斗等武打动作场面蔚为壮观。2000年，刘伟强再推动漫风格的现代武侠片《决战紫禁之巅》。

《风云雄霸天下》剧照

《头文字D》剧照

2005年，刘伟强创作了动漫赛车电影，将日本著名漫画家重野秀一的名作《头文字D》进行改编，联手创作型导演麦兆辉成功拍摄了同名影片《头文字D》。影片尊重原著，围绕主人公藤原拓海磨炼成飙车飘移高手的成长之路和品尝爱情的初恋之旅展开，表达着青春梦想和自信努力的励志主题，鉴于原著以飙车的速度感著称，影片在不露痕迹的电脑特效和赛车专业人员的辅助下，用充满视觉动感和心理刺激的电影语言营造出风驰电掣、疾风劲草的非一般的赛车世界。

电影风格：多元化类型创作

刘伟强是一位多才多艺的导演，也是一位电影风格鲜明独特的导演。从1991年处女作《朋党》迄今的15年中，除了成功实践了风格多样化的现代动漫电影之外，还尝试过赛车、警匪、科幻、爱情、喜剧等多元化的类型电影创作。

2005年电影《头文字D》的公映，让很多熟悉了《无间道》系列电影的观众惊讶于他对赛车电影的精彩驾驭。虽说赛车电影对观众来说是新鲜的，但对刘伟强来说，已经是他最陈旧、最娴熟的类型创作了，之前已经有过两次不同程度的探索和实践了。1991年，刘伟强初执导筒，从赛车电影入手，围绕几个志同道合、喜欢赛车的年轻人和恶势力之间的斗争这一故事导演了处女作《朋党》。这部影片虽说在赛车场面的拍摄上非常薄弱，却很好地捕捉到了赛场上的情义和对抗，为他以后的赛车电影创作打下了良好的基础，公映之后票房也相当不错。1999年刘伟强导演了电影《烈火战车Ⅱ之极速传说》，将赛车电影推进到阳刚赛车和温柔情感并重的境界。黑鬼东和Sky父子因为赛车而与车神邓风兄弟结下两代恩仇，再加上趴地熊兄妹和一群死党的介入，由此展开了两大阵营的飙车争斗，影片巧妙融合了黑帮模式和赛车类型，活脱脱就是《古惑仔Ⅰ之人在江湖》的赛车版，同时也突破了之前《烈火战车》等香港赛车电影男人只爱赛车、不爱女人的单向模式，不仅让Sky既爱赛车也爱美人，而且赋予了女人主导男人命运的极其关键的叙事作用（第一个女人阿希的身亡让他意志消沉，第二个女人凉子的爱情让他重新振作、找回自己的生命价值）。

警匪电影，既是香港商业电影的强项，也是刘伟强电影创作的强项。继1996年的影片《飞虎雄心Ⅱ之傲气比天高》小试牛刀之后，刘伟强于2001年推出影片《不死情谜》，借鉴悬念大师名作《迷魂记》的故事灵感和韩片《生死谍变》的悬疑迷情，讲述了一个发生在警察身上的暗杀和爱情故事。重案组督察Sam侦破犯罪集团，作为主控官的未婚妻不幸被暗杀，Sam悲痛万分，辞职回到水乡大澳，两年后却碰上了一位与未婚妻相貌一样的女人阿希，爱情又与暗杀同时来临。影片在重重杀机中展现出别具一格的浪漫迷离之美，大胆而成功地对警匪类型进行了情感化改造，让全片充满了悬疑的想象空间和离奇的爱情气息。

2002年底，在香港电影市道艰难的状况下问世的影片《无间道》，是刘伟强最

《烈火战车Ⅱ之极速传说》剧照

《无间道》剧照

出色的警匪片作品，成功地为香港警匪电影建构起了心理悬疑的新模式。影片讲述了一个警匪双方互派卧底、双方激烈胶着的故事，摒弃了一般的警匪对抗、黑帮内斗、江湖情义等传统模式，而采用了聚焦人物内心的静态模式，让黑社会卧底刘建明和警察卧底陈永仁在不与对手直接交锋的情景下紧张地进行智力和心理角逐。再加上精致独到的影像风格、炉火纯青的明星演绎以及悠远动听的音乐，影片公映之后大受欢迎，不仅获得了香港电影金像奖的多项大奖，而且轻松取得了5500多万港币的票房佳绩。这对于2002年低迷的香港影市来说，无疑是一针强心剂，成为影响深远的救市之作。2003年，《无间道Ⅱ》和《无间道Ⅲ之终极无间》，致敬美国《教父》系列电影，继续推进心理警匪片的新模式，也取得了非常不错的票房成绩。就历史意义来说，在商业电影质量不断下滑和市场不断恶化的情况下掷数千万精心创作，实为近年来港产片的一个异数，《无间道》不仅成为了被好莱坞买断重拍版权的最高价的香港电影，而且更重要的是，它以严谨认真、追求精湛的精品意识，给当代浮夸搞笑、制作粗糙的香港电影以深刻的警醒和启示。

另外，继1998年引领动漫特技武侠电影潮流之后，2002年刘伟强又以巨资打造的影片《卫斯理之蓝血人》开始了本土科幻片的新探索。以1982年《星际钝胎》为开篇之作，历经较为出色的1987年《卫斯理传奇》、1988年《铁甲无敌玛丽亚》等影片，香港科幻片还处于比较粗糙和落后的传统发展阶段，直到刘伟强的《卫斯

《卫斯理之蓝血人》剧照

理之蓝血人》的拍摄,才标志着香港科幻片有了现代化的探索和进步。影片以全新的世界商业电影观念为统筹,将神秘的外星故事和永恒的爱情题材混杂在一起,影像上魔幻想象且真实细腻的风格以及有着浓郁东方情感韵味的人物角色设置,使香港本土的科幻片有了质的飞跃。其后再到获得商业与艺术双赢的电影《千机变》,香港本土科幻片探索新潮流才蓬勃兴起。

　　除了上述的主要类型之外,刘伟强的电影创作还涉及多个领域。爱情片方面,他创作了延续《甜蜜蜜》之后香港银幕温情的影片《一见钟情》以及借鉴日本著名影片《谈谈情,跳跳舞》题材灵感的影片《爱君如梦》;喜剧片方面,创作了性别策略包装的影片《当男人变成女人》;惊悚片方面,则创作了《人皮灯笼》和《咒乐园》等影片。

　　在多元化的类型创作中,刘伟强始终坚持着"剧本是一个戏剧之源"的原则,并且特别注重剧本的原创性和生命力。虽然刘伟强电影的题材选择非常丰富,但是其电影的主题大体上还是统一的,那便是注重年轻人的青春成长和社会反叛。

佳片特写

朋党 (Against All)

出　　品：	1991年 万能	片　　长：	90分钟
导　　演：	刘伟强	编　　剧：	冯瑞熊
监　　制：	李修贤	制片经理：	冯瑞熊
摄影指导：	刘伟强	剪　　辑：	陈祺合
音　　乐：	陈斐烈	美术指导：	李耀光
主　　演：	李修贤 张家辉 吴雪雯 林静刚	动作设计：	董玮

　　家辉是一名善良果敢且有领导才华的青年，与四个好友共同爱好赛车。五人结伴去泰国参加赛车比赛，结果惨败而归。家辉在泰国邂逅了女歌手阿雪，不久两人在香港巧遇，迸发了爱情的火花。阿雪被恶少骚扰，恶少金十二多次指使手下袭击家辉。此事惊动了家辉的叔父张铁柱，铁柱是一名疾恶如仇的巡警，他想方设法帮助家辉解决问题。

　　本片是刘伟强的导演处女作，第一次尝试挖掘了赛车题材。虽然影片的导演手法略显稚嫩，叙事结构把握失衡，赛车动作场面比较简单粗糙，但影片整体上是一次非常有意义的创作，不仅为香港电影拓宽了题材表现领域，同时也为刘伟强以后的《烈火战车Ⅱ之极速传说》、《头文字D》等赛车电影创作积累了可贵的经验。

古惑仔Ⅰ之人在江湖 (Young and Dangerous Ⅰ)

出　　品：	1996年 晶艺	片　　长：	100分钟
导　　演：	刘伟强	原　　著：	牛佬 瑞新
编　　剧：	文隽	监　　制：	文隽
制　　片：	刘宝贤	摄影指导：	刘伟强
剪　　辑：	马高	美术指导：	利碧君
主　　演：	郑伊健 陈小春 黎姿 吴镇宇 吴志雄	武术指导：	林迪安
		音乐设计：	许愿

　　小时候，陈浩南和山鸡经常被街头流氓欺负，立志长大后要闯荡黑社会。后来他们加入了香港黑道最兴盛的洪兴社，在不断的打架斗殴中成长为黑道新秀，陈浩

南更跃升为新一代古惑仔的领头人物。洪兴社与以靓坤为首的帮派争夺地盘，展开了一连串恶斗。在这一仗中，陈浩南、山鸡和他们的兄弟立下了汗马功劳。

《古惑仔》系列电影改编自香港畅销的漫画书，编剧文隽和导演刘伟强这对黄金搭档大胆采用新新人类的流行生活气息来包装曾经流行一时的英雄片，结果掀起了香港电影的江湖英雄片热潮。影片在演员选择上契合风格需求，郑伊健、陈小春等人的表演活灵活现，代言了新兴的另类青春时尚文化。

风云雄霸天下 (The Storm Riders)

出　品：1998年　嘉禾／先涛数码／天山	片　　长：128分钟
导　演：刘伟强	原　　著：马荣成
编　剧：文　隽	监　　制：文　隽　李竹安
制　片：张敏颖	摄影指导：刘伟强
剪　辑：麦子善　彭　发	音　　乐：陈光荣
主　演：郑伊健　郭富城	武术指导：林迪安
舒　淇　杨恭如　千叶真一	美术指导：何剑雄

天下会帮主雄霸想得天下，请神算泥菩萨给他算命，找到两名与泥菩萨暗示的生辰八字吻合的小童聂风和步惊云，并收二人为徒。之后天下会日渐强大，唯有圣剑可以与之匹敌。雄霸其实是聂风和步惊云的杀父仇人，他从泥菩萨口中得到"成也风云，败也风云"的暗示，于是开始暗中展开对付风云的计划。雄霸利用女儿孔慈的感情离间风云，不想错杀女儿。最后风云冰释前嫌，合力打败雄霸。

本片开创了香港电影跨媒介创作的新思路，取漫画之所长，突破了传统武侠电影的固定模式，创作出时尚的漫画武侠电影。同时影片采用了当下流行的高超的电脑特技，在银幕上创造出亦真亦幻的影像奇观。

爱君如梦 (Dance of a Dream)

出　品：2001年　寰亚／天幕	片　　长：90分钟
导　演：刘伟强	编　　剧：庄文强
监　制：刘德华　刘伟强	制　　片：郑维弼
摄影指导：刘伟强　高照林	剪　　辑：彭　发　彭正熙

音　　乐：陈德建　温浩杰	美术指导：庄国荣
主　　演：刘德华　梅艳芳　吴君如	

　　交谊舞教师阿华在舞台上温文尔雅，但现实生活中却刻薄成性，渐渐忘记了跳舞的意义。社交名媛Tina被阿华的风度深深吸引，阿华也向Tina大献殷勤。服务生阿金也被阿华所迷，萌生了向阿华学跳华尔兹的念头。阿华骗取阿金高额学费，更以做舞蹈搭档为诱饵让阿金打理杂务。虽然拒绝了阿金的爱，但阿华的生活起了很大的变化。

　　本片是在日本影片《谈谈情，跳跳舞》所引发的亚洲舞蹈电影热潮的背景下推出的作品，在刘伟强的精彩演绎下细腻动人。片中既交融了爱情片和舞蹈片的类型精粹，又巧妙地综合了喜剧和煽情的感觉。影片演员表演比较养眼，尤其是刘德华大飙舞技，让喜爱他的观众大开眼界。

无间道 (*Infernal Affairs*)

出　　品：2002年　寰亚	片　　长：97分钟
导　　演：刘伟强　麦兆辉	编　　剧：麦兆辉　庄文强
监　　制：刘伟强	制　　片：黄　斌
摄影指导：刘伟强　黎耀辉	剪　　辑：彭　发　彭正熙
视效顾问：杜可风	音　　效：曾景祥
主　　演：梁朝伟　刘德华　黄秋生	武术指导：林迪安
曾志伟　郑秀文　杜汶泽	美术指导：赵崇邦　王晶晶

　　刘建明是香港黑帮三合会的会员，十多年前听从老大韩琛的吩咐加入香港警察行列做卧底。陈永仁被警察训练学校强行退学，秘密执行渗透进三和会的卧底工作。一宗毒品交易，黑白两道的行动均告失败，这暴露了双方内部都有卧底潜伏的事实。陈永仁和刘建明的无间旅程将接受严峻的考验。

　　在2002年电影低迷的时刻，本片高达5000多万港币的票房收益成为了香港电影的救市之作。影片对旧有的卧底题材赋予了新的变化，融入了英雄片、枪战片、古惑仔电影等多种类型元素，加强了人物复杂心理的刻画，在叙事上创造出独特的悬疑效果。

头文字 D (Intial D)

出　　品：	2005 年　银都机构／寰亚	片　　长：	88 分钟
导　　演：	刘伟强　麦兆辉	漫画原著：	重野秀一
编　　剧：	庄文强	监　　制：	刘伟强
制　　片：	彭立威	摄影指导：	刘伟强　黎耀辉　伍文拯
摄　　影：	曾万强　何建光	剪　　辑：	黄海
美术指导：	张世宏	音效设计：	曾景祥
主　　演：	周杰伦　铃木杏　陈冠希　余文乐	原创音乐：	陈光荣
	杜汶泽　黄秋生　陈小春　钟镇涛		

　　藤原拓海五年来一直替父亲送豆腐，不知不觉中成为了飘移高手。不过拓海始终隐瞒了自己的车技，他对汽车比赛毫无兴趣。因为好友阿木的激励和父亲的怂恿，拓海参加了山路赛。岂料他竟凭借一辆快要退休的本田 AE86，打败了对手。此后更多的高手向他挑战，他的恋爱也出现了危机。最终拓海决定加入赛车队，成为一名真正的赛车手。

　　本片改编自日本红极一时的漫画家重野秀一的代表作，是刘伟强再次冲刺漫画电影的力作，也是小天王周杰伦的银幕处女作。整部影片沿用《无间道》系列电影的叙事技巧来讲述故事，除了赛车这一主要情节线之外，还安排了拓海的初恋情感这条情节线。在多数电影依赖电脑特技制作视觉效果的当下，本片中惊心动魄的飙车场面多是货真价实，而且摄影、剪辑方面也日趋成熟。

作品一览

导演作品：

- 1991　《朋党》
- 1992　《伴我纵横》
- 1993　《香港奇案之强奸》、《人皮灯笼》
- 1994　《恋爱的天空》、《新边缘人》
- 1995　《慈禧秘密生活》、《庙街故事》
- 1996　《古惑仔I之人在江湖》、《古惑仔II之猛龙过江》、《古惑仔III之只手遮天》、《飞虎雄心II之傲气比天高》
- 1997　《古惑仔IV之战无不胜》
- 1998　《古惑仔V之龙争虎斗》、《新古惑仔之少年激斗篇》、《风云雄霸天下》
- 1999　《华英雄》、《烈火战车II之极速传说》
- 2000　《决战紫禁之巅》、《一见钟情》、《古惑仔VI之胜者为王》
- 2001　《不死情谜》、《拳神》、《爱君如梦》
- 2002　《卫斯理之蓝血人》、《当男人变成女人》、《无间道》（与麦兆辉合作）
- 2003　《咒乐园》、《无间道II》（与麦兆辉合作）、《无间道III之终极无间》（与麦兆辉合作）、《1:99电影行动之前程似锦》
- 2005　《头文字D》（与麦兆辉合作）

摄影作品：

- 1985　《龙虎风云》
- 1987　《横财三千万》
- 1988　《旺角卡门》
- 1989　《伴我闯天涯》
- 1990　《咖喱辣椒》
- 1991　《豪门夜宴》、《五亿探长雷洛传I之雷老虎》
- 1993　《韦小宝之奉旨勾女》
- 1994　《重庆森林》
- 1996　《古惑仔II之猛龙过江》、《古惑仔III之只手遮天》、《飞虎雄心II之傲气比天高》
- 1997　《古惑仔IV之战无不胜》
- 1998　《风云雄霸天下》、《新古惑仔之少年激斗篇》
- 2003　《老鼠爱上猫》

监制作品：

1995　《香港沦陷》
1996　《人细鬼大之三个Handsup的少年》、《红灯区》、《怪谈协会》、《百分百感觉》
1997　《爱上百分百英雄》
2002　《无间道》
2003　《老鼠爱上猫》
2005　《头文字D》

表演作品：

1990　《咖喱辣椒》

获奖纪录：

1998　第三十五届台湾电影金马奖最佳造型设计（利碧君《风云雄霸天下》）
　　　第五届香港电影评论学会年度推荐电影（《风云雄霸天下》）
　　　日本香港电影通讯十大助演男优奖（陈小春《古惑仔I之人在江湖》）

1999　第十八届香港电影金像奖最佳剪辑（麦子善、彭发《风云雄霸天下》）、最佳美术指导（何剑雄）、最佳原创电影音乐（陈光荣）、最佳服装造型设计（利碧君）、最佳音响效果（曾景祥）、最佳新演员（谢霆锋《新古惑仔之少年激斗篇》）
　　　第三十六届台湾电影金马奖最佳视觉特效（先涛数码《华英雄》）
　　　第四届香港影评人协会金紫荆奖十大华语片（《风云雄霸天下》）

2002　第九届香港电影评论学会最佳男演员（黄秋生《无间道》）、年度推荐电影（《无间道》）

2003　第二十二届香港电影金像奖最佳影片（《无间道》）、最佳导演（刘伟强、麦兆辉）、最佳编剧（麦兆辉、庄文强）、最佳男主角（梁朝伟）、最佳男配角（黄秋生）、最佳剪辑（彭发、彭正熙）
　　　第四十届台湾电影金马奖最佳剧情片（《无间道》）、最佳导演（刘伟强、麦兆辉）、最佳男主角（梁朝伟）、最佳男配角（黄秋生）、最佳音效（曾景祥）
　　　第八届香港影评人协会金紫荆奖最佳影片（《无间道》）、最佳导演（刘伟强、麦兆辉）、最佳编剧（庄文强、麦兆辉）、最佳男配角（黄秋生）、十大华语片（《无间道》）
　　　第十届香港电影评论学会最佳电影（《无间道II》）、年度推荐电影（《无间道III之终极无间》）
　　　第四十八届亚太影展最佳录音（《无间道》）

	第三届华语电影传媒大奖港台部分最佳男演员（黄秋生《想飞》、《无间道》）、最受欢迎影片（《无间道》）、最受欢迎男演员金奖（刘德华《无间道》、《金鸡》）、最受欢迎男演员银奖（梁朝伟《英雄》、《无间道》）
	第七十七届日本《电影旬报》"外国十佳影片"（《无间道》）
2004	第四十一届台湾电影金马奖最佳男演员（刘德华《无间道Ⅲ之终极无间》）
	第九届香港影评人协会金紫荆奖十大华语片（《无间道Ⅱ》、《无间道Ⅲ之终极无间》）
	第四十九届亚太影展最佳剪辑（《无间道Ⅱ》）
	第四届华语电影传媒大奖港台部分最佳影片（《无间道Ⅱ》）、最佳男配角（廖启智《无间道Ⅱ》）、最受欢迎影片（《无间道Ⅲ之终极无间》）
	第四十六届日本蓝丝带电影大奖最佳外语片（《无间道》）
2005	第七届中国长春国际电影节技术创新（《无间道Ⅱ》）
	香港评选"中国电影诞生一百年——最佳华语片一百部"第三十二位（《无间道》）
2006	第二十五届香港电影金像奖最佳男配角（黄秋生《头文字D》）、最佳新演员（周杰伦）、最佳音响效果（曾景祥）、最佳视觉效果（黄宏显、黄宏达、张仲华）

THE LEGEND OF

刘镇伟 "大话"电影

1. 导演故事 2. 对话谈艺 3. 电影解析 4. 佳片特写 5. 作品一览

▶ **导演故事**

香港电影的"神经刀"

每一位看过电影《大话西游》的观众,除了穿梭时空的唐僧师徒之外,肯定都会记得那个号称"亲爱的葡萄"的菩提老祖。这个敦实可爱的形象的创造者,就是香港著名导演刘镇伟。出生于香港的刘镇伟,年轻时在英国读了四年美术印刷设计,返港后在广告公司任职。不久他发现自己对设计工作毫无兴趣,于是毅然转投一家财务公司。1980年,刘镇伟随着公司业务的扩展开始接触电影的制片工作。虽说所学专业跟电影一点关系也没有,但是刘镇伟对电影的兴趣却是由来已久,小时候妈妈几乎每天晚上都会带他去看当时兴盛的粤语电影。所以等刘镇伟有机会参与到电影制作时,他就像挖到了宝藏一样兴奋活跃,全身心地投入电影行业。可惜的是,在参与制作了《边缘人》、《凶榜》、《杀出西营盘》、《烈火青春》等一系列新浪潮代表作之后,公司在1985年不幸倒闭了。刘镇伟只好暂时离开电影圈。一年后,刘镇伟感觉自己已经离不开电影了,重新选择回到电影圈,但是没有一家公司愿意请他这位已倒闭的电影公司的人做事。无奈之下,刘镇伟只好选择先做电影编剧。

1987年,在编写了一些电影剧本之后,刘镇伟终于获得了当导演的机会。刘镇伟是一个非常聪明的人。他充分了解自己的实力,见武侠片竞争太强、喜剧片导演很多,最后选择了当时只有刘观伟一人扛鼎的鬼片作为突破口,导演了电影处女作《猛鬼差馆》,以现代都市为背景,加入警察人物形象,既恐怖又搞笑,准确地契合了观众的心理,影片一公映就卖了个满堂彩。之后,刘镇伟乘胜追击,连续推出了《猛鬼学堂》、《猛鬼大厦》等鬼片。鬼片成就了刘镇伟,同时也让他陷入了鬼片的漩涡。那段时间,片商找刘镇伟就是拍鬼片,刘镇伟感觉自己差不多像鬼一样了。

1989年,刘镇伟导演了影片《流氓差婆》,日后成长为香港无厘头喜剧电影代言人的周星驰在影片后40分钟才出场。周星驰的出现让刘镇伟眼前一亮,他感觉周星驰对喜剧有独到的表演,这让刘镇伟产生了一个大胆的念头,那就是让周星驰担纲下一部影片的男主角。当时的周星驰只是一个初出茅庐、没有名气的年轻演员,请他做第一男主角是非常冒险的。但是刘镇伟相信自己的眼光不会错。在1990年与元奎联合执导的电影《赌圣》里,刘镇伟一举推出周星驰。影片公映以后非常轰动,获得了4000万港币的高票房。此后刘镇伟又拍摄了《赌霸》等影片。刘镇伟的电影从来不按常理结构,嬉笑怒骂瞬间转换,思维灵活跳跃,被影评人誉为香港电影的"神经刀"。

为了打破鬼片和赌片的桎梏,刘镇伟易名推出了《91神雕侠侣》、《92黑玫瑰对黑玫瑰》等影片,均获得了很大的成功。1993年,刘镇伟在与王家卫成立泽东公司后,在王家卫的《东邪西毒》难产之际,火线救急推出搞笑版电影《射雕英雄传之东成西就》,赢得了高额票房。1994年,他更是凭借影片《花旗少林》将当时的票房毒药周润发重新推入魅力明星行列。1995年,刘镇伟再次携手周星驰,拍摄了电影《西游记第101回之月光宝盒》、《西游记大结局之仙履奇缘》(内地合称《大话西游》)。影片有着新颖奇特的故事和天马行空的想象,成为了香港无厘头喜剧的经典之作。

刘镇伟是一个特别顾家的人。拍电影的紧张繁忙,让刘镇伟感觉对妻子和家庭亏欠很多。因此拍完《大话西游》之后,他便逐渐远离香港电影圈,回到加拿大去做全职丈夫和全职爸爸。直到2002年王家卫的"无赖"邀请,刘镇伟才重新出山导演了《天下无双》。之后又帮周星驰监制了影片《功夫》。2005年他终于再次燃起创作激情,圆梦十年前未完成的《大话西游》第三部《情癫大圣》,在中国银幕上又开始了一段黑色荒诞的爱情神话。

> **对话谈艺**

刘镇伟：我用电影实现孩时的梦想

受访：刘镇伟
采访：张　燕
时间：2005年10月14日
地点：北京世纪金源大饭店

我是一个很麻烦的人

张：刘导，你的形象和电影总给我很矛盾的感觉。每次在电视上或现场看到你本人，总觉得你是一个非常平和的菩提老祖的形象。但是每次看你的电影，看到影片中天马行空的世界和古灵精怪的人物，又觉得你是一个很难琢磨的奇怪的人。请问在创作上和生活上，你究竟是一个什么样的状态？

刘：其实不要相信你眼睛所看到的东西，我就是我。电影里的创作，很多是我孩时的梦想和理想的东西，长大以后用电影的形式实现，用摄影机真正地拍摄出来。比如说电影《大话西游》就是一个典型的例子。

小时候，我看小说《西游记》的时候，觉得孙悟空很可怜，因为他从来没有机会去选择自己的人生道路。在五指山下，唐僧跟他谈条件，说"你要是不跟我去取经，那你就继续压在山下面"。后来他只能跟着去取经。那时候，我就想如果我是孙悟空那种性格，我出来以后做的第一件事肯定是把唐僧杀掉，我绝对不会去取西经，而会跑掉。接着我又想，如果孙悟空不是一个很好的人，我怎么样把他变成一个更好的人，给他一点感情和人性，再加上一段爱情。这就是我小时候看《西游记》的真实感觉。后来就有了《大话西游》系列电影。

张：调侃搞笑的《射雕英雄传之东成西就》也一样。我看过一些香港的评论，说你是香港最难以捉摸的电影大师，是"神经刀"。怎么会这样？

刘：这可能跟我小时候有一些关系。小时候我念书的时候，老师打我打得很厉害，因为我很麻烦。我总是很不老实，问他们一些不想回答的问题，他们一般会按照教科书来教我们。就好像我现在看这个瓶子一样，老师让我看这里，我知道瓶子还有很多角度，我就偏偏一直往那里看。所以上课的时候，我就会问他们很多不是教科书里的问题，他们就觉得我很麻烦。

张：也就是说，创作的时候，你的思维跟别的导演很不一样。你对每一个故事和题材都会有不同角度的看法。

刘：对。我有一个习惯，每一次看完一本书，比如说童话故事，最后结局说主人公们很快乐。我就会想，生活很快乐是什么？我老是想知道故事的后面是什么。所以当年拍《东邪西毒》也是这样。开始的时候，我告诉王家卫说让他拍《东邪西毒》的前传，为什么洪七公和欧阳锋对立得那么厉害，黄药师为什么爱那个人那么深刻，还有桃花岛不只是一个岛，我觉得是黄药师把自己困在那个地方的。结果王家卫不是在拍我的故事，他拍的是另外一个故事。

《情癫大圣》和《大话西游》

张：从《大话西游》至今，这部经典的影片已经历经了十年，而你现在又拍了同一题材的新片《情癫大圣》。如此执著，是不是因为西游题材对你来说有着非常特别的意义？

刘：其实这个题材背后真正的故事是这样的：《情癫大圣》的故事在十年前就已经有了，当时我拍《大话西游》的前两集《月光宝盒》和《仙履奇缘》，计划如果票房成功的话，我就开拍第三集。结果票房不太理想，不是说票房很差，但是对于"刘镇伟+周星驰"本来应该很厉害的组合来说，只能说是中规中矩。那时我看到周星驰的表情是很难受的，他很不能接受那样的票房成绩，这样第三集就很难再拍了。王家卫和我身边的很多朋友都知道这个故事，十年里我一直在想这个故事，但是很可惜没有拍成。

一直到两年前周星驰找我拍电影《功夫》，我到上海给他当监制。在《功夫》拍摄的过程中，我一直看着周星驰拍戏，感觉特技已经相当成熟了，想到我想的这个故事如果在十年前特技不太先进的时候拍了，可能会有很大的遗憾，现在刚好是一个可以拍摄的机会。其实在《功夫》之前，我拍了一部电影《天下无双》，拍完以后我真的说不当导演，就回家了。后来周星驰打电话来的时候，我拒绝了他三次，最后答应他只当监制不当导演。偶然有一个机会，英皇公司找我给他们拍一个戏，当时我也拒绝。我也很感谢中国的传媒，把我当时真心说的、但不是特别想让太太看到的话写出来了。我说："如果要我在太太和观众两者之间选择的话，我选择我太太，我宁愿放弃观众。如果一个人在外面对所有人都很好，却不能回家对身边的人好的话，那么他在外面做的所有的事情都是假的，不是真的。"结果我太太看了以后，非常感动，她知道他们找我拍片，就跟我说了一些话令我很开心，这样改变了我的想法。

我答应给英皇拍电影，但是有一个条件——要我当导演就要拍《大话西游》第三集。他们很头疼，说还有第三集啊，还要找周星驰吗？我说这个故事不是关于至尊宝，是关于唐僧的。在《大话西游》里我一直没有拍唐僧的前传，没有交代唐僧为什么会变成这样。这样我就通过传媒"骗"了我太太，又回到电影圈，拍成了现在的电影《情癫大圣》。不是说我对《大话西游》这个故事过了十年还要再拍它，而是十年前关于《大话西游》的这个梦直到现在才完成。

张：现在这个《情癫大圣》的片子，跟之前的《月光宝盒》和《仙履奇缘》两集相比，故事情节的选择和人物的塑造有什么区别？

刘：区别最大的是时空已经扩大了，之前我是用月光宝盒在时空中穿梭，这一

《西游记大结局之仙履奇缘》剧照

《情癫大圣》剧照

次是把月光宝盒打破了,在时空中穿梭的所有人都回到地球来了。而且这次回来的不只是神仙,还有UFO。而UFO其实是很久以前就离开地球的人类,当时离开的原因是因为人类总是在你打我、我打你,他们想找一个安静的地方就离开了。经过了很多亿年,冰河世纪之后人类重生,他们回来的时候看见人类还是在打,所以他们很失望。对唐僧他们来说,外星人当时就像妖怪,就好像我们现在所理解的唐僧所遇到的妖怪一样,所以妖怪其实也是人。依据我们的传统,天宫里的是神,但是《情癫大圣》的故事要告诉观众,天宫里的不是神而是人。神仙、外星人、地球人等,基本上在不同的时空里生活,最后也没有什么神和人的区别。对我来讲,所有生物都是一样的。

张:这样来讲,影片给我们展示的好像是一个万能的时空,所有不同时空的人都集中在人间这个特别的时空。

刘:是,我用月光宝盒打破了它。刚开始听说我要拍这个故事的时候,投资人都很害怕:"你怎么把UFO和古代人摆在一起呢?"我说:"听的时候你们可能很难受,但是看片子的时候绝对不会。"现在他们看到影片之后非常开心,知道我想表达的是怎么一回事。影片里我利用了很多中国人迷信的东西,跟科技结合在一起,打破了时空等很多东西。比如说妖怪有变身术、遁地术,但是外星人不怕,他们有扫描仪,可以看到妖怪在哪里。科技的东西可以把妖怪的东西打破,但是最后科技

又敌不过我们的神仙，因为神仙有爱心，用这样的力量把外星人感化。

张：那是不是说你的影片最终要传达的一个主题是"爱"，还有一个是"情"。我看了一段片花，你说"虽然十年人会变，但是我的情不变"。

刘：其实我当时说"虽然十年人会变，但是我的情不变"这句话，那是对善良的人来说的，不善良的人就不一样了。所以我希望能用故事将不善良的人改变成善良的人。为什么现在所有的年轻人感情都那么脆弱，因为他们不能把"情"的感觉把握得很好，希望他们能像唐僧一样。

张：在《情癫大圣》里你给唐僧规划了两段独特的爱情。我很好奇，你是怎么样来结构唐僧的爱情的？

刘：其实在《情癫大圣》这个故事里，我把前两集的爱情又颠覆了。前面两集里至尊宝很后悔，因为他失去了一些东西，他很想补偿。但那是一个很小我的爱，他只为自己的感觉去做一些事情，唐僧这一次却非常不同。唐僧能够去取西经、普度众生，因为他爱全世界的人，他把自己所有的一切都献给世人，他是很博爱的。但是最后他很想不通"为什么我多爱一个人就不行"，我有一个答案给唐僧，让他知道"你能多爱一个人，但是那种爱不是你想象中的爱，不是有结果的爱"。所以唐僧在这个故事里了解到了"爱一个人是不一定要有结果的"。

张：前两集《大话西游》的故事是悲剧性的，但是你用非常搞笑的无厘头的喜剧方式来讲述。这部《情癫大圣》是会延续这种风格，还是会有一定的变化？

刘：风格跟之前一样，但是夸张的地方比之前更夸张。比如说以前我给孙悟空一个性格，在这一集里我给了他一个更人性化的东西，那就是金箍棒。孙悟空可以有七十二变，我把这个能量放在金箍棒里。金箍棒这一次在影片中跟女主人公有很好的感情，他会很维护女孩子，会多番地帮她忙。比如说他们要去天宫，金箍棒就变成一个火箭送他们去。还有女孩子在海里不懂得游泳，金箍棒就变成一个快艇送他们走。到后来金箍棒要离开那个女孩子，那段感情戏更感人。所以金箍棒在这部影片中是很人性化的，是一个重要的元素。

张：你这些金箍棒变火箭、快艇等稀奇古怪的想法，都是从哪儿来的？

刘：我不知道，其实我自己也想知道。所以有很多人说我是"神经病"。

张：你看到这个题材，脑子里就会有这些想法冒出来？

刘：是。

张：在新片《情癫大圣》里，你用了很多的特技，做出了很多非常奇观的东西。从导演的角度看，特技对这部影片的创作有什么作用？具体是怎样呈现出来的？

刘：特技的作用很大，最重要的是能够把我的想法展现出来。我相信有很多东西，如果没有特技，我是做不来的。很简单的一个例子，我拍天宫的戏。我写完剧本以后，剧组里所有的人看剧本时手都发抖，美术指导感觉这下糟糕了，很头疼怎样给导演做出效果来。因为我在剧本里写到：第一，天宫里一张椅子都不要见到，我不要传统玉帝坐的椅子；第二，天宫里只有一个男人，其他全部是女人，这个男人不能穿裤子，他要穿裙子。看到这些，美术指导很痛苦，简直想要自杀。我解释给他们听，我说这是配合我的特技，其实造型对我来说不是最重要的，重要的是特技。主要是我想把空间抽离，我想要玉帝躺在地上说话，身边有一帮女孩子，全部穿白衣服，很漂亮，我不想看到以往电影中常看到的天宫有烟的效果，我一点烟都不需要，但是我要那个地是浮动的效果。特技公司一直跟我研究，画了很多天宫的图给我看，很多是以前的亭台楼阁，还有楼梯。我一个都不喜欢。我说你能不能给我一个空间，不像一个房子，是一个洪荒世界，天地该开启时候的感觉。结尾唐僧和孙悟空到了天宫和玉帝等人见面，我本来要拍的最后一个镜头是：从天宫里一直抽出去，经过很多层的山等地方，最后才看到原来天宫不是在天上，而是在地球的中间，天堂根本就在我们的脚底下，但是我们没有好好珍惜它。可惜那个镜头太贵了，我没有钱拍。结果天宫还是在天上，我很生气。

张：影片中唐僧是由谢霆锋扮演的，还有蔡卓妍、范冰冰等演员，唐僧和妖怪、外星人之间发生了特别的爱情故事。具体来说，人物之间的关系是怎样的？

刘：唐僧最后去了一个印度的城市莎车城，那里有一批经文需要拿走。但是途中发生了一些事情，三个徒弟被妖怪捉走了。唐僧漂流到一条大河，旁边有一个妖怪，蔡卓妍就是那个妖怪。从一开始，这个妖怪就一直很喜欢唐僧，但是唐僧很迂腐，一直觉得"我是正派的，你是邪派的，我不能喜欢你这个邪派的女孩子"。这个女孩一直在付出和帮助他，但是唐僧一直在误会她，最后女孩子的心被伤害了，她帮他拿了经文以后就到天宫去了。那时候唐僧才知道自己做错了事，他做了一个决定。其实在这种关系发生的过程中，那个女孩子付出了很多，唐僧也是知道的，只不过他在心里一直说"不能"。影片中有这样一场戏，唐僧在沙漠中写到："世间安得双全法，不负如来不负心"，他心里有非常剧烈的矛盾。

《大话西游》之外的电影创作

张：你最开始拍的是鬼片类型，包括《猛鬼差馆》、《猛鬼大厦》等影片。

刘：太好了，终于在十年后有人问我《大话西游》以外的问题了。

《猛鬼差馆》剧照

张：从一开始，你拍的鬼片就和主流类型鬼片有很大不同。我好奇的是，你是怎么样走上导演之路的，而且为什么从鬼片入手？

刘：我当上导演是这样一种情况。我和王家卫坐在一家咖啡厅里聊天，那时我们两个人都是穷编剧。我说："我有机会当导演了"，他说："我也有机会了"。然后王家卫问我拍什么戏、当什么导演，我说什么戏都没关系，只要不太困难就可以了。听我这么说，他很迷惑，不知道我说什么意思。我就把旁边的餐桌纸拿过来，在反面写，把全香港当时最著名的导演写在那里。动作片导演有洪金宝、刘家良等一帮人，我说我拍不过他们；文艺片导演有许鞍华、徐克等一帮人，我也拍不过他们；喜剧片方面导演更多，许冠文、黄百鸣等，我也拍不过他们；最后有一个人叫刘观伟是拍鬼片《僵尸先生》系列的，那我就拍鬼片。因为只有一个人嘛，比较好"打"，那我就跟他对打。结果我的方法是对的。

其实我不是特别喜欢拍鬼片。我是一个很懒惰的人，我不要跟很多人打，就先打一个人。当时有很多人拍喜剧，但是只有刘观伟一个人拍鬼片。另外，还有浑水摸鱼的感觉，人家还以为我是他呢。

张：当时很多影评人和观众就把你和刘观伟混淆了，后来还以为你们俩之间有什么亲戚关系，大家都姓刘。

刘：对啊，达到效果了。

张：你在鬼片中巧妙地融入了很多喜剧的东西，一开始拍摄的就不是单一的类型片，而是多种类型混合的。

刘：对，没错。

张：不仅你的电影天马行空，好像你的导演名字也千奇百怪。很多影片据说是你拍的，但是影片导演栏的名字不是你的原名，所以很多媒体和观众都在不断地猜测。我在这儿跟你求证一下，比如说《91神雕侠侣》、《92黑玫瑰对黑玫瑰》等影片是你导演的吗？

刘：是。《91神雕侠侣》、《92黑玫瑰对黑玫瑰》是我拍的，还有刘德华主演的《天长地久》也是我拍的。导演黎大炜、刘宇民和陈献之，都是我。为什么呢？1990年《赌圣》非常成功，在香港打破了票房纪录，当时我和周星驰的票房号召力是最大的，但是那个时候我感到很不开心。我的第一部电影是鬼片，后来一直拍鬼片。

《赌圣》剧照

说实话,我不应该不开心,我是自作自受。一开始我选择了拍鬼片,结果成功了,卖得满堂红,我以为我可以拍其他的电影了,但结果东南亚的导演说到刘镇伟,就是拍鬼片,拍得我自己像鬼一样,很不开心。后来有机会拍赌片,《赌圣》成功以后,《赌霸》等什么赌片都来了,当时我就很生气,决定不拍戏了,但是我要生活。

那时我要解释给全世界的观众听,如果一个故事好,那个导演好,有没有人看才最重要,哪怕我收很少的钱也没关系。我对制片公司说不能用我的名字,所以《91神雕侠侣》中我叫黎大炜,《92黑玫瑰对黑玫瑰》中我叫陈献之,结果每一部电影都卖大钱。这个时候,我证实我成功了,影片不用我的名字都挣钱,这样我终于可以拍其他类型的影片了。但是我不知道,我开这个玩笑得罪了很多娱乐圈的记者和影评人,他们觉得我很不给他们面子,很侮辱他们。因为他们每次写的时候知道名字可能是我,又不能写我,很不确定。

张:说到赌片,你拍的《赌圣》、《赌霸》系列电影很特别,有很多超能力的东西。当时你怎么会想到在赌片类型中加入超能力呢?

刘:其实答案很简单,就是我不懂得赌。一个不懂得赌的人要写赌片的剧本、要拍赌片,这可能是很荒谬的事。你可以问当时在我身边的所有人,当时最后一场赌的推牌高潮戏,我都不知道什么牌可以赢对方,我一直问元奎是不是两对赢一对、三对赢两对。我一直在问他这些问题。刚好因为我这个心态,所以我才能写周星驰每一次都甩牌。因为如果对手是赌王，我刘镇伟不懂得赌，只能每一次都推出去碰运气。结果观众很喜欢，因为一般观众赌术都不是很好，所以他们很接受那种感觉。

张：歪打正着，观众看起来会觉得人物很帅、很酷，推出来马上就能赢。

刘：其实是我不懂赌，我只能这样表现。

张：在赌片系列中，《赌圣》这部影片对你是很重要的，奠定了你和周星驰的合作。如果让你现在回过头去总结，这部影片对你后来的创作起到了哪些作用？

刘：这部影片把我推到了事业的一个高峰。当时观众和电影界肯定了刘镇伟的"神经刀"是天下一流，而且对我个人来说也是一个重大的转变。我拍完《赌圣》，在庆功宴上我跟周星驰说："我不会再拍你了。"当时他喝了很多，眼泪都下来了，说："为什么？是我得罪你了吗？"我回答说："因为我太爱你了，我知道你的为人是怎么样，如果再跟你合作，我们两个人就不会是朋友，因为我知道你的性格是什么样子的。你不要以为我不拍你就是不喜欢你，恰恰是因为我太喜欢你了才不拍。"所以《赌圣》之后的几年，我一直没有和周星驰拍戏，一直在走我自己的方向，拍了《91神雕侠侣》、《92黑玫瑰对黑玫瑰》等影片。那几年，周星驰一直在找我，拍什么戏都问我，我一直在帮他，包括《破坏王》等影片。一直到1993年，我有机会碰到周润发。当时周润发的票房号召力已经一落千丈，表演事业处于低潮。那时候，周润发找我能不能给他拍一部戏，因为他想再有一次新的发展。那时我就想，周润发在我手上，正好跟周星驰的《破坏王》对打。

张：这样你就答应了周润发，拍摄了影片《花旗少林》。

刘：是。《破坏王》的故事，我一直在帮周星驰想。我在成都拍《花旗少林》的时候，周星驰差不多一星期打两次电话来问我。我说："好好拍，我们两个打对台。"结果那一年两部影片公映时真碰上了，《花旗少林》把《破坏王》给打下去了。那个时候，我看到周星驰整个人的信心没有了。

过了半年以后周星驰来找我说："我开始搞公司了，你不能拒绝我，一定要帮我拍一部戏。"那时我想是再拍周星驰的时候了，因为我知道那时的周星驰会是一个很乖的演员，而不会像《赌圣》之后他和很多导演都合作不好。那时在咖啡厅，我说："我要拍《西游记》"，周星驰非常高兴地问："我是不是孙悟空"，我说是。然后我就跟他讲故事，最后他看着我，很疑惑地说："让我周星驰谈爱情，不会吧？"我就告诉他:"周星驰老是搞笑,你是小丑。如果你要再往前发展一步,你一定要有爱情,因为你没有女性观众。"他想了想就同意了。在拍《大话西游》的时候,周星驰在片场乖得很,一直信心很大。拍完这部戏,他要求我再拍他一部戏《回魂夜》。到《大话西游》一上映,晚上午夜场之后一听票房和观众反应,周星驰的眼睛看着我,眼神失望到极点,他不能再相信我这个朋友。当时我的心情很难过,我看到自己一手提升出来的朋友完全崩溃了。

张:因为他对你的期望值很高,所以失望就很大。

刘:对。所以后来我拍《回魂夜》的时候,他知道演的那个角色就是指我。虽然我一直相信自己是天才,但是在香港影坛,别人看我都像是一个白痴和神经病,所以这部电影在拍他的时候就好像拍我自己。周星驰一直很努力地做给我看,刘镇伟你根本就是一个神经病,你不是天才。所以拍最后一个镜头时,两个人都很痛苦,我恨不得求他把我杀掉。全世界都不能接受我,那就把我杀掉。我拍完《回魂夜》这部戏,就回家了,不拍戏了。

两年后,周星驰又打电话来告诉我内地发生了很多事情。我说我是一个电脑白痴,到现在还不懂用电脑,不知道这些情况。之前王家卫打过电话来,说《大话西游》在内地有很大的轰动,我说少来了,我不会回去的。等周星驰再打电话来的时候,我相信了,因为他讲话的语气已经跟两年前很不同了。我回到香港,他拍《少林足球》的时候找我,我和他谈了几天后回到加拿大。一天晚上,我的书房里满是

《回魂夜》剧照

传真,他把《少林足球》的整个剧本都传真给我。结果《少林足球》大卖,他很开心。那时我发现自己得了心脏病,周星驰打电话来邀我拍戏,我说身体不行了,他说没关系,以后再回来,结果我一直不回香港。直到有一天,一个叫王家卫的无赖打电话来,让我一定要回来帮他忙,给我讲了一大堆的故事。

张:这个无赖是不是后来让你拍了《天下无双》?

刘:对。王家卫还跟我说,剧本都已经搞定了,你不用费心。等我飞回香港,他给我的剧本是一盘很老的电影录像带。我看到录像带的时候心里就发毛了。我问剧本呢,他说剧本就在这个带子里。他又一次骗了我。本来剧本应该是他写,但是

《天下无双》剧照

当天晚上给我录像带以后,他说:"明天我飞上海帮你去看景",我说:"剧本还没有,看什么景",第二天他跑掉了。没办法,我只好开始写剧本,花了两个星期很快写完,后来就拍了电影《天下无双》。

拍了《天下无双》以后,周星驰打电话给我,说:"你现在已经回来拍片了,应该帮我了吧"。这样我就给他监制了影片《功夫》。

电影总结

张:对内地观众来说,前面《大话西游》两部曲是最为认可和反响最大的。当你知道这个情况的时候,你有什么感觉?

刘：说实话，我很难过。这十年来，我回到内地，传媒都问我《大话西游》的问题。我真的没有办法。我想说我还拍过很多其他的电影。

张：迄今为止，从第一部影片《猛鬼差馆》到现在已经很多年了。如果让你总结的话，你觉得自己的导演过程有怎样的发展阶段，有哪些重要的标志性作品？

刘：其实从第一部到现在，我觉得我自己想东西的方法是一样的，只不过在这个过程里，我开始稍微懂得一些电影的技术，开始慢慢地用它，这是我唯一觉得改变的地方。但是我的改变是很被动的，不是因为我自己有一个寻求改变的想法，而是被环境改变的。我不是一个很努力做事情的人，而是一个很无所谓的人，但是这种无所谓也可以说是很有所谓，因为某些东西我很执著。比如说我至今还没参加香港电影导演协会，是香港唯一一个不参加这个协会的导演。以前有两个人，王家卫和我，但是8年前王家卫投降了。原因其实很简单，我不参加导演协会，是因为我什么会都不参加，我是一个很怕接触人的人。我的生活很简单，晚上9点钟以后找我，我一定在家。我不接受访问，他们说我这个人特别低调。其实我是很享受坐在街旁吃小吃的生活，我不相信现在周星驰可以像我一样坐在街旁吃东西。现在我走出去，没有多少人认识我，自由活动完全没问题。

张：也就是说，你是很享受作为普通人的真实生活的。

刘：对。其实我拍电影这么多年，碰到很多对我很好的人。但是我觉得自己生活最充实的阶段，是我女儿出生到我复出拍戏的那六年。我每天做司机送她上学，接她回家，陪我太太买菜，我觉得那是我最高的享受。别的东西，对我都不那么重要。《大话西游》拍完之后，我太太怀孕了，然后我决定离开电影圈，回家照顾家庭。其实1995年的《大话西游》对我来说，应该是我导演事业的高峰。1996年拍完《黑玫瑰义结金兰》之后，我决定离开香港电影。当时我没有想到1997年因为金融危机香港电影会垮下来。我离开的时候，香港电影还处于很好的时期。

张：在你导演的电影中，你自己喜欢哪几部？除了《大话西游》前两部之外，《射雕英雄传之东成西就》也是被观众常常提及的电影，你自己怎么看待这部影片？

刘：在我的电影中，有几部片子我自己都喜欢，包括《大话西游》、《92黑玫瑰对黑玫瑰》等。而《射雕英雄传之东成西就》则是我最恨的一部片子，它是一个很荒谬的大笑话。《东邪西毒》和《东成西就》在拍摄的时候，所有演员在两边同时演

《射雕英雄传之东成西就》著名的"香肠嘴"场景

戏,非常痛苦。晚上去王家卫那里做戏,很闷的,神情好像快要死掉的那样。到我这里,则要发疯式地做喜剧。演员简直要精神分裂,我作为导演更痛苦。王家卫对我说拍不来了,让我帮助他完成戏来应付东南亚地区的片商。从我答应他的那一晚开始到我进行现场实拍,只有八天的筹备时间。八天我能做什么?剧本写不完。所以在这部戏的拍摄过程中,我一直在想明天这两个人物会发生什么故事,后天又会怎么样。我一直很担心,真的不知道怎么拍完这个故事。你可以留意一下,一开始我拍的是梁朝伟"香肠嘴"那一段,因为我不知道怎么拍,其他戏来不及搭景,只有这场戏很简单,梁朝伟的服装就是黑衣服,欧阳锋穿什么我都不知道,后来找了阿拉伯的衣服就开始拍。这场戏我拍了三天,这三天我是故意拖延时间来想后面发生的故事。这部戏拍到一半,另外一个麻烦又来了。我突然间把戏停下来一个星期,说要布景,等等。当时王家卫很生气,他知道不是这个原因。其实我帮元奎写了一个剧本叫《方世玉》,五天写完,已经筋疲力尽了。那是我一生中最差的一个剧本。写完之后,我睡了差不多一天多,然后打电话给王家卫说:"我回来拍戏了"。就又回到《东成西就》搞笑,一直拍到大殿里打的最后一场高潮戏。我实在太累了,我回酒店跟王家卫说:"给我三小时睡觉,我不知道后面发生什么事,你帮我根据故事写一写。"等我回来,他说:"写不出来,你比我写得好,还是你来,我先走",我抓住他:"你不能走",掉头我就离开了。他又找了我三个钟头,等我回去还是没有剧本,他又走了。我叫所有的人睡觉,等我完成剧本。梁家辉进来,问:"导演,我今天做什么"。我说："还不知道，你先去睡觉。"

所以我很不喜欢这部戏，因为我拍片从来没有这样过。我从来都是完成剧本、将分镜头弄完之后再拍。比如拍《大话西游》的时候，周星驰他们看的已经不是剧本了，而是分镜头台本。《东成西就》是我唯一一部没有准备就开拍的电影。

张：你导演了很多电影，绝大多数电影都是你自己编剧的，而且你还参演了菩提老祖等很出彩的银幕形象。导演、编剧、演员这三个角色，给你怎样的不同感觉？

刘：我主要做的是编剧和导演的工作，也参演过《赌圣》、《大话西游》、《天下无双》等电影。其实我从来不喜欢做演员，每一次都是意外当上了演员。《赌圣》里，本来已经选择了一个台湾演员，但是开拍的时候他病倒了，那怎么办？只好我来。《天下无双》里也是，你们看我的衣服很长很大，本来是给一个演员准备的，但是拍摄的时候不成功。《大话西游》里的菩提老祖，我本来找了电影《红高粱》里的一个演员，因为他的脖子特别长，好像E.T.外星人一样，我觉得菩提老祖就应该是那样。我很喜欢他，对他的演技很有信心。我从来没想过问题会出在周星驰身上，因为周星驰听不太懂普通话。拍摄的时候，周星驰光看他的嘴巴了，我想这样完蛋了，至尊宝不懂得做戏，结果两个人都做不好。那天晚上，周星驰找到我说："拜托你了。"第二天，我就把头剃了，变成了菩提老祖。

《西游记第101回之月光宝盒》中刘镇伟扮演菩提老祖

泽东公司

张：我知道在香港影坛，你和王家卫都是很怪的人，而且你们两个很怪的人又合开了一家泽东公司。这个公司是在什么样的状况下成立的？

刘：当时我们都刚出来拍戏不久。王家卫出去找资金比较困难，因为当时他拍完《阿飞正传》之后，那个投资他电影的老板差不多快"死"掉了。所以我负责出去筹资金，出去跟人家谈，就要想一个公司名。刚开始公司名是英文的，是我太太给我们的名字"Jet Tone"，意思是"飞机的引擎"，感觉我们两个人好像很厉害。后来音译成中文，就变成了"泽东"，开始了我们公司的运作。

张：你们成立公司的时候，有没有特别的计划和想法，想拍什么样的片子，分工又是怎么样的？

刘：没有什么分工和计划。当时只是两个很笨的人做了一件很惊人的事情，就是把香港所有的明星放在两部电影里面。如果我们当时聪明一点的话，可以将这些明星分拍成很多部电影，那样就可以赚很多钱。当时我们两人很笨，觉得把这些人弄在一起很好看。我们很喜欢电影，但不会做生意。我们计划，王家卫拍第一集，我拍第二集。我告诉王家卫《东邪西毒》的前传是什么样的，他听了以后很开心，在酒店的床上直跳。后来王家卫就开始拍《东邪西毒》，拍了一个月还是在拍洪七公和西毒对打的那场戏。直到还有一个月就要交片了，王家卫跟我说："我想过了我还是拍不来，你先来。"我说："你第一集还没拍好，观众怎么知道我第二集要讲什么。"他说不用，结果就拍了《东成西就》。

张：从一开始你和王家卫就是很不同的。成立公司的时候，你负责拉钱。公司成立以后开始拍电影，你拍片子很赚钱，他拍片子很费钱。这种搭配关系挺特别的，对此现象你是怎么看的？

刘：如果是从经济利益的角度去说，其实是没有答案的，因为当你接受对方是一个朋友的话，钱是不重要的。其实我觉得媒体的想法是很奇怪的。我们两个人就应该在一起，因为我是商业电影很成功，他是艺术电影很成功。这个世界有两面，那我们公司两面都有了，天下无敌了。

▶ **电影解析**

无厘头思维，有厘头内涵

对于香港主流商业电影来说，刘镇伟是一位娱乐至上的金牌导演，但同时也是一位个性突出的另类导演。从市场业绩看，刘镇伟的名字等同于票房保证，从1987年的第一部电影《猛鬼差馆》至今，众多影片的票房超过千万港币。从电影形态看，刘镇伟的电影极其不入商业主流，其影片中古灵精怪的创意、标新立异的细节和超乎寻常的想象都非常另类，不仅突破了常规的类型模式，而且常超前于电影观众的想象期待和接受视野，香港影评界也总是将他归类于另类导演行列，形容他为"香港电影最难以捉摸的一把神经刀"。但不管如何评价，如此与众不同的创作风格，确实成就了刘镇伟电影的个性魅力和独特品牌。

天马行空：无厘头思维

谈到香港的喜剧电影，周星驰绝对是一面首当其冲的旗帜，以独特的表演风格主宰了20世纪90年代以后的香港喜剧银幕，成为了无厘头喜剧电影的扛鼎者。客观上说，周星驰确实为无厘头喜剧的发展付出了巨大的努力，但他成功的背后还有杜琪峰、王晶等许多重要的创作者，其中刘镇伟是最重要的推动力量。在遇到刘镇伟之前，周星驰虽然由李修贤带入影坛，并且已经参演过《霹雳先锋》、《龙在天涯》等多部影片，但始终都是插科打诨的配角；直到1990年，刘镇伟执导影片《赌圣》力挺籍籍无名的他作为主演，才真正转变了周星驰的电影之路，并基本形成了香港无厘头喜剧的类型模式。1995年，刘镇伟又推出《西游记第101回之月光宝盒》和《西游记大结局之仙履奇缘》两部优秀作品，不仅将周星驰的表演风格带入新境界，而且还将后现代解构特色的无厘头喜剧文化推向了制高点。可以说，刘镇伟不仅是周星驰喜剧神话的最初缔造者，也是周星驰最辉煌成就的锤炼者。另外从导演承载艺术创作核心的角色来看，刘镇伟是当之无愧的香港无厘头喜剧电影的奠基人和重要掌舵者之一 。

其实不仅仅是刘镇伟的喜剧电影如此，综观他的所有电影，从处女作《猛鬼差馆》到2005年上映的新片《情癫大圣》，无论鬼片、赌片、警匪片等任何类型影片，夸张搞笑的思路一脉相承，都展现出鲜明的无厘头特色。夸张粗俗、打情骂俏、疯癫放纵、嬉笑自嘲，此类常规的无厘头特点，刘镇伟的电影不仅一应俱全，而且多有更典型的发展和表现。在创作过程中，刘镇伟总是以游戏调侃的娱乐架构、天马行空的创意想象、逆向狂放的电影思维和标新立异的类型解读等个性优势，去结构丰富多样的无厘头表达方式，使影片更加凸显出独具一格的品格。

极尽疯狂夸张之能事，吸取卡通漫画之精华，提炼胡闹搞笑之荒诞，对传统类型电影进行大幅度篡写或完全颠覆，对正统类型人物进行逆向式喜剧性塑造，并进行现代时装性的另类包装，是刘镇伟电影独特无厘头表达的一种主要方式。比如，在处女作《猛鬼差馆》中，刘镇伟先拿当时流行的刘观伟古装僵尸片开刀，进行时装化的改装，同时也对警察类型片大开玩笑，将传统观念中威严肃静的警察局包裹成二战时的日军俱乐部，在喜剧鬼片的模式中讲述了一个切腹自杀的日军变成厉鬼在盂兰节大闹警察局的故事。影片不仅情节编排疯狂诡异，比如嫌疑人被女鬼引入鬼蜮跟三个恐怖鬼打生死麻将、自作聪明的警察孟超在病房内与女鬼展开了抢钥匙的行动等，而且细节设置也新奇古怪，比如女上司被吓得头戴玫瑰花内裤走路、孟

《情癫大圣》剧照

超抓鸡遇鬼等,展现出十足的游戏感。之后刘镇伟继续胡闹鬼片的创作模式,《猛鬼学堂》中警察局竟然招募捉僵尸的志愿军,《猛鬼大厦》中漂亮女警卧底查案竟然被丈夫设计捉奸,再加上僵尸厉鬼的兴风作浪等情节,疯狂笑料层次推进,童趣游戏感愈加浓烈。在《91神雕侠侣》中,刘镇伟将金庸的《神雕侠侣》进行自由发挥,巧用现代包装来改造古代飘逸奇情的武侠世界。虽说影片创作卡通漫画化的痕迹明显,但在当时徐克监制的武侠片《笑傲江湖》一统天下的影坛格局中,刘镇伟的情节编排尽显新颖奇特,现代喜剧构思也展现出独特的浪漫童话的韵味。

面对当时香港商业主流红火推出的赌片、警匪片等电影类型,刘镇伟总会转换角度、逆向思维,最大限度地摒弃已有模式,不拘一格地寻找解决冲突和结构高潮的手段。于是,别出心裁,无中生有,以无法解释的特异功能来完满叙事和结构情节,便成为了刘镇伟无厘头电影的另一大特色。在标志性作品《赌圣》中,身无分文、来港投奔叔叔的内地青年人本来一无是处,但因为具有超能力而成为了香港赌王和台湾赌王相互争夺的王牌,同时也成为了势利叔叔的摇钱树。影片以戏谑王晶电影《赌神》为创作灵感,不仅将神话式赌神改写成小人物形象,而且将神幻高超的赌技完全进行了颠覆,一切归功于荒诞虚无的特异功能,最后还成全了小人物事业和爱情大丰收的美好前途。如此编排,可以说纯粹是刘镇伟的一种另类狂想,是鉴于底层小市民在现实社会中欲望得不到满足的现状而创作的一个荒诞搞笑的成人童话。此后《赌霸》继续特异功能路线,却玩起了女性版本和真假游戏,别有趣味。

《赌霸》玩起了女性版本和真假游戏

在赌片中连连得手,刘镇伟对特异功能更加爱不释手,1994年在非喜剧类型的警匪影片《花旗少林》中也玩起了这种独特招式。影片开头就设置了一个悬念,美国华人警探张正被派回中国协助运送一件宝物到美国,他来到少林寺,认识了少女小菁,最后却发现任务的背后是一个大阴谋,原来宝物就是具有超能力的小菁。影片中天生具有特异功能的小菁,在刘镇伟的独特创意中,既是戏剧冲突的焦点,也是情节构思的核心人物,还是高潮设置的灵魂要素。一种异能成功扛鼎起影片的主体架构,凸显缜密精致和另类妙想。

现代电影之外,刘镇伟的无厘头还体现在一系列怀旧作品中。出于孩时对粤语片的情感,以及吴宇森《英雄本色》、程小东《倩女幽魂》、徐克《黄飞鸿》、杜琪峰《审死官》等影片翻拍潮流的促动,刘镇伟也将无厘头创作的触角伸向了老粤语片,但他并不是真正地重拍和翻拍,而是大胆地怀旧狂想,甚至是游戏式的借题发挥。影片《92黑玫瑰对黑玫瑰》致敬20世纪60年代楚原导演的粤语片《黑玫瑰》,但基本上是夸张滑稽的搞笑噱头的集锦。整个故事以黑玫瑰为由头自由发挥,并对旧有故事的很多元素进行了解构式的戏拟和模仿。比如,梁家辉饰演的警察举手投足都学著名演员吕奇的银幕扮相,邵美琪扮演的女作家貌似当年的青春偶像陈宝珠,黄韵诗装扮的中性化黑玫瑰徒弟颇具粤语片中反串男角的一代名伶任剑辉的神韵,还

《92黑玫瑰对黑玫瑰》夸张搞笑

《射雕英雄传之东成西就》剧照

有易容装束、糨糊发型和复杂机关等都是一种调侃式的再创造。刘镇伟的银幕黑玫瑰情结是比较浓重的，后来他又拍摄了《黑玫瑰义结金兰》，再一次以黑色幽默的温馨情怀在银幕上创作了女侠神话，利用送外卖的男孩被关入密室揭晓了黑玫瑰一段长达30年的爱情故事，荒诞搞笑，妙趣横生。在2002年的影片《天下无双》中，刘镇伟则调侃式地致敬60年代李翰祥以《梁山伯与祝英台》、《江山美人》等影片引领港台影坛近20年的黄梅调电影潮流，将一对皇家兄妹和一对霸王兄妹的爱情交叉，巧借女扮男装等性别策略结构出多重的三角情爱关系，以优美柔婉的黄梅调唱段和夸张幽默的喜剧结构，创造出一种独特的"喜剧＋童话＋黄梅调"的无厘头风格。

刘镇伟的无厘头风格，还典型地体现在文学作品改编成电影时的面目全非上。无论金庸名作还是古代名著，所有小说到了刘镇伟之手，都只是他借题发挥的一个引子，他绝不会从常规的角度切入或改编小说，而是会激发一些古怪的想法进行天马行空地构思，最后使得影片跟文学原著几乎风马牛不相及。影片《射雕英雄传之东成西就》虽说创作自金庸小说《射雕英雄传》，但看过电影的人都会知道，整部影片的情节跟小说没有什么关系，只不过是截取了东邪、西毒、南帝、北丐、中神通等小说中的部分人名以及九阴真经、蛤蟆功等功夫名称，杂糅了很多神怪粤语武侠片的噱头进行全新虚构，情节全属子虚乌有。可以说，这部《东成西就》只是触动了刘镇伟个性神经的东方式搞笑风格的《天方夜谭》。1995年在经典作品《西游记第101回之月光宝盒》和《西游记大结局之仙履奇缘》中,刘镇伟从总共只有100回的《西游记》原著中完全抽离出来,讲述的根本不是孙悟空保护唐僧去西天取经的故事,而是虚构出一个跨越500年时空的疯狂喜剧和一段猴、妖、仙之间的三角爱情,通过500年后的至尊宝和500年前的顽劣猴子孙悟空实现故事情节和人物镜像的对照,令影片充满癫放迷情、黑色调侃的韵味。2005年公映的《情癫大圣》,虽然灵感也取自《西游记》,但讲述的也不是原著意义上的唐僧故事,而是唐僧取经之前的三角爱情故事,而且这次的构想更加天马行空,居然安排唐僧与妖怪、外星人谈恋爱,金箍棒竟然可以变成火箭和快艇。这可能是迄今为止刘镇伟无厘头想象最为丰富和离奇的一部电影了。

在美国电影《回到未来》、《终结者》等影片的影响下,刘镇伟也非常青睐于采用怪诞奇异的超时空转换来承载新颖独特的故事意念,总共创作了《大话西游》三部曲和《超时空要爱》、《无限复活》等影片。这种既有所借鉴又标新立异的跨时空构思,也是刘镇伟无厘头风格的一种重要表现方式。《月光宝盒》和《仙履奇缘》两部影片,故事架构在500年的倒流与回转中,主人公随心所欲地辗转于现在时空态(500年后的至尊宝时代)、过去时空(500年前的齐天大圣时代)以及现代与过去并存的时空(至尊宝目睹500年前观音、唐僧和孙悟空对话的双重时空)。影片《无限复活》中,赌徒和女警通过神奇的"回头石"从12月28日回到了12月25日,分别和25日的自己共处一个时空。而刘镇伟编剧的作品《超时空要爱》,则安排一群人穿越时空隧道来到三国时代,并且把灵魂附着在历史人物身上,尽显奇思妙想之能事,凸显夸张搞笑之效果。

此外,具有胡闹调侃、油嘴滑舌、啰嗦饶舌等独特发声模式的人物语言,也是刘镇伟电影风格的重要组成部分。许多话说了等于没说,或是随意篡改现有语汇的含义,或是反用谚语习语制造特殊效果,或是使用谐音插科打诨,对情节推进并没有实质作用。如《西游记大结局之仙履奇缘》中,唐僧的语言异常啰嗦——"你想要说清楚就行了嘛,你想要的话,我会给你的。你想要我不会不给你。不可能你要我不给你,你不要我偏给你……",凸显出独特的喜剧效果。可以说,刘镇伟电影中的语言是一种精彩游戏,具有夸张化、口语化、重复化等多样表现形式,成功地将电影娱乐性注入普通人的日常生活中。

搞笑背后：有厘头内涵

虽说刘镇伟电影的风格可以用无厘头来概括，但值得关注的是，无厘头并不等于没有内涵的肤浅。刘镇伟本人一直坚持自己的电影是"有厘头"的，虽然电影的整体形态似乎天马行空，但内在却是有题材个性和严密逻辑的，只不过在逻辑展演的过程中加入了很多意想不到的情节和细节。刘镇伟电影外在搞笑的表象背后，确实蕴涵着深刻的有厘头内涵。或者可以说，刘镇伟是以一种独特的无厘头喜剧风格，巧妙演绎沉重悲怆的社会现实故事。

刘镇伟的无厘头电影其实是当代香港社会的银幕缩影，是时代历史背景下的文化产物，是香港九七情结的典型表征。20世纪80年代中期，中英谈判达成九七回归共识，这对香港社会造成了极大的冲击。这种冲击并不仅仅限于整个政治体制的变更，更重要的是对平民生活产生了重大的影响。事实上，以人本理念为考察基点，在社会发生重大变革的时期，底层小人物在现实环境的变换中如何认同自己的身份，以及如何驾驭现实社会环境和生活环境，才是最值得关注的。九七回归确定了政治方面香港回归中国，但文化、经济、语言等多方面在短暂的时间内还无法自然转换，香港人一下子被推入了历史的茫然和无所适从中，面临着沉重的精神压力。在此前奏下，刘镇伟电影以另类逻辑、带有神经质搞笑的风格，以及幽默自嘲的语言和夸张荒诞的表演，形象地结构并解构香港社会现实，契合了香港人需要消除精神压抑和宣泄情感的

《西游记第101回之月光宝盒》剧照

《大话西游》剧照

心理,同时也满足了香港人急切地想了解内地状况的好奇心理,成为香港当代历史文化在银幕上的特质表现。比如《赌圣》中具有特异功能的高人都来自内地,《西游记第101回之月光宝盒》中500年前后的时空在一定程度上映现出原始神秘的内地和现实市侩的香港,这些娱乐性的创意都蕴藏着内在的文化深意。

刘镇伟接受媒体采访时多次表示,他的创作"在主题上用爱做重心"。综观刘镇伟的电影,关于"爱"的探讨确实是一个核心命题。在刘镇伟的发散性无厘头思维中,"爱"的探讨是多层面和全方位的。既有狭隘的男女私情之爱,也有宽广的社会大众之博爱;既有浪漫情怀的主流爱情,也有强迫捆绑的另类爱情;既有擦肩而过的爱情,也有穿越时空的永恒爱恋。同时刘镇伟对"爱"的表达是多风格的,既有常规的爱情展示,也有荒诞的爱情戏谑。综合来看,《都市情缘》可能是刘镇伟电影中情感表达最具常规主流模式的一部影片,通过传呼机不断地制造误会和波折,使得一段都市爱情犹如广告一样绚丽。其他影片的爱情表达相对比较夸张或荒诞。《花旗少林》着墨于浪漫飘逸的爱情表达,隔窗交换信物的传统方式和月夜凌空飞翔的现代超能力展示相辅相成,新颖独特;《无限复活》中赌徒和女警在穿越时空的相同遭遇中彼此爱恋,最后又在时空的恢复中生死诀别,奇情独特;《大话西游》前两部电影中,500年前后的孙悟空/至尊宝千方百计地通过月光宝盒跨越时空去找寻与白晶晶的爱情，最后却发现真正的爱情就在身边。相对于多数影片聚焦于私人爱情的探索，刘镇伟在《大话西游》系列电影中，让唐僧为拯救大众跋山涉水去取经，为换取孙悟空重生而宁愿舍生取义，比较独特地表达了博爱的主题。在新片《情癫大圣》中，刘镇伟更是用人、妖、仙、外星人等交汇的后现代式时空架构，将唐僧渴望的私爱与宽阔的博爱并置，让两者在夸张想象和多角关系中凸显矛盾，最后在无厘头叙事和荒诞的逻辑进行中，实现最深刻的爱情主题阐释。

在人物塑造方面，刘镇伟电影对底层小人物有着一贯的人文关怀。影片中的小人物，无论边缘还是主流，无论古代还是现代，无论赌圣还是精神病人，大多没有远大的理想和崇高的品行，都只以过好小人物的生活为目标，行为举止中只有自嘲自解、玩世不恭的反英雄特点，并且多古灵精怪。比如《猛鬼差馆》中的警察，并没有成龙影片《警察故事》中警察的神勇气概，而都是怕鬼的胆小之人；《射雕英雄传之东成西就》中，金庸小说中所有的武林高手都成了一个个武功贫乏、斤斤计较的搞笑小人；《西游记第101回之月光宝盒》中，孙悟空转世的至尊宝不再具有齐天大圣的英雄风采，只是一个懦弱无能、丑态百出的山贼。这些影片对人物如此刻画，其实是应合了普通香港市民无奈无力的市民心态，只有以自嘲、自娱、自慰的阿Q方式来证明自身个体的存在。虽然故事、人物和主题可能是伤感的、悲怆的，但刘镇伟以自己独特的无厘头喜剧的方式表达出来，喜中有悲，悲中有喜，呈现出大时代之下小人物复杂脆弱的情感状态。

实际上，刘镇伟电影的独特风格和包裹于搞笑娱乐形式之中的深层内容，长期以来一直被香港影坛和众多影评人所忽视。这样的状况，给刘镇伟造成了很大的苦闷，"虽然我一直相信自己是天才，但是在香港影坛，别人看我都像是一个白痴和神经病"。这种精神认知上的苦闷，使刘镇伟选择了银幕宣泄的方式，拍摄了无厘头喜剧鬼片《回魂夜》，影片中周星驰扮演的捉鬼专家拯救了众人，却始终是被主流社会关在精神病院的一个"疯子"。实际上，这个角色就是刘镇伟自己的银幕现身，他用这样一种荒诞怪异的手法将电影创作的痛苦和自身的情感呈现于影像中。因此可以说，《回魂夜》这部影片是读解刘镇伟及其电影的一面镜子。

佳片特写

赌圣 (All for the Winner)

出 品：1990年 思远影业		片 长：100分钟	
导 演：刘镇伟 元'奎		编 剧：刘镇伟	
监 制：刘镇伟 元 奎		制 片：麦立文	
摄 影：梁志明 陈远佳		剪 辑：潘雄耀	
音 乐：卢冠廷		美术指导：李景文 刘敏儒	
主 演：周星驰 吴孟达 张 敏 吴君如 秦 沛 刘镇伟		武术指导：元 奎	

内地青年阿星来港投靠三叔，三叔发现他有特异功能，就教他赌博赚钱，因此卷入了香港人洪光和台湾人陈松对阵的东南亚赌王争霸赛。偶然的机会，阿星认识了绮梦。为保护阿星，绮梦卧底的身份暴露，洪光派比利追杀绮梦。比利无可奈何，捉住绮梦，不忍下手，只将其囚于货仓中。阿星牵挂绮梦，特异功能发挥不出来，痴痴呆呆，无心赌赛。决赛最后一刻，被救的绮梦来到赌场，最终刺激阿星发挥功力赢了洪光。

本片采用小市民狂想曲的方式结构故事，为香港赌片开创了全新的风格。影片当年公映，一举狂赚四千多万票房。刘镇伟慧眼识才，第一次将周星驰推上主演地位，为香港电影挖掘出这位日后主导香港喜剧银幕的巨星。

92黑玫瑰对黑玫瑰 (92 Black Rose Vs. Black Rose)

出 品：1992年 迎滔电影		片 长：95分钟	
导 演：陈善之（刘镇伟）		编 剧：技 安（刘镇伟）	
监 制：浮乐莲 邱璃宽		制 片：梁凤英	
摄 影：陈远佳		剪 辑：奚杰伟	
主 演：梁家辉 冯宝宝 毛舜筠 邵美琪 黄韵诗		美术造型：陈亚祖 音 乐：卢冠廷	

女作家蝶因作品无人垂青萌生自杀念头。不料一对情侣认为她要打劫，丢下钱包仓皇逃跑。蝶和好友娟相约到人家里送还钱包，却发现参与毒品交易的这对情侣

被毒贩杀死。情急之下，蝶留下"黑玫瑰"字条离开。匆忙中娟留下的指纹使她被误认为是黑玫瑰，两人只能逃亡。正当娟被毒贩捉走时，蝶被一黑衣人救走。黑玫瑰传人飘红与艳芬现身解围，一直暗恋蝶的警察吕奇也冒险相救，展开了一段啼笑皆非的故事。

本片致敬60年代香港的粤语片，但不是真正的重拍，而是进行了巧妙滑稽的怀旧改写。影片全方位拼贴了粤语片的精彩桥段和细节噱头，故事情节荒诞不经，搞笑纷呈，令人忍俊不禁，带有浓烈的后现代喜剧特色。

射雕英雄传之东成西就 (The Eagle Shooting Heroes)

出 品：	1993年 泽东电影		片 长：	113分钟
导 演：	刘镇伟		原 著：	金 庸
编 剧：	刘镇伟		监 制：	王家卫
制 片：	王家卫		摄 影：	鲍德熹 刘伟强
音 乐：	黄 霑		美术指导：	张叔平
主 演：	林青霞 梁朝伟 张曼玉 叶玉卿 刘嘉玲 王祖贤 张国荣 张学友 梁家辉		剪 辑： 武术指导：	奚杰伟 洪金宝

金轮王国的王妃与表哥欧阳锋有染，企图霸占江山，被三公主识破。公主溃败而逃，向其师父求助。王妃逼迫国师查询公主下落，欧阳锋乘飞鞋追击，不慎误杀了刚出关的王重阳。王重阳师弟周伯通误以为三公主杀死师兄，誓要报仇。公主奉师命与黄药师前往丹霞山寻找九阴真经，引得师妹妒忌。师妹遇到丐帮帮主洪七，洪七求婚被拒扬言要自杀，要求前来追杀公主的欧阳锋杀死自己。欧阳锋用尽办法，不但没杀死洪七，反把自己弄得遍体鳞伤。南帝得前人指点，到处寻找有心人。所有人都聚集到一家客栈，最后南帝如愿得道成仙，众人联合起来对付欧阳锋。

这是一部众星云集的电影，也是一部集合了最强演员阵容的搞笑之作。刘镇伟以金庸小说中的人物为由头，巧妙杜撰了疯狂离谱的情节故事，融合了武侠、童话、漫画等元素，还杂糅了同性恋、宗教等另类元素，完全颠覆了《射雕英雄传》原著。

西游记第101回之月光宝盒
(Chinese Odyssey Part One: Pandora's Box)

出　品：1995年　彩星电影	片　长：80分钟
导　演：刘镇伟	编　剧：技　安（刘镇伟）
监　制：杨国辉	制　片：陈惠中
摄　影：潘恒生	剪　辑：奚杰伟
音　乐：赵季平	武术指导：程小东
主　演：周星驰　吴孟达	美术指导：梁华生
莫文蔚　朱　茵　罗家英	

观音菩萨要除掉孙悟空，唐三藏慈悲为怀，愿以性命换取悟空重生。500年后，孙悟空投胎为强盗头至尊宝，不巧撞见预谋吃唐僧肉的妖怪姐妹——蜘蛛精春三十娘和白骨精白晶晶。原来500年前孙悟空和白晶晶曾有一段恋情，两人一见钟情。此时，菩提老祖将二人的妖怪身份告诉至尊宝，偕同强盗们与二妖展开周旋。白晶晶为救至尊宝中毒受伤，至尊宝为救白晶晶来找春三十娘遭误会。白晶晶绝望自杀。至尊宝用月光宝盒时光倒流，却倒流回500年前。

西游记大结局之仙履奇缘
(Chinese Odyssey Part Two: Cinderella)

出　品：1995年　彩星电影	片　长：100分钟
导　演：刘镇伟	编　剧：技　安（刘镇伟）
监　制：杨国辉	制　片：陈惠中
摄　影：潘恒生	剪　辑：奚杰伟
音　乐：赵季平	武术指导：程小东
主　演：周星驰　吴孟达	美术指导：梁华生
莫文蔚　朱　茵　罗家英	

至尊宝被月光宝盒带回到500年前，巧遇紫霞仙子。紫霞仙子曾有一誓言，只要谁能拔出她手中的紫青宝剑，就是她的意中人。不想宝剑被至尊宝拔出，紫霞决定以身相许，却遭至尊宝拒绝。紫霞迷失在沙漠，为牛魔王所救。牛魔王逼紫霞与之成婚。关键时刻，至尊宝转世成为齐天大圣孙悟空，踏着五彩祥云来救紫霞。打

斗中，悟空为救师父而放弃了紫霞，紫霞为牛魔王所杀。

本片以四大名著中《西游记》为故事由头，但颠覆了原著故事，完全是自由发挥，属于黑色荒诞的神话武侠片，主体上讲述了一个三角恋的故事，而且采用了跨越500年时空的叙事结构，人物塑造幽默夸张，台词使用搞笑戏仿，颇具典型的后现代文化品格。影片是刘镇伟最出色的导演作品，也是周星驰最经典的作品。

情癫大圣 (A Journey West)

出　　品：2005　西部电影集团／西影股份／华谊兄弟／英皇影业	导　　演：刘镇伟
编　　剧：技　安（刘镇伟）	监　　制：王占良　王中磊　利雅博
摄影指导：敖志君	动作导演：元　奎
视觉特技：黄宏显	美术总监：雷楚雄
主　　演：谢霆锋　蔡卓妍　范冰冰	音乐总监：久石让
	造型设计：张叔平　余家安　利碧君

唐僧带着三个徒弟来到莎车城，徒弟们相继被树妖所擒，只有唐僧侥幸躲过。蜥蜴妖美艳看上了唐僧并设下了爱情圈套，让唐僧犯了天条。唐僧遇上天外来客小善帮忙救徒弟，谁知树妖实力雄厚，小善兵团被打得溃不成军。这时脱胎换骨后的美艳舍命救助，为此甘愿面对天宫审判。唐僧情义两难全，大闹天宫，后与美艳双双被贬下凡重新修行，最后再与徒弟们经历九九八十一难西行取经，普救世人。

本片是刘镇伟《大话西游》系列的终极作品，也是电脑特效技术的一次突破性使用。刘镇伟天马行空的想象和无厘头的喜剧风格在这一超越时空的爱情神话中展露无遗。

作品一览

导演作品：

1987　《猛鬼差馆》
1988　《猛鬼学堂》、《金装大酒店》、《霸王女福星》
1989　《猛鬼大厦》、《流氓差婆》
1990　《尸家重地》、《赌圣》（与元奎合作）
1991　《赌霸》（与元奎合作）、《91神雕侠侣》
1992　《92黑玫瑰对黑玫瑰》
1993　《天长地久》、《射雕英雄传之东成西就》
1994　《花旗少林》、《都市情缘》
1995　《西游记第101回之月光宝盒》、《西游记大结局之仙履奇缘》、《回魂夜》
1997　《黑玫瑰义结金兰》（与元奎合作）
2002　《天下无双》、《无限复活》
2005　《情癫大圣》

编剧作品：

1987　《猛鬼差馆》
1988　《猛鬼学堂》、《金装大酒店》、《霸王女福星》
1989　《猛鬼大厦》、《流氓差婆》
1990　《尸家重地》、《赌圣》
1991　《赌霸》、《新精武门1919》、《91神雕侠侣》、《志在出位》
1992　《漫画威龙》、《92黑玫瑰对黑玫瑰》
1993　《射雕英雄传之东成西就》、《方世玉》、《玫瑰玫瑰我爱你》、《方世玉续集》、《天长地久》
1994　《花旗少林》、《都市情缘》
1995　《西游记第101回之月光宝盒》、《西游记大结局之仙履奇缘》、《回魂夜》
1996　《二分之一次同床》
1997　《麻雀飞龙》、《黑玫瑰义结金兰》、《马永贞》
1998　《超时空要爱》
2002　《无限复活》、《天下无双》、《夕阳天使》
2005　《情癫大圣》

表演作品：

1987　《猛鬼差馆》
1990　《赌圣》
1991　《赌霸》
1995　《西游记第101回之月光宝盒》、《西游记大结局之仙履奇缘》
2002　《天下无双》

策划作品：

1981　《边缘人》
1989　《猛鬼撞鬼》
1994　《重庆森林》

监制作品：

1981　《凶榜》
1982　《杀出西营盘》、《烈火青春》
1983　《血中泪》
1984　《马后炮》、《黄祸》、《失婚老爸》
1990　《望夫成龙》、《赌圣》
1991　《赌霸》、《新精武门1919》、《志在出位》
1992　《龙猫烧发》、《92黑玫瑰对黑玫瑰》
1993　《玫瑰玫瑰我爱你》
1995　《堕落天使》
2004　《功夫》

获奖纪录：

1993	第十二届香港电影金像奖最佳男主角（梁家辉《92黑玫瑰对黑玫瑰》）、最佳女配角（冯宝宝）
	第五届台北《中时晚报》电影奖商业映演类优秀影片（《92黑玫瑰对黑玫瑰》）
1996	第一届香港电影影评人协会金紫荆奖最佳男主角（周星驰《西游记大结局之仙履奇缘》）
	第二届香港电影评论学会年度推荐电影（《西游记第101回之月光宝盒》）、最佳编剧（刘镇伟）、最佳男主角（周星驰）
2003	第九届香港电影评论学会最佳影片（《天下无双》）、最佳女主角（王菲）、年度推荐电影（《无限复活》）

第七场
独立电影作者
DIRECTOR

陈 果　草根写实

1. 导演故事　**2.** 对话谈艺　**3.** 电影解析　**4.** 佳片特写　**5.** 作品一览

Fruit Chan

▸ **导演故事**

草根导演

1959年，陈果出生在广东，10岁的时候随父母移居到了香港。1979年中学毕业后，从小喜欢看电影的陈果凭着一股年轻影迷的冲劲，报名参加了由香港新浪潮导演徐克、许鞍华、严浩等人主办的香港电影文化中心开设的电影编剧和制作课程的学习。学习期间，陈果跟这些著名导演勤奋学习电影知识，也展露出了独特的创意潜力。1981年，陈果由导演过《杀出西营盘》等著名影片的唐基明带入剧组现场，开始正式融入电影的影像世界。对年轻的陈果来说，电影充满了魅力和吸引力，同时也饱含着考验和锻炼。刚进入电影圈的他从场务小弟起步，勤恳认真地工作，对电影创作的每个细微环节都了如指掌，深得黄志强、成龙、洪金宝、张坚庭、区丁平、于仁泰等众多导演的信任和认可，逐步晋升为场记、助理制片和副导演，为《龙的心》、《飞龙猛将》、《重案组》、《表姐你好》等许多影片添砖加瓦。

"十年磨一剑"，在片场实践中逐渐成长起来的陈果终于等来了自己的第一次导演机会。1991年，陈果协助区丁平导演拍摄《何日君再来》，在影片因为演员档期问题而停拍的期间，公司让陈果利用现成的布景拍了电影《大闹广昌隆》，这也成了他的电影处女作。这部商业片虽然采用了养眼的美女帅哥时尚组合，但因为商业模式限制和思想内涵匮乏而不被公司看好，不仅被发行商雪藏了一年，公映之后票房也很不理想。这样的遭遇对新出道的陈果打击比较大，他沉寂了很长一段时间。但电影还是他的最爱，他没有气馁，继续做副导演的工作，尽心尽力地为《虎度门》、《基佬四十》、《爱情Amoebae》等影片做嫁衣裳，在沉默中等待着合适的时机重新出击。

1994年，观望中的陈果敏感地把握到了香港回归这个很有价值的主题，开始着手撰写《香港制造》的电影剧本。剧本完成之后，他几经努力得到了刘德华的天幕制作公司50万港币的资金支持，并向其他电影公司收集了剩余的过期胶片，开始了《香港制造》的拍摄。影片的拍摄非常辛苦，全部工作人员都是义务劳动，因此片一举窜红的李灿森等演员当时都是陈果在街头发掘的非职业演员。这部低成本的电影一经问世，立即引起了香港影坛的关注，陈果也因此一鸣惊人，被业界和观众冠以"草根导演"的称号。

香港回归对陈果来说，有太多的有关历史和当下的深刻感触，也赋予了他太多的创作灵感和拍摄欲望。紧接着，他受到波兰导演基耶斯洛夫斯基《红》、《蓝》、《白》三部曲的启发，拍摄出与回归有关的《去年烟花特别多》和《细路祥》两部电影，完成了"九七三部曲"的创作，令香港影坛为之刮目相看，也深受国际影坛的瞩目。

新世纪初年，陈果延续社会批判的敏锐视角向"妓女三部曲"进发，大胆聚焦内地女性到香港卖淫的现实问题，拍摄了影片《榴莲飘飘》。影片别出心裁的写实性纪录表达和冷峻中蕴涵温和的风格特点，不仅成就了陈果继续折桂台湾金马奖和香港金像奖，也成就了新人秦海璐一炮走红的演艺生涯。此后陈果继续银幕跋涉，拍摄了《香港有个好莱坞》、《人民公厕》两部影片。2004年，在独立电影潮流中奔波多年的陈果接受了陈可辛的邀请，再度回归主流商业电影的创作，拍摄了惊悚鬼片《三更Ⅱ之饺子》。

▶ **对话谈艺**

陈果：我希望每年都拍一部自己想要拍的电影

受访：陈　果
采访：张　燕
时间：2005年1月12日
地点：北京五洲大酒店

关于香港独立电影

张：陈导，你好，在香港你的电影《香港制造》、《榴莲飘飘》等，被归类为香港独立电影范畴。对于独立电影，你怎么理解？

陈：独立电影是一种说法，主要就是说电影表现什么样的题材和怎么样表现，艺术性比较强一点，没有太往市场上面靠，有点像欧洲电影的那种做法。当然市场也很重要，但是独立电影的目的是为了拍好的电影，可能获得成功，但是这种所谓的成功是以后的事。还有所谓的"独立电影"，可能是很多导演没有机会去拍一些主流的东西，然后他们就自己去开拓另外一条非主流的路，去做他们自己喜欢或者说

《香港制造》剧照

在他们能力之下能做的电影。

作为导演，谁都希望能拍一部没有人去控制你、任由你去创作、想拍什么就拍什么、想怎么拍就怎么拍的电影。这样的导演很多，但并不是每一个导演都能做得比较好、比较顺利。我比较幸运，以独立的方式创作能维持这么久，效果还可以。

张：如果说其他导演多是因为进不了主流而拍摄独立电影的话，那据我了解，你拍独立电影是完全不同的状况。

陈：我是很奇怪，因为我本来在香港主流电影中成长。如果要拍主流电影，其实我真的能拍，而且可能拍的还行。

张：你在拍摄《香港制造》之前，就已经拍摄过商业片《大闹广昌隆》。

陈：对。但是我又不想继续拍这样的影片，因为我觉得在主流电影范畴中，我只能随波逐流。因为香港的主流电影很现实，它不要你导演艺术太高，只要你的电影在市场上能卖座就可以了。那这种东西是很难去创作的。

张：是不是纯粹要求电影工匠就可以了？

陈：工匠有好也有坏，不是每一部电影都能做得很好。当然这是竞争的社会，如果有能力还是可以做得很好。不过可能跟我本人的性格有关系，我不想这样被人控制。

应该说在香港的主流体制之外，独立电影里面也有几个不同层次的东西，有几拨人在做独立电影。有些人是学生，想拍一些没拍过的东西，老实讲，那种东西没

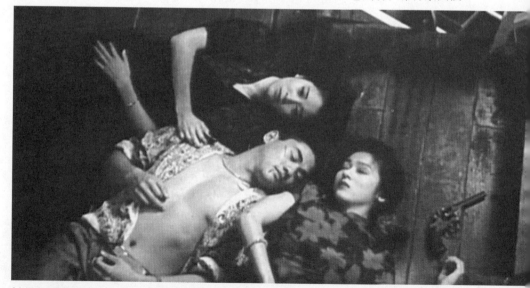

《大闹广昌隆》剧照

映画：香港制造 | The Legend of
与香港著名导演对话 | Hongkong Film

有思想价值。我的电影也算独立电影，但是我考虑市场，可能因为我做过主流电影的关系吧，我知道如果电影没有市场你就很难生存。如果我还年轻的话，我可能就拍一些我自己喜欢的电影，不管它卖不卖钱，但现在我不能这样做了。

张：说实话，在香港电影商业主流下，看你的电影是非常特别的，既有比较自由独立的风格，也有一定的市场。创作中，你是怎么把自由创作和市场考虑融汇在一起的？

陈：这个是最重要的。你要考虑市场的话，就要计算出你的电影在本地能卖多少钱，卖音像版权和电视播映权能回收多少，然后再计算外国市场能回收多少。一点一点都可以计算出来。其实主流商业电影的算法也一样，比如明星票房能卖多少钱，音像版权能卖多少，等等。不同的是，我们做独立电影不贪心，能够自己去调整、自己去投资，电影拍摄完成以后，在一家、两家或三家影院上映都行，只要能够做到收支平衡。这样就可以生存下去了。这是很现实的东西，否则很难维持下去。

作为导演，谁不想自己的作品有更多的观众？谁都想！很多年轻导演通过独立电影这种形式，来创造他们心目中理想的作品，其实也是在寻找一个能够融入主流、得到主流电影投资者认同的渠道，也就是借独立电影的契机走上主流电影的平台，最后获得成功。拍摄独立电影，只是跨入主流的一个起步。

《饺子》：转向主流

张：最近我看了你的电影《三更II之饺子》，是长版的。这部电影的出现，是不是说明你在一定程度上从独立电影创作开始自觉地慢慢转向主流商业电影创作。

陈：其实我在做独立电影的时候，一直有拍主流电影的邀请，但我就是不大喜欢去做。但是《易经》里面不是讲七年一道关嘛，要转变一下。从《香港制造》到现在，我已经坚持了六七年的独立创作，觉得应该开始有个转变。比如说从《香港制造》到《人民公厕》是五年，好像是我的一个五年计划，所以2002—2003年我基本上没有拍电影，都是在观察。但有很多主流电影投资者邀请我去当导演。

怎么说呢？主流电影基本上都有公式化的东西，你要喜欢做，就要融入这个要有妥协的圈子。《饺子》是我比较不妥协的一部主流商业电影，那是因为我的监制和投资者陈可辛允许我用我的方式去创作。所以这部商业片感觉上跟其他影片大不同，有我自己的很多东西在里面。当然我觉得，往后如果再有机会拍商业片，也没必要做成太对立的东西,因为艺术跟商业其实是一样的,没有所谓的一个固定的模式。商业电影可以拍得很好看,有令人感动的东西,艺术电影也可以拍得很卖钱。

张:《三更Ⅱ》这部影片总体上归类为鬼片类型,但我觉得你拍的《饺子》这一段与传统意义上的鬼片有很大的距离,有点像心理上的鬼魅类型。

陈:对,但这主要不是我的问题。《三更Ⅱ》的三段故事中,《饺子》是最后才拍的。当时陈可辛本来不是找我导演,找的是刘伟强,但刘伟强突然间又被人招去拍另外一部电影,于是就找我谈。其实陈可辛参与导演的《三更之回家》,在香港鬼片中已经很经典了,很抒情、很好看。我觉得第二集找我拍,已经很难拍了,因为我不想做那些主流电影已经做过的事情,别人拍过的东西不想拍,别人拍过的吓人的东西也不想拍,有点高不成、低不就的样子。因此我跟他说很难突破第一集,但是如果能给予我一定的空间,再仔细想一下,能够找到一个更能说服自己的讲故事的方式,那么这个故事拍出来还会是不错的作品。这样就准备开拍,我们又琢磨了一下韩国、日本的两段故事,发现其实这两段故事并没有真正鬼的东西,只有诡异的东西,已经从第一集表现所谓鬼的东西转到心理和怪异行为的表达,也就是注重那种推理跟吓人的东西。其实也不是吓人啦,怎么说呢?

张:是悬疑吗?

陈:对,是注重悬疑的东西,这已经脱离了传统意义上的鬼片。有了这层理解,我们就将李碧华的故事看了一遍。我觉得还好,《饺子》这个故事其实挺配合日韩两段故事的。如果那两段故事不讲鬼,我那段故事讲鬼的话,整部电影就会不大统一。

张:《饺子》这个题材是陈可辛选好了给你的,还是你自己找的?

陈:是我自己选的。我跟李碧华谈的。

张:为什么要选择这个题材,什么方面特别吸引你?

陈:很重要的是它传达的一个世界观,我觉得这个题材的主题思想是非常现代的。因为现在到处讲修身、减肥、美容,这种东西其实一直以来都是女人的天性。以前是想吃没得吃,现在是吃都不想吃。我想表达的就是这样一种很怪异、反常的现象,我觉得值得探讨。《饺子》就提供了这样一个问题给我。当时看短篇小说中的这个故事的时候,我觉得可以拍,然后拿给陈可辛,后来就真正开拍了。

张:原著短篇小说同最后完成的电影相比,有哪些变化?体现在哪些方面?

陈：有变化，加了很多东西。比如说加了白灵跟梁家辉那段情节，还有梁家辉跟一个女孩子有了关系后女孩怀孕那一段。

张：据票房统计，《三更Ⅱ之饺子》在香港的市场成绩还不错。

陈：如果不是被定为三级片，可能商业效应会更好一些。我们没有期待这部电影被定为三级片，因为定为三级片就会流失很多年轻观众。所以我们拍摄的时候，尽量拍得比较斯文。最后，影片还是被定为三级片，给出的理由是表现吃人的东西本身就很恐怖。我说他们早这么讲的话，我宁愿拍得更离谱一点，拍得更大胆一些。其实我们在拍摄过程中，包括所谓床上戏等段落，我们拍得很大胆，白灵很放得开，基本上杨千嬅也很放得开，但是她作为青春偶像，第一次演这种戏当然很担心，有一些包袱。

张：从我个人的角度看，你在拍摄《饺子》的时候，处于一个尴尬的角色，好像游离在你的个人风格之外。

陈：对。所以就要融合，要在主流商业和个性风格两者之间找到一个融合点，比较难。我不能突然之间转变，拍一部完全商业的电影。我不想这样。但因为这是主流电影，我又不能完全去拍我自己的东西。

张：结合影片的市场效应来看，你觉得这种融合是成功的吗？

陈：暂时来讲，这部电影算是中上水准，不是很好，但是也不算坏。

《三更Ⅱ之饺子》剧照

关于香港"九七三部曲"

张：陈导，其实相对于《饺子》，我更喜欢你以前的电影，因为更有深度。

陈：那不一样，我不能老拍以前的东西。其实拍电影还是要走回那种希望每一个阶层的观众都来看自己的电影的路上，那是最好的。

张：在看了《香港制造》、《去年烟花特别多》等之后，我发现你以前的这些电影有一方面特别值得肯定，那就是不纯粹在讲一个故事或一个人物，在故事底下还有一些对社会的关注和思考，特别是融合了很多关于香港社会现实以及历史记忆的看法和反思。

陈：对，那种比较原始的东西现在还有，以前的电影还是比较有社会内涵的。当然《饺子》里面也有社会的表达，只不过已经把它减到最低限度了。老实讲，观众都不喜欢你在电影里讲道理，还是喜欢看一些跟生活息息相关的、故事比较好看的电影。

张：你对香港草根文化的关注，以及对香港大众文化的理解，一直贯穿在你以前的电影当中。很多影评人评价你的电影，都说是草根电影的杰作。

陈：不是炒作吧，开玩笑。

张：你在拍片的时候，是怎样把这种内在的文化理念给传达出来的？

陈：其实这种文化理念的东西，中国内地的很多导演都在做。但因为香港是一个商业主流社会，所以这些东西基本上没人做。我就觉得比较可惜，因为现在很多导演都在为了生活而拍电影，当然也有不少是为了理想而拍的。以前有一些导演的作品中也会有一些社会性的东西，但可惜的是，一两部之后就完全没有了。

其实，我的电影从《香港制造》才真正开始。在拍摄《香港制造》之前，我完全不知道，也没有人告诉我，我们应该怎么样去做探讨社会文化的电影。当时我真的只有比较原始的一种想法，就是要做一部跟"九七"有关的电影《香港制造》，只是觉得这个剧本不错，可以拍成一部好电影。你说是很偶然的机遇也行，或者说是盲目的动机也好，在《香港制造》之后，特别是这部很小型的电影成功了之后，我从里面得到一些启发。

《香港制造》这个剧本，当时有朋友其实可以找到投资者甚至一些主流电影公司。1995、1996年的时候，香港电影还算比较景气，什么电影都会有人投资。这个

《香港制造》剧照

剧本在当时要找一两百万资金一点都不难。但是我不肯,因为我知道如果是主流电影的话,那就要有所妥协,所以我就完全拒绝了。这种拒绝就要靠导演的心态了,如果没有那种干劲和动力的话,肯定坚持不下来。

当时我拍《香港制造》的时候,真的是五个人在拍。除了我之外,其他人基本上是帮我忙,他们都是做主流电影的。那一年是1997年,刚好市场不大好,很多电影人没活儿干。我对他们说来帮我一两个月吧,他们来了,都是没钱给的,但他们都不相信我能拍完这部电影,因为我这部所谓的独立电影都是主流电影人的功能。它所展现的环境和景观都是主流感觉的。他们一帮人都觉得我不可能拍完。我每天早上要叫他们起床。拍摄的时候,全部东西我们要自己搬到上面,拍完之后再搬下来。第一个星期大家很豪情万丈,"很好,我们来干一番大事业",第八天以后他们已经累了,又不知道能不能拍完,好像在陪我耍把戏。我也不敢骂,每天叫他们起床,还要开我的面包车把机器等东西一一搞定。那时如果我没有坚强的意志力的话,肯定做不下来。所以这部电影所展现的东西,不只是说你们现在所看到的这些,它背后的那种力量是巨大的。到现在,这还是我感到骄傲的一件事情。虽然这部电影本身很不完美,但是你想象一下,在香港能有这样一部电影真心关心年轻人和年轻人的前途的话,真的很值得骄傲。当时我们拍的时候没有这种感觉,拍出来以后,才觉察出来。电影所展现出来的那种感动，比我们想象的还要强烈。

张：接下来你拍摄了电影《去年烟花特别多》，所传达出来的社会文化层面的东西更加自觉。

陈：我是通过《香港制造》才知道，原来我们拍电影是有社会责任的，或者说我们应该把社会责任维持下去。原来这条路可以这么走，我从这里面找到属于我自己的电影。如果没有这一步，到现在我也不会发展到今天。老实讲，如果是主流电影方向，那就只能是一部没钱拍的古惑仔电影而已，那我拍来干嘛！

张：所以《去年烟花特别多》里好像有《香港制造》的影子。

陈：对，不过当时也没有那么想。我拍完《香港制造》之后，电影还没上映，我们又剩下些胶片。当时香港回归了，青马大桥、机场大桥等开幕放烟花。当时我听说张婉婷、徐克他们都在拍烟花，我说那就先拍一场戏吧，李灿森问我拍什么，其实我也不知道拍什么。

张：张婉婷拍了电影《玻璃之城》。

陈：当时徐克他们都拍烟花，他们都问我拍什么，我说我拍戏。我不往天上拍，我往地下拍，让李灿森走来走去。我说，"你走到那边，然后坐下来，没多久，你就起来走"，他说，"干什么"，我就说，"你就拿枪杀人吧"，我乱说他乱演，我们在沙滩上拍了一大段。当时《香港制造》还没公映，李灿森还没有名气，他走来走去，

《去年烟花特别多》中绚烂的烟花

《细路祥》剧照

把看烟花的人都弄烦了。那时候我们也拍了很多很多,比如第一次解放军入城,还有三更半夜去拍解放军凌晨进入香港第一个小镇等,那天下大雨,我们拍得很辛苦。

《香港制造》公映成功之后,有一天,我突然在中环遇到一帮退伍的军人,他们是中国人,把以前的奖章和军服都卖了,还发牢骚说,"英国人走了,我们怎么办"。我觉得这个题材蛮好。这一次偶然相遇之后,我回去重看我拍的烟花段落,觉得可以用一个中年人的身份讲香港人的问题。这个想法一出来,我觉得还可以用一个儿童的视角。拍完这一部,我拍了小孩子的戏《细路祥》。

到了《细路祥》,就完全是另外一种改变,我完全拿回来自己做,这样自由创作的感觉就来了,所以《细路祥》拍得非常顺畅,淋漓尽致。接下来拍了《榴莲飘飘》,这些电影都是很真情地去做的,没有太刻意地包装,这样出来的作品反而好。

关于香港"妓女三部曲"的前两部

张:到了《榴莲飘飘》、《香港有个好莱坞》等"妓女三部曲"的时候,从影像到内容,变化都非常大,跟前面的"九七三部曲"有很大的差距。

陈:对,"妓女三部曲"的每一部感觉都不一样。我不想老拍《榴莲飘飘》,我一定要改变。三部曲中比较接近的是《香港制造》等香港"九七三部曲",它们的社会环境和社会主题都比较接近。但是到了第二个三部曲的时候,我想挑战我自己。

《香港有个好莱坞》剧照

没有哪一个导演拍同一个中心思想想拍三部,因为怕重复自己,那我就想拍!那种挑战性其实更多地来源自身。老实讲,你怎么改都没用,来来回回,还是你自己的东西。说是这样说,但《榴莲飘飘》跟《香港有个好莱坞》还是有很多不同。

很多人反感,我在《香港有个好莱坞》中用周迅,为什么用了一半就没了?在这个故事中,其实我是用她来反映香港人,不是因为觉得她在里面重要才写她,重要的是她只要出现一下把香港搞得一塌糊涂就够了。如果是主流电影的话,用了周迅就一直往下用!所以我说这个电影不一样,我不喜欢这样,这是我的自由。很多人没看到这一点!

张:从我个人的角度看,我觉得从《榴莲飘飘》到《香港有个好莱坞》,其实你电影中的人物主体改变了,原来是对处于边缘生存状态的香港人的关注,现在好像变成了以外来移民特别是内地人为主体的表达方式。

陈:对,是这样的。香港是个移民城市,这么多年来,从内地来香港的人很多,香港的发展受内地人南下影响很大。其实这些层面在香港"九七三部曲"中也有。只不过到了去年的《人民公厕》,已经很严肃地把内地放在了主要角色的位置上,而不再是边缘的。一部电影无论艺术性多高,导演方式有多厉害,我还是觉得最好能把观众给带进去,那就要利用题材方面的很多元素。我的每一部电影都有一个比较幽默的故事,《香港制造》和《去年烟花特别多》只有一点点或一两场戏,到《香港有个好莱坞》的时候，我把所有的幽默都混在一起，医生、猪、屠夫都混在一起，全部东西都是黑色幽默，好像来个总结一样。

张：好像东北菜"乱炖"。

陈：乱炖，对，就是这种做法。让观众不知道我下一部要拍什么，永远猜不到。

《人民公厕》：DV电影

张：你另外一部比较特别的电影是《人民公厕》，好像是用的DV拍摄方式？

陈：这部是很不一样的，是老板投资的，有钱拍。

张：有钱拍，你还拿DV拍？一般来说，没钱才要用DV这样比较省钱的拍摄方式。

陈：那是老板要求的，我只要香港的版权。《人民公厕》本来的意向是拍公厕里的一些人，拍一些比较猎奇的故事。我觉得这种猎奇的东西很多电影里都会有一些，纯粹这样拍可能会卖钱一点。欧美很多这样边缘的、表现黑暗面的东西。但是我又不想这样拍，我想把它拍成一个比较有生命内涵的东西。

这是一个DV，不是一部电影！DV跟电影不一样。DV这些年才开发，这东西蛮新，我们也不知道。怎么用DV去拍？我也觉得奇怪。但是我们老板要求用DV拍。在这一层次上，我们完全不知道是什么东西。所以很多人未必喜欢我的《人民公厕》。但里边会有面对生老病死等问题的那种心态，所探讨的东西是不错的。电影很难感动每一个人，但是感动了一两个人，也算不错了。

《人民公厕》剧照

张：不过我看《人民公厕》的时候，感觉好像有点乱，比较随意。

陈：感觉是对的，我们真的是乱拍。

张：《人民公厕》在威尼斯国际电影节上获得逆流单元特别关注奖。

陈：当时我已经回到法国，电影节组委会通知我回去拿奖，这是一个小奖。我还是比较喜欢大奖，大奖有奖金嘛！现在很奇怪，电影节其实很商业，比我们商业电影还要商业。老实讲，这几年我跑了很多国际影展，发现亚洲电影还是很有创造性的，而且我这部作品是第一次把亚洲不同的年轻人放在一起，表达亚洲年轻人那种很有活力的东西。这我是走得比较超前的。当然我的拍法不大按规矩来，可能有些人不共鸣，因为它不是主流，讲的是主观意识里面的一些东西，讲人生、生命等奇怪的东西，但那是我想拍的东西。很多欧美人看了这部电影之后，很佩服这种胡拍乱拍。

张：胡拍乱拍之中，是丰富想象力、创造力的一种释放。

陈：电影可以这样拍！我不管观众喜不喜欢，起码电影中有我想拍的东西和我的个性。

张：接下来还想拍什么？

陈：我希望每年都拍一部自己想要拍的电影。

张：在拍独立电影的同时拍主流商业片，两条路并行。

陈：对。这也是我为什么去年接拍《饺子》的原因。其实这么多年来，一直都有主流电影公司找我拍电影。我曾经帮张国荣写过一个剧本，后来没拍成，这是我最大的遗憾。因为那是主流的东西，我不喜欢那个计划和那种故事。但是香港就是这样，太多这种没有深度的剧本。我还比较算忍得住的，没有这么早将电影的理想破碎掉。到了商业片《饺子》的时候，我还可以保留一点自我的东西，虽然它不是很完美，但是没办法，为了生存只能这样做，除非有老板对我说："我不管，你拍吧"，那就好了，但是世界上没有这么完美的事情。这样做，喜欢我电影的影迷可能会有点儿失望。但是这世界是很现实的。如果我的电影不好，我的观众还是会背叛我的电影。

张：所以你趁他们还没有离开你的电影的时候，想办法寻求改变，先背叛他们。

陈：是。当然我的背叛是保持了我的一种心态，就是说每一部电影都要尽量拍好它，不要烂拍。

▶ **电影解析**

现代香港的银幕显影

对商业主导的香港电影工业环境来说，陈果电影的存在是一种奇迹，不仅以低成本的独立姿态成功对抗主流电影，而且还被国际影坛高度认可和盛名赞誉，这几乎开创了香港电影的另类神话。相对于大多数年轻导演以独立电影为试金石来寻找踏上主流电影平台的途径，陈果是一位自觉地反其道而行之的导演。作为从1981年开始就成长于商业环境并拍摄了类型片《大闹广昌隆》的主流导演，深谙商业电影游戏规则的陈果在20世纪90年代中期自觉选择了放弃市场广阔的主流电影创作，而改弦易辙地彻底投入自由但艰难的独立电影创作，这是需要极大的勇气的。同时相对于大多数香港导演只注重娱乐生产和商业利润的电影创作现状，陈果自觉地树立起"电影需要承担社会责任"的创作理念，通过《香港制造》、《去年烟花特别多》等一系列影片为香港社会真诚地描情写史，为香港电影带来了深层次的文化理念和社会内涵，这是对香港电影一次难能可贵的历史补白。

草根关注·写实表达

在香港，陈果素有"草根导演"的美誉。如此评价，源于陈果一贯坚持的题材选择和主题表达。从1997年第一部独立电影《香港制造》开始，陈果几乎所有的电影都关注香港社会的草根阶层，聚焦处于弱势境遇的底层小人物，不仅描摹他们艰难的生存状况和悲剧命运，而且还刻画他们细腻苦涩的情感心理，朴素而平实地记录特定社会群体的真实生活际遇，饱含浓烈的人文理念，展现出鲜明的写实取向。

《香港制造》是一部青春反叛片，也是陈果草根写实的最杰出代表作。影片巧妙地从原本代表香港希望的青少年角度来切入创作，最大限度地凸显出底层小人物的悲剧命运。古惑仔模样的边缘少年中秋生活在一个残缺的家庭，父亲抛妻弃子，在外面包二奶，母亲不堪重负而离家出走，中秋只好一个人承担起生活的重任，帮黑社会老大荣少收租度日。但是生活给予他的磨难还不止这些，中秋爱上了身患绝症的少女阿屏，答应为荣少杀人以抵阿屏父亲所欠债务，最后行动失败、被人刺伤。

从小家庭窘困且重病缠身的阿屏,好不容易与中秋产生了美好爱情,最后却伤心地死在中秋的病床边。弱智懦弱但善良憨厚的阿龙一直受人欺负,在失去了中秋的保护后被荣少指使贩运白粉,因为失手而被黑帮杀死。一个月以后,中秋康复出院知道真相,悲痛欲绝地开始了疯狂的报复。在社会压抑和家庭背叛的困境中,三个青少年被迫在成人世界的夹缝中艰难求生,最终却无一例外地被黑暗所吞没,结束了艰辛无奈和痛苦绝望的青春世界。除此之外,影片所展示的悲剧小人物还不止这些,如痛苦殉情但连遗书都被男人冷漠撕掉的女中学生许宝珊,以及12岁起就被父亲强暴的女孩、被迫为妹妹杀死父亲的男孩,所有的青少年都被身心迫害和悲剧宿命所围困,没有希望和温暖,只有绝望与毁灭。

片中以中秋为代表的青少年悲剧命运,是陈果敏锐捕捉到的草根社会的主要方面,让人震撼。而影片如此震撼的原因,则要在一定程度上归功于陈果对公屋这一香港底层社会独特生活空间标志的深刻把握。从理论意义上来界定,阴暗破旧的香港公屋是凸显福柯所谓"异类空间"理念的场所,具备了从边缘位置来折射社会现实文化的表达功能;同时从历史发展的角度来剖析,公屋确实是香港社会发展的缩影和香港人集体经验的重要载体,在20世纪50年代以后香港社会经济起飞的很长一段时间内,公屋都是结构香港历史的突出环节。公屋,在香港是底层社会民众生活和活动的典型场所。大多数经济窘迫、地位低下的底层人都只能住在这里,在鱼龙混杂、黑帮横行的恶劣环境中压抑地生存着。因此对于一些居住于此的香港人来

《香港制造》剧照

说，公屋不是生命的起点和生活的希望，而是生命的囚笼和生活的绝望。影片里所有的年轻人都生活于如此条件恶劣的公屋中，狭窄封闭的空间决定了他们摆脱不了无望的命运。陈果用纪实的影像深切地传达出这样的意义，一缕阳光穿透圆形的狭小天井，公屋封闭、迷离、压抑的感觉在自下而上的逆光表现中尽显无遗，还有布满公屋窗户的铁丝和随时拉上的铁栅门，一切都把人困顿在没有出路的死角中。

《香港制造》公映以后，引起了香港影坛的震撼，也引起了一代香港人的情感震撼。这种震撼，源于陈果对底层社会的深切关注和真实情感，也源于当年他随家人南下香港时在公屋居住十多年的生活体验。陈果的电影对公屋的情感是执著的，之后即使是在转型商业主流的影片《三更Ⅱ之饺子》中，公屋的意象也赫然呈现。从内地来到香港的媚姨居住在即将拆迁的公屋里，以婴儿胚胎做美容养颜的生意。这里，破旧空荡的公屋不仅真实地代言了处于香港底层社会的内地移民的困顿境遇，同时也对影片鬼魅诡异的氛围营造起到了很好的衬托作用。

影片《香港制造》的成功，为陈果打开了有意义、有价值的创作视窗，也为陈果真正找寻到了适合自己并独属于自己的电影之路。此后真诚深刻的草根写实风格，继续在其后的电影中发展推进。影片《去年烟花特别多》中，陈果将摄影机对准了一群失业的英国殖民地体制下的华人老兵，大量使用纪实的拍摄手法将这群身份特殊、没有特长又生活无望的人的困境记录下来。他们不断遭受社会排挤，在走投无路的情况下决定抢劫银行，但遇上了同抢一家银行的劫匪，拿到钱之后他们自己也分道扬镳。相对于《香港制造》把人物悲剧命运进行到底的沉重模式，《去年烟花特别多》对故事的结局做了相当大的调整。1997年香港回归所带来的时代改变，使陈果对草根社会的创作思路向新的维度拓展，他采用了一种开放式的结构，将原本生活在社会黑暗之中的因精神疯狂而遭受枪击的老兵吴家贤，在结尾处理成他穿着崭新的工作服有序地投入工作中，赋予了人物一种新生的希望和憧憬。影片要传达的是一种可以多重解读的人文内涵：面对历史变革和社会变迁，人自身也在改变，要怎样面对前途和将来，是值得乐观而慎重对待的问题。影片《细路祥》更显平和温馨，通过小孩祥仔单纯但又逐渐受经济现实所影响的视角，描摹出生活在九龙油麻地一带一家三口的真实生活和一条街上的小市民的生存状态，展现出香港草根社会的普通大众的生活脉络；同时又借用粤剧名伶新马师曾的逝世事件及其妻儿争夺遗产的新闻，勾画起底层小人物的情感寄托和文化怀旧。

在《香港制造》、《去年烟花特别多》和《细路祥》这三部影片中，陈果的摄影笔始终对准了香港本土小人物进行银幕写作。这些人确实是香港草根社会的重要部分，但是对香港这个外来人口众多的移民地区来说，草根阶层的涵义更为广泛。如果说拥有正式香港户籍的公屋住户是香港本地穷困的底层人群的话，那么没有正式户籍的妓女、小人蛇等生存艰难的外来移民，则是真正的香港最底层的人群。于是作为自觉以社会写实为方向的独立电影创作者，陈果也关注到了这种现象，推出了《榴莲飘飘》、《香港有个好莱坞》等影片，将移居香港和漂泊香港的内地人搬上银幕。《榴莲飘飘》聚焦偷渡香港跟父亲团聚的小女孩阿芬和从内地到香港讨生活的北方姑娘阿燕，用散文化纪实的镜头和自然光效的影像记录竭力求生存的阿芬、辛苦卖淫挣钱的阿燕等人在香港辛酸的点滴生活。影片后半部分，还以相对抒情的笔法描摹出阿燕回到东北故乡以后的朴实生活，在两地生活的映照中呈现出对香港草根状态的深切关注和思考。影片《香港有个好莱坞》在纪实的基础上加入了非写实的部分，一位南下香港的内地女性东东居住在即将拆迁的旧区建筑，不仅给以烤乳猪为生的一家两代人带来了生活上的外在变化，激起了内在情感欲望的波澜，而且也展现出黑社会等复杂的现实状况，在现代高楼建筑的对比下凸显出底层小人物窘困的生活境遇。

陈果电影中草根阶层的生活图景是丰富多样的，也是社会变迁的典型表征。电影中小人物生存的种种境遇多源自真实的现实生活。陈果自己说，他的电影虽然排

《细路祥》剧照

《榴莲飘飘》剧照

除不了戏剧性,但是所描摹出来的现实状况80—90%都是真实的。陈果这种草根写实的电影创作,承于20世纪50年代《危楼春晓》、《苦海明灯》、《人海孤鸿》等粤语片以及其后经过《七十二家房客》、《笼民》等影片发展的香港电影写实传统,同时面对九七香港回归又呈现出独特的大时代特点。

香港纪录·历史建构

在商业主流的香港影坛,注重人文关怀的草根写实风格,既成就了陈果电影的独特品格,也在一定程度上成就了香港九七回归的银幕历史。或者可以说,陈果电影也在一定意义上是香港九七回归的电影产物。综观陈果的电影,可以发现,他确实是一位出色的从小处着手、大处着眼,以小见大的作者型导演。从小人物生存境遇出发,是影片草根写实风格最显性、最直接的表达,而通过小人物和小影片来建构香港回归前后这一特定时代的大历史架构,才真正是导演最核心的创作意图。

20世纪80年代上半叶,中英谈判决定了香港九七回归的事实,给香港人的平凡生活赋予了强烈的政治历史烙印。九七回归,对于长期在英国殖民统治下生活的香港人来说,有着太多复杂的情感。首先是一种矛盾的国族身份认同感。长期以来,香港一直作为一种文化飘零、身份缺失的都市而存在,英国不是香港人的祖国,尽管他们接受英语教育,但永远是二等公民,中国是他们的祖国,却被历史割让成"无父无母"、寄人篱下的"孤儿"。突然之间面对回归,面对中国身份的回归,他们有着茫然不知所措的感觉。再次是一种未来忧患感,对回归充满了多方面的不确定的想象、不真实的恐惧,这使得他们经历了从否定拒绝、痛苦迷惘到期待憧憬的心理过程。

香港人哀愁与美丽交织隐现的历史感觉,深刻而真实地被陈果以影像的方式记录和呈现出来,以系列电影的方式分别建构了聚焦回归前的社会生活的"前九七三部曲"和侧重回归后的社会生活的"后九七三部曲"。《香港制造》是"前九七三部曲"的第一部,可以说是比较远离九七政治内涵的香港人原生态生活的一种记录。影片重在直面和批判香港社会中日益严重的边缘少年问题,深刻描摹回归之前香港底层民众的真实生活,给社会一种警醒。影片并没有刻意与政治上的九七回归相互架构,而只在片尾通过广播播出的毛主席对年轻人的讲话来暗示了这层潜在的政治关系。《去年烟花特别多》是"前九七三部曲"的第二部,这是一部与九七回归关系最紧密的影片,也是一部直面回归事件、以回归来结构叙事的影片,正好应合了当时香港人迷惘痛苦的文化孤儿姿态和沉重焦虑的情感取向,也正好代言了香港人由排斥拒绝到复杂茫然再到接受回归的政治心态,描摹出香港这一时段中集体意识转变的细腻轨迹。影片英文片名 The Longest Summer,直译为"最长的夏季",也在一定程度上形象地概括了有着重大历史变迁的1997年的夏天。《细路祥》是"前九七三部曲"的第三部,也是最为平和冷静的一部影片,从儿童的视角记录了草根阶层小市民的一连串生活场面,平静地经历和见证了九七回归。

如果说"前九七三部曲"更多地聚焦时代大变革中香港人政治心态转变的历程的话,那么"后九七三部曲"则是关注九七回归后香港人面临种种社会问题而产生的复杂心态,特别是面对金融危机给香港社会经济带来的沉重打击而产生的矛盾情感。从创作上来看,"后九七三部曲"的题材视野已经大幅度扩展,更多地定位在香港与内地以及中国与其他国家的交互关系中来进行创作。从完整性来看,"后九七三部曲"的创作理念并不像"前九七三部曲"那样清晰和连贯,实际上是导演计划的"妓女三部曲"的前两部《榴莲飘飘》、《香港有个好莱坞》和另外一部DV电影《人民公厕》的总称。《榴莲飘飘》中,两位南下香港的女性阿燕和阿芬,她们在香港的漂泊经历和游离心态,基本上代表了回归以后逐渐融入中国脉络的香港人的被动心态和挣扎过程,也一定程度上呈现出香港人对大陆主体的游移情感。《香港有个好莱坞》中,内地女孩东东的出现,形式上迷乱了一家两代屠夫的情感欲望,其实也代言着香港人面对内地发展和香港经济困顿的内在的迷惘心理,以及对香港主体优势缺失的一种矛盾情感。其后《人民公厕》围绕着诞生在北京公厕里的主人公冬冬,展开了一段贯穿内地、香港和美国、韩国、印度等地的国际之旅,寻找一种拯救都市人寂寞孤独和感情疏离的良药,在生存与死亡的主题交叉中寻找生命的意义和内涵。这样的创作构思虽然已经国际化,但是对于当时没有摆脱经济困境、人情世故逐渐冷漠的香港来说,影片探讨的意义内涵更加深刻和明确。

由此,每部影片犹如一个小小的窗口,但积累成系列和整体,立体而多面地展示出香港社会的方方面面。陈果用影像的方式完成了香港社会历史的记录,在银幕上建构起香港回归的特定历史,为肤浅的香港娱乐主流电影奉献出人文理念深刻的多部作品,在很大程度上补白了香港电影的文化脉络。

作为一个经历过和正经历着香港历史发展的香港人,陈果在"前九七三部曲"和"后九七三部曲"的创作过程中,一直以局内人的视野进行尝试和摸索,也以局内人的情感结构着每一部影片,由此赋予了每一部影片不同的情绪基调。《香港制造》和《去年烟花特别多》是相对比较激愤悲情和消极绝望的创作,到了《细路祥》、《榴莲飘飘》等影片,陈果的创作态度已经相当平和,影片中不断出现的怀旧粤曲和架构起人物情感的水果榴莲等,都是比较显性的意义传达。

《香港有个好莱坞》剧照

佳片特写

香港制造 (Made in Hongkong)

出　品：1997　天幕		片　长：108 分钟	
导　演：陈　果		编　剧：陈　果	
监　制：刘德华		制　片：陈伟扬	
摄　影：柯星沛　林华全		剪　辑：田十八	
主　演：李灿森　严栩慈		美术指导：马家军	
李栋泉　谭嘉荃		音　乐：林华全	

　　问题少年中秋游手好闲，在替高利贷大佬收债时爱上了绝症少女阿屏。阿屏难以接受中秋的爱情，直到中秋答应为大佬杀人来替阿屏父亲还债和为阿屏治病。从未杀人的中秋因为恐惧而行动失败，途中被一少年刺伤。等他一个月后出院时，阿屏已经离开人世，同时跟随他的弱智好友阿龙也被大佬杀害。中秋悲痛万分，埋藏起仇恨，开始实施报复计划……

　　《香港制造》是陈果"九七三部曲"的第一部，可以说是一部渗透着超现实主义情绪的写实片，也是一部充满绝望控诉和震撼情感的香港少年童话故事。影片中导演传达的基本立场是悲剧的、批判的，始终以单纯的、平等的姿态对抗着社会和商业。影片采用低成本策略，风格独特锐利，在香港电影淡市中异军突起。

去年烟花特别多 (The Longest Summer)

出　品：1998　天幕		片　长：75 分钟	
导　演：陈　果		编　剧：陈　果	
监　制：刘德华		制　片：陈伟扬	
摄　影：林华全		剪　辑：田十八	
原创音乐：林华全　毕国智		美术指导：杨瘦成	
主　演：何超华　李灿森　谷祖琳			

　　1997年香港回归庆典特别多，夜空烟花盛放。但在欢欣的背后，一群英殖民地时代的军人被遗忘了，退伍给他们带来了重重困难。吴家贤为人正直老实，因为找不到工作而在家饱受家庭压力，无奈之中加入了黑帮社团，跟着老大结党打劫银行。弟弟

璇是个精力充沛的时下青年，他对各行各业的赚钱途径无所不知。贤和其他退伍军人的处境一样，惶惶终日挣扎求生，当他思想觉悟的时候，却逃不开黑帮的追杀。

本片是"九七三部曲"的第二部，导演规避繁华的香港回归庆典，而聚焦这一特殊时期的特殊人群的生存状态，这在港产电影中并不多见。影片的故事真实震撼，写实的镜头语言、灰色的色调、精确的剪接节奏相得益彰，使得全片充满了批判意识和象征意义。

细路祥（Little Cheung）

出　品：1999　Nicetop	片　长：117分钟
导　演：陈　果	编　剧：陈　果
监　制：杨紫明　上田信	制　片：陈伟扬
摄　影：林华全	剪　辑：田十八
音　乐：林华全　朱庆祥	美术指导：黄海光
主　演：姚月明　麦惠芬	

九岁的祥仔勤快聪明，课余时间帮开饭馆的父母送外卖，他的名字来自于艺名为"细路祥"的香港著名粤剧大师新马师曾。一天他遇上了偷渡香港的儿童阿芬，才让他体会到了身份国籍对生活的影响。祥仔和阿芬一起送外卖，然后平分小费，他们总能想到巧妙的方法戏弄捣蛋调皮的大卫。当祥仔知道自己有个哥哥之后，他打算离家秘密寻找，却被父亲发现了。没多久，阿芬母女被送回内地，疼爱他的奶奶去世了，一直照顾他的菲佣也离开了，这一切随着祥仔的童年都一去不复返了。

《香港制造》、《去年烟花特别多》分别聚焦了青年人和中年人，这次陈果又尝试从孩子的视点去看待回归，为"九七三部曲"画上了完美的句号。影片具有了陈果电影冷静写实的社会批判风格，叙事上因为选择了以两个小孩为主线，所以在冷峻之中添加了许多温馨的家庭故事。两个小孩天真无邪的童年往事与大时代的宏大壮观形成对照，赋予了香港回归这一历史事件最平实的脚注。影片故事简单，细节丰富，表演朴实。

榴莲飘飘（Durian Durian）

出　品：	2000　Nicetop	片　长：	115 分钟
导　演：	陈　果	编　剧：	陈　果
监　制：	杨紫明	制　片：	陈伟扬
摄　影：	林华全	剪　辑：	田十八
音　乐：	林华全　朱庆祥	美术指导：	田　木
主　演：	秦海璐　麦惠芬		

　　在钵兰街的后巷，两个来自中国内地的女孩建立了一段不寻常的友谊。非法入境的阿芬在小饭馆里辛勤地洗碗筷。持往返证来港的阿燕在旺角开始了皮肉生意，整天穿梭在公寓、茶餐厅之间接客。三个月后，阿燕重新返回牡丹江老家，以全新的面孔面对家人和朋友，再也不愿意想到香港。阿燕收到了阿芬从香港寄来的榴莲，刺鼻的味道又让她回忆起香港的点点滴滴，百种滋味涌现心头。

　　影片突破了以往陈果电影影像锐利、风格鲜明的特点，洗尽铅华，回归平和。导演以淳厚的人文关怀、情感宽容和人性尊严，以纯写实的方式完整地记录了特殊境遇中的女性的情感心理，细腻动人。全片叙事别出心裁，结构巧妙精准。演员秦海璐的表演顺畅自然，充满神韵，与非职业演员的纯真演出相辅相成。

香港有个好莱坞（Hollywood Hong Kong）

出　品：	2001　Nicetop	片　长：	108 分钟
导　演：	陈　果	编　剧：	陈　果
监　制：	陈　果	制　片：	陈伟扬
摄影指导：	柯星沛	剪　辑：	田十八
音　乐：	林华全　朱庆祥	美术指导：	黄锐民
主　演：	周　迅　陈英明　黄又南		

　　在香港历史中即将消失的最后一个木屋区钻石山大橱村，朱家父子三人以卖腊肉为生。一天，镇店之宝母猪"娘娘"的失踪和一个住在木屋区对面豪宅的北方女孩东东的出现，将他们原本平静的生活打破了。东东不仅与朱家小儿子阿细成为了好朋友，而且还勾起了朱家父亲和大儿子久被压抑的情欲。同时一向自认为是"情圣"的17岁少年，也陷入了对北方女孩的情网之中。令朱家父子想不到的是东东带

来的风波和香港特区政府的重建计划，他们只能无奈地被迫离开自己的家。

作为"妓女三部曲"的第二部，影片延续了《榴莲飘飘》关注在香港当妓女的内地女孩的命运的故事，充满深挚的人文关怀。影片风格冷峻而又温和，充满了现实与梦幻的对比，剧情编排了大量的富有象征意味的细节，场面调度娴熟自然，电影语言的运用精确到位。影片在深刻的社会批判中，也不乏黑色幽默的趣味，片头在猪肉上盖印字幕的方式非常独特。

三更Ⅱ之饺子 (Dumplings Three……Extremes)

出　　品：2004　Applause Pictures	片　　长：90分钟
导　　演：陈　果	编　　剧：李碧华
监　　制：陈可辛	音　　乐：陈光荣
摄　　影：杜可风	剪　　辑：田十八　陈祺合
主　　演：杨千嬅　白　灵　梁家辉	美术指导：黄炳耀

年过40岁的过气女星艾菁菁，为了留住富豪丈夫的爱，想方设法挽回青春和艳丽。老妖一般的媚姨历练世情，从事着违法的"人吃人"的勾当，不断地炮制据说可以永葆青春的婴胎馅饺子。艾菁菁不惜代价地找到了媚姨，吃着神秘的婴胎饺，她以为找到了留驻青春的药方，却找不到拯救自己和挽留丈夫的良药。更令她想不到的是，富豪丈夫也找到了妖魅的媚姨……

本片是陈果由独立电影创作回归主流商业类型的第一部作品。影片叙事紧张悬疑，充满了东方古老文化的神秘感，杜可风掌镜下的影像画面充溢着极致的韵味，人物造型阴沉诡异，视觉效果精致独特。同时影片作为《三更Ⅱ》中的一段，与日、韩两段影片配合默契，将极端境遇下人性会被推至极致的主题演绎得深刻震撼。

作品一览

导演作品：

1991　《大闹广昌隆》
1997　《香港制造》
1998　《去年烟花特别多》
1999　《细路祥》
2000　《榴莲飘飘》
2001　《香港有个好莱坞》
2002　《人民公厕》
2004　《三更II之饺子》

编剧作品：

1997　《香港制造》
1998　《去年烟花特别多》
1999　《细路祥》
2000　《榴莲飘飘》
2001　《香港有个好莱坞》
2002　《人民公厕》

监制作品：

2001　《香港有个好莱坞》
2004　《A-1头条》
2005　《桃色》

电影获奖纪录：

1997　第三十四届台湾电影金马奖最佳导演（陈果《香港制造》）、最佳原著剧本（陈果《香港制造》）
　　　第二届韩国釜山国际电影节国际影评人联盟大奖（《香港制造》）
　　　第十九届法国南特电影节金热气球奖（《香港制造》）
　　　第五十届德国卢卡诺电影节特别评审团大奖（《香港制造》）
1998　第十七届香港电影金像奖最佳影片（《香港制造》）、最佳导演（陈果）、最佳新演员（李灿森）
　　　第三届香港影评人协会金紫荆奖最佳影片（《香港制造》）、最佳导演（陈果）

	第五届香港电影评论学会年度推荐电影（《去年烟花特别多》）
1999	第六届香港电影评论学会年度推荐电影（《细路祥》）
2000	第三十七届台湾电影金马奖最佳原著剧本（陈果《细路祥》）、最佳新人（姚月明）
	第五十四届德国卢卡诺影展银豹奖（《细路祥》）
2001	第二十届香港电影金像奖最佳编剧（陈果《榴莲飘飘》）、最佳新演员（秦海璐）
	第三十八届台湾电影金马奖最佳剧情片（《榴莲飘飘》）、最佳导演（陈果）、最佳女主角（秦海璐）、最佳新演员（秦海璐）
2002	第三十九届台湾电影金马奖最佳导演（陈果《香港有个好莱坞》）、最佳音效（廖嘉文）、最佳造型设计（戴美玲）
2003	第十届香港电影评论学会年度推荐电影（《人民公厕》）
2004	第四十一届台湾电影金马奖最佳女配角（白灵《三更Ⅱ之饺子》）
	第十一届香港电影评论学会年度推荐电影（《三更Ⅱ之饺子》）
2005	第二十四届香港电影金像奖最佳女配角（白灵《三更Ⅱ之饺子》）
	第十届香港影评人协会金紫荆奖最佳女配角（白灵《三更Ⅱ之饺子》）、十大华语片（《三更Ⅱ之饺子》）

彭浩翔 另类"乱炖"

1. 导演故事 2. 对话谈艺 3. 佳片特写 4. 作品一览

▶ 导演故事

从小说到电影

  彭浩翔是目前香港影坛极具才气的年轻导演。1973年，彭浩翔生于香港，从小喜欢电影，15岁时就已经开始尝试用老式摄录机自导自演短片。中学毕业后，彭浩翔到台湾去读书，念了半年觉得没意思，就辍学回家了。1995年，彭浩翔加入商业电台，之后编写了《天空小说》的剧本。1997年，他完成了第一部长篇小说《全职杀手》。很快，这篇小说被著名导演杜琪峰看中，拍摄成了由刘德华和板町隆史主演的同名电影。

  《全职杀手》的成功，直接促动了彭浩翔走向导演行业。他跟许多公司洽谈做导演的计划，但是都没能实现。1999年，彭浩翔下定决心自己创造机会，想方设法筹集了1.5万美元，导演了第一部电影短片《暑期作业》。影片出来以后，不仅在香港独立短片及录像比赛中获奖，还成为历年来第一部获得台湾电影金马奖最佳短片提名的香港作品。

短片的成功使彭浩翔信心大增，他开始筹备拍摄长片。2001年，他以50万美元的超低成本完成了第一部剧情长片《买凶拍人》。影片虽然讲的是杀手的故事，但一点也不落俗套，而且充满了黑色幽默，获得了香港电影界和观众的一致好评。彭浩翔也由此一举成名。2003年，彭浩翔为纪念香港著名夜总会杜老志结业，编导了第二部长片《大丈夫》，巧妙地将夫妻偷情的故事与警匪片模式相互结合，机智幽默又充满了趣味。

2004年，彭浩翔的导演事业再次推进，他成立了正在电影制作有限公司，并开拍了创业作《公主复仇记》。这一年也是彭浩翔扬名世界的重要年份，东京国际电影节史无前例地为这个崭露头角的年轻导演举办了个人电影回顾展，将他作为王家卫之后香港最具才华的新导演隆重推荐给国际影坛。之后彭浩翔的创作力日渐旺盛，2005年不仅大胆推出了表现大学生性好奇的影片《AV》，而且第五部电影《伊莎贝拉》也已经拍摄完成。

▶ **对话谈艺**

把不同的感觉放进电影"乱炖"

受访：彭浩翔
采访：张　燕
时间：2005 年 6 月 17 日
地点：香港彭浩翔电影工作室

电影成长经历

张：每一个导演拍电影的偏好和风格，都会跟他以前的学习经历和电影理念有关系，也可能跟成长过程有很大的关系。你什么时候开始对电影感兴趣？在从事导演的时候，受到哪些电影和电影人的影响？

彭：我很小的时候，大概中学阶段，就已经很喜欢看电影，而不喜欢上课或约人出去玩，每天都在看电影。那时候我爸妈就很不喜欢，无奈地说："你什么都不干，这么喜欢看电影的话，将来就做电影好啦。"我觉得挺好的，为什么不行？这就是我一直想拍电影的重要原因。念书的时候，我跟着一个老师学习和练习怎么样做一个编剧。等我上不了大学的时候，编剧老师刚好去电视台，就带着我过去。这样我就开始当编剧，开始走入影视这一行。

创作上对我影响最深的导演是斯坦利·库布里克，他所有的电影我都很喜欢。我喜欢他的原因，除了他拍的电影很好看之外，还有就是他对不同类型电影的成功把握。有些导演拍一个类型成功之后，就不再试其他类型。而库布里克则不同，他拍一个类型很成功、很卖钱之后，再创作一个同样很卖钱的不同类型。他永远不会重复自己的创作，我觉得这是电影人应该有的一种可贵想法。我很希望进行这样的创作。我很喜欢看黑帮片，其实我在拍完《买凶拍人》之后，就已经想拍一个《教父》这样的黑帮电影。我跟老板讲的时候，老板说："彭浩翔你是一个喜剧导演，怎么去拍黑帮的电影"，他不给我拍。我说："你想要喜剧，我给你喜剧。但我弄成好似黑帮的影片，可以吗？"他同意了。等剧本出来的时候，他看来看去还是不知道到底是喜剧片还是黑帮片，我把两种东西混在一起了，他没有办法去想象。我说那就拍吧，因为我懂得拍戏，已经拍过一部。结果是挺好玩的。

张：你是先进入电视台当编剧，而后进入电影圈，中间经历了什么过程？

彭：其实我辗转了好多地方，开始在电视台当编剧，后来当主持人，再后来开始演戏，也去过电台，还做过杂志的编辑。

差不多25岁的时候，我看了一本马丁·斯科西斯的书。他说："当导演一定要在25岁之前开始，因为可以多一点时间让自己从错误中寻找答案。"哎呀，我快25岁了，所以开始写剧本递给每一家电影公司去看。他们说："你剧本写得不错，但是没有导演的经验，先当编剧，过几年再谈。"我感觉他们现在说我没有导演经验，过几年还是会用相同的方法拒绝我。与陈果一起制作电影《香港制造》的余伟国为人非常好，他跟我讲："彭浩翔，除了你自己之外，这个世界上没有人觉得你可以当导演。如果我有钱，为什么要拿钱让你当导演呢？最重要的是第一部电影你自己投资成功了，然后人家才会来投资你的电影！"我觉得他讲的是对的，所以我不能再等了，拿出自己所有的钱拍了一个短片《暑期作业》，把我自己变成一个导演。拍完之后，我拿着录影带和剧本去电影公司，就这样我得到了导演第一部电影《买凶拍人》的机会。

《买凶拍人》的监制是谷德昭，我跟他认识很久了，当时他刚去嘉禾电影公司当总裁。他听说我想拍这个故事就找我聊。他说："说实话我觉得你的短片拍得好，其实我不太喜欢短片拍摄的方法，但是一个人可以自己拿出十多万拍一部短片，一定是觉得自己非要当导演不可。"所以他认为投资给我拍电影，我一定会把所有的时间和精力放进电影里。《买凶拍人》公映之后，市场也还可以，原来那些不让我当导演的公司也回来找我拍戏。

张：刚开始创作的时候，对你想做的电影有没有非常清晰的定位和设想，就想做跟别人完全不一样的电影吗？

彭：我不觉得自己的电影跟别人有什么不一样，都是差不多的，但是观众觉得不是，这一认识上的差异我也不清楚。我只是拍自己喜欢的电影，不会因为人家拍这个我就不拍这个，我只要觉得好玩就拍了。小时候，我很喜欢吃自助餐，每一次拿东西都把我喜欢的甜品、点心、菜都放在一起。爸妈都骂我很失礼，说："先要吃凉菜，然后是热菜，不能把咸的、甜的放一起。"我说："为什么不行？自助餐最好的地方就是不用理睬吃饭的程序。"我拍电影也是同样的道理，在一部电影中，我常会把不同的感觉放进去。

张：你这种创作的方法，用东北的一道名菜来形容最合适，就是"乱炖"。"乱炖"是把多种多样的东西放在锅里一起炖，也很好吃。

彭：哈，是吗，我很喜欢这样，就是好玩。如果把不同的东西放进去，结果证明效果不行，真的不能放在一起，那也没有关系，大不了下次就不这样玩了。

张：在香港商业电影的环境中，很多人把电影纯粹当作一种职业和赚钱的方式，但也有人真是把电影作为自己创作的一种载体。就你个人而言，电影在你的生活中处于什么样的地位？

彭：这要分几个阶段来说。一开始我不想做其他奇奇怪怪、乱七八糟的工作，把所有的精力全放进电影里，争取机会当导演，后来我终于成为了导演。然后好多公司来找我，给我投资拍电影。当了一次导演之后，我说"停"，需要重新思考一下。因为我太喜欢电影了，电影是我的兴趣，但是我明白要是我把电影完全变成工作赚钱的话，不行。但要是完全不赚钱，那也不行，我的公司和同事都需要钱。有

《买凶拍人》剧照

些电影我不是很想拍,但为了公司还是要去拍。所以我希望把电影处理得超越洒脱一些。电影不能成为公司收入的全部,我还做广告等其他东西。这样做的好处是我把大部分的时间放在电影里,但如果我觉得电影弄得不行或投资资金不对,我就可以停拍电影。

张:听说你喜欢恐怖片,以后也愿意拍恐怖片,是这样吗?为什么?

彭:是,我很喜欢恐怖片。小时候,香港还没有三级片,只有日本的色情电影,但学生还不能租。只能看成本很低、拍得很烂的恐怖片,我喜欢租这些电影看。其实只要恐怖片里有一定的色情,就什么东西都有了:有一点色情,有一点血腥,有一点黑色幽默,有一点恐怖,有一点动作。当时我觉得伟大的电影就应该这样。所以后来我拍电影的时候,喜欢把不同的东西放在一起。我长大了去读编剧,同学问我:"你最喜欢看什么",每个人都说一些欧洲的电影,而我就说"我喜欢恐怖片"。恐怖片给我最大的感受是,这些影片都有一个强烈的、有力度的东西,往往到故事结束的时候,等鬼死了、人物开心幸福地生活的时候,突然又出现了鬼的符号。这就是斯蒂芬·金经常讲的:"为什么恐怖片最后要这样处理,就是要观众知道恐怖的东西是不会消失的。"跟莎士比亚的戏剧一样,人在很开心的时候,还是有一点点忧伤的。

从《买凶拍人》到《AV》

张:电影处女作《买凶拍人》的故事是根据一些真实的东西发展出来的吗?

彭:是。《买凶拍人》中有点东西是我自己的故事。我是一个很喜欢电影的人,二十多岁时有一个导演找我写剧本,写完了他不给我钱。那时我很穷,每天打电话给他,他还是不给。有一天他跟我说:"我真的没有钱,这样吧,我把在外面拍戏带回香港的大麻给你,你卖完了就可以拿到钱。"这是很疯狂的事情。我很喜欢电影,有什么不对吗,要我拿大麻去卖,被警察抓到了我就是一个贩毒的人。我感觉这件事、这个人很有趣,所以就从这里开始创作故事,拍成了《买凶拍人》。

张:从现实生活中寻找灵感、触点和感觉,是你编剧创作的一种重要工作方式。

彭:我觉得每一位电影人的创作都不同,我自己比较喜欢找身边的东西。我觉得故事可以天马行空,但故事中的感情一定要有共鸣。首先是我自己可以共鸣,还可以跟其他人一起共鸣,这是很重要的。比如《买凶拍人》讲述的其实就是每一个

《买凶拍人》剧照

人有一些理想，但是在现实社会中好多情况不允许你去做理想的事情，可能先要做一些初级的事情。在这种情况下你会不开心，但是如果你不用心弄好现在的事情，怎么会有将来？

《买凶拍人》之前，我很希望能当导演，但是老板不让我当，还让我当编剧。之前我写过一部小说《全职杀手》，小说版权被卖了，当时正在拍成电影。我写了一个爱情故事的剧本，他们不让我拍，说要是重新写一个杀手的故事就可以当导演。本来我不想重复自己，不过没有关系，你要我写杀手的故事，我就写一个跟《全职杀手》中的杀手完全不同的杀手，写一个很倒霉的杀手。还有为什么要写一个杀手的故事，我才可以当导演呢？其实这个故事也可以换写为一个很想当导演的年轻人的故事，拍成很有励志意义的电影，但是很无聊。我把自己的感情放进《买凶拍人》中，放在一个很酷的杀手身上。杀手过去是做大买卖的，但金融风暴来了，很多有钱人没钱了，但一些有钱的太太还可以请得起杀手。片中有钱太太说，"你杀人我看不到，我会很不开心，你把杀人的过程拍下来"，杀手就去找一位导演替他拍摄杀人的过程，这就形成了整个《买凶拍人》杀人的故事。

张：《买凶拍人》怎样在整体创作中加新东西？

彭：通常我先要找到电影的主题，其实《买凶拍人》的主题讲什么都可以，用什么方法去讲也可以，它可以是个喜剧，也可以是个悲剧。关于《买凶拍人》的主题，我是想讲一个年轻人走上社会很希望工作的故事。但我通常不会用一个很直接的方法来讲故事，而是用一种很有趣、根本联系不起来的奇怪故事去进行描述。

张：我知道有一部外国电影也是讲杀人的故事，一个人杀人，另外一个人拿摄像机把整个杀人过程拍下来，可惜我不太记得片名了。《买凶拍人》的创作是否受到这部影片的启发？

彭：那部影片叫《50分钟》。我们这个剧本差不多写了一年多，后来嘉禾公司想拍这部电影。当时正好有《50分钟》这部影片，我和谷德昭去看了之后，觉得是不是还搞这个剧本？但是我觉得无所谓，虽然故事开始它们很相像，但是后来的故事就往不同的方向发展了。除了这部《50分钟》以外，还有一部比利时电影叫《人咬狗》，也是讲一个杀手跟录影带有关的故事，但它表达的其实是另外一种东西。现在你很难找到跟以前的电影完全不同的题材，创作不可能完全没有参考和借鉴。

张：我发现你喜欢的东西很多，在《买凶拍人》这部影片中你加了哪些东西？

彭：是，我加了好多东西。我很喜欢吴宇森和马丁·斯科西斯的东西，很喜欢讲一些有关香港电影的问题。以前我经常听到好多前辈讲过去香港电影多风光，不用写剧本就可以拿到钱，好得不得了。但等我出道的时候，因为金融危机等经济问题，时代不同了，那样的好事情没有了。这是一种令人很不开心、很难受的情况。我想拍这样的东西，其实《大丈夫》也这样，讲到原来热闹、好玩的夜总会如今也不好玩了，要关门了。

《大丈夫》剧照

张：《大丈夫》的整体风格定位很特别，是一个杂糅体？

彭：《大丈夫》是一部融合了黑帮和喜剧的影片。我们找演员的时候，找一些演过黑帮和喜剧电影的人。通常演员看剧本的时候，都会想象自己的角色。在看剧本之前，我把一盘综合了很多黑帮片场面的录影带给演员看，告诉他们看剧本的时候先不要想象，或者说忘记电影是喜剧，先当作是黑帮电影，然后再看剧本。我找的曾志伟、陈小春、梁家辉等演员，都演得非常好。

张：库布里克电影中的人物都是非常极端的，比如说《发条橙子》和《闪灵》中疯狂的主人公。这个方面是不是你有意识去学习的？

彭：是。在编剧的时候，如果我自己觉得没有什么特别的想法，那我就怎么也写不下去，我就要寻找一个自己感觉很好玩的方法去构思，这样可能就会比较极端。

张：网上评论这样评论《大丈夫》，它把《无间道》所谓的警匪模式杂糅到男人和女人之间的故事中，而且把男人和女人的关系处理得很荒诞、很黑色。是不是把《无间道》有市场影响力的东西有意识地加进去？

彭：我跟你讲这个事情，你可能不相信，我们写《大丈夫》剧本的时候，《无间道》还没有出来。其实我跟编剧参考了很多影片，我觉得这样表现是没有关系的。《无间道》也有好多过去电影的影子，有好多场戏是借鉴来的，比如天台对峙那一场跟吴宇森的《辣手神探》一模一样。我最喜欢吕良伟主演的香港黑帮电影《跛豪》，我跟编剧看了100遍，到最后甚至我们两人都可以演出一版《跛豪》来。另外还有

一部罗伯特·德尼罗和阿尔·帕西诺主演的美国片《盗火线》。其实《大丈夫》就是前面这两部戏的累加。《大丈夫》中有一场戏，曾志伟等丈夫们发现太太们在后面跟踪，他们在桥上问要不要回去，如果回去就当没有事情发生，陈小春等扮演的角色说："大哥，我听你的，我每一次都听你的"，但是他们每一个人必须自己决定。这场戏跟《盗火线》里的一模一样。《大丈夫》中陈小春在酒店跟曾志伟争吵，然后曾志伟就跟他说，"你走，我不留你"，大哥把小弟赶走，小弟还跟他说，"不管怎样，大哥，你玩的时候要用安全套"。这场戏跟《跛豪》中吕良伟跟李子雄之间的最后一场对手戏一模一样。虽然如此，但是我们都重新改编了，把戏拿过来讲述不同的东西，不过感情是一样的，我们觉得这很好玩，就放进电影里，这种创作我感觉很好。要是完全把这些戏拿过来也讲卖毒品，那就是机械的复制。而且如果把别人拍过的东西，完全一模一样地再拍一遍，可以比原电影拍得好吗，我觉得自己没有这种自信，这是最不好的，我最不喜欢这样，不如把它变成另外一种东西。

张：接下来你拍了《公主复仇记》，一下子从《大丈夫》的男人戏跳到了女人戏，怎么会有这么大的跳跃？

彭：其实我很喜欢讲女生的故事，但香港电影圈认为女生的故事都不卖钱。我很喜欢一位到美国发展的中国导演的电影，名字叫《在别处》(Anywhere but Here)，讲述了母女两人的故事。

张：是著名华裔导演王颖的作品。

彭：对。每一次看《在别处》，我都会哭，我很喜欢这样的电影。但是老板总说："你干嘛要拍这个？你不适合拍这种东西，你应该拍《AV》。"但我觉得一个人是有好多面的，除了《AV》这些电影，我还喜欢拍一些家庭成员、男女朋友之间的故事，我很喜欢这些小的题材。

张：男人和女人的故事有很多种表现方式，两个女人设计了一个双重的套子让男人来钻，女性好像是完全主宰的，而男人很被动、很可怜。为什么会写成这样？

彭：其实女人不一定是这样子的。可能是我自己对人的关系比较没有信心，我觉得没有人会跟你天长地久，没有人会跟你讲全部的秘密。秘密是不分男女的，每一个人内心深处都是自私的。《大丈夫》主要讲男人这边的故事，所以没有讲女生；《公主复仇记》是讲女人的故事，整个故事好像一开始是讲两个公主跟一个王子的故事，其实到最后是讲两个巫婆和一个王八蛋之间的故事。

张：看完《大丈夫》和《公主复仇记》，观众都感觉男人很可怜。《大丈夫》里，老婆堵在门外边，这些男人把梁家辉当"烈士"似地推出来，很可笑。《公主复仇记》里，吴彦祖处在两个女人之间，好像是他玩弄女性，实际上最后他才是被玩弄的人。从镜头语言来看，《公主复仇记》里手提摄影运用比较多，从头到尾感觉每一个镜头好像都在晃，是不是一种视点的表现？

彭：是的，我们通过手提摄影来多找一个角度。因为这个女生在不停地偷看男人，那我们就找一个角度来不停地偷看这个女生去偷看男人。手提摄影适合这部影片，有一种纪录片的感觉。拍戏的时候，一开始同事问"要不要补一些镜头"，我说"不用"，我就要这样的感觉，要跟观众一起去偷看。另外还有一个最重要的原因就是我们没有钱，手提摄影是最快、最便捷的方法，马丁·斯科西斯曾经讲过，"成本决定风格"，没有钱什么风格也没有。年轻时他拍完《出租汽车司机》（*Taxi Driver*），人家说"多拍几个车轨的镜头就好了"，他说"我没有钱"。手提摄影真的很适合这部电影，还有我们钱太少，只拍了17天的时间。

张：因为是合拍片，所以要选用国内演员，为什么选择陶红呢？

彭：这很难讲，就是一种感觉。开始我不认识她，看到《生活秀》之后我就是觉得她很适合我这部戏。我经常是这样子。关于

《公主复仇记》剧照

《AV》中的AV女生,制片问我:"是不是要找真的日本色情电影演员?"我说"是",他问"需要特别去找吗",我说"不用"。我到商场去买了一张光碟,回来看觉得不错,就选定她了。

张:《AV》主要描写几个年轻人拿到资金拍摄AV色情电影,他们通过拍片的方式来接近女孩,这种题材在香港没有任何问题?

彭:创作上在香港是没有问题的。这个故事拍完之后,很多人说,"故事特别离谱,这几个年轻人骗政府的钱去拍那样的片子"。我和编剧就是要讲这样一个特别的故事。通常电影到最后都要传达一个教训给观众,但我觉得在现实生活里不是每件事都有教训的。我们这个故事最离谱的地方就是,看完电影之后,观众会有一个领悟,但他们没有领悟到不应该做这件事情,而是可以领悟到一些很有用的、很好的人生道理。我不是要拍一个很有教育意义的电影,这个电影我觉得好玩就可以了。而且我身边的年轻人,就是跟影片里的角色一模一样的。

张:截至目前,你四部作品中有三部涉及了DV拍摄,这等于把年轻人用影像记录生活、表达自己的想法的这种创作方式给融进去了。为什么这么多影片都要以DV作为拍摄载体呢?

彭:原因有两个,一是我觉得DV跟生活很近,现在有太多的故事类似《公主复仇记》,比如女生在谈恋爱时给男朋友拍了裸照,分手之后又因为裸照发生了故事。现在DV几乎每个人都有,每一个人都可以拍,这个问题就越来越大。这是跟生活很

《AV》剧照

贴近的东西,我经常会把这些放进电影里去。还有更重要的原因是,我的钱不多,有一些戏不能拍胶片,我就用DV拍,然后再放回电影里,这样可以把成本降低。

张:《买凶拍人》的主人公是两个人,《大丈夫》里是一大堆男生,《公主复仇记》里是两个女生和一个男生,到《AV》时又是一大堆男生。为什么你总喜欢拍很多人的群戏,而很少写一男一女这种单纯人物关系的故事?

彭:我怕闷。我写一个人的时候,想一个人的感情,我觉得很闷,于是就每人想一点儿,闷的时候讲讲这个人,然后讲讲别的人。写一个或两个人的故事,其实是很难写好的,因为你要讲一个人讲90分钟,而讲四个人的话,每人20分钟就已经80分钟,比较容易弄下去。要有很强烈的主题和创意去讲故事,如果有一天我想到一人或两人的有趣故事,我就会拍。

张:《AV》的故事和人物都很特别。

彭:《AV》的故事其实很简单,我想了好几年。开场,一个男生很喜欢一个女生,要找她去拍一部根本拍不完的电影,其实就是借故去跟女孩亲热。这个故事就是我公司一个助理现实生活中原生态的故事。我觉得这想法真厉害,一直想把它拍成一部电影。开始是十分钟的故事,我把它发展下去,差不多想了十多种不同的发展思路,最后演变成现在的故事。比如《公主复仇记》,也是我在台湾念书时一个女同学的故事。她跟男生发生关系之后离去,男生拿着录影带去找他,她就想方设法偷出来。当然影片故事情节的后半部分是我自己想出来的,有了疯狂的想法,接着就努力创作出来。

张:你说你不想拍励志性、有教育意义的电影,但《AV》里有几段戏的语言有很强的说教意味。比如,年轻人围坐在老人身旁,老人开始说,"你们现在的年轻人……我们那个时候如何……",这些东西搁在国内主旋律电影中可能顺理成章,但是在这里好像有一种讽刺意味?

彭:不是这样的。当时创作这场戏的时候,我跟几个编剧在维多利亚公园谈剧本,想了好多不同的东西。因为我自己很喜欢读历史,那天早上我说,"知道吗,三四十年前跟我们同样年纪的人在做轰轰烈烈的事情"。大家就觉得在同一个地方,同样年纪的人他们做很大的事情,而我们在做很无聊的事情,这种比较的想法很有意思。这样我们就放进了电影里。这个戏我们拍得很辛苦,都想不出要拍什么。一天有人说："为什么我们这么穷拍香港电影，要是去好莱坞就能多赚一点钱。"我说："要是你不拍动作片，怎么去好莱坞？我们拍这些无聊的电影是不可能去好莱坞的。"想到这里，我说"明天我们就加一场动作的戏"，大家问"怎么加进去"，我说"这个问题留给电影里的那个人物去想"。所以后来影片中有一段戏是这样的，导演说："我今天有一个动作戏要拍。"其他人问："这是剧情片，为什么要吊威亚拍动作？"他回答说："要是没有威亚，我们很难打进好莱坞的。"我们就把这些奇奇怪怪的东西全放进电影里。

新片《伊莎贝拉》

张：彭导，听说你最近在准备开拍一部新电影，是什么样的电影？

彭：这部电影的名字叫《伊莎贝拉》，讲述的是父女情，有关一个父亲和女儿之间的故事。

张：我觉得虽然你每一部电影的故事可能会有借鉴的原型，但是讲故事的方式却往往让人出乎意料。这部新电影会有怎样的安排？

彭：说实话，我还没有很细致地想过。我自己除了是一个导演以外，也是一个影迷，经常会去电影院看电影。看电影的同时，我经常会想到底用什么方法讲故事更好。其实我不认为自己的每一部电影一定要有突破，但一定要选择最好的讲故事的方式。

张：这部电影在影像画面、镜头运用等方面，有什么样的具体构思？

彭：这部电影是比较冷静处理的。因为主要是讲两个人的关系，所以镜头会比较静，不像之前的《公主复仇记》中有很多是手提摄影，镜头是不断地晃动的。

张：我感觉以前的片子中，人物关系好像都是另类的。比如说《大丈夫》中被放大的类似老鼠和猫的关系的非正常夫妻。这部电影又会如何？

彭：观众感觉我电影中的人物不正常，但在我导演看来他们是正常的。通常不正常的关系，在我的理解中都是正常的。也就是说往往正常的关系里，其实有好多不正常的东西存在。比如《大丈夫》、《公主复仇记》中的夫妻、恋人之间的故事，其实我觉得每天都在发生。只不过我们用一定的讲述方式将其中一部分放大出来，把它搞成一个喜剧性的东西。

张： 普通的观众可能更容易接受比较主流的故事和叙事模式，你所说的正常其实在一定程度上是一种另类的存在，因为对一般观众来说是很少见的。在你自己的创作预想中，目标受众的定位如何？

彭： 我很希望自己的电影是大众电影，理解我的电影的观众都是大众。好多人问我"你觉不觉得自己是一个另类导演"，我说"我不是"，我希望自己是一个主流导演。只不过可能我觉得是主流的电影，拍出来之后喜欢它的观众不如其他电影的观众那么多，所以在他们心中我就变成了一个另类的导演。但其实我还是很希望很多观众来看我的电影。对我来讲，我能够把握的就是把我自己觉得好看的东西拍给观众看。我常常想，是不是我自己觉得好笑的东西，大部分观众也会觉得好笑呢？我不知道观众喜欢什么，不是我不想拍主流观众喜欢的电影，但我真的不懂怎么去拍。有一些电影人懂，但他们不想拍。但我不是这样，我只懂拍我彭浩翔这样的电影。

《伊莎贝拉》剧照

佳片特写

买凶拍人 (You Shoot, I Shoot)

出　品：	2001年　嘉禾	片　长：	94分钟
导　演：	彭浩翔	编　剧：	谷德昭　彭浩翔
监　制：	谷德昭	制　片：	陈伟扬
摄　影：	柯星沛	剪　辑：	李栋全
音　乐：	金培达	美术指导：	雷楚雄
主　演：	张达明　葛民辉		

金融风暴后，杀手阿B的生意萧条，家庭陷入了经济危机。这时阿B接到一笔生意，马太要他杀人并拍下杀人过程。为此阿B决定物色一个拍档，用计促使阿全答应合作。阿全采用剪接和配乐的方式将杀人影像处理得凌厉炫目，深博马太欢心，此后他们买凶拍人的杀人生意越来越火。一黑帮首领计划让他们代劳处死叛徒，并拍下整个过程，好让他稳坐老大宝座。但这次的计划出现了一些奇怪的变奏……

本片是彭浩翔电影情结的直接作品，他从《50分钟》、《人咬狗》等外国影片中吸取素材，将原本血腥刺激的杀手故事与电影影像相结合，创作成一部幽默夸张的喜剧电影。影片故事情节离奇曲折又充满了挪揄和自嘲，在笨拙的形式背后隐藏着出色的戏剧冲突。

大丈夫 (Men Suddenly in Black)

出　品：	2003年　无休映像	片　长：	106分钟
导　演：	彭浩翔	编　剧：	彭浩翔　叶念琛　李敏
监　制：	曾志伟	摄　影：	林炳华
剪　辑：	李栋全	原创音乐：	金培达　褚镇东
主　演：	梁家辉　曾志伟　杜汶泽	美术指导：	何剑雄
	毛舜筠　卢巧音　原子惠　李笼怡		

郭天佑、李永祥、徐乔、洪国波四个男人在妻子和女友结伴到泰国拜佛期间，全部换上黑西装，准备进行神秘的14小时偷欢行动。他们按预定计划出发，没想到却处处碰壁、意外频生，他们刚开始怀疑是意外，后来发现有辆车一直在跟踪他们。

原来人算不如天算，四个女人突然返回联手阻击他们的偷欢行动。

影片虽是一部关于男人偷情和男女关系的影片，但其实也是一部另类的卧底侦探片。彭浩翔延续了《买凶拍人》的黑色幽默风格，将2002年轰动香港影坛的《无间道》叙事模式戏谑杂糅到文艺片创作中，创造出独具匠心的喜剧效果。

公主复仇记（Beyond Our Ken）

出　品：	2004年　美亚／金英马	片　　长：	92分钟
导　演：	彭浩翔	监　　制：	禤嘉珍
编　剧：	彭浩翔　黄咏诗	摄　　影：	林志坚
制　片：	陈伟扬	音　　乐：	黄艾伦　翁玮盈
剪　辑：	李栋全	美术指导：	文念中
主　演：	钟欣桐　陶红　吴彦祖		

卡拉OK服务员周筱兰与男友Ken感情稳定。一天，Ken的前女友阿贞找到筱兰，告诉她Ken在和她分手后竟然将她过去的裸照放在了互联网上，导致她被学校开除。这让筱兰很惊讶，为不步阿贞的后尘，她决定与阿贞联手，偷偷潜入Ken家偷回裸照。然而事实并非那么简单，这里面隐藏着双重的阴谋……

本片是彭浩翔拍摄的第一部女人戏。影片充满了游戏的感觉，用导演自己的话来形容就是"整个故事一开始好像是讲两个公主跟一个王子的故事，其实到最后是两个巫婆和一个王八蛋之间的故事"，黑色幽默和调侃解构的特点非常突出。就镜头运用来说，手提摄影得到了非常写实又非常游戏的展示。

AV（AV）

出　品：	2005年　美亚	片　　长：	91分钟
导　演：	彭浩翔	编　　剧：	彭浩翔
监　制：	禤嘉珍	制　　片：	王延明
摄　影：	林志坚	剪　　辑：	李栋全
主　演：	天宫真奈美　周俊伟　黄又南	美术指导：	张世宏
	曾国祥　徐天佑　周振辉	音　　乐：	黄艾伦　翁玮盈

电影学院的学生阿乐一直暗恋校花Jessica，总希望借故认识她。在制作毕业作

品时，阿乐主动邀请Jessica来当女主角，怀有明星梦想的Jessica马上答应。阿乐担任导演兼男主角，拍戏中不仅实现了和校花接触的愿望，还有在电梯间激烈拥吻的机会。这事一传开，其他几位大学生触类旁通，以此为一种生意，以"香港青年创业贷款计划"的名义聘请日本AV女优天宫主演电影。一群"居心叵测"的年轻大学生，由此开始了一段误打误撞的创业经历和情感体验……

《AV》虽以AV成人电影拍摄为题材，且有日本AV女优明星天宫真奈美露点出演，但影片重点并不在于色情，而在于一种另类的写实。导演彭浩翔说，"这个年代的大学生都有属于他们自己的传奇"，反映现今香港青少年的真实心态就是本片所要抒写的独特传奇。

作品一览

导演作品：

1999	《暑期作业》（短片）
2001	《买凶拍人》
2003	《大丈夫》
2004	《公主复仇记》
2005	《AV》、《伊莎贝拉》

编剧作品：

1999	《天空小说》（短片）
1999	《暑期作业》（短片）
2001	《买凶拍人》
2003	《大丈夫》
2004	《公主复仇记》
2005	《AV》、《伊莎贝拉》

获奖纪录：

1999	第五届香港独立短片及录像比赛优异奖（彭浩翔《暑假作业》）
2001	美国Ain't It Cool News电影网站"2001年十大最佳香港电影"（《买凶拍人》）
2002	第七届香港影评人协会金紫荆奖最佳编剧（彭浩翔《买凶拍人》）
2003	第十届香港电影评论学会年度推荐电影（《大丈夫》）
2004	第二十三届香港电影金像奖新晋导演奖（彭浩翔《大丈夫》）、最佳男配角（梁家辉）
	第九届香港影评人协会金紫荆奖十大华语片（《大丈夫》）
2005	第十届香港影评人协会金紫荆奖十大华语片（《公主复仇记》）、最佳编剧（彭浩翔）

黄精甫　　浪漫江湖

1. 导演故事　2. 对话谈艺　3. 佳片特写　4. 作品一览

导演故事

另类电影

　　1973年，黄精甫出生于广州，7岁时随全家来到香港。小时候，因为母亲是粤剧演员，黄精甫常去看母亲排练粤剧。渐渐地，黄精甫被神奇虚拟的方形舞台所吸引，那种幻想的感觉成为了他改变人生的力量。1997年，从事眼镜设计工作的黄精甫向香港艺术发展局申请拍摄艾滋病题材的短片，项目顺利通过，由此拍成了影片《你追我逐，红黄蓝绿》。之后，黄精甫用剩下的3000港币拍摄了一部名为《我爱水龙头》的短片，并出乎意料地获得了1997年年度香港独立短片及录像比赛剧情组金奖。这极大地鼓励了黄精甫的创作，使他树立了继续拍摄电影的信心，随即又推出《青梅竹马》、《唐狗与北京狗》两部短片。

　　2003年，黄精甫幸运地申请到香港艺术发展局40多万港币的项目拨款，信心满满地开始拍摄一部描写香港太平间的工作人员的生活的影片《福伯》。影片上马之后，资金严重短缺，这时黄精甫幸运地遇到了著名演员曾志伟。曾志伟慷慨出手相

《阿嫂传奇》剧照

助,不仅帮助解决了影片后期制作的资金问题,而且帮剧组请来了廖启智、黄秋生等香港金像奖影帝级实力派演员,给影片增色不少。《福伯》顺利杀青之后,参加了香港、釜山等多个国家和地区的电影节,给黄精甫打开了更广阔的电影创作空间。

2004年,黄精甫开始与黑帮社会在银幕上结缘,导演了刘德华、张学友、曾志伟等众明星主演的影片《江湖》,黄精甫用浪漫简约的方式展示出另类的暴力美感。2005年在第三部电影《阿嫂传奇》中,黄精甫继续黑帮题材的创作,虽然整体上故事略显单薄,但是在阳刚的男性黑帮氛围中创造出了一种独特的女性阴柔气质。

对话谈艺

黄精甫：我电影中的刀是没有血的

受访：黄精甫
采访：张　燕
时间：2005年1月27日
地点：香港湾仔骆克道

《江湖》之前

张：黄导，作为香港电影的新生代导演，很多内地观众对您的创作不太了解。首先，请简单介绍一下你在《江湖》之前的电影经历。

黄：我首先介绍一下自己是怎么开始拍电影的。1997年我是一个设计眼镜的设计师，那个时候我特别喜欢音乐，因为我的妈妈从小就是一个唱粤剧的花旦。小的时候，我每天跟着妈妈去排练粤剧。我真的太喜欢那个世界，四周全都是黑色，只有中间有一个方形的舞台，有一些人走来走去。这种感觉一直在我心里。另外，小的时候，每一天爸爸总在我前面放一堆纸让我画画，画完了再放一堆新的纸。正因为如此，从小我就特别喜欢幻想的世界，只不过自己不知道，一直没有机会展现出来。直到开始喜欢音乐的时候，我才慢慢地知道这一点。因为每一次听音乐的时候，我发现看任何东西都是动的，那些静态的杯子、桌子等都在舞蹈。而看我自己画的东西却都是不动的，所以我希望自己能做一些会动的东西。

那个时候，香港有一个专门的政府部门艺术发展局，会拨一些资金给那些有意愿和计划拍影像的人去拍东西。我就去申报了一个关于艾滋病的小故事，好像申请了6万多港币。没想到的是，最后顺利通过了，连5毛钱零头都批给了我。那时我觉得香港真好，想拍东西，有人会主动给你钱去拍。这样就拍摄了一部《你追我逐，红黄蓝绿》。拍完之后，剩下3000港币，怎么办呢？是聚餐还是玩呢？我觉得都不好，后来用这3000港币拍摄了一部片子，叫《我爱水龙头》。拍完之后，我将这两个片子送到第三届香港独立短片及录像比赛去参赛。

出乎意料的是，3000港币拍成的《我爱水龙头》得了剧情组的金奖，第二名是导演葛伟伦的作品。葛伟伦对我来讲是一个前辈，他的作品得了银奖，而我无端端地得了一个金奖。那个时候，著名导演陈嘉上是唯一鼓励我的人。他说不是奖不奖的问题，而是你有东西想表达，你如果觉得用拍片的方式表达最舒服、最好，那你就应该继续拍下去。这个时候，我才知道原来我一直想找的表达思想的方式就是电影，但是还不是很明白。

张：之后你是不是还拍摄过其他一些短片，我在音像店里买到了一张VCD，里面有《唐狗和北京狗》和《青梅竹马》两部短片。

黄：对。在《我爱水龙头》得奖之后，我用17万多港币以Beta方式拍摄了《青梅竹马》，也是艺术发展局资助的，也拿了一个奖，此外还得了一个专门为这部影片特别设置的摄影奖。这部电影的摄影师是一个女孩，是香港浸会大学的学生，非常朴实。

之后我又拍了一些不是剧情片的、很短的意识流似的作品。接下来就拍摄了《唐狗和北京狗》，也是政府资助的。但这次资金更多了，好像是20多万港币。拍完之后，我自己开始浮荡起来，拍完了去参赛，然后再拍，每一次都只有一两百个观众看，好像没做过什么东西一样。

张：在这种情况下，你是怎么把状态调整过来的？

黄：当时正好有一个机会，曾志伟先生的助手找了7个类似我这样的拍摄短片的人去谈，看看大家有没有机会合作。那时候我带过去一张你从街上买的VCD。谈话过程中，曾志伟先生说："你们年轻人这么想拍东西，为什么不去拍呢"，我们都说没有机会。他说："你们今天看到我就是一个机会，有什么东西可以让我看。"然后我就把那张碟给他，他问我片子多长，拍了多少钱。我说一个片子长58分钟，花了17万港币，他说17万拍58分钟怎么拍的呀，有没有搞错。他带回去看了，一个星期之后就打电话给我："你拍的东西很有趣，但是你拍的东西不是给观众看的，观众是不喜欢看的，你想继续拍东西给观众看吗"，我说想啊，于是他说："我们谈一谈"。

刚好那个时候，政府又给了我一笔钱去拍摄，数额是60万港币。我就想拍《福伯》，剧本已经写完了。后来见到曾志伟先生的时候，他问我有什么东西想拍，我就把剧本给他看。看完后他说："这个剧本比你以往的作品更难看，怎么拍呀？根本没有人喜欢看，但是不要紧，我知道这是你的心愿，我帮你圆这个心愿，我帮你联络一些演员和发行,拍完之后没有钱做后期制作,我来给。"他很仗义地帮我,这样就开始了我们第一次的合作《福伯》。下一部就是《江湖》。

张:《福伯》这部影片非常地特别,选择了很少有人关注的在香港殡仪馆工作的老人。你怎么会选择这个题材和这些人物呢?

黄:我有一个从《青梅竹马》开始合作的拍档黎德坚,我们之间非常默契。奇怪的是他学心理学的,本来可以做心理医生,但在最后一堂课上教授问"你们谁觉得自己干不了心理医生",他马上就举手。教授非常奇怪,说"你成绩那么好,还没毕业,已经有政府部门将你的材料抽出来了,一定会请你去"。他说"做心理医生最大的忌讳,就是忘不了上一个患者的病情,我干不来这件事情"。

为什么找到福伯这个题材呢? 他一直在电视台做编剧,但不是做剧情片的编剧,而是做一些类似曾志伟主持的《奖门人》这样的综艺游戏节目的编剧。当时他要做一系列鬼故事的编剧,专门讲一些跟死亡有关系的人的故事。但电视台认为《福伯》没法拍。他就给我讲了这个故事,我听了非常感兴趣,最重要的是环境,所有的福伯好像生活在一个黑匣子里,一则没有人知道,二则我去调查后发现他们所过的生活根本不是人所能过的。他们不会跟别人交流说话,他们的内心和生活没有人能够了解,下班之后他们怎样处理身上的味道,怎样跟家人相处,这些根本没有人知道。基本上断断续续写了两年半的时间,写了130多场戏,如果全拍出来需要几个小时的时间。我们用了一个月的时间,把剧本重新整理,形成60多场戏,这样就可以开拍了。

《福伯》剧照

张：是否可以说，正因为这一类人物在银幕和荧屏上很少有人去表现，更能够挖掘一些全新的东西，才是你特别喜欢和愿意去表达的题材。

黄：这是一部分原因，因为我自己都没有听过，当然有好奇心去表现。第二个方面，因为福伯们的感情很难挖掘出来，电影创作的难度比较大，对我是一种考验。除了香港，其他地区几乎没有福伯这一说。为什么叫"福伯"呢？因为第一个从事这种职业的人叫叶福，所以后来从事这项工作的都被称为福伯，其实政府正式的这类公务员的名称叫"殓房听差"。

有关《江湖》

张：《福伯》之前，你的作品基本上都是很少人关注、并且具有强烈个人风格的电影，《江湖》之后就正式进入了商业片的创作。如果说《福伯》这样的作品是你自己特别想拍的，那么《江湖》这个题材是怎么选择到的？

黄：其实《江湖》这个剧本第一稿不是这样的，叫《英雄无用》。原来的故事是讲两个年轻人一天晚上去杀两个大哥，等看到大哥的时候，他们握手言和了，整个江湖都是一个生意。有一天曾志伟先生叫我去公司，给我看了两个题材，一个是爱情的，一个就是《英雄无用》，让我选择喜欢拍哪一个，我就选了《英雄无用》。

《江湖》剧照

张：为什么选择《英雄无用》呢？

黄：因为我从小时候就开始对黑社会很好奇。香港太国际化了，外国的江湖人物和香港本地的江湖人物都可以汇聚到这里，黑社会里的感情、争斗等内容，放开来就是整个世界的显现。我喜欢这个题材。之后曾志伟先生说那可以拍了，我说不可以。为什么呢？我不喜欢这个故事，因为它认为江湖就是一个生意，太直接了。曾志伟先生问我："那你喜欢讲一个什么样的故事呢？"我说："想讲一个循环的故事，就像圆圈一样越画越大，直到盖过整个世界。"他说："你到底是什么意思，讲的那么虚。"我说："要将故事剪断，一个是20年以前，一个是20年以后，主要人物相互对应。老板你觉得怎么样？"然后他就帮我约编剧出来谈。编剧是一个小女孩，我跟她不断地说，把原来写的所有的东西都抛弃了。一开始她有很多问题，后来慢慢地投入，最后写了全新的故事，就是《江湖》的第一稿。当时曾志伟先生在内地拍戏，不断地将剧本给人看，反映都不错，他的信心越来越足。信心越足，野心越大。后来他把剧本拿给刘德华看。刘德华看了后非常感兴趣，说："要我纯粹做演员，我不接这部戏。如果让我投资这部电影，那我就做其中的一个角色。"后来再给其他的演员看，这样一个很小的剧本，就变得非常大。最初没有刘德华参与的时候，其实是一个低成本的中小型影片，刘德华加入之后，一切都变得大很多。

张：那整部影片完成之后，《江湖》的投资有多少？

黄：准确的数额不太清楚，我估计得有2000多万港币。

张：在香港电影中，关于黑社会题材和男人戏的影片非常多。那么怎样在这个熟悉的题材中，凸显出你的电影《江湖》的独特之处呢？

黄：现在完成的电影是有遗憾的。我相信《江湖》里面的东西是最好的，就像月饼一样，里面的馅是最好的，但是做出来拿出去卖的外面的包装不好。可以说，《江湖》整部影片都不太好。现在我们所看到的电影从第一分钟到最后一分钟，我自己觉得，不是理想地呈现给观众看的电影，因为后期制作时间太紧了。剪接才7天，7天怎么能够剪出一部电影呢，剪出一个广告都很勉强。后期做声音，也只有一个星期，雷颂德通宵达旦地不断地创作，来到调音台一听就得用了，根本没有时间改。我觉得有些地方要是改一下可能会好很多。

张：在音乐的处理上，好多段落给人的感觉是错位的，比如说非常惨烈的时刻却运用了轻柔悠扬的音乐。

黄：对，这是我特别想达到的效果。在高潮厮杀的段落，一开始大家设想用非常激烈的音乐，但是我说不对，可以尝试用《花样年华》那种感觉的音乐。结果一试，效果非常特别。我喜欢完全不同的东西，希望在画面和音乐之间形成一种张力和表现力。

张：看完《江湖》，我觉得整部影片就像一个旋转式的心理游戏。故事的主要线索是20年以后一个老大在说服另一个老大的过程，中间还穿插了杀人等许多场面。应该说，影片要表达的东西非常复杂。从叙事的角度看，要讲的内容越多，头绪就越乱。请问这么多的内容，你在创作中具体是怎样合理编排的？

黄：创作开始的时候，已经考虑到所有内容了。谈剧本的时候，已经发现有很多很多的问题，我们要解决的东西太复杂。第一就是时空关系，影片中我们不仅要骗观众90分钟，而且要在两个不同的时空中讲述人物的故事。要平衡这三者之间的关系，已经非常难了。我在创作上有一个习惯，我拍什么，自己就要做什么。我身边有很多古惑仔朋友，我就跟了他们两个星期，去体验生活，体验角色的所有生活。他们的生活就是原先港产片中出现过的古惑仔的生活。体验生活的唯一目的，就是要把原来在港产片中出现过的东西都扔掉。所以整部电影都是反着来拍的。其实这不是一部黑社会的电影，而是放在任何环境中都合适的一个有关循环概念的故事。比如放在传媒新闻界、警察领域等都是合适的，就是一个人想坐另外一个人的位置的故事。我们的创作目的不在于说一个黑帮故事，而是借用黑帮这个舞台来表达。

张：从影片来看，电影中的故事大体有主线和副线两条线索，尤以两位大哥的心理较量最为主要。这种叙事的安排，是否在创作开始就已经有意识地确定下来？

黄：剧本已经是这样了，开拍之前已经完全确定了。有一个原因比较奇怪，我现在这样说好像不太尊重这部电影，但确实是真的。因为刘德华和张学友两位大哥的时间非常紧张，只有7天的时间来拍摄这部电影。我们怎么样才能用尽这7天呢？如果我们要走很多地方拍摄外景的话，那就很浪费时间，剧组要考虑的是用这些天平均拍所有戏呢，还是用较多的时间来拍摄最后下雨暗杀的高潮戏。我决定用三天的时间来拍摄最后的高潮戏。其他四天时间，主要花在他们在餐厅里的餐桌两头谈话较量的戏上面。因为在室内，而且他们是坐着说话，几乎没有动作，所以我在镜

《江湖》剧照

头的运用上尽量挖掘一些新的东西,例如用了好多移动镜头等,将场面拍得不一般。

张:也就是尽量将这个静态的场面,通过镜头的运动和场面调度,拍摄成富有动感效果的场面。

黄:对。整个对话场景,前一个阶段是比较冷静的,然后慢慢地特写多了起来,镜头也逐渐地动起来,跟人物当时的心理状态和情绪情感的浮动相对应。

张:我觉得这部影片跟一般的香港动作片有很大的不同。一般来说,在动作的高潮段落,往往是枪声大作,人物行为充满了动感。但《江湖》不是,在高潮段落中你没有实拍动作,而是用了很多高速摄影的慢镜头,而且采用了叠印的方式来剪辑。为什么采用这样的方式,有什么特别的意图?

黄:这样的方式,不是我为拍摄《江湖》这部影片而刻意设计的,完全是我的性格所致。一个导演初期的拍摄手法,肯定跟他的性格有关。当然在拍摄了许多电影之后需要改变的时候,两者之间可以没有关系。我觉得这个世界是梦幻的,我想做一个世界出来,而不是我们平常银幕上看到的黑社会,我从来没有见过10个人和50个人对打打赢的,我只想把我想象的世界表达出来。

我电影中的刀是没有血的。可以说,《江湖》整部电影几乎没有血,仅把血放在了一个人的身上,那就是陈冠希饰演的这个角色,比如透过玻璃拍摄他被打的场面是血最多的镜头。影片中有两三处场景,我都是单向去拍的。飞哥被杀的那场戏,全部是在一个位置上拍摄的;还有左手的助手去水果摊的一场戏,全部是隔着铁栅栏单向拍摄的。

张:影片高潮段落,原本大哥以为一切都掌控在他的手中,但其实不然,被一些不知名的青年人结束了生命,有点阴沟里翻船的感觉。这场戏整体上处理得非常虚,几乎没有黑社会轰轰烈烈地厮杀、搏斗的感觉。一般来说,高潮段落总得来一段戏剧冲突比较强的戏,而影片中的这一高潮段落还是非常唯美的、梦幻的,没有实质性的情节展现。这个方面,你是如何构思的?

黄:这是与原剧本有差别的,我们在现场进行了调整。原剧本写的是大家都喜欢的常规模式,两个大哥出来以后,突然有一个余文乐饰演的翼仔一样的打扮的小混混冲过来,但实际上不是翼仔,当他冲过来的时候,被保镖打掉,之后发觉有很多很多同样的人物突然出现,一个、两个,到一百个,这样的处理太戏剧化。现在影片这样含蓄、虚幻地处理,很多人都会问到底谁杀了他们,是谁派来的呢。这些都不是问题,是江湖杀了他们。这个答案更加虚。很多人都是这样的感觉,可能是我处理得太虚了。

张:整场戏给人的感觉还是非常浪漫,运用了许多唯美的高速摄影慢镜头。
黄:对,整场戏全部是慢镜头。
张:慢镜头在很多人的理解中是浪漫的、唯美的。除此之外,在江湖这样一个充满黑暗和对抗的世界里,还需要达到什么样的作用?

黄:浪漫是这部电影如此处理的最重要的原因。主要是我不想很直接地将电影场面拍出来,因为这个世界不像我们想象的那样直接。慢镜头其实只是一种主要的拍摄方法,当然还有其他很多的处理方式。

张:总体来讲,整个场面还是非常美的,而且色调比较特别。《江湖》中,颜色的使用不纯粹是黑,好像有点青苔的色彩。不知道我的理解是否准确?

黄:对,你的感觉非常非常对。黄仁逵是电影美术大师,许鞍华等导演的许多电影都是由他做美术总监的。他几乎很少有一部电影是完全拍完的,如果他认为你跟他说的和最后做的不一样就往往会不干了，钱也不要了。我们在他的画室里谈色调，他让我形容一个画面给他听，这部电影到底需要什么样的风格。我说所有人的衣服都是灰色和黑色的，好像是黑白片一样，但是所有的背景却有很多种颜色，只有人是黑白的。他问我为什么，我说就是感觉。他说这种感觉很好，但是他说这部电影拍完了，大家肯定都会说美术做得真好，这其实代表美术失败了，因为太刻意了，只有这部影片不错，才真正是对电影所有方面的好评。然后我们就接着讨论怎样去协调。

他拿出开心果，他认为开心果果仁的绿色非常适合，因为这种颜色是很难做出来的，几乎没有一种颜料可以做到，他说这是一种专色，而且开心果好像就是我们要做的那个世界，外面很硬，打开之后里面是与外在不相符合的内容。

然后从这个颜色出发，考虑这些人物的造型。大家很奇怪的是，在香港电影甚至日本电影中怎么会有这样的一位大哥，太大胆了，有点像古巴的黑帮人物。而且翼仔等人的打扮又很现代。为什么这么处理呢？翼仔的时代是现在2004年，而大哥和左手的是从现在往后延伸的20年，是未来的时代。

张：你想用这样的造型，将两个时空区别开。

黄：不仅要区别开，而且要鲜明地展示出大哥和左手不是生活在现代，而是将来。

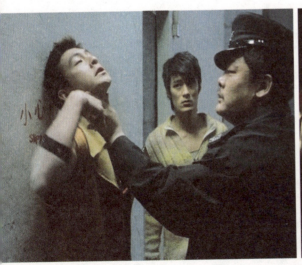 

《江湖》剧照

张：多数观众可能都会把分别处于不同时空的人物根据情节的因果关系自然地联系起来，但事实上，影片中，这两个时空没有直接的联系。就叙事方面而言，要完成这两个时空的缝合，难度非常大。

黄：很难。我们在每一个时空交界的时候，都要做一定的铺垫和暗示。就这个方面而言，我自己觉得，目前完成的电影不算很成功，还有很多的空间和余地去改进。

张：很多香港电影中，都有下雨的镜头，比如杜琪峰的电影要暗示人物命运的转机或传达某种特殊的含义的时候，就会出现雨的意象。在《江湖》中，特别是高潮段落中，你也运用了很多的雨水，这一点是如何考虑的？

黄：整个片子在剧本出来第一稿的时候，我就去跟美术总监黄仁逵谈，我们达成了这样一个意向——刮大风前，地面全部冒水汽，很闷的感觉，差不多天亮的时候就下场雨，之后整个世界就干净了。我们预定的概念是这样的。拍摄的时候，专门派水车提前洒水，形成湿漉漉的冒水汽的感觉，但可能玻璃和灯没有做到很闷的、好像要下雨的那种感觉。

张：我觉得，就叙事而言，影片在雨中高潮段落之后其实就可以戛然而止了，这样处理可能给人的联想更多，给人的视听震撼力更加强烈。而你在后面又加入了监狱探访和餐厅段落。

黄：可能你的理解是对的，但是我不知道为什么特别想拍监狱里两个时空交错的戏，这个场面我非常喜欢。当初曾志伟和刘德华看完剧本之后，说拍过来是左手，拍过来又是翼仔，会不会显得时空非常乱啊，不如不拍了。但最后我还是坚持拍了。当然原先监狱里那场戏，还有很多的对话，概括了两个人几十年的情义，非常深刻感人。现在对话全给剪掉了，可能就显得这场戏多余了。

张：本质上说，《江湖》是一部有关男人的电影，男人在影片中绝对占据主导位置。但影片还设置了戏份非常少的女性角色。在这样一部男人电影中，你作为导演，希望女性角色承担什么功能呢？

黄：大嫂这个角色起初考虑了关之琳、张曼玉等很多女演员，感觉都不是特合适。决定由吴倩莲饰演之后，感觉一下对了。一则因为她跟刘德华在拍完《天若有情》之后就很少合作了，在人物关系上有一种比较好的认同作用；二则她的形象和气质跟角色非常契合，这个人物表面上非常仁慈，但是内心却城府很深。在实际拍摄过程中，创作这个角色的困难也比较大，因为吴倩莲只有一天的时间。所以我们只能主要拍摄她在医院里的戏，其他的戏根本没有时间拍。

张：其实女性角色的设置，是为丰富和补充男人世界而存在的。此外在叙事层面上，吴倩莲饰演的大哥老婆这个角色，还牵引着整体故事的重要转机。

黄：没错。在大哥去餐厅找左手谈心之前，她对他们之间要谈什么已经非常清楚了，完全盘算到了。她对丈夫说，"人是会变的，左手变得也会杀你了"，她的心理世界已经远远超过男人的心理世界。在一定程度上可以说，整个江湖世界中，最厉害的是大嫂，所以大嫂是最重要的。她走出了最关键的一步，那就是将左手的母亲接到医院既作为人质也予以保护。

张：除了大嫂之外，影片还在20年前的线索中，设置了年轻人在抽签杀人之后遇到了一个女孩，两人之间飞速发展起了非常真挚的爱情。这个女孩的设计有什么用意？

黄：从影片完成的角度看，女孩这个角色表现得不够充分，力度不够。最初的概念是，在江湖里人对生死看得非常轻，但是年轻的杀手不是这样的，他是有感情的人："只要我有命活着回来，你就是我的太太。"但是这个女孩第一次笑他，第二次拒绝他，第三次慢慢地有了感情，缘分慢慢地酝酿出来。相对于大嫂这个比较平的角色，女孩的设计，我是有明确的定位，她是吴倩莲这个角色的前身，同时也是男性感情世界的一种提示和补充。

《江湖》剧照

▶ 佳片特写

福伯 (Fu Bo)

出　品：2003年　香港艺术发展局		片　长：82分钟	
导　演：黄精甫　李公乐		编　剧：黎德坚	
监　制：韦靖		制　片：刘可怡	
摄　影：王炳雄		剪　辑：黄精甫　李公乐	
主　演：曾志伟　黄秋生　廖启智		美术指导：黄修平	
李思捷　孙佳君　吴岱融　张同祖		音效设计：黄精甫	

　　在太平间听差的福伯有一老一少两个人，他们对每天所见的死亡事件有着截然不同的态度。香港的另一个角落，杀手鹭哥服从指示整天杀人，从来不问原因。监狱里，来自葡萄牙的厨师整天倾听死刑犯的心声，精心为他们设计最后的晚餐。

　　本片是黄精甫导演的银幕处女作。虽然故事整体上节奏缓慢，但叙事三线交叉、影像凌厉，在香港影坛脱颖而出。著名演员出演，星光灿烂，尤其是廖启智主演的福伯形神兼备，木讷无助的表情不温不火，角色的塑造入木三分。

江湖 (Blood Brothers)

出　品：2004年　SEE／寰亚／映艺／星美		片　长：85分钟	
导　演：黄精甫		原创故事：杜致朗　黄精甫	
编　剧：杜致朗		监　制：曾志伟	
制　片：陈慧芝　彭立威		摄　影：林志坚　林炳华	
剪　辑：彭正熙		原创音乐：雷颂德	
主　演：刘德华　张学友		美术指导：林青	
余文乐　陈冠希		武术指导：董玮	

　　早有退意的黑社会老大洪仁在儿子出生那天，听到了有人买通杀手要在12小时内把他杀掉的传言，而且据说买凶者正是他身边的人。三个副手纷纷来献计，一向脾气暴烈的兄弟左手发誓要抓出杀手。杀手翼仔接受任务，但凶器只有一把刀。期间，翼仔遇上了一个令他着迷的少女，生死关头两人立下了爱情的誓约。各人机关算尽，但事态发展却尽在意料之外。

本片是一部黑帮电影,同时也是一部放置于多领域皆准的有关独特社群生态的影片。黄精甫笔下的黑帮世界有暴力但不血腥,传递出另类的浪漫和情谊。影片多时空交错的叙事相对薄弱,但个性风格非常突出,刘德华和张学友的表演也比较老辣。

阿嫂传奇 (Ah sou)

出　品:	2005 年　天津电影制片厂／星皓娱乐	片　　长:	85 分钟	
导　演:	黄精甫	编　　剧:	司徒锦源	
监　制:	郑丹瑞	制　　片:	陈慧芝	
摄影指导:	林炳华	剪　　辑:	黄精甫　许伟杰	
音　乐:	韦启良　何恒安	美术指导:	陈锦河	
主　演:	林嘉欣　刘心悠　曾志伟	武术指导:	黄伟亮	
	黄秋生　任达华　方中信　刘烨			

黑社会老大百德准备解散社团而带养女菲比移民海外,却突遭暗杀。13年前,菲比生父阿九杀了江湖老大阿鬼,阿鬼妻子洛华誓将阿九全家灭门。百德一句"她长大后我就娶她,看谁敢动阿嫂"将菲比救出,这句戏言也逼迫菲比必须以"阿嫂"身份出面主持大局。江湖盛传幕后凶手是洛华,菲比一个人去找洛华。洛华被其感动,道出叛徒近在咫尺的真相。一场较量又暗中掀起波澜。

本片是黄精甫用女性策略改写黑帮电影的一种尝试,在六个影帝级男演员营造的具有浓重阳刚气息的黑帮世界中,加入了两个亮丽和极具魄力的女性,非常特别。影像方面,导演大胆采用了丰富多样的色彩搭配,打破了江湖片黑色笼罩的传统套路,颇有一种独特的味道。

▸ 作品一览

导演作品：

1997　《你追我逐，红黄蓝绿》、《我爱水龙头》（短片）
1999　《青梅竹马》（短片）
2000　《唐狗与北京狗》（短片）
2003　《福伯》
2004　《江湖》
2005　《阿嫂传奇》

剪辑作品：

2003　《福伯》
2005　《阿嫂传奇》

原创音乐作品：

1999　*Sam Fooi*

获奖纪录：

1999　香港独立短片及录像比赛剧情组金奖（《我爱水龙头》）
2005　第二十四届香港电影金像奖新晋导演奖（黄精甫《江湖》）